中原学术文库·论丛

推动河南高质量发展

主　编◎王　勇

副主编◎周　立　袁凯声　王承哲

经济管理出版社

ECONOMY & MANAGEMENT PUBLISHING HOUSE

图书在版编目（CIP）数据

推动河南高质量发展/王勇主编. —北京：经济管理出版社，2018.9
ISBN 978-7-5096-5924-3

Ⅰ.①推…　Ⅱ.①王…　Ⅲ.①区域经济发展—研究—河南　Ⅳ.①F127.61

中国版本图书馆 CIP 数据核字（2018）第 169807 号

组稿编辑：高　娅
责任编辑：高　娅
责任印制：黄章平
责任校对：张晓燕

出版发行：经济管理出版社
　　　　　（北京市海淀区北蜂窝 8 号中雅大厦 A 座 11 层　100038）
网　　址：www. E-mp. com. cn
电　　话：(010) 51915602
印　　刷：北京玺诚印务有限公司
经　　销：新华书店
开　　本：710mm×1000mm/16
印　　张：30.25
字　　数：464 千字
版　　次：2018 年 9 月第 1 版　2018 年 9 月第 1 次印刷
书　　号：ISBN 978-7-5096-5924-3
定　　价：120.00 元

本书获河南省社会科学院
哲学社会科学创新工程试点经费资助

《推动河南高质量发展》编委会
（以姓氏笔画为序）

 前 言

    中共十九大报告描绘了新时代全面建设社会主义现代化国家的宏伟蓝图，做出了我国经济已由高速增长阶段转向高质量发展阶段的重大战略判断。为深入学习贯彻习近平新时代中国特色社会主义思想和中共十九大精神，落实好党中央、国务院关于加强中国特色新型智库建设的有关要求，有效发挥智库咨政建言的重要作用，推动地方经济社会高质量发展，2018年4月17日，河南省社会科学院、河南省人民政府发展研究中心、洛阳理工学院联合举办了主题为"推动河南高质量发展"的第八届中原智库论坛。论坛上，省内外的200余位专家、学者围绕河南高质量发展中的热点、重点和难点问题，热烈研讨，广泛交流，提出了许多高屋建瓴的理论观点和政策建议，为推动河南经济由高速增长转向高质量发展，决胜全面建成小康社会，开启新时代河南全面建设社会主义现代化新征程提供了理论支撑和智力服务。我们把会上交流的论文经过适当整理后，以《中原学术文库·论丛》的方式出版。我们期望该文集能够为推动河南高质量发展的理论与实践提供支持，也真诚地希望广大读者对书中不妥之处提出批评指正！

编 者

2018年5月

目 录

建设经济强省

打造三大高地

实施乡村振兴战略

构建现代化产业体系

打赢三大攻坚战

建设经济强省

提升"三区一群"建设水平的若干思考

袁金星

摘　要："三区一群"四大国家战略互为一体、相互支撑，共同构成了河南改革、开放、创新的新支柱，是引领新时代河南高质量发展的重要支撑。但从目前的情况看，还存在诸如思想认识不足、统筹渠道不畅、推进手段不多等制约因素，必须从顶层设计、要素保障、放大效应、完善考评等方面多措并举，以提高"三区一群"建设水平。

关键词："三区一群"；统筹联动；叠加效应

多年以来，河南全省深入贯彻落实党中央、国务院的各项战略部署，持续探索实践河南改革开放发展的路线图，踏上了由经济大省向经济强省跨越的新征程。随着经济社会的快速发展和综合实力的稳步提升，河南在国家区域协调发展中的地位和作用日益凸显，党中央、国务院赋予了河南更多"为国家试制度"的重大历史使命，中原城市群、中国（河南）自由贸易试验区等一批国家战略规划和平台在河南落地实施，成为引领新时代河南发展的重要支撑。为了进一步放大战略叠加效应，2017年4月，河南省内印发《关于统筹推进国家战略规划实施和战略平台建设的工作方案》，提出聚焦"三区一群"（郑州航空港经济综合试验区、中国（河南）自由贸易试验区、郑洛新国家自主创新示范区和中原城市群），构建支撑河南未来发展的改革开放创新三大支柱，打造带动全国发展的新增长极。陈润儿省长在《2018年河南省政府工作报告》中也提出，要着力提升"三区一群"建设水平，强化"三区一群"引领带动作用。当前，中国发展进入新时代，"三区一群"建设将从顶层设计、发展路径、具体政策等多维度、全方位、广领域、深层次影响河南发展，因此，必须聚焦"三区一群"，新时代谋求新作为，全面提升"三区一群"建设水平，发挥"三区一群"战略牵引作用，使之成为推动河南高质量发展的强大驱动力。

一、"三区一群"战略形成历程

"三区一群"战略是党中央、国务院从全国发展大局出发做出的重要战略部署，在改革、开放、创新等方面赋予了河南多项"先行先试"的政策权限。"三区一群"战略在河南落地生根，既是中央对河南长期发展的肯定和信任，更是河南迎来的重大发展机遇，为新时代河南深化改革开放创新提供了完善的发展载体和实施平台。

第一，郑州航空港经济综合试验区。河南省作为不沿海、不沿边的内陆省份，对外开放存在着先天的劣势。为了弥补这一突出短板，河南1992年提出和实施开放带动战略，2003年将开放带动升级为主战略，再到2012年上升为"基本省策"，持续探索扩大对外开放、发展开放型经济的新路径。2007年10月，郑州航空港综合试验区批准设立，2013年3月，国务院批复了《郑州航空港经济综合试验区发展规划（2013~2025)》，成为全国第一个以航空经济为主体的国家级战略部署，开辟了河南依靠国际航空枢纽建设推动内陆开放高地建设的新路子。其最核心的价值在于通过航空枢纽建设，进一步扩大河南交通区位优势，形成陆空衔接的现代综合交通体系，为郑州、河南乃至整个中部内陆地区融入"一带一路"建设以及连接世界打开了大门。

第二，中国（河南）自由贸易试验区。自由贸易区是新时代我国进一步扩大对外开放的重要载体，拥有制度创新、先行先试等政策权限。河南早在2013年就提出申建自由贸易试验区，2014年，开始将上海自由贸易试验区可复制改革经验进行推广复制，2015年，省政府向国务院上报了设立自由贸易试验区的请示以及相关方案，2016年8月，国务院决定设立中国（河南）自由贸易试验区，涵盖郑州、洛阳、开封三大片区。2017年3月31日，中国（河南）自由贸易试验区正式获国务院批复成立。其核心要义是通过制度创新，破除深层次的体制机制障碍，实现更大程度、更高层次的开放，推动河南全面深化改革，更好服务国家"一带一路"倡议，辐射带动中部地区加快崛起。

第三，郑洛新国家自主创新示范区。创新是引领发展的第一动力。建设国家自主创新示范区是新时代推进自主创新、加快建设创新型国家的重大战略决策。以郑州、洛阳、新乡三市国家高新区为主体建设郑洛新国家自主创新示范区，从2014年12月上报请示，到2016年3月国务院批复，再到2016年5月正式揭牌，仅用18个月，这一国家战略便在河南落地。其最核心的价值在于探索政策创新和推动政策先行先试，破除长期制约河南科技创新发展的体制机制障碍，激发全社会创新活力和创造潜能，推动河南实现发展动力向创新驱动转变、发展方式向质量效益集约型转变、产业结构向中高端转变，为经济转型发展提供新动能。

第四，中原城市群。河南城镇化率长期低于全国平均水平近10个百分点，2003年首次提出中原城市群概念，涵盖了9个省辖市，以期构筑一条经济隆起带，引领河南城镇化建设。2008年，河南提出了中原城市群"一级两圈三层"总体布局，涵盖范围扩大到全省18个省辖市。2016年12月，国务院发布《关于城市群发展规划的批复》，中原城市群范围进一步扩大，不仅涵盖河南全省，还包括周围四省份的12个城市，成为国家批复的第5个跨省级行政区域城市群。其核心价值在于通过推进基础设施互联互通、产业体系分工合作、公共服务共建共享等优化资源配置，释放中原地区人口、市场、资源优势，形成全国经济增长的新引擎，为传统农区加快新型城镇化探索经验。

"三区一群"四大国家战略互为一体、相互支撑，共同构成了河南改革、开放、创新的新支柱。面对新时代、新阶段、新目标，要求我们必须牢牢抓住机遇，努力提升"三区一群"建设水平。要加快依托"以开放倒逼改革"的自由贸易试验区，率先挖掘改革潜力、破解改革难题、形成可复制的改革经验；依托"以改革推动创新"的国家自主创新示范区，以改革破除制约科技创新的体制机制障碍，全面激发创新活力，促进以科技创新为核心的全面创新，实现新旧发展动能加快转换；依托航空港经济综合试验区，深化对内对外全面开放，将改革经验、创新成果、开放优势转化为实实在在的创新型产业集群、开放型经济和区域竞争优势，推动郑州国家中心城市建设和大都市区发展。与此同时，加快中原城市群建设，落实各项体制机制创新成果，加快复制推广步伐，形成现代化经济体系，助力中原城市群尽快建设成为全国经济发展新增长极。这既是形势所迫，更是发展所需。

二、提升"三区一群"建设水平面临的制约因素

提升"三区一群"建设水平，创造性地落实国家战略部署，方能真正为河南带来创新红利、开放红利、改革红利以及载体红利，产生战略实施的叠加效应、互补效应、累积效应、聚变效应等。但从当前"三区一群"建设推进情况看，还存在诸多制约因素。

（一）思想认识不足

一是对提升"三区一群"建设水平的重要性认识不足。缺乏宏观视野，对国家赋予河南"三区一群"战略的意图理解不到位；有人简单地认为只是给名分、授牌子，对国家战略赋予的先行先试、制度创新等权利不敏感、不积极；对"三区一群"能给河南带来什么、能给地方带来什么缺乏前瞻和信心，造成落实战略、推进战略、提升战略动力不强。二是对"三区一群"战略功能、定位、目标以及相互作用等认识不足。没有从有机整体的角度去理解"三区一群"战略，对"三区"在改革、开放、创新方面的引领性作用理解不深，对"一群"为制度创新、政策创新、经验复制推广等提供试验平台的载体作用认识不够，没有从由"点"到"面"的角度去整体看待"三区一群"，造成在建设过程中战略之间耦合度、黏合度、系统性不够。三是对政府在"三区一群"建设中的作用认识不到位。"三区一群"战略反映的是国家意志、地方需求，政府担当主导作用当仁不让，但在实施过程中存在忽视战略主体的问题，政府的主导作用应当体现在体制、机制、制度等改革、试验、复制、推广方面，而不是取代市场的基础性作用，走向传统的政府主导模式。

（二）统筹渠道不畅

一是信息渠道不畅。"三区一群"建设过程中，政府是战略的组织者、谋划者，负责制定先行先试政策、政策的复制推广，通过信息渠道将政策传导给市场主体，由市场主体具体参与、实施。而当前由于政策宣传、组织管理等方面因素，造成政府部门之间、政府与企业之间信息不对称、信息"孤岛"现象存在，影响了战略叠加效应的发挥。二是组织渠道不畅。"三区一群"战略赋予河南先行先试的空间大、领域多、范围广，需要各级政府之间、区域之间、部门之间、行业之间协调配合，不然就很难形成合力。目前高层决策和议事协调会议机制尚不健全，特别是核心区以外的基层政府没有建立相应组织和机制，所以在局部地区政府的主导作用发挥有限，相关工作推进不理想。三是人才渠道不畅。"三区一群"战略实施需要大量人才，特别是航空经济、自由贸易试验区等开放领域的政策涉及口岸建设、国际贸易规则、跨境投融资等领域，专业性很强，对人才素质要求较高，而大多数园区管理体制和人事薪酬制度改革进展较慢，干部队伍老化、结构不尽合理，急需的高层次管理人才又难以引进来，造成活力不足、动力不足。

（三）推进手段不多

一是政策手段运用不够。虽然四大国家战略都从省级层面出台了相关规划、实施方案等，但是作为基层政府而言，在制度创新、政策制定等方面权限较小，造成即使有的园区被纳入"三区一群"范围，可以作为相应试点开展"先行先试"探索，但由于对国家战略平台赋予的政策创新权限研究不够，造成出台的相关政策措施不够给力。二是规划手段运用不足。规划的作用在于统一思想、引领指导发展。在落实推动"三区一群"发展方面，除了省级层面出台了《关于统筹推进国家战略规划实施和战略平台建设的工作方案》，未见各个省辖市包括郑州、洛阳、新乡、开封核心区范围内政府出台相关"三区一群"发展方面的规划和工作方案，反映出各地对如何落实"三区一群"战略、提升"三区一群"建设水平还缺乏整体谋划。三是市场手段运用不足。"三区一群"是河南全面深化改革的载体、平台、抓手，而市场化是全面深化改革自始至终的基本取向，市场机制应在"三区一群"建设过程中起基础性作用，各类市场主体应是"三区一群"试验成果的接受者、获益者、参与者，应走在"三区一群"建设的最前沿，但当前制度设计、机制创新方面企业的参与度不够，尚未形成制度创新、政策创新领域的供需对接、合理配置的局面。

三、提升"三区一群"建设水平的对策建议

实施"三区一群"国家战略是河南建设经济强省的重要载体，是河南推动出彩中原建设的必由之路，也是河南实现崛起、引领带动中西部地区加快发展的客观要求。因此，必须要突破固有障碍，消除区域、要素、组织等制约因素，最大程度地形成发展合力，提升建设水平，真正让"三区一群"试验成果在河南落地生根、开花结果。

（一）强化统筹推进"三区一群"建设的顶层设计

提升"三区一群"建设水平是一项系统工程，针对当前"三区一群"利益分配区域化、政策措施分散化以及组织机构条块化等问题，需要从顶层设计入手，加快形成优势互补、互利共赢的统筹推进态势。一是建立战略联动机制。建立以省委、省政府主要领导牵头，发改委、招商、工信、科技、海关、城建、航空有关单位及省辖市政府参与的领导小组，对"三区一群"建设推进情况、制度创新情况、政策复制推广情况、重大项目布局情况等进行指导、跟踪、监督及评价考核，形成省、市政府共同推进的合力。二是研究出台"三区一群"战略联动方案。要按照《关于统筹推进国家战略规划实施和战略平台建设的工作方案》，对可以进行复制推广的政策进行梳理，制定一系列可以"先行先试"的政策，制定路线图和时间表；同时督促核心区四市制定各自的行动计划，外围区各市制定年度行动计划，形成上下联动、区域协同推进的联动机制。三是加强组织学习和经验借鉴。目前国内很多省、市都肩负着诸多国家战略，江苏、天津、广东、上海等都是国家战略叠加区域，都出台了很多创造性政策，积累了一定经验。要积极组织干部到先进省市开展相关学习和交流，借鉴经验为我所用。

（二）强化提升"三区一群"建设水平的要素保障

提升"三区一群"建设水平、发挥国家战略叠加效应，离不开强有力的要素保障，要通过强化人才、资金、土地等要素保障力度，确保"三区一群"建设上水平、上台阶。一是强化人才支撑。要加快"三区一群"叠加区域高新区、自贸区等人事薪酬制度改革，着力推进"全员聘任制、绩效考核制、薪酬激励制"，建立"身份封存、岗位管理、全员聘任、考核激励、干部能上能下、人员能进能出、待遇能高能低"的选人用人机制，全面激发人才干事创业的积极性、主动性。二是强化资金引导。创新各类扶持资金投入方式，针对不同战略、不同主题、不同区域的特点和需求，综合运用投、奖、补等多种方式，发挥政府资金在提升服务水平、鼓励企业研发、降低生产成本等方面的作用，引导金融资本和民间投资向"三区一群"建设集聚。三是强化土地保障。一方面，要积极向国家有关部门汇报，尽可能争取调整高新区、自贸区范围内永久基本农田，扩大园区范围，增加建设用地投资强度；另一方面，优化园区内部企业布局，推动产业集中、集聚、集群发展，从园区内部优化土地资源配置，增加发展空间，破解"三区一群"战略实施过程中的土地制约瓶颈。

（三）强化放大实施"三区一群"战略的政策效应

"三区一群"战略构筑了河南未来发展的改革开放创新支柱，必须放大"三区一群"政策集成效应，才能有效提高"三区一群"建设水平，真正驱动河南高质量发展。一是完善载体布局。进一步重视"三区一群"开放效应，除了郑州以外，要围绕"两体系一枢纽"建设做大做强口岸经济和枢纽经济，最大限度地把开放红利惠及整个中原城市群。重点支持洛阳航空口岸完善口岸功能和各类功能性口岸，优先支持洛阳、开封、新乡申建海关特殊监管区域和保税监管场所，提升中原城市群核心区的国际开放度。二是加快形成可复制推广的政策、经验。重点在陆空联运、空铁联运等领域率先形成安全便捷的海关监管模式，创新"跨境电商+保税物流""跨境电商+内陆功能性口岸""跨境电商+海外仓""跨境电商+中欧班列"等运营模式；创新财政支持企业研发的方式方法，探索采用更为灵活的普惠制、基金制等支持方式；加快探索科技金融发展河南模式，扩大规模和覆盖范围，服务创新型企业和实体经济等。三是加大"三区一群"建设协同发展。充分发挥郑州、洛阳、开封和新乡的核心区引领作用，扩大国家战略的地理、空间、功能叠加的优势，加强四市协同，共同释放战略叠加集成效应；发挥战略协同示范区支撑作用，全面推广"三区"可复制的制度创新成果，积极申报各类载体平台，加强与核心区战略对接，共享政策红利。

（四）强化提升"三区一群"建设水平的考评体系

完备的考评体系是落实"三区一群"战略、提高战略实施效果的重要保障。在统筹推进"三区一群"战略过程中，应着力建立相应的考核体系、评价激励体系、评价监督体系，方能形成"省统筹、市主导、部门联动"的协同推进机制。一是建立评价考核体系。加强"三区一群"战略实施成效的监测评估，制定提升"三区一群"建设水平的评价指标体系，建立相应的统计制度和监测体系，对"三区一群"相关政策实施效果分区域、分部门进行动态评估考核，并将相关考评结果纳入地方政府及相关部门年度考核体系中。二是建立评价激励体系。对核心区、外围区进行分类评价，分别对地方政府落实整体性战略、引领性战略进行综合考核，作为省政府奖励地方政府、园区相关资金以及赋予更多政策权限的依据，激励各方积极性。三是建立评价监管体系。一方面，要加快建立公共信息平台，动员国税、地税、财政、科技、工信、海关、发改委等相关部门建立共享机制，实现企业信息、项目信息、政策信息等共享，避免出现政策冲突；另一方面，建立督查信息共享平台，避免对同一地区、同一机构、同一事项、同一经费多头多次检查，提高办事效率。

参考文献

[1] 张长星.统筹推进"三区一群"联动发展 [N].河南日报，2017-07-18.

[2] 河南省政府发展研究中心课题组.统筹推进国家战略规划实施和战略平台建设要处理好五大关系 [N].河南日报，2017-07-12.

[3] 张占仓.打造建设经济强省的"三区一群"架构 [N].河南日报，2017-04-28.

[4] 秦小玲.对接"三区一群"共享发展红利 [N].河南日报，2017-08-06.

［5］中国（河南）创新发展研究院课题组.释放战略叠加效应　奋力建设出彩中原［N］.河南日报，2017-04-10.

［6］袁金星.郑洛新国家自主创新示范区发展路径探析——基于国家自主创新示范区发展实践的思考［J］.郑州轻工业学院学报（社会科学版），2017（6）.

［7］袁金星.国家自主创新示范区创新政策应用研究［J］.创新科技，2017（3）.

［8］袁金星.河南加快推进大众创业、万众创新的思考及建议［J］.创新科技，2016（10）.

（作者系河南省社会科学院经济研究所副研究员）

河南特色小镇的发展研究

刘 琪

摘　要： 河南省正处于农村转移人口向中心城市及城市群地区加速集聚的城镇化阶段，发展水平和建设基础不同于浙江等沿海发达省份，推进特色小镇建设，需要准确认识和科学把握特色小镇内涵，分析研究国内外各类特色小镇发展模式，立足河南省发展实际，提出新阶段切实可行的发展思路和举措。

关键词： 特色小镇；建议；河南

一、特色小镇发展内涵与建设要求

近年来，在全国范围内掀起了特色小镇建设热潮。首先是浙江以"新理念、新机制、新载体"推进"产业集聚、产业创新和产业升级"为目标，率先提出特色小镇的概念并积极开展实践探索，其成功的经验引起了中央和各地的广泛关注。2016 年 7 月，住建部、国家发改委、财政部发布了《关于开展特色小镇培育工作的通知》，提出到 2020 年，培育 1000 个左右各具特色、富有活力的特色小镇，约占全国建制镇的 5%。2017 年，有关部委进一步出台关于特色小镇认定标准、保持和彰显特色小镇特色若干问题等规范性文件，引领特色小镇建设可持续发展。各省市也纷纷出台政策，提出建设目标，推动特色小城镇发展，在全国掀起了特色小镇建设热潮。

随后针对特色小镇概念不清、定位不准、急于求成、盲目发展以及市场化不足等问题，国家发改委、国土资源部、环保部和住建部联合出台了《关于规范推进特色小镇和特色小城镇建设的若干意见》，对特色小镇和特色小城镇的概念进行了界定和区别，明确"特色小镇是在几平方公里土地上集聚特色产业、生产生活生态空间相融合、不同于行政建制镇和产业园区的创新创业平台。特色小城镇是拥有几十平方公里以上土地和一定人口经济规模、特色产业鲜明的行政建制镇"。这使得特色小镇回归到了浙江省之前提出的概念上，即特色小镇不是行政区划单元上的"镇"，也不同于产业园区、风景区的"区"，而是位于城市周边、相对独立于市区，具有明确产业功能、文化功能、旅游功能和社区功能的重要功能平台。特色小镇既可以是大都市周边的小城镇，也可以是较大的村庄，还可以是城市内部相对独立的区块和街区，其中部分服务功能可以和城市共享。河南省推进特色小镇建设，必须在这一基础上认识特色小镇的发展内涵与建设要求。

二、国内外特色小镇发展主要类型

目前，国内研究对特色小镇的分类没有统一的标准。通过梳理国内外的成功案例，我们认为特色小镇的发展类型可以分为以下四种：

（一）新产业新业态型的特色小镇

此类特色小镇多以企业市场化运营为主体，面向新兴产业搭建新型产业孵化平台。主要有四个显著特征：一是空间区位多位于经济发展程度较高的大城市内部及其周边，附近高等院校、科研院所、研发机构、科技公司等智力密集。如美国格林尼治基金小镇，位于美国康涅狄格州西南部的长岛海峡上，作为纽约州的一个住宅卫星城镇，距离纽约40公里。云集了380多家对冲基金，管理数千亿美元的资产，对冲基金产业属于风险投资类，其企业的空间区位倾向于集中在大城市及周围区域，由于牵涉到银行的兑换，所以紧邻金融中心。同样，浙江的西湖云栖小镇位于杭州市转塘科技经济园区，附近有浙江大学，未来还要建设西湖大学；余杭梦想小镇位于杭州市余杭区未来科技城，内部有杭州电子研究所、杭州师范大学新校区等。二是产业形态多为融合"产、学、研、创"的新兴产业。主要以知识、信息、智慧作为基本的发展要素，以科研空间、众创空间、互联网空间作为主要的发展场所，依托创投企业或科技研发、企业孵化、互联网与大数据等新兴产业，聚焦基金创投、互联网金融、金融服务外包、金融中介、银行、证券、保险、基金、投行、期货等各类新型金融业态，并且适度融合发展智慧健康、文化创意、参观旅游、商业服务等配套产业。如西湖云栖小镇的规划设想是通过几年的发展，聚集千余家云企业，涉及应用开发、游戏产业、"互联网+金融"产业、数据挖掘等企业。三是创业主体以科技研发、金融和创业人员为主。小镇的从业者以科技研发、风险投资、大众创业、互联网等为主，一般多为青年人，外部来此观光的游客也是对创新创业感兴趣的人群。如丁兰智慧小镇有科技型初创企业997家，职工4.9万人，其中研发人员有1.9万人，占员工总数的38.77%；余杭梦想小镇入驻创业项目280多个，创业人才近3000名。四是治理模式是共治共享的社区自治和自我服务，由政府、企业、个体、社区多元主体共同参与的治理委员会进行协调管理。由于这类小镇主要靠龙头企业发展带动，所以牵头企业或商会协会主导地位突出，如西湖云栖小镇由阿里巴巴集团与转塘科技经济园区联手打造，企业是小镇开发运营的主体，负责投资、建设、运营，政府为小镇提供顶层设计、制度保障、政策供给、环境改造等公共服务，体现市场主体、政府服务的现代治理。

（二）产业升级转型的特色小镇

此类特色小镇多是由传统小镇、产业园区（集聚区）、城市综合体等转型和改造形成的，其主要特点为：一是区位上多在交通节点和产业基础较好的产业园区或开发区，能够充分联动周边大城市的资源，与城市互动发展。二是产业多以制造业为主。很多特色小镇已形成了一定的制造业基础和一定的集聚度，不少小镇形成初期以手工业制造为主，但随着企业的发展壮大，不论是产业链的扩展还是小镇的功能都围绕主题产品而发展。如瑞士格拉斯香水小镇所在的格拉斯地区是花草优生地带，众多花场每年可采集鲜花700

万公斤之多，形成花草种植业。小镇有 30 多家香水工厂，处理着来自各地未经加工的花材原料，形成香水生产业。后来为了顺应旅游发展热潮，又建造了格拉斯三大香水作坊以及香水博物馆，将香水的制作过程、工厂的历史展现给游客，还可让游客自制香水，极大地推动了格拉斯的旅游业发展，从而构建了以香水为主导完善的产业链。三是注重与新科技融合进行转型升级。从前端来看，开展智能制造、全自动机器的研发以及新生产材料的研发；从后端来看，利用互联网、大数据等新技术打造自主品牌、突出创意设计、拓宽销售渠道等，使小镇的产业品牌优势逐渐形成。如大唐袜艺小镇自建设以来，其两化融合、腾笼换鸟、机器换人等不仅被列入浙江的省级试点，还成为新型工业化示范基地和全国袜业知名品牌创建示范区。同时，大力倡导和推动创意产业、互联网技术、金融创新等平台建设，弥补了传统产业创新不足的短板。四是治理模式多为政府建设、市场招商，政府引导、市场运作，管理上突出政府与企业的合作管理。

（三）历史文化旅游型的特色小镇

此类特色小镇以独特的自然旅游资源、人文旅游资源为基础，通过合理的开发利用，逐步形成集餐饮、住宿、交通、购物、娱乐等为一体的特色产业旅游与特色资源结合的风情小镇。一是区位上多位于自然人文景观特色突出的地方。由于依托当地不可移动的资源，地理位置较为分散，这些小镇既有当地历史渊源、历史建筑、地域信仰、生活方式、传统工艺、文化名人等各种有形、无形的文化资源催生发展起来的，有充分利用乡土景观环境发展起来的，也有重大事件催生的，如达沃斯小镇等。二是产业以文旅休闲主导的服务业为主，"旅游+制造+服务"复合性产业形态的小镇日益兴起。如浙江嘉善巧克力甜蜜小镇突出"旅游+工业"特色，围绕甜蜜和浪漫主题，整合"温泉、水乡、花海、农庄、婚庆、巧克力"元素，全方位展示巧克力工艺文化和浪漫元素，吸引了大量的游客。三是治理模式一般是企业化管理与社会化管理结合，由政府、企业为主成立管委会进行社区管理。由于旅游小镇除居民外，流动人员多，运作方式多为龙头企业投资、建设、运营一体化，"政府引导、企业主体、市场化运作"特点突出。

（四）房企推动建设模式的特色小镇

近年来，随着我国传统房地产市场进入发展拐点，不少资金雄厚的大型房企瞄准特色小镇，结合房地产转型发展，投资建设运营以产业地产为主的特色小镇。一是这类小镇建设运营主体主要为大型房地产企业，很多是集投资、建设、运营和管理于一体的产业园区或城市综合体运营商。二是涉及产业领域多，既有新兴产业，如华夏幸福打造的香河机器人小镇，是以机器人产业为核心，集智能制造、孵化加速、创意展示、工业旅游等功能于一体的科技型产业小镇；也有传统产业和文旅产业，如华侨城、保利地产和绿城中国等房企以生态环境或文化资源为依托推进的特色小镇建设等。三是覆盖区域范围广，既有中心城市附近新建的，也有进入传统产业园区或小镇进行改造的，以及文旅资源丰富的偏远地区开发的。四是运营模式主要由房企提供重资产平台建设并运营项目，通过租金入股、创新产业基金等方式孵化和扶持全产业链发展，分享产业发展收益。同时以产业地产营造发展空间，吸引人员集聚，配套住宅地产形成商业盈利模式，此类小镇的治理多以房地产运营商为主导进行全程管理。

三、河南省特色小镇发展的几点建议

特色小镇是城镇化水平进入到较高发展阶段的产物，而河南省城镇化率预计 2018 年底才突破 50%，建设特色小镇，河南还不具备全面推进的条件。但河南省工业化、城镇化水平区域间发展不平衡，郑州都市区及其周边、工业基础较好的产业集聚区以及一些自然人文资源独特的地区，已经具有了较为良好的特色小镇发展基础。新时期特色小镇作为经济由高速增长向高质量发展阶段转型的新增长空间，已经成为包括资本雄厚的大型房企在内的大量社会资本投资的新热点。河南省应把握住这一难得的时间窗口期，在条件具备区域加快特色小镇建设，使之成为推进河南省经济转型升级的重要引擎，成为促进创新创业、培育新产业的重要途径，成为扩大有效投资的重要抓手，成为推进城乡统筹发展的创新实践和传承展示地区独特文化的有效载体，推动河南省经济加快转型升级。

（一）着力推进小镇建设主体的多元化

特色小镇的建设是一个系统工程，构成的生态系统包括政府、市场、企业、民众四个方面，所以治理模式应不同于以往自上而下的行政管理，而是促使这四个主体共同参与，并增加第三方如常设的专家学者等，形成多元化、共享化、智库化的治理模式，确保能够倾听多方声音、协同多元利益。一是明确政府与市场主体的分工。政府应把握产业支撑、公共服务、社会治理等重点内容，企业主体应把握产业植入、资本引入、管理导入等方面。要避免政府将特色小镇建设作为争取有关部门资金和追求短期政绩的手段，而忽视发展方式、社区营造等长期目标的可持续性；而企业主体也不能完全按照市场化运作的方式，而不顾及民众对公益性事业的诉求。二是形成动态可调的运作机制。要根据小镇不同的建设阶段，动态调整政府与市场的关系。如建设的初期要充分发挥财政资金的引导作用，由政府牵头提供基础的公共设施服务；建设的中后期要由专业的投资运营机构补充提升小镇的生产、生活服务功能。三是加快行政管理体制机制的创新。通过对河南省国家级特色小镇的大胆探索，重点对户籍、行政管理、审批、税收、投融资等领域的改革，为全省特色小镇的发展总结可推广的经验。如焦作市温县的赵堡镇作为太极拳的发源地，成立了陈家沟文化旅游区管理委员会，与赵堡镇实行套合管理，实施简政放权，积极探索直管镇管理体制，提升管理效率。四是创新建设运营机制和社会治理模式。建立政府与市场新关系，坚持市场为主导，做到市场主体不缺位、政府引导不越位。探索多元共治的运行模式，统筹政府、社会、市民三大主体，使政府有形之手、市场无形之手、市民勤劳之手同向发力，提高各方推动特色小镇发展的积极性。

（二）积极引导房地产企业转型投资创新创业平台建设

当前河南省建设特色小镇的共性是多数由房地产企业作为社会资本主体推动，进入了房企与去地产化、资本与小镇运营等多方博弈的局面。如郑州及环郑地市已经明确公布了 33 个特色小镇的开发意向，涉及正商、建业、碧桂园、万科、恒大等 16 家房企。因此，未来河南省建设特色小镇的一个重点是如何引导房企转变商业思维、探索盈利模式，防止小镇出现变相圈地、千镇一面的现象。一是严格审查避免房地产化倾向。各级政府要加强对特色小镇发展基础、发展前景、参与主体、土地供给等方面的严格控制和有效引导。针对房地产企业变相圈地的潜在倾向，要出台明确的规范，如特色小镇的空间规范、土地投放、公共服务设施配套建设和住宅用地的配给比例等，采取实时监控、违规严惩的方式，引导市场主体切实培育特色产业。二是引导房地产企业加快转型。房地产企业拥有雄厚的资本和丰富的运营经验，各级政府要制定相关的优惠政策鼓励支持房地产企业，以特色小镇为平台，以持有物业运营的重资产模式参与产业投资，积极推动与双创企业的轻资产合作对接，做大做强产业发展的新平台。

（三）重点强化特色小镇做精做强主导产业

特色小镇作为被赋予经济转型升级和发展动能转换的新产业平台，其持续健康的发展来源于以创新为驱动的内生动力，因此主导产业做精做强就要在立足自身的基础上不断创新探索新的发展路径。一是对于新产业新业态型的特色小镇要重点强化产业链条。要依托中心城市的龙头企业，聚焦先进科技，重点发展市场需求潜力大、增长快，能辐射周边带动力强的新产业新业态，并积极探索承接高端产业转移的新模式。二是对于产业转型升级型的特色小镇要重点延伸产业链条。要根据已形成的产业结构，结合目前国内外的消费趋势，补强产业链中欠缺的部分，加快产业向微笑曲线两端延伸，提升产业价值。三是对于历史文化旅游型的特色小镇要重点拓展产业链条。通过建设"历史、景区、文化、生产、消费、体验"融为一体的特色小镇，依托互联网等新媒体对接市场需求，拓展传统旅游、休闲、体育等单一型消费服务业向品牌化、高端化、体验化转型。四是加快各类产业人才的引进。各地政府要制定优惠政策吸引复合型、创业型、科研型的高端人才引进，鼓励本地高素质人才或农民工回流，特别要强化与高等院校、职业院校、成人教育学院、继续教育学院等的合作，培养特色小镇发展所需的各类产业人才。

（四）加快形成多维生态提升综合承载能力

构建多维生态需要特色小镇的建设须统筹兼顾硬件和软件两个方面。一方面，特色小镇硬件的建设要以人为本。坚持问题导向，通过基础设施和公共服务的供给，吸引企业、人口的集聚。按照适度超前、综合集约、系统治理的原则，加快水、电、气、路、热等公用设施建设和污水处理厂、垃圾处理场的全覆盖。强化特色小镇与交通干线、中心城市的交通运输设施以及网络基础设施的连接，促进小镇与城市及外界互联互通。公共服务的重点要聚焦在医疗和教育供给上，结合特色小镇的发展趋势、空间分布，统筹布局学校、医疗机构、娱乐休闲设施等，全面提升小镇的生活质量、品位和舒适度。另一方面，特色小镇软件的建设要以文化为核心。形成整体文化凝聚力，不仅使集聚的人口扎根当地实现就近城镇化，还能进而培育小镇新的经济增长点。要秉承绿色、低碳的新发展理念，遵循生态保护原则，避免盲目、过度开发造成自然环境恶化。注重历史文化遗产的保护，严格控制文化遗产及周边的建设开发活动。深度挖掘文化内涵，有机融合当地的自然、人文、景观等方面特色，促进传统文化与现代文化的交融、本土文化与外来文化的交融，形成多元开放的特色小镇文化。

（五）创新特色小镇建设的制度保障体系

特色小镇的形成一方面是市场自由选择成本洼地的结果，另一方面也离不开政府通过税收、配套等相关政策的扶持推动和治理制度保障。如美国格林尼治基金小镇的反面典型就是20世纪80年代的日本，当时日本的对冲基金产业十分强大，但由于政府苛刻的税收制度，最后日企纷纷转移到新加坡、中国香港等地。因此，创新特色小镇建设的制度保障体系，一是加大相关政策的供给。由于各地自然特色、产业特色、文化特色以及发展阶段、客观条件等不尽相同，所以制定的顶层规划、扶持政策等不仅要因地制宜、分类定制，还要有机衔接河南省美丽乡村建设以及纳入更大范围的城镇总体规划，并保持一系列政策的长期连贯性。二是加快构建全覆盖的监督考核体系。要建立多维度精细化的绩效评估指标体系，贯穿特色小镇建设和运营的全过程，形成常态化、滚动化的监督，能进能退。如浙江公布2016年省级特色小镇创建和培育对象考核结果中，5个小镇从创建对象降格为培育对象，1个小镇从培育对象名单中剔除遭淘汰。三是建立容错纠错机制。特色小镇作为一个新载体新平台，在河南省还处于改革探索阶段。尤其当前各级政府及相关部门干部还存在认识偏差的现象，为营造勇敢担当、勤干实干的良好氛围，一方面要加快政策的宣传和理论的学习，另一方面要尽快建立容错纠错机制，明确改革失误和违法乱纪的界限，为创新探索者营造良好的发展环境。

参考文献

［1］青岛市发展改革委.高点定位　产城相融　培育鲜明特色小镇［J］.中国经贸导刊，2016（31）.

［2］张银银，丁元.国外特色小镇对浙江特色小镇建设的借鉴［J］.小城镇建设，2016（11）.

［3］郭荣朝，王颖.河南省特色小城镇发展模式探析［J］.国土与自然资源研究，2016（4）.

［4］河南省发展改革委.加快特色小城镇建设　助力河南新型城镇化发展［J］.中国经贸导刊，2016（31）.

（作者系河南省人民政府发展研究中心科研人员）

加快河南由传统农业大省向
现代农业强省转变

吴海峰

摘　要： 实现由传统农业大省向现代农业强省转变，是河南农业转型升级的必然要求，对于加快河南乡村振兴、使中原更出彩意义重大。河南推进现代农业强省建设，要以稳产高产、品质优良、效益显著、绿色安全、结构优化、科技先进、设施完善、工农及城乡协调等为目标，深入推进农业供给侧结构性改革，践行绿色发展理念，完善支农惠农政策，加快科技进步步伐，创新农业经营机制，构建现代产业体系，加强农村基础设施建设，提高农村公共服务水平。

关键词： 现代农业强省；农业转型升级；乡村振兴战略；富民强省

2018 年中央一号文件提出，加快构建现代农业产业体系、生产体系、经营体系，提高农业创新力、竞争力和全要素生产率，加快实现由农业大国向农业强国转变。把河南打造成全国领先的现代农业强省，是农业转型升级的必然要求，是促进农业增效、农民增收的战略选择，是补齐农业这个短板、如期全面建成小康社会的现实需要，对于保障农产品供给、实现乡村振兴和富民强省、在新时代使中原更加出彩，意义重大。

一、河南建设现代农业强省的战略机遇

河南建设现代农业强省，正面临千载难逢的历史机遇，必须紧紧抓住这一机遇。目前，我国已处在以工促农、以城带乡阶段，农业的基础地位更加重要。实施乡村振兴战略、加快由农业大国向农业强国转变，是党中央、国务院做出的重大战略决策。在新的背景下，国家支持保护农业的水平将不断提高，惠农、强农、富农的力度将持续加大。尤其是深入推进农业供给侧结构性改革，有利于提高农产品质量，推动农业转型升级，加快现代农业发展。中央已就全面深化农村改革进行了系统部署，随着农村改革的纵深推进，将进一步激发农业农村发展活力，促进河南现代农业强省建设。而且，在新的背景下，农业大省不再是一个包袱，而应该是闪闪发光的金字招牌，农业大省一定能成为我国加快现代农业农村发展的最大受益者。把现代农业强省的品牌做得越响，就越可能争取国家的倾斜政策。这不仅能促进农业农村更好发展，而且通过加大农业农村的投入，可以扩大农民群众的消费需求、培育经济增长新的动力源。政府的公共投资会产生乘数效应。这些年农业大省经济发展较快，在不小程度上得益于国家的各项支农、惠农政策。因此，要充分认识加快现代农业强省建设面临的历史机遇，要牢牢抓住这一历史机遇，用好、用活、用足国家的支农、惠农政策，寻求河南现代农业更大发展。既要不断巩固农业的基础地位、为国家粮食安全做出更大贡献，又要利用国家政策推动河南经济社会又好又快发展。事实上，农业强省与工业强省并不矛盾，如西欧和北美都是发达的工业化国家，也是发达的农业现代化国家。

目前，我国新型工业化、城镇化和信息化步伐的加快，正有力地推动着现代农业发展。一方面，随着新型工业化的推进，将不断增强工业化带动农业现代化的能力和水平，用现代工业经营理念指导农业，用现代工业科学技术改造农业，用现代工业物质条件装备农业，用现代工业产业体系提升农业，促进农业集约化、专业化和精细化，提高农业的经营效益；另一方面，新型城镇化的推进将创造加快农业现代化的条件。新型城镇化促进农业转移人口市民化，吸纳农村富余劳动力向第二、第三产业转移，推进土地流转和农业规模经营，提高农业生产力。新型城镇化也为农业提供广阔市场，引领农业结构调整，促进农业产业多样化、农产品优化化，更好地满足消费需求，并增加农民收入。新型城镇化也为农业现代化提供资金、技术和物质的有力支撑，推动城镇公共服务向农村延伸，加快城乡一体化发展，改善农民的生活质量。而且，信息化也是驱动农业现代化的关键因素。信息化的推进将加快农业发展方式转变。信息化与农业现代化的深度融合必然促进农业生产智能化、农产品营销网络化，改造传统农业经营方式，提升农民的素质和技能，提高农业效益和农民收入。当前互联网带来农业模式变革的日新月异，以信息革命和信息产业为支撑的新业态在不断涌现，为农业转型升级提供千载难逢的机遇，有力地推进了现代农业强省建设。此外，国家实施的"一带一路"方略，将助推农业扩大开放，拓展农业发展的国际市场，有利于农业"走出去""引进来"，有力地推进了河南现代农业强省建设。

还应该看到，中共十八大以来，河南省委省政府始终坚持把"三农"工作作为重中之重，着力用新发展理念破解"三农"难题，持续加大强农、惠农、富农政策，扎实推进农业现代化，全面深化农村各项改革，河南农业农村发展取得了显著成就。农村基础设施明显改善，农业科技贡献率不断提升，粮食综合生产能力迈上新台阶，主要农产品产量稳居全国前列。农业供给侧结构性改革取得成效，新型农业经营主体发展壮大，农村新产业新业态蓬勃发展，农村生态建设显著加强。脱贫攻坚取得决定性进展，农村社会事业不断进步，农民收入持续增长，农村民生全面改善，农民获得感显著提升，农村社会持续稳定和谐，城乡一体化步伐加快，工农业互动协调发展的新格局基本形成。农业农村发展取得的重大成就和"三农"工作积累的丰富经验，为推进河南建设现代农业强省奠定了良好基础。

二、河南建设现代农业强省的主要目标

考察世界农业现代化的趋势，结合我国现代农业发展的实际，本文认为，河南现代农业强省建设的主要目标突出地表现在以下方面：

（1）稳产高产。就是投入农业的要素和资源产出较高，这是现代农业强省的体量要求和基础条件。主要表现为农业综合生产能力较强，农业具有较

高的产量和市场占有率，粮食和农业稳产高产，部分主要农产品总产和单产较高并在全国具有举足轻重的地位，棉油、蔬菜、瓜果、肉蛋奶、水产品等农产品比较丰富、供给充足，能够为本省和国家某些事关国计民生的重要农产品的有效供给做出重大贡献，在保障国家粮食安全上发挥较大作用。

（2）品质优良。就是农业产出的农产品品质好，农业整体发展水平较优，这是现代农业强省的核心竞争力所在。重点表现在发挥本地优势、合理利用自然条件和经济资源，产出较多品质优良的农产品。要求有健全的农业质量安全标准体系，完善的农产品质量安全检测手段，农业规模经营主体实现标准化生产、品牌化经营。农产品不仅质优，而且商品率高。农业发展从主要追求农产品的数量转向追求农产品的质量和数量并重，更加注重农产品的品质提高。

（3）效益显著。就是农业的综合效益较高，有较高的经济效益、社会效益和生态效益，这是现代农业强省建设成效的集中体现和目标要求。其重点表现在加快农业生产方式转变，发展农业适度规模经营，提高农业的科技贡献率、土地产出率、资源利用率。在农业生产率高的基础上，实现农业多功能性的较大拓展，农村三产融合发展，农业产业链条延伸，农产品及其加工品附加值高，农业生产经营形成全链条、全循环、高质量、高效益。

（4）绿色安全。就是农业绿色发展水平较高、农产品安全质量性较强、农业生态环境优良，这是现代农业强省应具有的鲜明时代特征。具体表现为农业生态系统得到保护和改善，农业清洁生产得到推广，从农田到餐桌全过程的农产品和食品的质量安全得到确保，无公害农产品、绿色食品和有机食品的比重较高，节约农业、循环农业、生态农业迅速发展，农业达到生产过程清洁化、产业链条生态化、资源利用节约化、废弃物资源化利用，农业实现可持续发展。

（5）结构优化。就是农业的产品结构、产业结构、区域布局得到优化，新型业态成长较快，这是当前现代农业强省建设的重点任务。具体来说，就是粮经饲三元种植合理、农林牧渔结合、种养加一体、一二三产融合、产业链条完整、利益联结紧密的产业格局形成和持续，农产品供给契合消费需求，农业的生产、生活、生态和人文等价值得到充分挖掘，创意农业、观光农业大发展，真正形成结构更合理、保障更有力的农产品有效供给体系。

（6）基础设施完善。就是农业发展有较强的物质基础支撑，农业水利化、机械化、电气化和信息化水平较高，并达到国内先进水平，这是现代农业强省建设需要补齐的短板。要求拥有完善的农田水利设施，拥有高效的农业机械装备，耕地质量不断提高，粮食和农业产能不断提升。用现代科学技术改造农业，用现代物质条件装备农业，农业预防和抵御自然风险的能力不断增强。实现农业生产收获由主要依赖"风调雨顺"向主要依靠提高物质设施及装备水平的根本转变。

（7）科技创新先进。就是农业科技创新应用能力较强，农业科技进步贡献率高，这是建设现代农业强省的关键所在。主要表现在拥有先进的科学技术，在农业科技的若干重点领域和一些关键部分达到国内领先水平，农业产、学、研、用密切结合，主要农业先进技术得到广泛应用，农业劳动力技能不断提高，农业资源要素高效利用，良种达到全覆盖率。农业发展实现由主要依靠资本投入和资源消耗向主要依靠技术进步和资源节约的根本转变，可以打破传统农业地域和时令的限制，使农业发展的广度和深度不断拓展。

（8）组织化程度高。就是农业经营机制体制创新力强，现代农业经营体系不断完善，农业组织化程度较高，农村发展充满活力，这是建设现代农业强省的制度保障。具体表现为：农业经营实现由细碎分散化向适度规模化的根本转变，农业发展专业化、市场化、标准化、集约化、产业化水平较高，农业社会化服务体系健全，新型农业经营主体壮大，传统农民实现向新型职业农民的转变，农民科学种田水平不断提高，现代农业发展需要的高素质职业农民队伍形成。

（9）工农城乡协调。就是现代农业发展中实现了工农产业之间的良性互动、城乡区域之间的协调发展，这是现代农业强省建设中区域经济健康发展的标志。主要体现在城乡发展统筹，以工哺农、以城带乡的能力不断增强，形成工农互惠、城乡一体化发展的局面，城乡差距逐步缩小，城乡走向共同繁荣。农业现代化的推进，弥补"四化同步"的农业短板，巩固经济社会发展的基础；新型工业化城镇化的推进，有力地改造传统农业，促进农业转型升级，加快现代农业发展。

三、河南建设现代农业强省的对策措施

当前，我国发展已经进入新时代，要充分认识现代农业强省建设的重大意义，采取一系列有效措施，加快河南现代农业强省建设。

（一）加快农业科技创新应用，全面提高农业信息化水平

科技是第一生产力。建设现代农业强省，必须充分发挥科技进步的作用，推动农业发展由主要依靠物质要素投入转到主要依靠科技创新和劳动者素质提高上来。加强高产优质农产品品种的研发、选育和引进，发挥种业创新在优化农业结构中的先导作用。建立主要农作物全程机械化生产技术体系，提升农机装备的技术水平。推动科技在绿色农业增产增效领域取得重大突破。促进产、学、研、用密切结合，加快新品种新技术应用，完善农技推广服务体系，搞好农民技能培训，提高科学种田水平。

加快农村信息化进程，通过信息化改造传统农业和提升现代农业。把精准农业、智能农业作为主攻方向和切入点，加强"互联网+"现代农业行动，建立农技推广信息化平台，推进农业物联网示范应用。注重利用市场机制促进农业信息化，通过优化服务促进农业信息化，通过补贴政策激励农业信息化，通过同步推进实现城乡信息化一体化发展。

（二）大力推行绿色生产方式，健全农产品质量安全体系

绿色是农业现代化鲜明的时代标志。要加快推进绿色高产高效创建，大力发展循环农业，努力节水、节肥、节药、节能，提高农业投入品利用效率。建设高效节水灌溉工程，建立节水激励机制，增强农民节水意识。推进农业清洁生产，推行生态环保种养模式。实施化肥农药减量增效，加强农村废弃物利用，提高秸秆饲料化、肥料化、能源化水平。加强农业保护和修复工程，加大农业面源污染防治力度。促进农业发展由过度依赖资源消耗、主要满足量的需求向追求生态绿色、注重满足质的需求转变，不断增强农业可持续发展能力。

完善农产品质量安全体系。注重标准化示范创建，推广"公司+基地+

农户+标准化"的生产经营模式,扩大无公害农产品、绿色食品和有机食品标准化生产,构建绿色农产品品牌体系。强化质量安全监管,健全农产品市场准入、认证、标识、责任追究和公示制度,实现农产品生产、收购、贮藏、运输等环节全程可追溯,确保农产品质量安全。

(三)完善财政支农政策,创新金融支农机制

财政支农政策方面,提高农业补贴的指向性和精准性,补贴对象应为种地农民,补贴资金与种地面积挂钩,重点补贴粮食主产区、适度规模经营和生态建设。通过补贴,引导农户践行绿色生产方式,如采取秸秆还田、减少化肥农药施用量、施用有机肥等措施,加强环境保护,提升耕地地力。充分利用世界贸易组织(WTO)规则改进支农政策,注重发挥"绿箱"政策的惠农增收效应,扩大"绿箱"支持政策的范围和规模,增加农业条件改善的投入,如农田水利建设、环境污染治理、土地修复整理等。还要运用"蓝箱"政策的休耕补贴"藏粮于地"。创新财政支农投入机制,确保支农资金规范、用活、安全和高效运行。

创新金融支农机制方面:一是创新政策性金融方式。在确定农业项目适用性、先进性和效益性的前提下,通过农业政策性银行低息贷款、提供担保或直接以股份入股等形式投入资金,加快现代农业项目建设。二是创新农村金融服务模式。完善产品功能,提升产品品质。推出一批实用性、易推广、低成本、针对性强的金融新产品。打造专门服务"三农"的互联网金融产品和平台。三是创新抵押担保模式。推广农村土地承包经营权抵押贷款、农村集体经营性建设用地使用权抵押贷款、农民住房财产权抵押贷款及林权抵押贷款等金融产品,提高有效信贷供给。四是创新风险保障模式。开发多种类型的农业保险,提升保险保障水平。鼓励涉农银行建立政府增信机制、地方政府出资设立"三农"担保机构或风险补偿基金,以撬动更多的信贷资金发展现代农业。

(四)调整优化农业结构,构建现代农业产业体系

提升粮食生产能力,优化粮食结构。推动粮食生产由偏重产量向提升产能转变,稳定产量、藏粮于技、藏粮于地。优化粮食生产品种,扩大优质

粮、加工粮、专用粮的比重，集中连片推进优质粮食种植。把握食品消费方便化、专用化、营养化趋势，提升粮食加工层次和水平，提高粮食产业的综合效益。

发展特色高效农业，优化品种结构。推进农产品供给由低中端向中高端迈进，大力发展特色优势明显、附加值高的农产品，努力满足市场对农产品优质化、多样化的需求。善于把资源禀赋转化为特色农产品，使特色农业产业化、产业经济规模化，形成有较强竞争力的特色农业产业集群。

促进农牧循环发展，优化种养结构。合理调整种植结构，建设优质规模化牧草种植基地，挖掘秸秆饲料化潜力，构建粮饲兼顾、农牧结合、循环发展的新型种养结构。建设畜产品生产集聚区，抓好良种工程、动物保护工程和饲料生产体系建设，推进畜牧养殖业转型升级。注重培育种养结合型的专业化家庭农场，积极推广农牧循环发展经营模式。

推动三大产业融合，优化产业结构。拓展农业的生态、观光、文化功能，促进农业与旅游、康复、餐饮、教育等产业结合。以特色种植业、循环农业、创意农业、农事体验为一体，建设有地方风格的田园综合体。以市场引导生产、加工带动流通，建立三次产业融合发展的"全链条、全循环、高质量、高效益"的现代农业产业体系。

强化农区功能定位，优化区域结构。统筹考虑地理、环境、资源、产业等因素，宜粮则粮、宜经则经、宜林则林、宜牧则牧、宜渔则渔，形成比较优势充分发挥又可持续发展的农业布局。在农业条件较好的平原，努力提升产能，注重农业规模化、标准化，形成优势明显的农产品产区。在山地丘陵区，扩大耐旱节水作物种植，坚持保护优先、适度开发，成为区域生态屏障。在重要水源地，实行还湿还水，合理利用草地和水资源，发展生态畜牧业和渔业。

（五）培育新型农业经营主体，提升农民组织化程度

构建现代农业经营体系，提升农民组织化程度，推进农业专业化、产业化和市场化，是提高农业生产率、增强农业竞争力的重要举措。

要从财政、金融、用地、科技等各方面，扶持种养大户、家庭农场、专业合作社和农业企业等新型农业经营主体发展，完善农业社会化服务体系，

构建以家庭经营为基础、以合作和联合为纽带的现代农业经营体系。以建设高标准农田为载体、以发展农业产业化为抓手，推进多种形式的适度规模经营。

实施新型职业农民培育工程，健全新型职业农民扶持政策。以新型农业经营主体带头人和骨干农户为主要培育对象，提升新型职业农民专业技能、综合素质和创业能力，推进新型职业农民与新型农业经营主体融合发展。

（六）深化农村产权制度改革，努力扩大农业对外开放

搞好土地集体所有权、农户承包权、土地经营权"三权分置"，建立归属清晰、权能完整、流转顺畅、保护严格的农村集体产权制度。创新农村宅基地、承包地有偿转让和退出机制，保障农民公平分享土地增值收益，维护好被流转和征地的农民利益。优化农业资源和要素配置，激发农村发展的潜能和活力。

提升农业对外开放层次和水平。统筹用好国际国内两个市场、两种资源，强化农产品出口转型升级，培育有国际影响力的农业品牌，扩大特色优势农产品出口。充分利用农业产业对外合作的优势项目，提升农业"走出去"整体效能。坚持引资、引技、引智相结合，努力提高农业项目引进的质量。

（七）加强农村基础设施建设，补齐农业农村发展短板

完善农村发展投入体系，加强农田水利、机耕道路、田间林网、土地整治、生态环保、土壤改良等工程建设，打造高标准粮田和农田；完善育秧、仓储烘干、场库棚等配套服务设施建设；支持大型农机具购置和温室大棚等设施农业发展，提高现代农业设施装备水平；创新应用农业防灾减灾技术，全面提升防汛抗旱减灾能力。

健全农村公共服务设施。重点建设农民最急需的道路交通、电力供应、安全饮水、信息通信、环境卫生和清洁能源等公共设施。打造村容清洁、设施配套、特色鲜明、美丽宜居的乡村。建设功能完备、布局合理的农产品市场体系。建立农村公共服务设施和人居环境治理的长效管理机制。

提升农村公共服务水平。加快农村教育、卫生、社保、文化等事业发

展。改善农村义务教育薄弱学校的办学条件，完善农村医疗卫生事业，提升农村养老等社会保障水平，加强农村文化服务体系建设。

参考文献

［1］万忠，林伟等.转变农业发展方式　建设现代农业强省——以广东省为例［J］.南方农村，2011（1）.

［2］吴海峰，苗洁.新型农业现代化探讨［J］.农村经济，2013（2）.

［3］张航，李标等.中国省域农业现代化水平的综合评价研究［J］.农村经济，2016（12）.

［4］吴海峰.推进农业供给侧结构性改革的思考［J］.中州学刊，2016（5）.

［5］河南省社会科学院课题组.支持河南省农业发展的财政政策研究［J］.经济研究参考，2011（57）.

［6］陈畴镛.四化同步是浙江转型发展的战略途径［J］.浙江经济，2014（22）.

（作者系河南省社会科学院研究员）

河南省小城镇"智慧与低碳"的创新路径及其启示

——以新密市为例

徐 可 方 方

摘 要：面临资源消耗过度和环境污染加剧等城市建设问题，随着现代通信与信息技术的发展，智慧城市概念应运而生。国内外实践经验表明，"智慧与低碳"城市不仅可作为各国大城市发展战略，对于中小城镇的可持续发展也具有重要的战略意义。以河南省新密市为例，通过调查研究，对近年来新密"智慧与低碳"城市发展规划，实践经验、问题和困境进行了深入分析，能够为河南省中小城镇"智慧与低碳"建设提供建设路径的参考与思考。

关键词：中小城镇；智慧城市；低碳城市；新型城镇化；新密

近年来，伴随资源消耗过度、环境污染加剧、交通拥堵不堪、城市经济增速减缓、劳动者结构性失业加重等城市问题的凸显，城市居民对提高就业质量、提升生活品质的需求也愈加强烈，加快城市的转型发展已成为必然趋势；同时，信息、通信、网络和运输技术的快速发展，也为城市的转型发展提供了有效的技术支持，因此"智慧与低碳"城市的建设正逐步上升为一些城市发展的战略目标，我国学术界对智慧城市、低碳城市建设的关注越来越多，上海、北京、广州、武汉、宁波等地都相继展开了"智慧城市"建设的实践。

然而，目前河南省对智慧城市、低碳城市建设的研究与实践还处于初步阶段，对智慧城市、低碳城市本质内涵、内容和目标的界定不够清晰，在实践中智慧城市、低碳城市的建设模式同质化和重复化比较严重，没有找到符合自身城市特色的发展定位和途径，以至于在浪费大量城市建设资金的同时，还使得原有城市病问题愈加严重，或者又引发了新的城市问题。因此，本文在厘清智慧城市、低碳城市等概念本质内涵的基础上，结合新密市"智慧与低碳"城市建设实践中的经验和存在的问题，提出河南省中小城镇"智慧与低碳"建设的创新路径。

一、"智慧与低碳"中小城市建设的基本理念和战略意义

（一）相关概念辨析

为解决当前我国城市发展中存在的增长方式粗放、环境污染加剧、贫富差距扩大、居民幸福感不高、社会不稳定因素增多等问题，一些新的城市发展理念便应运而生，其中从反映城市发展战略和目标的角度，"智慧城市""低碳城市"和"新型城镇化"是出现频率比较高的三个词汇，从其基本内涵上来讲，三者之间是既相互区别又相互联系的辩证关系。

关于智慧城市、低碳城市和新型城镇化的概念很多，普遍的概念认为，智慧城市是通过新技术的运用、知识和创新的驱动，使一个城市在经济发展、要素流通、环境质量、市民素质、居民生活质量、政府管理等领域发生根本性改变，城市经济将更加高效和现代化，城市环境将更加宜居，其核心内容可以分解为智慧网络、智慧经济、智慧环境、智慧管理、智慧居民、智慧生活六个方面（袁文薇、郑磊，2012；刘刚等，2013）。低碳城市指以低碳经济为发展模式及方向，市民以低碳生活为理念和行为特征，政府公务管理层以低碳社会为建设标本和蓝图的城市（辛章平、张银太，2008；程恩富、王朝科，2010）。新型城镇化是针对传统城镇道路而提出的，核心在于

不以牺牲农业和粮食、生态和环境为代价，着眼农民，涵盖农村，实现城乡基础设施一体化和公共服务均等化，促进经济社会发展，实现共同富裕（仇保兴，2012；倪鹏飞，2013）。

比较以上三个概念，新型城镇化从经济、社会、生态、居民生活、城乡一体化等角度全方位提出了我国各类城镇发展的目标和路径，包含了智慧城市和低碳城市发展理念，但河南省新型城镇化道路还处于探索阶段，新型城镇化的建设需要分目标、分阶段逐步实现，当前最重要的是找到推动新型城镇化建设的主要推手。智慧城市强调在经济发展、社会管理和民生等领域充分发挥信息技术、知识和创新的作用，是新型城镇化建设的最根本途径，也是比新型城镇化更加具体的城市发展理念和路径。低碳城市主要强调生产和消费环境的节能减排和生态保护，包含在智慧城市的"智慧环境"概念之中。因此，从河南省城市加快转型升级的紧迫性角度，加快智慧城市建设是实现新型城镇化和低碳城市的现实选择及未来主要发展方向，本文也将重点研究在郑州打造国家中心城市背景下，河南省中小智慧城市的建设与发展问题。

（二）智慧城市的核心要素

经济发展与城市建设都要基于相关要素的积累集聚和有效配置。由于智慧城市依靠现代信息和通信技术来支撑和促进经济的可持续发展，打造智能产业，实现低碳环保，并把信息和通信技术广泛应用于公共部门、社会管理、居民生活等领域，实现智能管理和智能生活，所以智慧城市建设更依赖于一些新的要素，主要包括知识和人才、技术与创新、政府治理和领导能力、协作精神与伙伴意识，这些核心要素也是智慧城市建设的最基本条件。

要素一：知识和人才。一个城市只有拥有了高素质、高技能的创新型人才，才能产出先进、绿色的产品与服务，才能支撑起现代的主导产业，这个城市才能站在全球化的舞台上。伴随知识更新和传播速度的加快，高层次人才也必须是学习型人才，系统的高等教育只是其初始的教育禀赋，还需要具备终身学习的能力，而各种类型的大学是获取知识和培养人才的关键场所。所以，智慧城市的建设不仅需要兴办大学和培养人才，还要人尽其用、留住人才，并为这些人才提供不断成长和学习的平台。

要素二：技术与创新。在创新驱动下的技术进步是提高产品和服务竞争力的关键。技术进步不仅来源于研发，还来源于创新，创新并不一定指重大技术发明，还包括很多类型，如新的营销方式和客户沟通渠道、更有效的组织和领导方式、更便捷的管理系统等。所以，我国智慧城市建设中，不仅需要自上而下的财政性研发投入，更需要自下而上的各类企业对技术进步和创新发展的诉求和投资。

要素三：政府治理和领导能力。城市是由政治、经济、社会、文化、生态等子系统构成的一个复杂体系，政府在这一体系中承担着城市总体规划编制与实施，城市交通、信息、通信网络、市政等公共设施建设，城市治安、教育、卫生、社保等公共服务有效供给等主体功能，政府财政、科技等公共政策在企业创新和新技术发明中还具有非常重要的引导和激励效应。所以智慧城市建设必须充分发挥政府的"智慧"，通过政府与企业、市民的合作，在城市多方利益群体的参与下，实现现代信息通信技术的全面应用，促进城市高效运转，解决城市面临的共同问题。

要素四：协作精神与伙伴意识。智能城市是一个开放性、全球化的城市，所以城市文化中必须体现协作精神和伙伴意识。当前产业和城市的垂直分工、水平分工程度都高度专业化，大到城市宏观发展战略的实施，小到一个产品或一项服务的高效产出都需要经过各部门、各类主体的协作供给方式来实现。当前全球化信息网络平台、物流运输体系的发展也大大降低了各种协作交流的成本，通过协作与交换，企业、消费者都可以获得分工的利益，整个城市的福利水平也会大大提高。

（三）"智慧"中小城市建设的战略意义

在北京、上海、广州、深圳、宁波等大城市都在加快智慧城市建设的背景下，促进中小城市智慧城市的建设也具有重要的战略意义。

长期以来，我国城市的规模结构偏大，大城市比例偏高且发展速度较快，截至 2017 年末，北京、上海等大城市市辖区的人均 GDP 达到 1.5 万美元左右，进入发达城市行列。但我国大城市的快速发展对周边特别是中西部地区中小城市的带动作用并不明显，导致一方面大城市的发展比较粗放，消耗了太多的资源和能源，带来了严重的环境污染、交通拥堵等城市问题，许多大城市的发展都超过了其资源和环境的承载能力；另一方面我国中小城市的比重偏低，而且发展比较缓慢，截至 2017 年底，中西部大部分中小城市市辖区的人均 GDP 在 7000 美元左右。因此，加快中小城市发展就是实现我国经济可持续发展和区域均衡发展的重要出路。然而，由于我国大多数中小城市的发展历史还比较短，发展理念并不清晰，同时也不能再重走大城市的传统发展道路，所以科学的理念是我国中小城市能否健康发展的关键。智慧城市的理念本身就是学术界和城市实践者智慧的结晶，其所倡导的"智慧产业""智慧管理""智慧生活"等理念是现代城市发展的终极目标，是现代城市发展的重要途径，也是中小城市科学定位、打造发展特色的科学规律，所以"智慧城市"才是引领我国中小城市未来发展的科学理念。

二、新密市智慧城市的建设实践

（一）基本形成了智慧城市建设理念

近年来，郑州作为国家中心城市，非常注重其中心城市功能的发挥，在加快郑东新区和郑州航空港综合试验区建设的基础上，遵照城市科学发展的规律，提出了智慧城市建设战略目标。早在 2013 年 1 月，郑州就成为首批国家 90 个智慧城市建设试点之一。2013 年 9 月，郑州市制定了《关于加快建设智慧城市的实施意见》，该意见计划在 2015 年底建成国家智慧城市示范区。将郑州建设成为基础设施能级跃升、智慧应用效能明显、产业支撑能力突出、引领辐射作用较强的国家智慧城市建设示范区。其中，无线宽带网络覆盖率达到 98%，城市交通主干道平均车速超过 40 千米/小时，电子信息产业销售总收入突破 5000 亿元。作为郑州中心城区的卫星城市，新密主导产业长期以来主要以煤炭、耐火材料和造纸等高投入、高消耗和高污染产业为主，近年来新密煤炭、造纸、耐材三个产业的增加值占据整个地区生产总值的 50% 左右，整个经济对资源型工业的依赖性太强，而服务业发展明显滞后，服务业增加值占比仅 26.3%，远远低于郑州市 39.6% 的比例。在当前资源短缺和环境污染加剧等多重压力下，新密面临巨大的转型任务，其智慧城市建设的好坏也直接关系到郑州市智慧城市建设目标能否实现。实际上，新密市也具备智慧城市建设的独特优势，作为华夏文明的发源地，新密拥有深厚的文化历史底蕴，旅游业、文化创意产业等绿色产业的发展潜力巨大；新密地处以郑州为中心的中原城市群隆起带和"郑州半小时经济圈"内，交通区位优越，这有利于新密在商品、信息、人才、技术等方面的对外贸易与交流；丰富的矿产资源和工业基础，使得新密财政实力雄厚，居民收入比较高，这为智慧与低碳城市建设奠定了良好的经济基础。虽然新密还没有正式提出智慧城市建设的战略规划，但近年来政府也非常重视城市的转型发展，在政府的各类发展战略规划中都体现了产业结构转型，宜居型城镇建设，生态环境保护与治理，鼓励人才、科技和创新发展等有关智慧城市建设的理念（见表1）。

表1　新密市智慧城市发展理念

支撑战略	规划理念	规划内容
（1）郑州市"十三五"规划（2）新密市"十三五"规划（3）郑州市城市总体规划（4）新密市城市总体规划（5）2015~2020年新密市新型城镇化产业发展规划（6）2015~2020年新密市政府工作报告	产业结构转型	加快传统工业的高新技术改造（耐火材料和能源工业），发展绿色产品，提升特色工业优势
		加大战略性新兴产业发展（装备制造业，信息技术等高新技术业，旅游业、房地产业、现代商贸流通业等现代服务业，特色农业等），促进三次产业协调发展
	宜居型城镇建设	全面推进中心城区和曲梁新城建设，城镇化率达到60%
		通过合村并城，新建50个新型农村社区，初步形成城乡一体发展新格局
	生态环境保护与治理	保护森林植被，提高生态容积率；逐步实行排污权交易，提高减排效能
	人才、科技与创新发展	设立人才专项资金，建立人才服务中心和人才培养基地，全市人才总量达到8万人
		加大研发投入与产学研结合，全社会研发投入占生产总值比重达2.5%
		高层次创新型科技人才达到500人，科技创新团队达到10个左右

（二）智慧城市的建设模式与成效

1. 探索"资源型经济"向"智慧经济"转型的新模式

智慧经济的发展并不存在单一的发展模式，经济的转型发展也必须遵循客观经济规律。根据产业演进的规律，只存在"夕阳技术"，不存在完全的

"夕阳产业"，新密市在从"资源型经济"向"智慧经济"的转型中就遵循了这一规律。

一方面，新密并没有完全抛弃原来的产业，而是利用科技创新来改造传统产业，进一步强化了其优势地位。例如，煤炭行业通过兼并重组，拉长了产业链条，洗选煤、煤电一体化和煤化工重点项目取得较快发展；耐材行业的技术装备水平和产品附加值有较大提升；造纸行业关闭了产量比较低的生产线，着力促进百万吨造纸、环保石头造纸等重大项目建设，重塑造纸产业新优势；建材行业正向新型、绿色和节能型建材产品发展。

另一方面，通过产业集聚区和产品品牌建设，发展战略性新兴产业，促进产业结构升级。政府在距离郑州城区比较近、区位优势明显的地方建设了四家服装产业集聚区，产业集聚区集生产加工、仓储物流、研发办公、品牌孵化、会展贸易、商务服务等功能于一体，有利于发挥服装产业的外部经济、规模经济、范围经济和集聚经济效益。以产业集聚区为平台，通过积极承接省内外服装等产业转移，吸引了一批品牌企业，整个服务产业的知名度和市场占有率也大大提升。此外，新密通过对采石场的集中整治工作，关停了一些对环境和生态破坏较大的采矿场，加大了这些矿区的生态绿化工作，建成了多个文化旅游强镇，近郊旅游业也取得较快发展，不仅新密的生态环境有了大的改观，还为城市居民提供了更多的游憩场所，为郊区农民创造了更多收入来源。

2. "智慧环境"的区域化治理模式

由于环境污染的负外部性特征和区域溢出效应，环境美化工作具有区域公共产品性质，只有所有地区的污染都得到有效治理，整个区域的环境才能真正改善，否则仅仅在城市或某一行业进行的治污与绿化活动，很难从根本上改善好整个区域环境。新密市针对资源过度开发带来的环境污染和生态破坏等问题，采取了区域全面治污与保洁绿化的工作模式，智慧环境建设取得一定成效。

一方面，在全国率先实现餐厨、生活垃圾零排放与循环利用。近年来，新密市日产生活垃圾 600 吨，生活垃圾及传统的填埋和焚烧等处理方式也是环境污染的重要源头。新密市建成了全国县市中首个生活垃圾、餐厨垃圾回收再利用项目，从源头上杜绝了"地沟油"的出现，实现城乡餐厨、生活垃圾"零排放、零填埋"和循环利用,并产生了巨大的经济效益。

另一方面,实现城乡环卫保洁一体化。新密市早在 2009 年就在整个城乡范围开展了环境综合治理工作,在城区积极推广天然气等清洁能源的使用,开展汽车尾气的控制和建筑扬尘的治理,在废旧矿区进行移民搬迁、综合整治和旅游开发,在每个村庄建设环卫站和环卫工人,实现了环卫保洁城乡一体化。这一区域化"智慧环境"建设模式使整个区域的环境质量明显改善,空气总体质量在郑州区县中上升到首位。

3."智慧生活"的首要任务是保障民生

国外智慧城市建设中对"智慧生活"的目标是丰厚的收入、现代化的社区、智能的家居、便捷的商业和社会服务网络等,而这一建设目标是以人均收入很高、收入差距较小、中间白领阶层规模较大这一收入分配结构为基本前提的。针对我国人均收入还处于中等水平、收入分配差距较大、中间阶层规模偏小的收入分配状况,"智慧生活"目标应该是分区域分阶段来逐步实施,就中部地区的中小城镇来讲,当前"智慧生活"建设的首要任务还是保障民生。

近年来新密市在经济社会发展中,非常注重基本的民生保障。教育方面,建立了义务教育均衡发展督导监测机制,全面改变农村学校落后面貌,义务教育呈现均衡发展态势,2016 年新密成为全国首批教育均衡先进县市。医疗卫生方面,政府以人人享有卫生服务为目标,积极承担卫生服务供给职责,注重新型农村卫生服务中心建设、乡镇医疗机构的人才队伍建设、卫生信息化建设。社区建设方面,积极开展新型农村社区试点建设工作,注重科学规划、硬件设施建设和环境绿化,注重产业结构的调整与新型农村社区居民就业的有效结合。

三、新密市智慧城市建设的问题与困境

虽然新密在智慧城市建设方面展开了积极探索,取得了一定成效,但目前的战略思路过于强调产业层面和技术层面,导致智慧城市的战略定位不清晰、智慧人才比较匮乏、政府的智慧管理水平比较低,与全面建设智慧城市的目标还有很大距离。尤其是新密与郑州国家中心城市建设还需要

精确的定位。

第一，"智慧城市"的战略定位不清晰。在智慧城市建设框架中，最核心的是经过公众参与和顶层设计形成的智慧城市战略思路，通过该战略思路明确智慧城市建设的方向，指导智慧城市建设的各项内容，保障智慧城市建设中各群体的合法利益。我国一些地区的智慧城市建设中，已经基本明确了战略方向，如南京智慧城市建设主要以智慧基础设施、智慧产业、智慧政府、智慧人文等建设为突破口；杭州创新性地提出了"绿色智慧城市"，把"绿色"和"智慧"作为城市发展的突破路径；成都、重庆主要以智慧人文、智慧生活为目标；宁波智慧城市建设主要以六大智慧产业基地发展为重点。

由于中小城镇在城镇体系分工中主要承担卫星城的功能，所以中小城镇智慧城市的建设更需要在整个区域发展背景下，明确自身战略定位。虽然新密市在产业转型发展、环境治理、保障民生等方面取得了一定进展，但至今还未形成智慧城市战略规划，这会导致目前的人力、物力和财力等投入的分散，并且这些投入与智慧城市建设的需求严重错位，不仅不能适应"中原经济区"及郑州大都市区经济社会发展的需要，还制约着新密智慧城市建设的进度。

第二，"智慧"人才比较匮乏。高层次人才从供给层面提高产品技术含量、提高企业生产效率和管理效率，从需求层面拉动高档产品和服务的需求，是智慧城市建设的基本要素。智慧人才的禀赋可以通过"初中在校生巩固率""高中阶段毛入学率""城镇单位从业人员平均工资"和"城镇人均年图书的总流通次数"四个指标进行衡量，其中前两个指标反映居民对教育的重视程度，初中在校生巩固率和高中阶段毛入学率越高，居民对教育和知识越重视；第三个指标反映高层次人员的比重，城镇单位从业人员平均工资越高，说明高层次人才的比重越高；第四个指标反映人口终身学习的情况，城镇人均年图书的总流通次数=年图书总流通人次/城镇常住人口总数，该指标越高，说明该地区人口越注重终身学习。

表2反映了2016年新密市智慧人才的禀赋情况，可以看出，2016年，新密市"初中在校生巩固率""高中阶段毛入学率"两个指标的数值都低于全省的平均水平，说明当前新密市整体上对知识的尊重程度、对教育的重视程度非常低；2016年，新密城镇单位从业人员平均工资为30696元，低于

全省平均水平，在全省 109 个县和县级市中仅排名第 40 位，说明新密高技术人才的比重还偏低，这与新密人均 GDP 极不相称；2016 年，新密城镇人均年图书的总流通次数为 0.27 次，远远低于郑州市平均水平，说明新密人口终身学习偏少。总之，新密整体而言对教育和知识不够重视，智慧人才比较稀缺，导致经济社会发展的质量不高，这也是新密智慧城市建设的重要瓶颈。

表 2　2016 年新密市智慧人才禀赋情况

指标	新密	全省平均水平	新密在全省所有县和县级市中的排名
初中在校生巩固率（%）	85.5	90.9	71
高中阶段毛入学率（%）	85.2	90	40
城镇单位从业人员平均工资（元）	30696	37338	40
人均 GDP（元）	64123	31499	7
城镇人均年图书的总流通次数（次）	0.27	1.41	——

第三，政府"智慧管理"水平有待提高。智慧管理主要指政府等公共部门通过信息网络技术、新媒体和现代化管理手段的应用，提高城市综合治理及各项政治、经济管理的绩效和透明度，包括信息公开、电子政务和网络问政等方式。智慧管理不仅要提高政府内部的管理效率，更重要的是政府通过对各种信息资源的整合，把各类公共服务信息向公众公开，满足当前社会人们对信息的广泛需求。政府还要建立城市管理的公众参与机制，鼓励企业和居民表达自身的利益诉求，向社会分享各种有价值的信息，比如实时的交通信息等。

新密市从 2006 年就开始建设电子政务平台，该平台在政府、行业、领域等内部实现了一定程度的交互关联，近年来又提出推动新密市政务信息化、农村信息化、企业信息化、民生信息化四大体系建设。但由于我国地方政府职能界定不清晰，政府机构设置不尽合理，多个部门的职能交叉重叠，政府绩效评价机制不科学，公共服务意识比较薄弱，导致各类信息不能及时更新、整合和发布，比如新密的门户网站"中国新密"打开的速度非常慢，很多时候都不能正常浏览，新密统计信息网也不能登录，基本的统计信息都没有有效公开。同时，新密电子政务平台缺少网络问政功能，公民的利益诉求不能及时表达，政府也缺乏相关的回应机制，企业、居民对政府管理的参与度非常低。总之，政府作为智慧城市建设的"司令部"，其智慧管理的水平亟待加强。

四、河南省智慧中小城镇的建设路径

围绕郑州中心城市建设的需要，针对新密市智慧城市建设的实践经验、问题与困境，结合智慧城市的内涵和核心要素，本文就河南省智慧中小城镇建设提出以下建议：

第一，科学规划智慧城市的战略思路。智慧城市战略思路的设计应遵循以下原则：一是智慧城市规划也是城市中长期发展战略的一部分，应该纳入城乡总体规划的核心内容，并与区域发展规划、地方经济与社会发展规划等目标相一致；二是智慧城市的规划过程应建立行之有效的公众参与机制，体现各利益群体的正当利益；三是战略思路不一定是非常宏大的目标和跨越式的发展，而是对原来发展思路的矫正与完善；四是智慧城市规划重在实施，应明确具体实施、推进、协调和评估机制。

第二，正确发挥政府的主导作用，提高城市治理水平。在智慧城市建设中如何正确发挥政府和市场的作用也是一个非常重要的课题，通常来讲，政府在智慧城市建设中的主导作用应包括：组织智慧城市规划的制定，维护智慧城市规划的效力，并委托和监督相关部门开展城市基础设施建设和公共服务的有效供给；通过各项公共政策组织、协调、引导、激励社会公众（企业、居民、非营利组织、外来人口等）参与智慧城市建设；建立负面清单制度，政府不得以智慧城市建设为由，破坏市场秩序，或做出强征土地及其他侵犯市民个人利益或公众共同利益的行为。

第三，遵循产业发展客观规律，建立自下而上的研发与创新机制。科研工作具有集聚和规模效应，中小城镇的科研人员和科研机构的数量是非常有限的，要在中小城镇产生重大技术发明或者发展前沿的战略性新兴产业都是不切实际的，所以中小城镇的产业发展、科技与创新等模式应区别于大中城市。就产业结构的升级来讲，中小城市不一定要大力发展信息或相关高新技术产业，而是鼓励企业积极引进先进技术来改造传统产业，基于要素禀赋和区域产业分工体系，来打造城市自身的主导产业优势。生产、设计、营销、管理等具体环节都有技术创新的需求，所以中小城镇的技术创新要体现在细微环节方面，应建立从基层员工到高级管理层的自下而上的研发和创新机制。

第四，尊重知识和人才，营造终身学习的文化氛围。知识和人才是创新的源泉，终身学习是创新的持续保障。由于当前河南省经济发展和公共服务供给的不平衡性，中小城镇不仅引进人才难，留住人才更难，所以中小城镇一方面要加大教育投入，努力建设至少一所符合城市特色的大学、学院或社区大学，为高层次人才的培养和继续教育提供平台；另一方面要建立科学的绩效评价机制，充分发挥高层次人才的作用，营造终身学习的文化氛围。

参考文献

[1] 许庆瑞，吴志岩，陈力田. 智慧城市的愿景与架构 [J]. 管理工程学报，2012，26（4）.

[2] 巫细波，杨再高. 智慧城市理念与未来城市发展 [J]. 城市发展研究，2010，17（11）.

[3] 付允，汪云林，李丁. 低碳城市的发展路径研究 [J]. 科学与社会，2008（2）.

[4] 刘文玲，王灿. 低碳城市发展实践与发展模式 [J]. 中国人口·资源与环境，2010，20（4）.

（作者分别系郑州财经学院经济研究所所长，建设创新型国家战略
推进委员会（北京智库）研究员，经济学博士、博士后；
开封市委党校计算机教研室副教授）

河南省民办本科院校高等教育发展对策
——基于河南省高等教育质量状态的数据分析

王　宇

摘　要： 河南省是我国人口大省和高考大省，但高等教育却"大而不强"，存在着优势教育资源稀缺、资金投入不足等突出问题，相关研究一直把河南省列入"教育投入薄弱型"省份。长期以来，民办高校作为社会力量对国家办学的补充，一直处于拾遗补阙的"配角"地位，在办学层次、教育质量和综合实力上要明显低于公办高校。经过 30 年的发展，河南省民办高校在数量和规模上已具相当的实力。本文旨在通过对河南省高等教育质量状态有关数据进行分析，分析民办本科高等教育发展面临的主要问题，并提出河南省民办本科院校高等教育发展的对策和建议。

关键词： 民办本科高校；高等教育发展；数据分析

一、河南省高等教育质量状态分析

（一）河南省普通本科教育规模与人才培养目标

1. 河南省普通本科高校数量情况

2017 年，河南省共有普通本科高校 55 所。其中，"211"高校 1 所，省部（局）共建高校 10 所，其他公办高校 28 所，民办高校 17 所，如表 1 所示。

表 1　河南省普通本科高校数量

单位：所

年份	河南高校	"211"高校	省部（局）共建高校	其他公办高校	民办高校
2017	55	1	10	28	17
2016	55	1	10	28	17
2015	52	1	9	26	17
2014	52	1	8	27	17
2013	50	1	8	27	15
2012	47	1	8	32	7

注：郑州航空工业管理学院于 2018 年 1 月成为河南省第 11 所省部（局）共建高校。

2. 河南省普通本科高校在校生规模情况

55 所普通本科高校在校本科生规模达到 971737 人，其中，民办高校在校本科生规模 233602 人，占 24.04%，如表 2 所示。

表 2　河南省普通本科高校在校本科生规模

单位：人

类别	在校本科生
河南高校	971737
"211"高校	53878
省部（局）共建高校	308292
其他公办高校	426240
民办高校	233602

3. 河南省普通本科高校人才培养目标

河南省 55 所普通本科高校在人才培养目标上可分为五种类型："创新型""创新复合型""应用复合型""创新应用型""应用型"。其中，民办高校主要定位在"创新应用型"和"应用型"，如表 3 所示。

表 3　河南省普通本科高校人才培养目标分布情况

学位	河南高校		"211" 高校		省部（局）共建高校		其他公办高校		民办高校	
	数量（所）	比例（%）	数量（所）	比例（%）	数量（所）	比例（%）	数量（所）	比例（%）	数量（所）	比例（%）
创新型	2	3.65	1	100.00	1	10.00	1	3.57	—	—
创新复合型	3	5.45	—	—	3	30.00	—	—	—	—
应用复合型	3	5.45	—	—	—	—	3	10.71	—	—
创新应用型	25	45.45	—	—	5	50.00	12	42.86	8	47.06
应用型	22	40.00	—	—	1	10.00	12	42.86	9	52.94

（二）师资队伍与教学条件

1. 河南省普通本科高校师资数量

从师资结构看，河南省 55 所普通本科高校专任教师总数达到 62032 人，其中，民办高校 10922 人，占河南省本科高校专任教师总数的 17.61%，如表 4 所示。

表 4　河南省普通本科高校专任教师数及比例

	河南高校	"211" 高校	省部（局）共建高校	其他公办高校	民办高校
数量（人）	62032	3734	18654	28722	10922
比例（%）	100.00	6.02	30.07	46.30	17.61

2. 河南省普通本科高校师资结构

从学位结构看，河南省民办本科高校具有博士学位的教师有 797 人，占民办高校专任教师总数的 5.43%；具有硕士学位的专任教师 8307 人，所占比例为 56.64%；学士及以下学位的专任教师有 5563 人，所占比例为 37.93%。具体学位结构如表 5 所示。

从职称结构看，民办本科高校具有正高级职称的教师有 1483 人，占民办高校专任教师总数的比例为 10.86%；具有副高级职称的教师有 3355 人，所占比例为 24.57%；具有中级职称的教师有 5651 人，所占比例为 41.38%；具有初级及以下职称的教师有 3167 人，所占比例为 23.19%。具体职称结构如表 6 所示。

表 5 河南省普通本科高校专任教师学位结构

学位	河南高校		"211" 高校		省部（局）共建高校		其他公办高校		民办高校	
	人数（人）	比例（%）	人数（人）	比例（%）	人数（人）	比例（%）	人数（人）	比例（%）	人数（人）	比例（%）
博士	13669	22.02	1873	50.51	8315	44.65	4557	15.83	797	5.43
硕士	31247	50.33	1324	35.71	7355	39.49	15585	54.13	8307	56.64
学士及以下	17168	27.65	511	13.78	2954	15.86	8651	30.05	5563	37.93

表 6 河南省普通本科高校专任教师职称结构

职称	河南高校		"211" 高校		省部（局）共建高校		其他公办高校		民办高校	
	人数（人）	比例（%）	人数（人）	比例（%）	人数（人）	比例（%）	人数（人）	比例（%）	人数（人）	比例（%）
正高级	6898	11.53	679	18.89	2762	15.16	2203	8.01	1483	10.86
副高级	17096	28.58	1228	34.16	6035	33.12	7706	28.03	3355	24.57
中级	27204	45.48	1579	43.92	8552	46.93	13001	47.30	5651	41.38
初级及以下	8618	14.41	109	3.03	873	4.79	4578	16.65	3167	23.19

从年龄结构看，民办本科高校中年龄在 35 岁及以下专任教师数量有 7518 人，占民办高校专任教师总数的 51.30%；年龄在 36~45 岁的有 3278 人，所占比例为 22.37%；年龄在 46~55 岁的有 1528 人，所占比例为 10.43%；年龄在 56 岁及以上的有 2331 人，所占比例为 15.91%。具体年龄结构如表 7 所示。

表 7 河南省普通高校专任教师队伍的年龄结构

年龄	河南高校		"211" 高校		省部（局）共建高校		其他公办高校		民办高校	
	人数（人）	比例（%）	人数（人）	比例（%）	人数（人）	比例（%）	人数（人）	比例（%）	人数（人）	比例（%）
35 岁及以下	23653	38.14	838	20.60	5665	30.41	10470	36.45	7518	51.30
36~45 岁	21585	34.81	1473	39.72	7486	40.19	10821	37.67	3278	22.37
46~55 岁	12437	20.06	1158	31.23	4504	24.18	6405	22.30	1528	10.43
56 岁及以上	4335	6.99	239	6.45	973	5.22	1031	3.59	2331	15.91

（三）专业建设与改革

1. 本科招生专业总数

河南省普通本科高校中，本科招生专业为 70 个以上的以及在 61~70 个的高校中没有民办本科高校；本科招生专业在 41~60 个的高校有 17 所，其中民办高校 2 所；本科招生专业在 40 个以下的高校有 26 所，其中民办高校 15 所。如表 8 所示。

表 8　河南省普通本科高校招生专业

单位：所

	河南高校	"211" 高校	省部（局）共建高校	其他公办高校	民办高校
70 个以上	5	1	4	1	—
61~70 个	7	—	1	6	—
41~60 个	17	—	2	13	2
40 个以下	26	—	1	11	15

2. 特色专业建设情况

河南省普通本科高校共有国家级特色专业点 95 个、省级特色专业点 345 个。其中，民办高校无国家级特色专业，有 33 个省级特色专业，如表 9 所示。

表 9　河南省普通本科高校特色专业建设情况

单位：个

	河南高校	"211" 高校	省部（局）共建高校	其他公办高校	民办高校
国家级	95	14	64	31	—
省级	345	16	141	171	33

3. 专业综合改革试点建设情况

河南省普通本科高校共建设国家级专业综合改革试点 37 个，省级专业综合改革试点 246 个。其中，民办高校无国家级专业综合改革试点，省级专业综合改革试点 27 个，如表 10 所示。

表 10　河南省普通本科高校专业综合改革试点建设情况

单位：个

	河南高校	"211"高校	省部（局）共建高校	其他公办高校	民办高校
国家级	37	6	28	9	—
省级	246	14	87	132	27

4. 精品课程建设情况

河南省普通本科高校共建设国家级精品课程 60 个，省级精品课程 433 个。其中，民办高校无国家级精品课程，省级精品课程 4 个，如表 11 所示。

表 11　河南省普通本科高校精品课程建设情况

单位：个

	河南高校	"211"高校	省部（局）共建高校	其他公办高校	民办高校
国家级	60	14	50	10	—
省级	433	31	237	192	4

5. 精品资源共享课程建设情况

河南省普通本科高校共建设国家级精品资源共享课程 52 个，省级精品资源共享课程 218 个。其中，民办高校无国家级精品资源共享课程，省级精品资源共享课程 7 个，如表 12 所示。

表 12　河南省普通本科高校精品资源共享课程建设情况

单位：个

	河南高校	"211"高校	省部（局）共建高校	其他公办高校	民办高校
国家级	52	14	39	13	—
省级	218	19	110	101	7

6. 生均教学科研仪器设备值情况

生均教学科研仪器设备值在 20000 元以上的 4 所高校中没有民办高校；生均教学科研仪器设备值在 10000~20000 元的高校为 20 所，所占比例为 36.36%，包括民办高校 3 所；生均教学科研仪器设备值在 7500~10000 元的高校有 10 所，所占比例为 18.18%，包括民办高校 2 所；生均教学科研仪器设备值在 5000~7500 元的高校有 16 所，所占比例为 29.09%，此区间的民办高校数量最多，为 9 所；生均教学科研仪器设备值在 5000 元以下的高校有 5 所，所占比例为 9.09%，全部为民办高校。如表 13 所示。

表 13　河南省普通本科高校生均教学科研仪器设备值情况

单位：所

	河南高校	"211"高校	省部（局）共建高校	其他公办高校	民办高校
20000 元以上	4	1	3	1	—
10000~20000 元	20	—	5	12	3
7500~10000 元	10	—	2	6	2
5000~7500 元	16	—	—	7	9
5000 元以下	5	—	—	—	5

二、河南省民办本科高等教育发展面临的主要问题及思考

（一）师资队伍薄弱，结构不合理

从在校生规模上看，河南省民办高校在校本科生占全省总数的 24.04%；从师资结构看，河南省民办本科高校专任教师人数占全省总数的 17.61%；从学位结构看，河南省民办本科高校具有博士学位的人数只占民办高校专任教师总数的 5.43%，学士及以下的占比高达 37.93%；从年龄结构上看，河南省民办本科高校专任教师年龄在 35 岁及以下的高达 51.30%，56 岁及以上的也以 15.91% 的百分比远远高于公办高校。从数据对比中可以得知，河南省民办本科高校大多从人员成本角度考虑，专任教师数量不足，且学历普遍偏低。专职教师多是刚毕业的年轻研究生和年纪较长的各学校、各单位的退休人员，导致民办本科高校年龄两极分化严重，断层现象普遍。

（二）专业及课程建设差距明显

对河南省民办本科学校而言，欠佳的师资队伍力量已成为制约其健康发展的重要因素，导致其在专业建设及课程建设等方面远远落后于公办院校。

从专业数量上看，河南省民办本科高校招生专业基本都在 40 个以下，实际上除了黄河科技学院等少数几个老牌民办高校外，大部分民办高校由于升本较晚，本科专业一般不超过 20 个，但呈现出逐年递增的趋势。此外，民办本科高校的专业建设及课程建设也非常薄弱，与公办高校存在明显差距。在特色专业建设、专业综合改革试点建设、精品课程建设和精品资源共享课程建设等方面，民办本科高校均没有国家级项目，省级项目在全省的占比也分别仅有 9.57%、8.54%、0.92% 和 3.21%。究其原因，一方面是民办本科高校大多刚刚起步，内涵建设还需积累；另一方面，师资结构导致民办高校普遍缺乏学术带头人和中青年科研骨干。此外，其主要原因还包括民办高校的生存压力。目前，民办高校仍处于夹缝中求发展的现状，政策的支持不具体、资金来源过于单一、高学费及偏低的社会认同也导致生源的数量及质量不够稳定，迫使民办高校的主要精力无法转向内涵建设。

三、对策与建议

要解决上述问题，除各级政府需进一步明确对民办教育的支持，细化并落实各项促进政策外，民办本科高校也应多渠道克服自身劣势，充分发挥自身优势。

（一）争取政策支持，拓宽自身融资渠道

河南省民办本科高校大多没有实体支撑，主要靠投资人个人投资，因此资金来源非常单一。要解决这一问题，还应由有关部门从教育成本分担、教育公平角度着眼，出台科学合理的财政支持政策，以及相关的高校信贷政策，争取更多的财政支持与银行贷款；而学校也应积极扩展筹资办学渠道，扩大视野，增加内源融资比例，尝试融资租赁、信托融资等新型融资方式，从而更好地促进民办高校的发展。

（二）优化师资结构，提高教师待遇

民办本科高校的师资结构虽在短时间内难以有大的改变，但校方应以此为导向，严格控制教师课时量，尽量避免将教师作为"上课机器"，促使教

师有更多的时间和精力提升自身教学水平及科研水平；同时，发挥好老专家的"传帮带"作用，制定合理的教科研激励体制，积极培养自己的中青年教科研骨干力量。此外，要进一步提高教师待遇，保障教师各方面的权益，完善教师住房、生活条件、子女教育等，解决教师后顾之忧，依靠稳定、不断发展的工作生活条件来激发教师的工作动机和热情。

（三）深化校企合作，推动协同创新

民办高校作为"体制外单位"，本身就是创新与创业的结果，在当前"大众创业、万众创新"的时代背景下，民办本科高校应紧抓"互联网+教育"的新形势，以市场为导向，以整合校企共建资源为切入点，从服务区域经济、服务社会整体出发，进一步深化校企合作，推动协同创新的新模式。不管在专业建设方面，还是创新创业教育方面，充分发挥企业的优势，结合高校自身特点，均有助于提升民办本科高校自身的办学活力，实现弯道超车。

（四）强化社会服务，提升社会认同

服务社会是高校三大基础功能之一，也是民办本科高校融入社会经济、实施开放式办学、提升社会认同的必由之路。要提升民办高等教育服务经济社会的能力，需要将学校定位与经济社会发展进行深度融合，突出社会服务的针对性和实效性。目前，河南省民办本科高校人才培养目标定位均为"创新应用型"与"应用型"，各校应遵循应用型人才的培养规律和成长规律，坚持和创新"学历教育与职业技能培养相结合"的人才培养模式，以提升质量为核心，以体制机制创新为重点，加强产学研合作教育，致力于培养高素质技术技能型人才，进一步凸显新型工业化进程中产业结构调整和转型升级的科技支撑优势，为地方经济社会发展贡献更多的力量。

参考文献

[1] 李庆阳. 河南省民办高校转型发展模式研究——体制特征、动力机制、路径选择 [J]. 商丘师范学院学报，2017（7）.

[2] 杨雪梅. "倒逼机制"下我国民办高校质量提升路径探析 [J]. 郑州大学学报，

2012（6）.

[3] 闫书华.河南省民办高校发展的困境及出炉 [J].浙江树人大学学报，2016（3）.

[4] 刘璐璐.河南省民办高等教育发展中的问题及对策研究 [D].郑州：郑州大学，2012.

[5] 杨存博.河南省民办高校发展战略研究 [D].郑州：河南大学，2016.

（作者系郑州财经学院副教授）

河南运用"互联网+"推进非公企业党建创新探析

郭嘉儒

摘　要：非公企业对河南经济发展的重要性日益增强，但政府对河南省内非公企业的引导和治理却存在诸多不足。非常突出的问题就是省内非公企业党建面临诸多困境，在全面从严治党的形势下加强对省内非公企业党组织的治理和创新探索势在必行，而"互联网+"为其提供了破题之策。

关键词：河南；非公企业党建；"互联网+"；创新

当前河南非公有制经济发展迅速，已经成为河南省市场经济的重要组成部分和社会发展的重要基石，但与之形成鲜明对比的是河南省非公有制企业党建的滞后状况，这种不对称的格局严重影响了政府对河南省内非公企业的引导和治理。习近平总书记指出："非公有制企业的数量与作用决定了非公企业党建工作只能越来越重要，必须加大力度将其切实抓好。"同时，中共十九大报告指出："注重从产业工人、青年农民、高知识群体中和在公有制经济组织、社会组织中发展党员。"只有抓好省内非公企业党建，积极在非公企业中推进党组织建设、发展壮大党员队伍，才能不断巩固并扩大党的执政基础，提升基层党组织的战斗力，维护广大非公企业从业者的合法权益，保障非公企业健康发展，推进河南经济强省建设，决胜全面小康，让中原更加出彩。

一、河南推进非公企业党建的困境

河南推进非公企业党建面临困境的主要根源在于非公企业和党建在组织性质和工作逻辑上的差异，具体而言，目前非公企业党建困境主要表现在以下几个方面：

（一）党组织组建困难

1. 党组织组建所需的条件与企业发展特点之间存在矛盾

党组织的组建需要相对稳定和成员集中的环境，但是省内非公企业从业人员流动性较高，而且非公企业中占比较高的中小企业人员少、规模小、较为分散，这导致非公企业由于党员数量不足以建立党组织，或者因党员流失率较高，党组织无法维持。

2. 发展党员的程序与省内非公企业职工特点之间存在矛盾

首先，省内非公企业党员数量较少，党员发展较为困难。一是相对于机关事业单位和国企，河南省非公企业的党员数量较少。二是非公企业从业人员工作节奏快、压力大，政治热情不高，入党和参与党组织生活的意愿较低。三是非公企业从业人员的流动程度较高，而党组织对党员的考察需要经过较长的时间。其次，省内非公企业党组织的组建率较低，特别是数量较大、占比较高的中小企业党组织的组建率特别低，区域间的差异非常大。普遍规律是非公企业发展状况越差，党组织的组建率也越低。

（二）党务工作队伍力量较弱

1. 非公企业党组织书记的整体素养偏低

非公企业党组织书记一般学历不高、年龄较大、对互联网技术不太熟悉，或者同时担任企业其他岗位的工作，对党务工作和企业业务都很熟悉并能熟练运用互联网技术做好党建工作的党组织书记较为缺乏。

2. 专门的、处理党务能力较强的党务工作人员匮乏

由于企业的营利性质，非公企业中专门从事党务工作的人员非常少，而且他们常常身兼数职，分身乏术，无暇顾及党务工作。同时，一些企业党建

工作的开展受到企业领导层的影响，有些领导怕受到党组织监督的制约，影响自己的威信和企业的正常运转，对党组织的活动不重视、不支持。领导的重视程度与党建工作的开展状况密切相关，领导重视则党建工作便会开展得较好，否则就较差，或者即使开展也由于不能落实保障机制等而难以调动积极性。

3. 党建指导员对企业党建工作的指导作用没有得到充分发挥

大部分党建指导员只发挥联络员的作用，对企业党建工作的指导较少。还存在部分党建指导员因为企业领导对党建工作支持力度不高而工作积极性较低，部分党建指导员缺乏创新精神，不能运用互联网技术服务党建工作，或者用公有制企业党建的办法开展党建工作，不仅不适应非公企业的具体情况，而且党建活动的时效性和吸引力也较低。

（三）党员的教育管理较为困难

1. 党员构成较为复杂，思想意识呈现多元化特征

省内非公企业党员的来源复杂多样、素质参差不齐、流动性非常高甚至呈现"朝增暮减"的特征，管理困难，有的党组织甚至连固定设置与规范运转都成为很大困难。党员的日常教育和培养入党积极分子工作困难重重，党员的高流动性与组织关系转接手续办理复杂、费时费力，导致"口袋党员"和"隐形党员"较多，党员的真实数量难以统计。有些党员认为参加党组织活动浪费了宝贵的工作时间，得不偿失，另外一些党员认为自己的党员身份对自己在企业工作没有帮助，还有部分党员受到个人主义、金钱至上等观念影响重利轻义、价值观扭曲、思想境界下降、宗旨意识淡化。

2. 对党员的教育管理方法缺乏创新，落后陈旧

省内的非公企业对党建工作重视程度不足，党性教育方法较少且陈旧，教育的系统性和针对性较弱。一些非公企业的党组织对党员的教育没有结合企业具体情况且缺乏时效性和长远规划，对互联网的利用非常少，使党员教育缺乏活力和吸引力。

（四）党建工作没有与企业发展实现良好融合

1. 党建工作没有与企业生产经营活动相融合

省内一些非公企业的党组织没有能够将党建工作渗透到企业生产经营过程的各个环节，没有发挥党组织的先锋模范和统率作用，使党建工作和企业发展呈现"两张皮"现象，使党组织逐渐被企业边缘化。

2. 党建工作没有与企业文化相融合

省内非公企业党组织往往将党建工作孤立对待，不能将党的宗旨、最高理想、最终奋斗目标和社会主义核心价值观等与企业文化进行深度融合，无法发挥党组织的思想引领作用，不能引导企业进行诚信经营。

3. 不能有效发挥党组织的凝聚力

省内一些非公企业党组织只发挥组织管理党员的职能，没有将维护广大职工的政治权益和物质权益及增强对职工的人文关怀纳入党建工作中来，没有让党员群众切身体会到党组织的温暖和力量，使企业党组织在职工中威信不高，向心力和凝聚力不足。

（五）党组织开展活动困难，党员参与率较低

1. 党组织开展的活动针对性较弱

省内部分非公企业党组织运用公有制企业的党建工作模式，但是由于企业性质的差异，这样的工作模式并不适用于非公企业。非公企业工作节奏快、强度高、职工工作压力大，党员常常没有时间参加党组织的活动，党组织也没有搭建互联网平台让党员在线上参与活动，这直接导致了活动的出勤率较低。

2. 党组织开展的活动规范性较低

非公企业的特征客观上导致部分企业难以按时组织"三会一课"，党建网络平台的缺乏使党员无法在闲暇时间利用网络平台进行"三会一课"的学习，导致多数非公企业党组织不得不将文娱活动作为党组织的主要活动形式，甚至一些非公企业党组织不组织任何活动。

3. 党组织活动缺乏经费和场地等物质保障

上级部门拨付的经费较少，常常存在经费保障力度较弱和覆盖不到位的

状况，许多非公企业对党组织活动的经费支持也非常少。同时，党组织也缺乏专门的活动场所致使活动开展较为困难。经费和场地都缺乏保障的现状使党组织的活动开展举步维艰，这常常是非公企业党组织无法组织活动的重要原因。

（六）党建管理体制较为混乱

河南省非公企业党组织实行多头管理和分散管理的管理模式，其隶属关系较为复杂，一些党组织按照属地管理划归乡镇党工委或者街道党工委管理，一些党组织按照协会管理划归商会党组织或企业协会党组织管理，一些党组织按照部门协助管理划归税务、工商等部门的党委管理，另外还有一些党组织按挂靠管理依托中介服务机构党组织管理。尽管这种多头管理模式存在其合理性，但也在很大程度上导致管理混乱，最终造成漏管、重管的现象。这种条块分割的管理模式导致各非公企业党组织难以很好地融合进地方党委的工作部署当中，严重影响了非公企业党建工作的开展。

二、运用"互联网+"推进河南非公企业党建创新的优势分析

"互联网+"非公企业党建是将互联网的理念与技术进行综合运用，依据全面从严治党的要求，改革河南省非公企业党建工作中与时代发展不相适应的方式方法，共同构筑党组织和党员、群众、社会的互动平台，使党建工作更加高效，党员管理规范化、合理化，充分提高河南省非公企业党建工作科学化水平。河南省实施"互联网+"非公企业党建存在以下几个方面的优势：

（一）有利于上级组织及时全面地掌握党建工作情况，提升决策的科学性、针对性

在纸质化时代，难以全面及时地掌握党员信息，"互联网+"时代到来后，通过建立全省统一的党员信息管理系统，利用这个大数据平台可以轻松掌握所有的党组织和党员信息。党员信息管理系统不仅可以及时掌握党员的

党费缴纳情况、参加学习情况、党组织开展党内政治生活情况，而且可以对这些信息进行结构性分析，便于及时了解非公企业党组织和党员发展中出现的问题，这样不仅可以节省大量的人力、物力成本，而且使上级组织能够直接有效地掌握最真实的信息，便于有针对性地施策。

（二）有利于省内非公企业党组织提升管理能力和服务水平，切实提高广大党员的满意度

通过运用互联网平台，党员可以在网上一键申请党组织关系的转移，不同企业间党组织通过网上沟通为党员"一站式"办理组织关系的转接，省去党员为组织关系转接多次奔波于两地间的麻烦，提升党员满意度，同时也避免了党员因为组织关系转接的麻烦而成为"隐形党员"或"口袋党员"，加强了党组织对党员队伍的管理。

便于进行信息公开、民主参与和民主决策，党组织可以通过网络平台将党组织相关信息及时传达给支部每个党员，增强党员的主人翁意识和责任感，从而积极参与党组织的活动并进行民主表决，增强了党组织的向心力和动员能力。

（三）有利于创新党员教育的形式和内容，提高党组织的吸引力

通过微信、微博、党建云平台、党建 APP 等媒介开展形式新颖、内容紧跟时代脉搏的党员教育。针对河南省非公企业党员的年龄、闲暇时间、学习偏好等特点，制定适应性强、受党员欢迎的学习内容，利用网络平台扁平化、发表意见机会更加公平的特征，可以让党员在网络平台先行讨论学习内容和会议内容，结合上级组织要求和党员的兴趣点，通过网络平台可以随时随地自主学习，使党员不仅热爱学习的内容，而且通过组织学习真正在思想、觉悟和能力上得到提高。

（四）有利于增进党组织内部的沟通和交流，增强党的向心力和凝聚力

互联网平台增加了党组织成员的沟通渠道，而且这种沟通方式更加扁平化，使党组织内部的沟通更加直接、平等。无论何时何地任何一位党员都可以通过网络平台将自己遇到的问题和所思所想反映给党组织，组织通过自身

的力量帮助其解决问题，从而形成良性互动，增进党内民主，使得党组织真正发挥党员群众利益捍卫者的作用，使党员群众的工作生活更加安定无忧。同时也让党组织对党员的情况了解得更加深入，以便于管理，进而增强党员对党组织的信任感，使党组织真正成为党员的精神家园。

（五）有利于落实全面从严治党的要求，严格党内纪律和规矩

省内非公企业党建工作常常被企业业务挤占时间，导致党组织的活动和党内政治生活不能正常开展，对党员的管理存在"宽、松、软"的问题，党的纪律和规矩落实不到位。如《党章》规定，党员连续六个月无故不参加党的组织生活，或者不能按时缴纳党费，或者拒绝做党要求的工作，即自行退党。但是党组织要将这名党员除名，就必须上报上级才能批准，这个程序非常烦琐且易产生矛盾，因此这一规定在现实中常常由于落实困难而成为一纸空文，《党章》的严肃性也就荡然无存了。如果运用互联网平台，这一程序可能只需要在网上敲击几个按钮就可以轻松完成，对党员的监督和约束就大大增强了，这有利于真正将全面从严治党的要求落实到实际工作中去。

三、运用"互联网+"推进河南非公企业党建创新的思路对策

"互联网+"和大数据的迅猛发展，为处于困境中的河南省非公企业党建提出了破题之策，也为非公企业党建迈向科学化、规范化道路指明了发展方向：

（一）树立服务非公企业发展的理念

中国共产党代表最先进生产力的发展方向，我们的党员都是各行各业最优秀的人才，我们在非公企业建立党组织的目的不单是对其实现更好的引导和监督，更是为了将党员调动起来，充分发挥党员的先进模范作用，激发企业所有员工的工作积极性和创造性。

省内非公企业党组织的发展为企业培养了更多的优秀人才，形成了良好的企业发展环境，从而更好地带动整个企业乃至整个行业的发展。企业领导

从党组织的发展中受益，也会更加支持党组织在企业的发展，进而形成良性循环。

党组织在省内非公企业发展中，不仅要在思想上调动员工工作积极性、提升员工的思想境界，而且要开展业务培训切实提高员工的业务能力，同时要尽可能为企业争取更多的政策支持，充分服务企业发展大局。

（二）运用大数据提高党组织对党员的管理能力

建立河南省非公企业党建数据库。"互联网+"时代，首先应意识到大数据在非公企业党建中的重要性。随着云计算在各领域的广泛运用，大数据开始迸发出自身的巨大能量。首先要做到最基础的工作就是建设全省范围的非公企业党组织、党支部和党员信息数据库，包括入党时间、党费缴纳情况、参加"三会一课"情况、组织关系转接情况等各方面的信息都要广泛容纳，确保所有党员的信息都能清晰、完整。

充分挖掘数据库以助力科学决策。在此基础上，充分运用云计算将这些数据进行全面分析，使上级组织对全省的非公企业党组织和党员情况有更加深入的分析和充分的了解，及时发现问题和不足并不断改进，为下一步决策提供科学依据，使非公企业党建朝着更加科学合理的方向发展。

（三）运用互联网技术建立"网站+ APP+社交平台"的非公企业党建模式

建立河南省非公企业党建网站。按照统一规格、版面、类目、风格等的要求，在建立统一的非公企业党建网站基础上，河南省各级党委建立本地方的非公企业党建网站。全省统一的党建网站便于党员学习和操作，同时涵盖范围广泛的内容也便于党员在网上完成各种手续办理。

开发河南省非公企业党建 APP，以顺应目前手机用户比例非常高的现实需求。党建 APP 应该涵盖党务工作的方方面面，不仅包括网上入党申请、在线党课、入党积极分子和预备党员的线上考核、网上转正申请、党费的在线缴纳、党组织关系的一键转接，还包括党员意见和建议的表达窗口、"三会一课"的线上开展、业务培训在线课堂等，真正方便党员参加党内生活。

在社交媒体如微信、微博上建立互动平台。不仅可以发布党务信息、企业信息、时政要闻、党员和群众呼声等信息，而且可以建立党组织内部聊天平台，使所有党员和群众都能够随时自由地表达自身的想法，增进员工间、员工与企业领导间的了解和感情，同时为员工提供一个维权的渠道，为企业领导实现更好的管理提供支持。

这种党建模式打破地域和管理层级的限制，解决党组织与党员错位的问题，使党组织与党员实现无缝衔接，同时也解决"隐形党员"和"口袋党员"问题。

（四）运用互联网平台为党员提供智能化、人性化的智慧教育

充分利用网络技术和互联网平台，依托党建专家的指导制作各种生动有趣的课件、音像、视频学习资料，上传至非公企业党建 APP，形成丰富鲜活的党员学习资料库，提升学习内容的趣味性。利用网络平台使党员可以在闲暇时间自主点播学习资料，解决党员工作和党课培训时间冲突的矛盾。

根据互联网时代党员的学习时间呈现碎片化的特征，制作一批紧跟社会热点和紧扣时代脉搏的微课程与微视频，让党员在零碎时间见缝插针地进行学习。这样的微课程、微视频不仅能够让党员充分了解社会动态，而且能够使党员最大限度地利用空闲时间进行学习提升，有效解决党员忙于工作无暇参加学习的困境。

开通微信公众号，每天按时推送趣味性较强的学习文章，可涵盖党务、业务、时事等各个方面，使党员寓学于乐。另外，还可以建立党员学习微信群，让党员将自己的学习心得和意见建议在党员群中进行交流，通过沟通不仅能够提升学习效果，而且能够增进党组织和党员间的感情。

（五）加大对非公企业党组织的经费和人员支持力度

加大财政专项拨款力度，使非公企业党组织有充足的资金支持其开展工作。同时对于党员的党费，提升非公企业党组织对这部分党费自由支配的力度。在经费充足的情况下，党组织开展工作可以更加有力，减少后顾之忧。

派对党务熟悉、信息技术较好、对企业业务比较熟悉的人员担任非公企业党组织书记等职务，不仅能够使党组织工作效率更高、效果更好，而且能够切实为企业发展带来有益的帮助，使党组织的发展和企业的进步相得益彰。

（六）搭建对党组织工作情况的网上评价系统，加强网络监督，落实党内民主

在河南省非公企业党建 APP 上，搭建党员群众评价系统，将党组织的工作情况在网上进行公布，党员群众定期对党组织工作的满意度进行打分，并提出自己的意见和建议。对于党员群众提出的质疑，党组织需进行解答，对党员群众不满意的地方，拿出具体的整改方案和措施，并让党员群众对整改效果进行监督。

参考文献

［1］刘雅文.非公有制企业党建工作刍议［J］.中央社会主义学院学报，2005（3）.

［2］国务院.国务院关于积极推进"互联网+"行动的指导意见［J］.中华人民共和国国务院公报，2015，28（20）.

［3］刘德宏.新时期非公企业党建问题探析［J］.济宁学院学报，2012（4）.

［4］杨绪盟.非公经济组织中党建与统战工作现状和关系调查研究［J］.政治学研究，2010（5）.

（作者系河南省社会科学院政治与党建研究所研究实习员）

完善河南县域新社会阶层党建工作
对策研究

李中阳

摘　要： 郡县治、天下安。习近平总书记强调："在我们党的组织结构和国家政权结构中，县一级处在承上启下的关键环节，是发展经济、保障民生、维护稳定的重要基础。"随着以民营企业创业人员和社会组织从业人员为代表的新社会阶层在县域内规模的不断扩大，结合河南县域实际做好新社会阶层党建工作，对县域地区社会发展无疑具有重要意义。当前河南省内许多县域新社会阶层党建工作还存在诸多不足，完善县域新社会阶层党建工作是一个不断探索实践的过程，不仅需要做好组织化建设，也要在宣传、社会服务等方面多下功夫。

关键词： 河南县域；新社会阶层；党建

一个县就是一个基本完整的社会，"麻雀虽小，五脏俱全"。随着近年来河南乡镇民营企业和县域社会组织的快速发展，县域内新社会阶层人员的数量也呈现稳步增加的态势，并不断有青年高学历人才加入，已成为促进县域发展的重要力量。河南县域新社会阶层在人员构成、职业构成、学历构成等方面都具有自身的显著特点，如果按照以往的党建工作思路和工作方法，无疑难以满足阶层需要，如何有效地做好县域新社会阶层的党建工作，值得我们去思考研究。

一、完善县域新社会阶层党建具有重要时代意义

党建即党的建设，完善有效的基层党建对促进当地社会发展具有重要作用。近年来，县域新社会阶层作为新兴社会群体阶层，对县域社会发展的影响力正日益凸显，利用好党建优势引导带领县域内新社会阶层人士投身县域建设，在新时期无疑对促进县域整体发展有重要意义。

（一）有利于完善新时期党的社会领导

中国共产党是中国的执政党，是中国特色社会主义事业的领导核心。党的领导体现为两大方面：一是党对国家的领导，即党执掌国家政权；二是党对社会的领导，即党代表人民，团结人民，从而领导人民。党对社会领导的主要任务就是团结社会各阶层人员，统一社会意识、整合社会意愿，使党成为整个社会的核心并围绕这个核心进行社会组织和活动，实现凝聚人心、凝聚社会的目标，即"对人力与人心的有机整合"。中华人民共和国成立以后，我党实现社会领导的方式主要依靠庞大的党员数量和党组织规模以高度组织化的单位领导方式实现对社会的领导，并成功完成了对社会的组织动员和政治动员，但这种相对固定的社会组织管理模式随着改革开放特别是20世纪90年代后城乡二元体制被逐渐打破、社会人员的流动性不断增强的现实情况下愈来愈难以持续。近年来，在传统的组织之外又出现了以"两新组织"人员为主要构成的"新社会阶层"，而这些新组织并不属于传统的党组织，处于党的社会管理之外，这就给党的社会领导带来了新的问题和新的挑战，这在党建思维和制度改革相对滞后的县域地区更为明显。因此，完善县域新阶层党建工作的首要意义，就是针对新形势下出现的新情况，改进完善县域党建工作，将新社会阶层人士牢牢团结在党中央周围，凝聚人心，巩固和完善党的社会核心领导地位。

（二）有利于保持党的先进性

先进性是马克思主义政党的本质属性，是我党的生命线和党发展的依

据。党的先进性来源不仅是理论、道路的先进性，也包含了党是否有先进的阶级基础和广泛的群众基础，可以说，增强阶级基础和扩大群众基础是保持党的先进性的基本保障。纵观我党百年的发展史，我党之所以能够始终成为中国革命、建设、改革事业的核心力量，带领全国人民取得伟大成就，就是因为我党总是能够根据时代需求和形势需要增强自身阶级基础、扩大群众基础，在吸收大批工农阶级入党的同时吸收了一大批其他阶层愿意为共产主义奋斗的优秀分子，始终保持了党的先进性和战斗力。时代的发展带来的必然是社会阶层的不断变动，没有办法适应时代的变化、无法补充新兴力量的政党注定会被历史淘汰，因此党必须敞开大门，把先进分子吸纳到党组织中。当前县域内新社会阶层人员数量不断增加，这些新社会阶层人员中有大学毕业生、民营企业家、幼儿教师，也有回到家乡创办乡镇企业的高学历人才，年龄构成也以"70后""80后"为主，这些人大多都出生在改革开放新时代，从小接受党的领导和社会主义思想教育，而且是改革开放40年来我国取得伟大成就的亲身经历者，对国家怀有强烈的自豪感和自信心，拥护党的路线方针政策，并且其中一部分人员已经成为中国共产党的一员。因此，完善新阶层党员管理工作，让那些新阶层中的党员同志更好地发挥他们在"两新组织"中的模范带头作用对于促进地域发展是十分有益的，而对于那些还未成为共产党员但能够积极靠拢党组织并经过长期考验、拥护党的路线方针政策的优秀人才，吸收他们入党更是十分必要的。通过加强新阶层党建工作能够不断吸收新阶层的优秀分子，势必会不断增强党的阶级基础，从而进一步形成辐射作用，扩大党的群众基础，这对于新时代保持党的先进性、完成党的执政使命无疑具有重要作用。

（三）有利于促进县域经济健康发展

县域地区不仅是"上连城市、下接乡村"的"枢纽"，也是新社会阶层人员工作创业的重要"转折点"。较之于传统区域经济，县域经济最大的特点就是农村地域广、农业占比大，这就决定了许多县级地区缺乏发展第二、第三产业的经验，这在以河南为代表的中原地区尤为明显，而近年随着市场经济的发展，许多县域群众对第三产业特别是教育、医疗、服务行业的需求突然觉醒，带来了以新社会阶层作为主要参与者的县域第三产业经济的迅猛发展，随之而来也出现了如监管滞后、逐利倾向加重、部分参与者的正当权益得不到维护等问题。在县域经济中，新社会阶层是第三产业的主要推动者，也是县域现代化经济的重要参与者，因此，引导这些新兴产业的主要参与者主动自觉地维护好社会主义市场经济健康发展，就成为了发展现代县域经济的一个关键点。由于新社会阶层的思想认识、价值取向和行为方式具有多元化、自主意识强等特点，需要我们加强县域新阶层的党建工作，把"两新组织"纳入党团管理，从而实现对新阶层人士的引导管理，重新树立社会主义核心价值观和新阶层义利观，同时也能维护好新阶层人士的政党权益，为新时期县域经济发展保驾护航，从这个角度讲，完善县域新阶层党建工作对促进县域经济健康发展无疑具有重要作用。

二、当前县域新社会阶层党建工作还不够完善

新社会阶层相较于传统社会阶层在人员构成、权益诉求方面有许多不同之处，特别是近年来县域社会快速发展使县域新阶层人员在发展需求、政治诉求方面呈现出许多新变化、新特点，与之相比，当前县域新阶层党建工作还跟不上社会需要，因此，有必要对县域新社会阶层党建工作存在的不足做出针对性分析，为研究对策打下基础。

（一）拥护党的政策与对基层政府的不信任并存

在整体政治意识层面，县域新社会阶层人员对党的政策是积极拥护的。以河南 H 县为例，在走访中几乎所有访谈对象都对现行的党的政策表示肯定和支持，而其中许多私营企业和外资企业主要负责人更是在日常企业管理中积极践行党的政策方针，可以说县域新社会阶层人士对党的方针政策是坚决拥护的。一方面，由于改革开放以来特别是中共十八大以来以习近平同志为核心的党中央出台的一系列政策措施顺应了时代发展潮流，表达了群众的呼声；另一方面，也说明当前县域内大部分新社会阶层人士具有较强的政治辨识力和理性的政治态度，他们接受过良好的高等教育并亲身经历了改革开放以来中国社会的巨大变化，能够抵御一些敌对意识形态不切实际的蛊惑，对党和国家取得的伟大成就认识深刻并予以肯定。

但当前河南许多县域地区的新社会阶层人员对当地政府都表现出了不同程度的不信任感。具体表现为，许多"两新组织"特别是民营企业、自由从业者对于政府统战工作人员的走访调研并不热情，不愿主动积极配合政府工作，使新阶层党建工作的效果大打折扣。一些县域的统战工作人员反映，在走访中许多公司企业对于政府走访调查的第一反应是"是不是来收取管理费的"，而对于政府人员的谈话和走访也做出象征性的接待，并不积极配合，得不到有效的诉求信息。出现这种情况的原因，一方面，虽然当前许多县域的新社会阶层组织工作由统战部门、统战专干、党委委员联合负责且县域下属乡镇也都设有统战委员，但在实际工作中由于人员缺乏等因素，很多时候实际工作的开展仅限于寥寥数次的走访谈话，这样就难免会让被访对象认为政府在"走形式"，对自己的工作"起不到明显的效果"，难以让新阶层人士主动配合工作；另一方面，在改革开放初期，河南一些县域的个别基层政府人员对当地民营企业"吃拿卡要"，甚至有些基层官员日常聚餐都要让一些民营企业给予"报销"，极大抹黑了基层政府形象，导致现在新社会阶层人员对基层政府走访调查产生抗拒心理，出于对政府的不信任，也不会将自身的真实情况和盘托出，使工作效果大打折扣。

（二）加入党组织的愿望强烈与党建工作的滞后并存

在政治诉求方面，县域新阶层人士特别是以"80后"为主的青年工作者都表现出希望加入党组织的强烈意愿。具体表现为：第一，"两新组织"中的青年工作者都在积极向党组织靠拢，以河南省N县为例，统战部数据显示，在县城47名社会新阶层代表人士中，只有一名为无党派人士，其余均为团员、群众和共产党员，而政治面貌为群众的新阶层人士多为"60后""70后"，这就说明"两新组织"中的青年工作者绝大部分都为团员和党员。第二，大部分"两新组织"青年工作者都表现出加入党组织的强烈意愿，许多统战工作者反映在走访过程中得到的少数有效反馈中许多都是对"怎样入党"的问询，这说明新阶层人士即便对基层政府有不信任情绪，但对入党仍有强烈的积极性，这也与上文提到的拥护党的方针政策表现相一致。

但与此相对，当前县域新社会阶层党建工作的开展还较为滞后。具体表现在：第一，青年"两新组织"工作者入党难，由于当前许多县域的小型民营企业、公司都没有自己的党支部，而基层政府党委还没有出台完善的政策吸收青年新社会阶层人士入党，这就导致了许多希望加入党组织的优秀工作者不知道该怎样"入党"，难入党也是许多县级统战工作者特别是乡镇统战专员向上级反映的最为突出的问题，但就目前来看广大县级政府党委部门对此还没有形成一套完善的解决方案。第二，新社会阶层人士党员管理难，目前许多县域已经出现了"口袋党员"问题，由于传统的党员组织关系转移手续十分复杂，需要党员的各项信息完整准确地录入党员信息库，而新社会阶层党员流动性强，其档案材料不全已经成为常态，如果再遇到原单位没有妥善保管就极易造成档案丢失，导致党员组织关系无法正常转移，也就无法正常参加党组织生活会、按时缴纳党费，因 6 个月没有缴纳党费"被动退党"的情况也时有发生，如何对新社会阶层党员档案进行有效收纳管理也是当前许多县域党组部门的一大难题。

（三）积极履行社会责任与缺乏人文关怀并存

与城市新阶层相比，调查中发现，许多县域新阶层人士都能够更加积极主动地履行社会责任，特别是在慈善、教育等方面，许多县域新阶层人士都在当地具有一定的影响力。以上文提到的 N 县为例，一些民营企业家每年都会拿出固定资金用来与当地中学合作设立奖学金或者资助贫困学生完成学业，同时，其他新阶层人士特别是从事幼教工作方面的工作者也经常参与慈善、送温暖等活动，某企业还设立了"爱心粥屋"专门向环卫工人免费供应早餐，这些都表明了许多县域新阶层人士都在积极履行其应承担的社会责任。

但目前县域党委部门对社会新阶层人士的人文关怀还较为缺乏。具体表现在：一方面，只要求社会新阶层人士承担一定的社会责任而缺少相应的鼓励政策，许多县级政府工作多、任务重，有时很难抽出充足的物力和资金完成诸如送温暖、资助贫困学生等工作，合作前就时常寻求与私营企业、社会组织的合作，而在合作成功后对新阶层组织企业的反馈仅仅停留在嘉奖层面，难以提高其继续回馈社会的积极性，导致目前许多县域新型民营企业参与社会事务的积极性大打折扣；另一方面，当前县域党建工作思维还较为落后，仍停留在走访、管理、监督等层面，缺乏对一些新阶层人士特别是青年工作者工作技能、生活情感方面的帮助，青年"两新组织"工作者往往具有自主意识强、流动性强等特点，如果得不到当地党建组织的人文关怀，就很难对当地产生情感寄托和归属感，既不利于当地"两新组织"发展，也不利于吸纳外地青年优秀人才。

三、完善县域新社会阶层党建工作对策探究

完善县域新社会阶层党建工作是一项复杂艰巨的任务，需要我们在转变党建思维、充分结合实际的基础上加以拓展创新，目前各地基层也都缺乏可借鉴的经验，针对上文提到的不足，想要真正做好县域新社会阶层党建工作，既需要我们进一步完善党建工作管理，也需要我们在加强宣传、加强人文关怀方面多下功夫。

（一）优化党建资源，促进两新党建组织化

针对当前县域新阶层党建工作滞后这一情况，完善新阶层党建工作的首要任务，就是要进一步优化党建资源，促使新阶层党建工作特别是党建管理更加科学合理、更加组织化。首先，当前各地县级组织单位可根据自身实际情况，重新整合现有的组织资源，将那些长期人员萎缩或人数有限的老旧党工委撤销或合并，腾出一定的人力资源和财政资源投入到新社会阶层的党工委建设中。其次，要针对新社会阶层人员不同的实际需求来完善新阶层党支部建设，对于那些人数较多的大型企业、公司、幼儿园等，特别是那些党员数量多、工作岗位稳定的"两新组织"，可以单独设立党组织并选拔负责人或代表担任党组书记，对于那些公司人数少、党员数量不足三人的"两新组织"，特别是像律师事务所这样规模较小、党员流动性大的小型组织，可以在这些组织相对集中的区域设立"区域式流动党员服务站"，调派政府统战和党委专员专门为此类党员办理转接组织关系、代收党费、接纳入党申请、组织"三会一课"服务，并将工作情况和开展活动情况详细记录，这样就能够有效解决"口袋党员"党组织关系与工作地点分离、难以参加组织生活、组织掌握不到党员实际情况等问题。

（二）加大宣传力度，构建新阶层党建文化

除完善党组织建设外，完善新阶层党建工作还要加大宣传力度，一方面让社会对新阶层人士有更多了解，另一方面将党的政策方针和统战文化向新阶层人士特别是代表人士传播。首先，县级政府要加大宣传力度，可通过电视台专题报道、政府网站专题报道、发表专题文章等形式，对县域内"两新组织"和新社会阶层人士进行专题报道，重点报道"两新组织"对县域经济的贡献、新社会阶层人士如何履行自身的社会责任等事迹，让广大群众深刻认识到新社会阶层人士对县域发展的重要性，既能够让社会对新社会阶层有全面深入的了解，增强社会上对"两新组织"的认同和支持，又能增强"两新组织"工作人员特别是青年工作者的自豪感和荣誉感。其次，政府还要定期组织召开一些诸如座谈会、茶话会等形式的约谈活动，将当前党的基层党建工作思想和统战政策重点介绍给在"两新组织"中有一定发言权、影响力的代表人士，特别是法律界人士、教育界人士和民营企业家，要明确表态，政府愿意同新阶层人士一起坚持共同理想信念、坚持共同价值追求，让以明礼守信、义利兼顾为特点的新社会阶层信义文化被广大社会新阶层人士普遍接受。

（三）培育优秀分子，拓展人才储备

完善新阶层党建的一项重要任务就是不断从新阶层人士中吸纳优秀人才入党，逐步改善队伍结构，从而保证党的生机和活力。针对上文中提到的许多新阶层青年工作者希望入党的实际情况，在完善县域新阶层党建工作过程中，首先，要将新阶层人士的基本信息加以整合，建立新阶层人士人才资源库。当前一些县域的统战部门已经开始定期对新阶层人士基本信息加以整合，但仅停留在基本信息层面，下一步工作可以此为基础，重点对两部分新阶层人士做影响力评估，内容可包括工作能力评价、是否有长期在当地发展的意愿等：一是高学历、有配偶或自身籍贯在本地的青年工作者；二是在当地有影响、有发展潜力的代表人物，摸清新阶层人员的实际情况以便于开展下一步工作。其次，在对新阶层人士摸清情况的基础上，建立起联系、培养、选拔入党的渠道，每年都定期考察一批"两新组织"中工作能力强、有

发展潜力或在当地有正面影响的人员择优吸纳到党组织中来，同时也把解决"两新组织"成员入党的问题纳入县党委党建工作的内容中去，把"两新"人员入党制度化、规范化、常态化。

（四）定期组织活动，促进"两新"党建社会化

完善新阶层党建的根本目的是巩固党的社会领导，从这个角度讲，把"两新"党建工作朝社会化方向拓展就成为了完善新社会阶层党建工作的一个重要步骤。首先，各县域可根据自身实际情况，培养一支专职化从事党建社会性服务的队伍，当前许多县域内的许多"两新组织"如幼儿园、小型企业、律师事务所等对党建宣讲方面的需求很大，可以尝试从党校教师、中学教师队伍中选出那些热爱党建、工作能力强的人员组成县域专职宣讲队伍，在兼顾本职工作的同时专门以有偿讲座的形式为新社会阶层群体开展集中的讲解党的思想理论的宣讲服务。其次，在整合优化现有党建资源的基础上，组成一支专门的新阶层党建工作专员队伍，与上文中提到的"流动党员服务站"不同，这支队伍可挂靠在群团组织下，日常工作一方面定期以社会新阶层人士为对象开展走访谈话，了解新阶层人士的实际需要，以实际解决新阶层人士困难为工作标准，同时走访人员多派青年人员，以拉近党群关系为目标，上级领导不必参与；另一方面可定期开展一些诸如幼教技能培训、企业管理讲座等实用性强的社会技能培训讲座服务，帮助"两新组织"工作者快速融入工作，少走弯路，以提供社会服务为载体来不断扩大党的工作的包容性和灵活性，从而"加强沟通，最大限度地扩大党的工作的团结面"。

新社会阶层无疑是当前社会发展的一股重要力量，进一步完善县域新社会阶层党建工作，对县域整体发展无疑具有十分重要的意义。虽然当前完善县域新社会阶层党建工作还存在许多困难，且很多问题并没有可以借鉴的成功经验，但如果我们广大县级党建工作者能够不断创新党建思维，抓好凝聚社会力量这个总纲领，就一定能够将新社会阶层人士紧紧团结在党中央周围，为县域发展注入强大的生机和活力。

参考文献

［1］中央文献研究室，中国外文局.习近平谈治国理政［M］.北京：外文出版社，2014.

［2］孟俭红.增强党的阶级基础和扩大党的群众基础新论［J］.社会主义研究，2004（3）.

［3］唐颖.上海新社会阶层的发展及其对党建的影响［J］.上海党史与党建，2003（5）.

（作者系河南省社会科学院政治与党建研究所研究实习员）

"一带一路"建设与河南省高校内涵式发展

毕昱文

摘　要： 在"一带一路"建设的不断推进过程中，河南省高校应该积极抓取机遇，实现自身内涵式发展。为此，河南省高校必须规划好自己在"一带一路"发展中的定位：是河南省"一带一路"倡议人才培养主要机构、是河南省及中国其他内陆省份对接"一带一路"发展的智库、是"一带一路"背景下中原文化传承与发掘的重要承担者。基于此定位，河南省高校在"一带一路"倡议下的任务是：根据社会发展需求创新人才培养模式、提供内陆对外开放高地的前瞻性研究及应用型研究、发掘弘扬中原优秀传统文化与现代河南精神。实现这些任务的路径是："走出去""引进来"、合作交流和自身创新。

关键词： "一带一路"倡议；河南省高校；内涵式发展

中共十九大报告指出："开放带来进步，封闭必然落后。中国开放的大门不会关闭，只会越开越大。要以'一带一路'建设为重点，坚持'引进来'和'走出去'并重，遵循共商共建共享原则，加强创新能力开放合作，形成陆海内外联动、东西双向互济的开放格局。""一带一路"是我国统筹国内、国际两个大局做出的战略性决策，是新的一轮更高层次、更大范围的对外开放、区域合作战略。该战略给地处内陆、区位优势明显的河南带来了巨大的发展机遇。2015 年 12 月，《河南省参与建设丝绸之路经济带和 21 世纪海上丝绸之路实施方案》（以下简称《实施方案》）正式颁布，这标志着河南省对接"一带一路"规划正式形成。对于高校来说，规模宏大、历时长久的"一带一路"倡议可以为大学生提供更多就业岗位，为高校科研提供更多研究方向，也为高校内涵式发展指明了前进方向。在国内外、省内外协同发展、改革创新的大好形势下，高校既应服务于"一带一路"，也会受益于"一带一路"。河南省高校应积极抓取此次重大发展机遇，促使自身内涵式发展建设目标的真正实现，不断提升河南省高校教育质量。

一、"一带一路"倡议中河南省高校的定位

"一带一路"背景下，河南省高校要实现内涵式发展，必须首先找准自己在河南省"一带一路"建设中的战略定位，有了清晰的定位，才会有坚定、明确的发展目标。

在对接"一带一路"倡议中，河南省真正抓住了自身最大的优势，即四通八达的交通优势与联系广泛的区位优势，积极对接国家战略。《实施方案》中河南省的定位是："'一带一路'重要的综合交通枢纽和商贸物流中心""新亚欧大陆桥经济走廊区域互动合作的重要平台""内陆对外开放高地"。此次，河南省要乘着"一带一路"倡议的东风，实现弯道超车，实现中原新的腾飞。在此大背景下，河南省高校应积极对接河南省及全国"一带一路"发展倡议，积极发挥自身作用。其角色定位应该是：

（一）河南省"一带一路"倡议人才培养主要机构

"一带一路"给河南带来了新的发展机遇。要建成"两通道一枢纽"格局，就需要相关领域的各类人才做支撑。比如，交通枢纽、商贸物流等基础设施建设领域需要不同领域的工程技术、项目管理与设计人才；新亚欧大陆桥经济走廊区域互动合作需要大批懂国际贸易的资本运作，通晓国际规则、货币流通等的人才；建设内陆对外开放高地需要熟知东南亚、中亚、南亚、东北亚以及西亚国家国情、风土人情及亚洲小语种的人才。高校承担着为河

南省"一带一路"建设培养人才、输送人才的重要职责。这是各个高校在"一带一路"倡议中最重要的职责。

(二) 河南省及其他中国内陆省份对接"一带一路"发展的智库

中国对外开放 40 年,沿海、东部省市成为对外开放的窗口与平台。而"一带一路"就是继续促进中国中西部地区的对外开放,加强向西开放战略。河南地处中国内陆,不临边、不临海、不临江,如何实现全方位对外开放?开放过程中会遇到什么样的新问题?如何解决?口岸开放平台建设是内陆开放型经济建设的前提和基础,至关重要。如何加快口岸平台的互联互通建设?这都是"一带一路"倡议给河南等内陆省份提出的新课题。河南省要建设内陆型对外开放经济高地,各高校应主动联合省内及其他中国内陆开放型高地建设省份的各类研究机构,对内陆开放型经济高地做好相关研究工作,做出前瞻性研究报告及应对型、应用型研究成果,服务于河南省及国内外"一带一路"建设。

(三)"一带一路"背景下中原文化传承与发掘的重要承担者

《实施方案》规划,到 21 世纪中叶,河南省"要实现对沿线国家更深层次、更高水平的开放。郑州建设成为现代化国际商都,河南成为'一带一路'具有国际影响力的综合交通枢纽、商贸物流中心、区域互动合作平台。"越是民族的,就越是世界的。河南省的中原传统文化源远流长,现代河南精神名扬天下,比如焦裕禄精神、红旗渠精神等。河南省高校应该充分发掘中原古今文化,向沿线国家讲好中原故事,加深河南与国内外主体的联系与相互理解,不断提升河南省文化软实力,使河南不仅成为经济大省,还要成为文化大省。

二、"一带一路"倡议中河南省高校的任务

目前,河南省一些综合性大学或应用型大学的办学定位、教育内容、培养方式、师资建设、科学研究、办学特色、国际化水平等并不十分明确清晰或者突出,没有自己显著的特色,无法全面真正实现自身的内涵式发展。

在《实施方案》中，指出了河南省融入"一带一路"倡议的指导思想："发挥优势、主动融入、服务大局，把实施粮食生产核心区、中原经济区、郑州航空港经济综合试验区三大战略规划与参与'一带一路'建设紧密结合起来，坚持东联西进、贯通全球、构建枢纽，着力推进基础设施连通合作，着力拓展能源资源合作，着力深化经贸产业合作，着力加强人文交流合作，构建全方位对外开放新格局，在参与'一带一路'建设中更好地发挥内陆腹地战略支撑作用。"河南省要实现"政策沟通、设施联通、贸易畅通、资金融通、民心相通"，需要高校做的工作有很多。各高校抓住此次发展契机，指向性、订单性地进行人才培养、科学研究及服务社会，实现自身内涵式发展，是大势所趋，也是自身发展所需。

(一) 根据社会发展需求创新人才培养模式

高校的最主要职责就是要为社会建设输送合格人才。目前，河南省高校专业设置传统化、同质化，教学内容滞后化、固定化，培养形式简单化、粗放化，造成高校教育脱离社会需要，许多专业大学生就业率低就是检验标准之一。

河南省"一带一路"倡议是引领未来河南省发展的大战略。河南要建成交通物流中心、新亚欧大陆桥经济走廊区域互动合作的重要平台及内陆对外开放高地，打造成东联西进、贯通全球、构建枢纽的中心，必然会对人才结构和人才知识素养提出新的要求，需要一批又一批适应向西全面开放各个领域需求的人才。所以，创新人才培养模式势在必行，必不可少。

第一，根据河南省"一带一路"区域性发展要求确定培养目标。这需要省里和各高校研究团队深刻认识和探索"一带一路"将会给河南带来的影响和变化，实事求是地制定其内涵式发展培养目标。既不要"虚高假大"，与河南省未来经济社会需求相去甚远；也不要"急功近利"，把各高校都变成职业培训机构。培养出的人才，既要有知识人才的品质素养，又要有切合实际需要的知识技能。

第二，增设河南省"一带一路"倡议急需的学科专业。未来几十年，河南省"一带一路"建设的重点任务是促进基础设施互联互通、深化能源资源合作、开展国际产能合作、提升经贸合作水平、加强金融领域合作、密切人文交流合作。这些行业有许多新的领域需要新型的人才，所以，各高校应根据社会发展和自身发展需求，增设一些适应市场发展的专业。比如郑州航空港建设人才紧缺，郑州大学抓住时机设立了"临空经济管理"新兴学科方向，河南科技学院设立了"物流管理"等专业。

第三，不断革新人才培养方式及教育教学模式。河南省"一带一路"建设及国家未来发展都越来越需要复合型人才，所以，现在各大学专业分立、条块分割的培养形式就不能完全满足未来建设需求。应加强改革创新，打破各个学院、学科、专业间"老死不相往来"的局面，多进行各种平台与形式的交叉学科合作，改革各种僵化的教条、形式，以真正惠及人才的培养。

（二）提供内陆对外开放高地的前瞻性研究及应用性研究

可以说，"一带一路"倡议是包括河南在内的内陆省份的全新改革开放，由改革开放之初的沿海开放，正在走向第二轮的内陆开放。属于河南的时代到来了！但是，必须看到，挑战也同时到来——"一带一路"在给河南省经济、社会带来巨大发展变化的同时，会倒逼河南省政治、经济、社会、教育等领域的全面改革创新，所以，这就需要智库进行各种角度的研究支撑。

"智库作为一种咨询研究机构，是以集体的智慧服务于决策的社会组织机构。智库主要依靠专家的意见和思想来获得外界力量的支持并影响政策的制定过程。"作为社会思想重要来源的高校，除了培养人才之外，理应为社会发展出谋划策，以自己的专业知识、独立思想、研究成果等献诸于社会发展的需要。

第一，结合本校特色，找准定位，及时向政府部门等相关机构提供理论指导及技术支持。河南省许多高校具有一些很有特色的研究中心，比如河南大学的"中原发展研究院""黄河文明与可持续发展研究院"，郑州大学的"河南省资源与材料工业技术研究院""产业技术研究院""测试与计算中心"等科研机构。未来各高校可以结合自身的学科优势及特色，培养、新增、整合一些研究机构及研究成果，服务于河南省"一带一路"建设。

第二，创新各研究机构工作机制与研究平台，做出科学性、实效性研究成果。现在，省内各高校内研究机构本团队建设取得了重大进展，但团队之间横向合作还很薄弱，这就导致研究视野不够开阔，研究成果科学性不足。

需要不断革新研究大团队的合作模式，分工协作，提高研究成果的实效性、科学性；同时，要深入"一带一路"研究对象进行实地调研，不能闭门造车；另外，还要与政府等机构加强联系，形成稳定沟通渠道，了解政府等部门的真正需求，以使研究成果具有针对性和实用性。

第三，加强高校研究机构等智库的自身管理与建设，形成运转灵活、研究高效的智库。面对"一带一路"建设和内陆对外开放型经济高地建设过程中出现的新问题、新趋势，智库只有反应灵敏、研究及时、对策科学，才能为河南省决策起到作用。这就需要各高校智库在人才队伍建设、日常管理、研究方法、研究原则等方面有切实有效的制度、办法和正确科学的原则与导向，才能应对新形势、新问题。

（三）　发掘弘扬中原优秀传统文化与现代河南精神

《实施方案》中提到，到21世纪中叶，河南省要实现对沿线国家更深层次、更高水平的开放。把郑州建设成为现代化国际商都，河南成为"一带一路"具有国际影响力的综合交通枢纽、商贸物流中心、区域互动合作平台。要使河南在沿线国家中具有影响力，文化软实力建设是核心，是保障，是"民心相通"的前提与保障。做好中原文化的发掘宣传工作、讲好中原故事，是河南省"一带一路"建设的重要组成部分。高校是传播发展中原文化的重要机构，也是各高校服务于河南文化建设义不容辞的职责。

第一，做好中原文化的发掘与整理工作。中华文化源于中原文化，要了解中国，必先了解中原。中原文化源远流长、博大精深，文化资源丰富。高校各学科应结合自身特点，充分发掘相关领域中原古文化发展及现代传承；同时，还要深入各地各基层，深入发掘有价值的文化资源，深入研究其文化内涵与发展；另外，还要做好文化资源的保护工作，增强其影响力与感染力。

第二，做好中原文化的传承与创新工作。各高校要积极推动中原宏观性和微观性文化建设与"一带一路"建设融合性工作；推动高校中原文化研究与创新的大众化、普及化工作；在学生中大力弘扬中原文化的文化内涵与价值取向，安排寒暑假大学生宣传队文化下乡活动；积极与"一带一路"沿线省份和国家开展文化交流、学术交流，使更多的人了解中原文化的博大内涵和积极价值。

第三，做好中原文化的开放与利用工作。高校可以结合各自的文化特色，联合各类政府机构、民间机构与企业，推动开发各种文化性产品，比如文化型旅游、文化型社区建设、居民文化性娱乐活动等，为旅游、娱乐、文化创意、纪念品等行业提供文化内涵支撑与理论指导，以文化产业化来参与河南省"一带一路"建设，为中原经济区的腾飞注入新的活力，为河南建成有国际影响力的中国省份而做出自己的贡献。

三、"一带一路"倡议中河南省高校抢抓发展机遇路径

现在，河南省高校正积极致力于内涵式发展建设，切实转变自身发展理念，把人才培养作为根本任务和重要职责，把办学质量及特色优势作为自己的生存根本。要很好实现自身内涵式发展需求，"坚持服务国家目标与鼓励自由探索相结合，加强基础研究；以重大实际问题为主攻方向，加强应用研究"。必须把"一带一路"倡议需求和河南省区域发展需要作为改革、创新的资源，选择多种途径实现内涵式发展需求。

（一）"走出去"

第一，方向上，加强向西开放。省内高校主要与西方发达国家进行文化交流合作。以"一带一路"倡议为标志的第二轮对外开放，主要是向西开放。所以，各高校除了延续与发达国家高校及研究机构交流和合作外，还要加强与沿线国家高校与研究机构的交流与合作。这样，一方面可以支持河南省"一带一路"建设发展，另一方面可以增加河南省高校内涵式发展建设内容，最终实现河南省高校创新型改革发展。

第二，内容上，让河南文化"走出去"。深入发掘河南的禅武文化、太极文化、大宋文化、少林文化等特色资源，培育中原文化海外传播平台，参与推动"文化出省"战略开展；突出"古丝绸之路行"主题，依托河南省洛阳龙门石窟、登封"天地之中"历史建筑群、安阳殷墟、汉魏故城、隋唐洛阳城、新安汉函谷关、陕县崤函古道等文化资源，参与推进"历史河南、文化河南"行动；积极发掘弘扬河南中医药大省传统优势，构建与沿线国家医

药卫生科技交流合作平台，推进与沿线国家开展中医药技术交流合作，塑造"药香河南，仁心河南"形象。

第三，形式上，平台建设很重要。各高校应该积极协调规划，积极在沿线国家创办海外办学机构，支持中医、武术、农业等特色院校赴沿线国家开展合作办学或设立海外分校；加强孔子学院建设力度与水平；积极参与和建立"一带一路"沿线国际性学术组织，从而不断提升河南省高等教育的国际化水平。

（二）"引进来"

第一，实现各类人员"引进来"。河南省正积极实施"留学河南计划"，重点吸引沿线国家学生来河南留学。各高校应抓住契机，采用各种办法与方式，吸引更多沿线国家学生来河南省留学；除此之外，还要吸引更多沿线国家专家学者、学术团队来河南从事教学、科研和管理工作；引进境外优秀学者及团队编著的优秀教材及优秀书籍，实现资源共享，加强相互了解沟通。

第二，吸引优质教育资源"引进来"。吸引沿线国家知名学校、教育和科研机构，合作设立教育教学、实训、研究机构或项目，开展多种形式的国际交流与合作，切实办好一些示范性中外合作学校和一批中外合作办学项目。除此之外，还要积极探索多种方式对"一带一路"沿线国家优质教育资源的开发利用。

第三，推动重大项目"引进来"。各高校要有计划地引进沿线国家关键技术和研发团队，建设联合实验室、科技成果转移转化基地。一些有条件与基础的大学要建设科技园国际孵化基地，促进国际交流培训和项目合作。

（三）合作交流

第一，打造与沿线国家交流的平台。积极组织与沿线国家的文化交流活动，比如进行河南国际友好高校交流会，参与黄帝故里拜祖大典、河南世界旅游城市论坛，加强与沿线国家的民间文化交流往来，构建多层次文化活动沟通协商平台，加强中原文化海外传播、人文交流合作等平台建设。

第二，完善对沿线国家交流机制。积极推动与"一带一路"沿线国家高层次人才交流合作，支持吸引沿线国家专业技术人才来河南开展学术研究和技术指导；依托沿线国家相关项目，鼓励河南省专业技术人员参与合作科研。聘请沿线国家专家来河南指导，向沿线国家推广河南省成熟的先进技术，实施一批国外专家和智力引进项目。参与河南省与沿线国家民间外交、城市外交等活动。

第三，提高与沿线国家交流合作水平。积极协调推动扩大政府间学历学位互认，进行中外大学间的教师互派、学生互换、学分互认和学位互授联授。加强与国外高水平大学合作，建立教学科研合作平台，联合推进高水平基础研究和高技术研究。加强中小学、职业学校对外交流与合作。加强沿线国际文化理解教育，增进学生对不同国家、不同文化的认识和理解。

（四）自身创新

第一，理念上要创新。"一带一路"倡议为河南省带来了巨大的机遇，但同时也带来了巨大的挑战。新的一轮开放，沿线国家之间的区域经济合作水平会高于 WTO 所规定的开放程度，必然会倒逼河南省与沿线省份新一轮全方位创新发展。创新开放型体制机制建设是河南对接该战略的必经之路及重头戏，其工作和任务内容繁多。高校作为科研人才及高层次人才的聚集地，理应秉持"创新、协调、绿色、开放、共享"五大发展理念，走在全社会协同创新的前列，从自身改革做起，成为创新、创造的浓厚氛围的引领者和发起者。

第二，结构上要创新。要适应"一带一路"给河南带来的各种变化需求，各高校应突出适应经济社会发展需求的办学导向，根据需求来整合、优化专业结构和人才培养模式。除了积极根据新颁布的本科专业目录设置专业外，还要根据河南省"一带一路"倡议需求，及时调整相关学科专业，由以学科发展为主走向人才发展为主。不断改革教育教学形式，注重人才培养的实效性、针对性。同时，还要不断改革各高校科研管理模式、教师评价体系及服务社会形式，使高校的效能真正贡献于"一带一路"建设。

第三，制度上要创新。高等教育发展的根本目的，就是为了人的充分发展和服务于社会的发展。大学各种制度理应充分尊重人的价值，以及社会发展的需求，为人们能充分实现价值提供制度保障。目前，各高校制度建设的核心问题是行政权力与学术权力的关系问题。只有将教师、研究者及受教育者价值真正放在学校价值核心的地位，一切僵化的、不合理的、变异的行政制度、学术制度、评价制度、培养制度才能得到真正改革。各高校应勇敢迎接"一带一路"倡议带来的各种挑战，以人为本，以人才为本，做好制度改革创新工作。

"一带一路"倡议给河南带来巨大的发展机遇，也给各高校实现内涵式发展带来了契机与挑战。各高校应积极抓取契机，勇于迎接挑战，尽快实现自己的发展，全面提高河南省高等教育的质量。以自身的发展，反过来服务于推动河南省"一带一路"建设事业的大发展。

参考文献

［1］李庆成，刘云."一带一路"倡议下特色地方高校国际化理念及路径探究［J］.重庆高教研究，2016（5）.

［2］徐杨文，胡思韵，李丹丹."一带一路"战略下中西部地方高校人才培养问题的思考［J］.浙江树人大学学报，2016（2）.

（作者系河南科技学院特聘教授、硕士生导师、历史学博士）

河南省百城建设提质工程
创新融资方式研究

张绍乐

摘　要： 河南省百城建设提质工程在创新融资方式、拓宽融资渠道、完善融资平台、破解融资难题等方面取得了显著成效，同时也面临着金融监管体系不够完善、区域金融合作有待加强、金融生态环境亟待改善、高端金融人才较为缺乏等诸多障碍。因此，我们需要从创新融资机制、强化金融监管、规范债务管理、增强开放意识、推进制度建设、完善激励机制等方面入手，采取有效措施，创新融资方式，拓宽融资渠道，完善融资平台，构建多元化融资体系，为百城建设提质工程提供投融资服务。

关键词： 百城建设提质工程；创新融资方式；社会资本；融资平台

河南省第十次党代会明确提出要实施百城建设提质工程，全面增强县级中小城市综合承载能力。百城建设提质工程是推动经济社会发展、促进新型城镇化建设的重要抓手，是增强城市综合承载能力、推动产城融合发展的重大举措，是提高城市管理水平、改善人居环境的现实需要。创新融资方式是确保百城建设提质工程顺利实施的重要方面和需要解决的重大难题。因此，我们应系统梳理河南省百城建设提质工程在投融资方面的发展现状，正确认识存在的问题和不足，采取有效措施，创新融资方式，拓宽融资渠道，完善融资平台，构建多元化融资体系，为百城建设提质工程提供投融资服务。

一、河南省百城建设提质工程在投融资方面的发展现状

通过将河南省百城建设提质工程划分为探索起步和全面提速两个发展阶段，系统梳理河南在这两个发展阶段中在百城建设提质工程投融资方面出台的相关文件、采取的相关措施，能够让我们更加清晰地认识到河南省百城建设提质工程在创新融资方式上取得的成效和存在的问题，从而为进一步研究创新融资方式奠定基础。

（一）河南省百城建设提质工程在投融资方面的主要做法

河南省百城建设提质工程可以划分为两个阶段：河南省百城建设提质工程的探索起步阶段（2016 年 8 月至 2017 年 1 月）和河南省百城建设提质工程的全面提速阶段（2017 年 1 月至今）。两个阶段在投融资方面的主要做法如下：

1. 河南省百城建设提质工程的探索起步

河南省百城建设提质工程的探索起步阶段：2016 年 8 月至 2017 年 1 月。2016 年 8 月 15 日，河南省住房和城乡建设厅在郑州组织召开河南省百城建设提质工程座谈会，旨在选择部分条件较为成熟的市县启动百城建设提质工程，会上相关市县及投资公司代表介绍了在发挥融资平台作用，助推城市基础设施建设方面取得的成功经验，河南省住房和城乡建设厅相关负责人表示要建立完善投融资平台，破解融资难问题，确保百城建设提质工程按期完成目标任务。2016 年 8 月 23 日，河南省住房和城乡建设厅下发了《关于全面启动实施百城建设提质工程的函》，这标志着河南省百城建设提质工程正式启动，该文件提出首批筛选出 30 个市县先行启动实施百城建设提质工程，这些市县在编制百城建设提质工程实施方案的过程中要积极拟定融资方案，充分调动社会资本、金融机构的积极性，广泛吸引社会资本参与城市建设，拓宽资金渠道，为百城建设提质工程提供融资服务。2016 年 11 月，河南省住房和城乡建设厅、国家开发银行河南省分行联合发布《关于印发开发性金融支持河南省百城建设提质工程意见的函》（豫建函〔2016〕324 号），

明确了开发性金融的支持重点和加强融资融智保障的具体措施，提出要在三到五年内完善县域投融资体制改革和创新，建立政府、市场协同配合的投融资机制，形成"政府资金引导、开发性金融支持、融资平台实施、市场化主体参与"的"四位一体"百城建设提质工程投融资模式。2016 年 12 月 22 日，中共河南省委、河南省人民政府正式发布《关于推进百城建设提质工程的意见》（豫发〔2016〕39 号），在重要意义、指导思想、基本原则、目标任务、重点任务、推进措施等方面进行了详细阐述和具体部署，成为未来一段时期河南推进百城建设提质工程的重要指导性文件，该文件还在创新融资方式上从充分发挥省级各类基金平台作用、增强县级投融资机构市场化融资能力、积极争取政策性金融机构支持、大力推进政府与社会资本合作的基础设施项目运作模式、加大财政支持力度、提高政府偿债能力六个方面给出了具体措施。2016 年 12 月 24 日，河南省人民政府办公厅正式发布《关于印发河南省百城建设提质工程投融资方案的通知》（豫政办〔2016〕214 号），决定推行 PPP 模式、政策性金融和开发性金融支持模式、城镇化基金支持模式、直接融资支持模式、省级投资公司支持模式五种融资模式，为百城建设提质工程提供资金支持。2016 年 12 月 28 日，河南省百城建设提质工程动员会在郑州召开，强调要建立多元融资制度，更好发挥财税、金融政策在促进要素优化配置、激活城镇化动力和活力方面的引导作用。2017 年 1 月 18 日，河南省百城建设提质工程领导小组办公室发布《关于公布第一批实施百城建设提质工程市县名单的通知》（豫百城提质办〔2017〕2 号），确定巩义市、孟津县等 45 个市县为第一批实施百城建设提质工程的市县，各市县要创新融资模式，破解融资难问题，增强市场化融资能力，完善壮大融资平台。

2. 河南省百城建设提质工程的全面提速

河南省百城建设提质工程的全面提速阶段：2017 年 1 月至今。2017 年 1 月 23 日，河南省百城建设提质工程推进会暨投融资专题培训会在郑州召开，这标志着河南省百城建设提质工程全面提速，本次会议提出第一批的 45 个市县要创新融资模式，完善投融资平台，拓宽融资渠道。2017 年 2 月 21 日，河南省住房和城乡建设厅、中国农业发展银行河南省分行联合发布《关于推进农业政策性金融支持河南省百城建设提质工程的通知》，明确提出采取政府购买服务融资模式、政府授权公司自营融资模式、政府和社会资本合作（PPP）融资模式为百城建设提质工程提供融资服务。2017年3月29日，河南省百城建设提质工程工作领导小组正式发布《关于印发河南省百城建设提质工程任务分工和工作推进机制的通知》（豫百城提质办〔2017〕1号），明确了百城建设提质工程的任务分工和推进机制，确定了《关于推进百城建设提质工程的意见》中在创新融资方式上提出的六个方面具体措施的相关责任单位，并提出建立项目管理机制，适时向金融机构、投融资公司推送通过审查的建设项目；同日，河南省百城建设提质工程工作领导小组还发布了《关于印发2017年河南省百城建设提质工程实施方案的通知》（豫百城提质办〔2017〕2号），对2017年的工作进行了详细部署，计划第一批45个市县力争开工建设1350个项目、完成投资1200亿元，并在拓宽融资渠道、提升融资能力、加强债务管理等方面提出了具体措施和相关责任单位。2017年4月，河南省百城建设提质工程项目库正式建立，将逐步形成"储备一批、论证一批、建设一批"的项目滚动发展机制，促进项目早开工、早竣工、早见效。2017年8月12日，河南省百城建设提质工程工作推进会在商丘举行，总结了全省百城建设提质工程取得的成效，并对下一步的工作进行了部署，提出要积极推广相关市县在创新融资方式方面取得的成功经验。2017年8月31日，河南省百城建设提质工程投融资洽谈会在郑州举行，这是首次举办的全省范围内的百城建设提质工程投融资洽谈会，此次洽谈会搭建了良好的政、银、企现场对接平台，为相关市县的百城建设提质项目提供了资金支持，会上20个市县与建筑施工、生态治理、金融投资等领域的相关企业签约了71个百城建设提质项目，同时向社会发布了864个百城建设提质项目，涉及城市基础设施、公共服务设施和环境治理等领域。2017年10月31日，河南省文明城市创建暨百城建设提质工程工作会议在许昌召开，对全省文明城市建设和百城建设提质工程工作进行了再部署，确保了百城建设提质工程的顺利实施。2018年2月6日，河南省住房和城乡建设工作会议在郑州召开，提出要深入实施百城建设提质工程，在第一批45个市县的基础上，把16个省辖市老城区和17个非贫困县也纳入进来。2018年2月28日，河南省召开百城建设提质工程领导小组会议，提出要通过专项资金、债券和投融资主体市场化融资、规范运作PPP模式等方式争取更多的建设资金，确保百城建设提质工程顺利实施。

（二）河南省百城建设提质工程在投融资方面取得的成效

百城建设提质工程启动以来，河南省在创新融资方式、破解融资难题、拓宽融资渠道、完善融资平台等方面取得显著成效，初步形成了推动百城建设提质工程顺利实施的多元化融资体系。

首先，政府部门主动作为，为创新融资方式提供了强有力的政策支持。一方面，为深入推进百城建设提质工程，拓宽各市县的融资渠道，完善投融资平台，提高融资效率和效果，为百城建设提质工程建设项目提供充足的资金，河南省相关部门不仅在《关于推进百城建设提质工程的意见》《关于公布第一批实施百城建设提质工程市县名单的通知》《关于印发河南省百城建设提质工程任务分工和工作推进机制的通知》《关于印发 2017 年河南省百城建设提质工程实施方案的通知》等推进百城建设提质工程实施的政策文件中设专门章节提出了创新融资方式的具体措施，而且先后发布《关于印发开发性金融支持河南省百城建设提质工程意见的函》《关于印发河南省百城建设提质工程投融资方案的通知》《关于推进农业政策性金融支持河南省百城建设提质工程的通知》等投融资方面的专项支持政策，这些意见和方案为各市县创新融资方式提供了政策保障，成为各市县创新融资方式的重要依据和指导性文件。2017 年，首批实施百城建设提质工程的 45 个市县在建和竣工项目共计 4317 个，完成投资额 2704 亿元，切实提高了城市建设水平，改善了城市人居环境，增强了城市综合承载能力和吸纳力。另一方面，百城建设提质工程启动以来，河南省百城建设提质工程领导小组办公室举办了多场次投融资对接会，不仅邀请相关市县推介百城建设提质工程中的基础设施、公共服务设施、海绵城市、综合管廊、环境治理等建设项目，而且邀请金融机构详细介绍各自的信贷产品和优惠政策，同时进行重点建设项目的现场评审对接，建立了完善的省市县投融资平台互动机制，有效解决了相关市县的资金难题。

其次，多元化融资体系初步形成，为百城建设提质工程提供了充足的资金保障。百城建设提质工程启动以来，河南省在创新融资方式、完善融资平台、拓宽融资渠道、提升融资能力等方面进行了有益探索，初步形成了社会资本积极参与、金融机构大力支持、各类基金踊跃介入的多元化融资体系。一是社会资本积极参与。《关于推进百城建设提质工程的意见》和《河南省百城建设提质工程投融资方案》中均明确提出推行政府与社会资本合作（PPP）模式，吸引有实力的社会资本参与水利、交通运输、棚户区改造、医疗、教育等百城建设提质工程，实现相关建设项目的市场化运营，同时积极在 PPP 项目资产证券化方面进行大胆探索。2016 年 12 月，在由河南省财政厅牵头的 PPP 重大项目签约活动中共计签约百城建设提质工程建设项目 12 个，总投资额 273.6 亿元。二是金融机构大力支持。一方面，河南省在新型城镇化建设、棚户区改造、城市水系治理等项目中大力推行中国农业发展银行与国家开发银行等银行的政策性金融和开发性金融支持模式；另一方面，河南省住房和城乡建设厅与多家金融机构签署战略合作协议，积极引导中原银行、中信银行、中国银行、郑州银行、洛阳银行等金融机构参与百城建设提质工程。截至 2017 年 7 月底，国家开发银行、中国农业发展银行、中国银行等九家银行累计在河南发放百城建设提质工程建设贷款 640 亿元。三是各类基金踊跃介入。河南省在积极发挥河南省 PPP 开发性基金、河南省新型城镇化发展基金、邮银豫资"一带一路"（河南）发展基金和中国政企合作基金作用的基础上，鼓励各市县与金融机构、社会资本共同设立子基金，为百城建设提质工程提供融资服务。此外，河南省还通过采取支持省级投资公司创新发展、鼓励各市县开展直接融资和项目融资、支持县级政府投资公司发行企业债券等有效措施，为百城建设提质工程建设提供更加充足的资金。

二、河南省百城建设提质工程在投融资方面存在的问题

在看到河南省百城建设提质工程在投融资方面取得显著成效的同时，我们也应该清醒地认识到河南省百城建设提质工程在推动创新融资方式方面仍面临着金融监管体系不够完善、区域金融合作有待加强、金融生态环境亟待改善、高端金融人才较为缺乏等诸多障碍。

（一）金融监管体系不够完善

完善的金融监管体系是加强金融监管的重要制度保障，是确保金融业持

续健康稳定发展、防范金融风险和维护金融市场稳定的重要支撑。目前，河南省在健全和完善金融监管体系方面主要存在以下三个方面的问题：第一，金融监管法律法规不完善。现有的金融监管法律法规大多是原则性的规定，缺少具体的可操作性强的实施细则；金融风险应急处理制度不完善，缺乏对金融风险的有效监管和处置；缺少对地方投融资平台公司经营活动监管的机制设计。第二，现有的金融监管方式落后，监管手段单一。当前，中国在金融监管方面采取的主要是行政手段，行政命令和干预是其最主要和最直接的手段；由于金融机构的特殊性，行业自律组织、第三方监督机构等缺乏对其有效的市场监督；在监管对象和内容方面，存在着重审批轻管理、重存贷款业务轻理财管理、重国有银行轻民营银行和非银行金融机构等一系列问题，影响金融监管质量和效率。第三，缺乏对互联网金融的有效监管。随着经济社会和信息技术的快速发展，中国互联网金融快速兴起并得到迅猛发展，但是缺乏明确的监管依据，相应的监管制度和监管手段也发展滞后，不能对互联网金融的发展进行有效监督和管理。同时，百城建设提质工程多为公益性的基础设施建设项目，收益能力较低，再加上还款约束机制不健全，政府的偿债能力较低；各个地市的金融监管人员素质有待提升，需要紧跟时代步伐，学习新的金融监管法律法规和相关行业知识。

（二）区域金融合作有待加强

构建完善的区域金融合作机制，能够推动形成区域金融风险防控合力，切实提高防范和化解区域金融风险的能力，从而维护区域金融市场稳定，确保区域经济持续健康平稳发展。河南各地市的区域金融合作力度不够，合作机制有待进一步完善。第一，缺乏完善的政府间区域金融合作机制。这主要体现在没有成立河南省百城建设提质工程区域金融合作领导小组，现有的地市间的金融合作机制不健全，金融政策协调难度较大；各个地市间不能及时共享金融风险信息以及对金融风险形势研判的分析和预测，没有建立统一的区域金融风险应对机制，缺乏区域间金融方面的定期会商制度。第二，各个金融机构之间的金融合作有待加强。近年来，河南省金融业快速发展，金融机构数量持续增加、资产规模不断扩大、整体实力大幅提升，但是大部分金融机构均在自身的系统内开展相关合作，不同类型金融机构之间的合作力度不够，尤其是国有金融机构与民营金融机构之间的合作欠缺。第三，地方政府与金融机构的合作亟待加强。随着地方政府越来越重视金融在经济社会发展中的重要作用，河南各地市许多地方政府也同银行、保险等各类金融机构签订了战略合作协议，但多数合作都只停留在纸面上，没有在农业、工业、民生、基础设施等领域，尤其是百城建设提质工程重点建设项目的合作上取得实质性进展，尚未发挥其推动区域经济社会发展的作用。

（三）金融生态环境亟待改善

随着经济社会的快速发展，良好的金融生态环境在促进地区经济持续健康发展中扮演着越来越重要的角色。金融生态环境是一个国家或地区金融业赖以生存和发展的重要基础。营造良好的金融生态环境不仅需要各级政府部门出台相关政策法规予以保障，而且需要金融机构、企业、普通民众等社会各界的积极参与。河南省金融生态环境主要存在以下三个方面的问题：第一，金融市场体系尚不健全。近年来，河南省金融领域改革持续深化，"金融豫军"异军突起，尤其是郑州的金融业迅猛发展，取得巨大成就。但是，由于河南地处内陆地区，受思想观念、创新能力、创新人才、开放程度等因素的制约，金融业发展长期滞后于经济发展，金融市场体系依然不健全、发展水平仍然较低，金融业对于地区经济发展的贡献度还不高。第二，部分金融机构的服务意识有待提高。目前，随着全省金融机构数量的不断增加，各家金融机构也不断加强员工培训，制定更加人性化的服务制度，服务意识和服务水平均大幅提升。但是，仍有金融机构服务意识不强，特别是部分国有金融机构偏向于服务国有企业和收益能力强的百城建设提质工程，而较少为民营企业和百城建设提质工程的公益性项目提供贷款，部分农村地区金融机构只吸收公众存款，而较少为当地经济发展提供资金支持。第三，社会信用环境有待改善。由于金融监管制度尚不完善、监管力度有待提高、失信成本较低，导致部分企业和居民诚信意识不强、失信和违约行为频发。

（四）高端金融人才较为缺乏

市场竞争归根结底是人才的竞争。人才是企业发展、科技创新、技术研发的主力军、实践者和操作者，高素质的人才队伍是一个国家或地区参与国际竞争的核心竞争力，也是企业发展的核心竞争力。近年来，国内高等教育事业快速发展，培养了一大批经济、金融专业的高素质人才，为国家经济社会发展注入了新鲜活力。但是，我们也应该看到包括北京、上海和广州在内的国内一线城市的高端金融人才依然较为缺乏。作为地处内陆地区的河南，与国内经济发达地区相比，高端金融人才更为紧缺。第一，金融和经济专业毕业生理论知识扎实，但缺乏实践经验。目前，省内开设金融和经济专业的大多数高等院校普遍重视培养在校学生的专业基础理论知识，而不重视与银行、证券、保险、投资等金融机构合作共建教学实习基地，忽视对学生实践能力的培养。第二，与国内经济发达地区相比，河南的就业吸引力明显较低。高端金融人才出于对工资待遇、工作福利、晋升空间、个人成就感、子女教育、工作环境等因素的综合考虑，大多数人选择到国内沿海城市和经济发达城市就业和创业，往往不把河南作为就业和创业的首选地。第三，跨专业复合型的高端金融人才严重不足。随着计算机应用技术和信息技术的快速发展，互联网金融等新兴金融业态逐渐兴起，对金融从业者提出了更高的要求。但是，河南金融机构的人才结构不尽合理，本科学历人员占比超过70%，而具有博士学位的人员占比还不足 1%，并且熟练掌握互联网、信息技术、经济、金融等多种学科理论知识和实践经验的复合型高端人才更是凤毛麟角。第四，具有国家特色金融专业的高等院校严重不足。河南人口基数大，参加高考的考生人数多，但仅有郑州大学一所"211"大学，且具有国家特色金融专业的高校也十分有限，金融专业师资力量严重不足。

三、河南省百城建设提质工程创新融资方式的对策建议

针对河南省百城建设提质工程在投融资方面存在的问题，建议从创新融资机制、强化金融监管、规范债务管理、增强开放意识、推进制度建设、完善激励机制等方面入手，采取有效措施，创新融资方式，拓宽融资渠道，完善融资平台，构建多元化融资体系，为百城建设提质工程提供投融资服务。

（一）创新融资机制，拓宽政府融资渠道

创新融资机制是拓宽政府融资渠道、构建多元化融资体系的政策保障。

河南已经在推进百城建设提质工程融资机制和融资方式创新方面采取了一系列措施，也取得了良好的效果，为各市县破解融资难题起到了积极的促进作用。为进一步创新融资机制、拓宽政府融资渠道，还需在以下三个方面做出努力：第一，积极推广政府和社会资本合作模式。坚持公益性项目、市场化运作的原则，鼓励和引导社会资本以合资、合作等方式参与道路工程、污水处理、垃圾处理、水系治理、教育、医疗等项目的建设与运营；完善 PPP 项目信息发布和交易平台，及时向社会公开百城建设提质工程领域的 PPP 项目，积极举办投融资洽谈会，加大重点项目推介力度；建立和完善 PPP 项目全生命周期管理机制，对百城建设提质工程领域的 PPP 项目进行全过程监管和综合考核评价；努力健全退出机制，按时移交建设项目。第二，大力发展直接融资。推动县级投融资平台公司转型升级，引入有实力的社会资本注入优质资产，提升投融资平台公司综合实力，鼓励符合条件的投融资平台公司在资本市场上市融资；鼓励省级投资公司与县级投融资平台公司、社会资本等合作设立各类投资基金或子基金，运用市场化运作模式，采取股权投资、贷款贴息、债券投资等形式，为百城建设提质工程建设项目提供投融资服务；支持百城建设提质工程重点建设项目采用项目收益债券、中期票据等方式通过债券市场筹措建设资金；鼓励金融机构与证券公司等合作，选择符合条件的建设项目信贷资产作为基础资产推进信贷资产证券化；加强与中原股权交易中心的合作交流，充分发挥省内股权市场的积极作用，有效拓宽投融资平台公司的融资渠道。第三，积极争取政策性金融的大力支持。加强与国家开发银行、中国农业发展银行等政策性金融机构的合作力度，在已经出台的相关文件的基础上，制定更加详细的、可操作的实施方案，为百城建设提质工程建设项目提供长期稳定、低成本的资金支持。

（二）强化金融监管，切实防范金融风险

加强金融监管是防范金融风险、保障金融市场稳健发展的重大举措，是促进经济社会持续健康发展的重要内容。在创新融资方式推动百城建设提质工程建设项目顺利实施的过程中，我们还应不断强化金融监管，切实防范金融风险。首先，加快完善监管制度。针对百城建设提质工程在金融监管体系方面存在的具体问题，在充分调研的基础上，查找现有监管制度的不足，及

时制定可操作性强的措施弥补监管制度短板，为政府监管部门开展监管业务提供监管依据和制度保障。其次，健全 PPP 项目的风险防范和监督机制。在编制 PPP 项目实施方案的过程中，编制单位和承建单位应该对可能存在的政策、经济、法律、管理等各种风险进行充分论证，准确识别、估计和评价各个风险点，并制定切实可行的应对措施，做出风险接受、风险转移、风险规避和风险减轻的相应判断，从而健全纠纷解决和风险防范机制；建立和完善 PPP 项目监管体系，主动接受监管部门、中介机构、公众、媒体等的共同监督。再次，提高金融从业人员的风险意识和合规意识。金融机构要定期对从业人员进行培训，及时学习最新的规章制度，加强合规文化教育，规范从业人员的行为，提高其甄别风险的能力，并对其行为开展定期评估，建立长期监测和不定期排查机制。最后，创新监管方式。积极推进"互联网+金融监管"建设，借助互联网、云计算、大数据等信息技术，建立和完善百城建设提质工程信用信息平台，并与全省和各个地市的其他信息平台连接，实现信息的互联互通，完善地方政府债务监督信息共享机制，及时通报金融机构、投资公司等的相关情况，尤其是违法违规经营情况；完善互联网金融的监管依据，加强对互联网金融的有效监管，促进其健康发展；各项监管制度的最终落实要依靠监管者的具体执行，因此，我们要加强监管者的业务学习，不断提高他们的业务能力和责任心，使其认清自身的职责，既要严谨守则，也要有高超的平衡能力，成为真正的金融"守护人"。

（三）规范债务管理，提高政府偿债能力

加强政府债务规范化管理能够有效提高政府的偿债能力，对于维护政府信用、保持经济社会稳定发展具有重要意义。百城建设提质工程推进过程中，我们应该在以下三个方面采取有效措施，加强政府债务管理，规范政府举债行为，提高政府偿债能力。第一，建立健全规范的"借、用、还"相统一的地方政府举债融资机制。地方政府为百城建设提质工程的公益性、非营利性建设项目举债要遵循国家有关部门的相关规定，不得违规举债；在相关规定的基础上，针对各个领域建设项目的不同特点，制定更加细化的举债融资措施，根据项目进度合理安排举债规模；进一步完善政府债务的预算管理、绩效考核、统计等相关制度。第二，加强对政府投资项目的监督和管

理。政府投资的百城建设提质工程建设项目必须按照相关部门批准的可行性研究报告、设计方案、实施方案等组织实施；加强对政府投资的百城建设提质工程建设项目的全过程管理，不仅要发挥政府职能部门监督和管理职责，而且要引入第三方中介机构对项目进行全程监督和评价，及时发现问题，并提出切实可行的解决方案；严格按照竣工验收制度做好竣工验收工作；完善政府投资项目责任追究制度和后评价制度，及时追踪项目的运营情况。第三，完善债务管理相关规定。建立地方政府债务风险预警和应急处置机制，将债务的举借、使用、偿还等纳入制度管理，制定可操作性强的应对债务风险的具体措施，并明确各项措施的责任单位和责任人；建立由税务、财政、工商、金融办等部门组成的省级债务风险防控联席会议制度，加强调查研究，及时掌握地方政府在百城建设提质工程建设项目方面的债务的最新情况，并定期召开例会，协调和解决地方政府、金融机构、投资公司等遇到的困难和问题；将债务的使用和偿还情况作为地方政府领导干部绩效考核的重要内容，建立严格的债务问责机制，实行终身负责制。

（四）增强开放意识，加强区域金融合作

区域金融合作是区域经济合作的重要组成部分，是推动金融服务区域经济和实体经济的有效举措，是防范与化解金融风险的有力保障。针对当前河南省百城建设提质工程在区域金融合作方面存在的诸多问题，我们应该在以下三个方面采取有效措施，鼓励各地市进一步增强开放意识，加强区域金融合作。第一，建立和健全有效的政府间区域金融合作机制。积极借鉴长三角区域合作机制的成功经验和主要做法，探索建立河南省百城建设提质工程区域金融合作领导小组，健全省内各个地市间的金融合作机制，引入第三方中介机构对现有金融政策进行评估，提出更加有针对性的区域金融政策；建立完善的区域金融风险应对机制和定期会商制度，各个地市间要共享金融风险信息和对金融风险形势研判的分析与预测。第二，加大各个金融机构之间的金融合作力度。鼓励金融机构之间，尤其是国有金融机构与民营金融机构之间，加大合作力度，树立共享理念，开展全方位、多层次的同业合作，共同为农业、工业、民生、基础设施等各个领域的百城建设提质工程建设项目提供金融服务；支持建立金融机构间的客户信息共享平台，鼓励不同金融机构

之间相互分享经营情况，开展深度合作；鼓励区域内的金融机构对重点优质客户在百城建设提质工程方面的重大建设项目开展银团贷款与联合授信。第三，推动地方政府与金融机构的合作落到实处。鼓励地方政府与银行、保险等各类金融机构在已签订的战略合作协议的基础上，加强联系，主动对接，制定更加细化的合作方案，为相关企业和项目提供资金支持；发挥财政资金的引导作用和杠杆作用，吸引银行、信托、保险等各类金融机构共同设立各类投资基金或子基金。

（五）推进制度建设，营造良好的投资环境

健全的基础设施和配套服务设施是吸引企业和人才的重要硬实力，而良好的投资环境和营商环境是吸引企业和人才的重要软实力。各市县要加快推进百城建设提质工程实施进度，吸引国内外知名投资企业、金融机构和高端金融人才到本地创业和就业，必须重视制度建设，优化投资环境和营商环境，提高服务水平。第一，完善相关制度，优化投资环境。完善引入机构的联络服务机制，按照"谁主管、谁负责"的原则，指派专人对接引入机构，了解企业在注册、申报项目、运营等过程中遇到的实际困难，及时上报并协助其解决问题，提高办事效率，缩短企业办事时间，降低企业成本；财政、规划、国土、税务等部门应学习沿海经济发达地区的成功经验和做法，及时更新投融资体制机制，对于百城建设提质工程中关系到民生问题的重点建设项目，在土地、税收、财政等方面给予相关优惠政策；完善社会信用体系，提高企业和居民的信用意识，营造良好的社会信用环境。第二，强化服务意识，提高服务质量。运用互联网、云计算、大数据等新一代信息技术，完善"互联网+政务服务"平台和网上办事大厅，将工商、税务、公安等部门的信息系统统一接入政务服务信息中心，做好涉企信息归集共享，实现信息互联互通，推进管理型政府向服务型政府转变，真正做到"让数据多跑路，让百姓少跑腿"；各市县每年组织一次投资环境评价调查，针对企业提出的意见和建议，及时采取有效措施进行整改；提高金融机构的服务意识，加大对民营企业和百城建设提质工程公益性项目的贷款支持力度。第三，继续简政放权，放宽准入条件。进一步深化商事制度改革，最大限度地减少行政审批事项，压缩审批程序，减少企业提供资料的数量，缩短审批时限，为企业提

供更加高效便捷的服务；取消各种不必要的证明和手续，让企业办事更加便捷；放宽基础设施、公共服务设施等领域的外商和社会资本准入限制，完善负面清单制度，吸引外商和社会资本参与百城建设提质工程建设项目。

（六）完善激励机制，吸引高端金融人才

创新型高端金融人才是推进百城建设提质工程融资方式创新的宝贵资源，是创新融资方式的具体操作者和直接实施者。从一定程度上来说，高端金融人才决定着融资方式的创新力度和创新效果，决定着百城建设提质工程建设项目能否融资成功和顺利实施。因此，河南在推进百城建设提质工程实施的过程中，应该从以下四个方面着手，完善人才激励机制，引进高端金融人才，为金融领域注入新鲜活力，加快推进融资方式创新。首先，打造良好的用人环境，解决人才的后顾之忧。建设高端金融人才公寓，解决其居住问题；为符合条件的高端金融人才的配偶办理工作调动手续或提供合适岗位，并为其子女入园入学提供绿色通道；为高端金融人才提供充足的办公设备、良好的办公场所和优美的办公环境，让这些人才能够深切感受到引入单位对他们的关心，使其能够全身心地投入到工作中去。其次，坚持高端金融人才的引进与培养相结合。加大人才政策的宣传力度，积极引进国内外高端金融人才，给予其灵活的工作机制，如每年到河南工作半年以上、根据实际工作内容采取项目合作机制等；重视以才引才，利用来河南工作的高端金融人才的人脉圈，通过项目合作等方式吸引其他人才来河南工作；在积极引进外来高端金融人才的同时，我们应该注重培养本土人才，选派优秀人员到国内外高校进修或到知名金融机构交流学习，开阔其国际视野，提升业务能力。再次，建立有效的激励机制。加大对高端金融人才的奖励力度，对于做出突出贡献的人才根据实际情况进行精神奖励和物质奖励，打破平均主义，做到按劳分配；为高端金融人才提供畅通的职业晋升通道，协助其进行职业发展分析，制定科学合理的发展目标。最后，构建完善的高端金融人才培养体系。鼓励郑州大学、河南大学等高等院校针对百城建设提质工程中创新融资方式的实际需求，健全和完善金融、经济、计算机等学科体系，与金融机构合作共建教学实习基地，培养具备扎实的理论基础和丰富的实践经验的跨学科、跨专业的高端金融人才；完善金融专业的继续教育体

系，为高端金融人才设计针对性强的在职培训课程，使其能够不断更新专业知识，提高自身素质。

参考文献

［1］谭勇.百城建设提质工程项目库建立［N］.河南日报，2017-04-16.

［2］谭勇.我省启动百城建设提质工程［N］.河南日报，2016-08-29.

［3］谭勇.我省百城建设提质工程加速推进［N］.河南日报，2016-12-14.

［4］谭勇.全省建筑业总产值首破万亿［N］.河南日报，2018-02-07.

［5］逯彦萃，谭勇.钱从哪里来——《关于推进百城建设提质工程的意见》解读之四［N］.河南日报，2017-01-10.

［6］李琳璐.国外互联网金融监管对我国的启示［J］.财会通讯，2017（36）.

（作者系河南省社会科学院区域经济研究中心研究实习员）

河南省加快建设现代化经济体系的对策研究

汪萌萌

摘　要：中共十九大报告中提出的"贯彻新发展理念，建设现代化经济体系"，是由我国经济由高速增长向高质量发展的阶段性特征所决定的，更是新常态下中国经济建设的总纲领。近年来，河南省狠抓优势，努力打好"四张牌"，三大攻坚战战果卓著，"三区一群"联动发展，"四个强省"建设成效明显。但同时，全省经济社会发展结构性长期性问题仍很突出。加快建设现代化经济体系，对于河南加快经济强省建设，决胜全面建成小康社会，并乘势而上全面推进新时代社会主义现代化建设具有重大的现实意义。

关键词：河南；现代化经济体系；对策研究

一、加快建设现代化经济体系的重大意义

（一）加快建设现代化经济体系是河南加快经济强省建设、决胜全面建成小康社会的必然选择

中共十八大以来，河南经济发展整体来看稳中有进，经济总量多年稳居全国第五位，经济实力不断增强，产业体系日趋完善，为建设现代化经济体系奠定了坚实基础。截至 2017 年，河南第一、第二、第三产业结构比例为

10.7 : 47.4 : 41.9，分经济类型看，2017 年国有控股企业和集体企业增加值分别增长 5.6% 和 7.3%，股份制企业和外商及港澳台商投资企业分别增长 8.6% 和 7.6%；传统产业中，采矿业增加值增长 3.9%，制造业增长 8.5%，电力、热力、燃气及水的生产和供应业增长 4.3%，全省经济发展盘子大而质量不高，国有企业和传统行业转型发展步伐缓慢，服务业整体规模较小且方式落后，城乡区域发展不平衡，更为突出的是新业态、新技术、新模式对经济增长的驱动力不足，不能满足新时期河南加快经济强省建设的客观要求。因此，加快建设现代化经济体系，深入贯彻中共十九大的战略部署，是河南省强化薄弱环节，加快经济强省建设，保质保量如期全面建成小康社会，进而实现"两个一百年"奋斗目标的关键举措。

（二）加快建设现代化经济体系是推动经济发展动力效率变革，提高发展质量的迫切要求

改革开放以来，资源投入和投资是河南省经济发展的主要动力，但是随着中国经济进入新常态，全省经济发展动力转换迫在眉睫。2017 年，河南省五大主导产业增加值增长 12.1%，占工业比重 44.6%，同比仅提高 0.3 个百分点，增长动力不足；占工业比重 44.2% 的传统产业 2017 年增长 2.7%，低于全省规模以上工业 5.3 个百分点，同比降低 0.3 个百分点，产业整体发展后劲不足，发展质量亟待提高，新兴、高技术含量产业占规模以上工业的比重 2017 年仅增加了 1%，科技创新驱动发展成效不明显。另外，近年来河南省投资效益系数不断走低，人口红利逐渐消失，劳动力成本大幅上升，2017 年由偏重产业结构衍生的环境问题日益严重，传统农村农业发展方式落后，对外贸易结构不平衡、产品质量不高和方式落后的难题没有解决，原有的成本资源和要素投入推动力明显减弱，传统发展模式步履维艰，创新驱动转型刻不容缓。加快构建现代化经济体系，在夯实全省科技创新基础的前提下，可以充分发挥其关键引领作用，推动经济结构调整动力转换，全面贯彻绿色环保可持续的发展理念，推动经济由资源和投资拉动向创新驱动转型，提高经济的发展质量和效率。

（三）加快建设现代化经济体系是促进城乡协调发展，推动中部加快崛起的重要支撑

作为中国的农业大省和欠发达省份的河南，城市和农村发展二元结构明显，省内区域发展不协调、不平衡的矛盾突出，城镇化水平低质量不高、城乡居民收入差距大和区域发展不平衡的问题日益严重。截至 2016 年底，河南城镇化率仅为 48.5%，低于全国近 9 个百分点，在 50% 的转折点之下，2016 年河南 105 个县（市）的人均可支配收入的平均值为 15991.93 元，是全省居民人均可支配收入 18443 元的 86.7%，低于全省平均水平 13.3 个百分点；2017 年，城镇消费品零售额达到 7565.64 亿元，乡村消费品零售额为616.39 亿元，不到城镇消费品零售额的 1/11；同时，郑州、洛阳及开封等中心城市经济整体竞争力不强，难以有效带动中原城市群城市联动发展，目前河南作为扶贫大省，精准扶贫、脱贫开发任务极为艰巨，迫切需要城乡融合发展作为关键支撑。因此，加快建设现代化经济体系，在夯实以中心城市群高质量联动发展基础的前提下，深刻理解大中小城市和小城镇协调发展的辩证关系、完善城乡开放融合联动发展的新格局、分批分时段逐步推动农业转移人口市民化、加快中原城市群和国家中心城市的建设步伐等举措，推动中原城市群网络化、开放化和一体化发展，同时可以在提高全省城镇化质量和水平的基础上，增强中心城市和中原城市群对周边的辐射带动能力，提高河南省城乡区域发展的协调性。

（四）加快建设现代化经济体系是完善现代市场经济体制、推进政府治理体系现代化的关键举措

河南一直坚持用改革开放破解发展难题、激发市场主体活力，近年来重点领域和关键环节改革成效明显，内陆开放高地的基础不断夯实。但是2017 年上半年全省生铁、原煤、电解铝、水泥和粗钢产量同比分别下降9.4%、3.2%、4.5%、2.5% 和 1.1%，供给侧结构性改革去产能力度效果有限；2017 年国有控股企业增加值增长 5.6%，集体企业增长 7.3%，国有经济改革成效不显著。河南改革开放基础差、步伐缓慢、深度和广度不够，市场化程度不深，政府职能转变仍不到位，一些政府工作人员能力素质不适应新时代要求的现实没有改变，自贸区自主权限有限、生产要素价格等市场化改革力度和深度不够、产权归属不明晰、体制机制不完善仍然是阻碍全省经济社会发展的明显短板。建设现代化经济体系可以在不断完善现代化市场体系的基础上，健全产权制度，提高要素市场化配置，在增强市场机制和政府基础作用的同时，实现要素的有效配置，并且不断提高政府治理能力，增强宏观调控的科学性和准确性。

二、河南建设现代化经济体系的突破口和着力点

（一）以发展新产业为突破口，打好产业转型升级攻坚战

建设现代化经济体系必须加快以先进制造业、现代服务业为代表的新型产业的发展，以先进制造业作为建设现代工业体系的突破口，加大力度宣传并落实郑洛"新中国制造 2025 河南行动"，以创新驱动、开放带动和智能制造为战略引领，推动产业整体实现高端化、绿色化、智能化、个性化发展；抢抓机遇，加快提高制造业整体水平，提高附加值和国际竞争力，延长产业链，推动全省制造业加速高效发展。抢抓现代服务业快速发展的历史机遇，在提高供给体系的质量和效率的同时，促使服务供给更好地匹配人民多元化的需求，实现两者的联动发展。加快培育互联网金融、国际商务、文化服务等新型产业，创新改造老牌军工企业、机械制造等传统产业，增强服务供给体系对日益多元化的服务需求的适应性。提高互联网、数字经济与实体经济融合发展的深度和广度，提高"互联网＋"与企业研发设计、生产、运输及销售等环节的创新融合发展的能力，鼓励发展数字经济；加快在新型个性化多元化消费、生态保护、医疗服务、交通物流、金融服务等领域挖掘新的经济热点。

（二）以强化创新为支撑点，催生发展新动力

充分发挥河南省传统比较优势，主动与先进国家和地区及"一带一路"沿线地区对接合作，引资、引智、引技并重，鼓励省内高校"走出去"合作交流，适当向省内外高端智库、科研院所、大型跨国公司和先进研发中心等政策倾斜，扫除在河南设立科研机构或创新企业的政策及文化障碍，政府部

门牵头加快搭建技术转移转化综合平台。把握好国际、国内产业结构转移调整的机遇，及时创新优化并出台引入外资的优惠政策，引导外资优先流向本省的创新能力强、发展理念新的优质产业，鼓励省内优质企业多渠道、多方式吸收和引入国内外先进经验和技术，依法合规开展技术并购，拓展国际合作研发的渠道，充分发挥本省优势领域，提高其发展范围和影响力。充分利用"互联网+"、大数据、物联网等的技术创新，开拓创新主体的创新领域，优化升级创新主体发展制度环境，尤其要通过整合利用各类创新资源，加快建设形成包括创新成果产业化、知识产权专利保护和金融支撑等服务体系平台。同时，积极缓解链条割裂及效率不高等问题，加快完善科技创新公共服务系统，以开放式创新带动科技体制改革，提高企业的主体地位，充分发挥市场的主导作用，实现产学研深度融合。

（三）以新型城镇化为结合点，推进城乡区域协调发展

以建设中原城市群的政策为指引，在强化大都市区和中心城市功能的基础上，稳步落实乡村振兴战略，持续推进新型城镇化，优化现代化经济体系建设的空间布局；核心带动轴带串联，疏通城市间、城乡间立体交通大通道。鼓励农村高校毕业生及在城市有稳定工作的农民市民化，全面落实"三个一批人"战略，争取在推进户籍制度改革中实现突破，实现基本公共服务均衡。推进城市群融合开放发展，做好制度安排，加快实现城乡均等联动发展、社会资源共享及产业布局优化、合理分工协调发展；持续提升中原城市群整体发展水平，以百城建设提质工程为契机，推动全省城市发展的质量，充分发挥第一、第二、第三产业带动经济社会发展的功能，以中小城市特别是县级城市为关键着力点，以基础设施和交通物流信息渠道为网络，实现全省大中小城镇联动发展，提高城市群及乡镇发展的协调性。完善城乡融合发展体制机制，健全农村发展政策体系，打造和谐共赢的新型城乡关系，充分发挥城镇对乡村的带动作用，优化区域产业分工，以基础设施及公共服务均等化为抓手，提高农民的获得感，优化农村的人居环境。

（四）以"三区一群"联动发展为着力点，全面深化改革开放

充分发挥"三区一群"作为河南建设现代化经济体系、践行改革开放发

展理念的载体平台，探索创新建设现代化经济体系的改革事项和开放政策，做好引领全省改革开放的排头兵。以制度改革创新为重点，提高政府宏观调控的科学性和准确性，充分发挥市场的主导作用，提高全省市场经济运行质量和效率；持续推动"放管服"改革，加快在阻碍全省经济快速发展的行政管理低效环节实现突破；发挥好郑洛新国家自主创新示范区的带动作用，加快科技体制机制保障体系建设，实现科技创新、制度创新和体制创新融合发展，强化制度改革对科技创新的保障作用，并及时在共享平台推广经验。强化开放带动功能，发挥好国家级战略载体平台对全省开放全局的支撑和推动作用，加快融入"一带一路"建设，鼓励全省企业"走出去""引进来"，促进口岸经济的发展，加快建设内陆开放高地的步伐。强化引领推广功能，在国家赋予的优惠政策及制度的框架下，及时推动"三区一群"改革创新经济的共享和推广，提高"三区一群"对全省经济发展的示范和推动作用。

（五）以发展现代农业为切入点，实施乡村振兴战略

以质量高、结构优、品牌化为要求，发展现代农业，由亲产量向亲质量转变。在全省推广高标准粮田建设，在持续提升粮食产量的同时提高农产品质量，加快农村现代水利设施建设，增加农业节水灌溉面积。政策扶持具有资源优势的地区发展高效种养业和绿色食品业，鼓励粮油深加工和主食产业化，推进农村第一、第二、第三产业融合发展。鼓励科研院所、高校及企业在农业科技方面创新研究，强化农业技术推广和成果转化。大力发展农村电商，完善农产品线上线下统一产销体系，加快产地冷库建设及物流工程建设，优化农产品质量安全监管体系，保障农产品质量安全。加快国家政策银行及部分商业银行金融网点、业务下沉，稳步推进"两权"抵押贷款试点，强化农业保险保障作用。创新完善农村生产经营、社会服务、产业组织及乡村管理体系，提高农民组织化程度，大力培育新型农业经营主体，培养新型职业农民，鼓励多种形式的适度规模经营，实现农户种植饲养、企业生产加工和市场消费的有效衔接。

三、对策建议

（一）完善现代产业新体系

一是以高水平的科技创新作为强劲动力，切实把发展实体经济作为完善现代产业体系的重中之重，进一步深化供给侧结构性改革，整合创新资源、资本、劳动力和土地等生产要素，在促进传统制造业转型升级的同时，大力发展现代化新兴产业，鼓励企业研发部门钻研关键技术，为高端制造业和现代服务业转型升级奠定良好基础。二是以高质量的现代金融作为源头活水，提高金融服务实体的意识和能力，加快推进金融体制机制改革，不断拓宽实体经济的融资渠道，适应市场主体的现实需求不断创新金融服务方式，完善发展供应链金融的信用考察体系；完善现有供给结构，优化现有产品结构，提高产品和服务质量，从根本上解决供给同需求不匹配的问题。三是以推进产业优化、资源重组为着力点，大力发展新型产业和新业态，激发潜在需求，创新产品和服务。四是从生产端开始统筹协调，在提高生产资料配置效率、劳动生产率和企业利润率的基础上，全面提升产业整体的素质和质量，为经济持续增长培育提供不竭动力。

（二）强化市场新保障

一是要以完善产权制度和要素市场化配置为重点，强化建设现代化经济体系的制度保障，加快实施产权保护，依法严肃查处各类侵权行为；着力完善知识产权保护制度，加快构建高效可行的产权激励制度。二是完善国有资产管理体制，着力推动国有经济合理化布局、优化结构，确保国有资产在保值的基础上实现增值；持续打好国企改革攻坚战，妥善推进低效国有企业产权明确、组织优化及管理结构合理的改革，充分发挥混合所有制经济的关键作用，依法依规清除市场中的"僵尸企业"，整合国有资产，提高国有骨干企业的质量和效率；提高对市场准入负面清单制度的理解认识，给予民营企业发展相应的政策激励。三是持续实施简政放权，加快转变政府职能，深化商事制度改革，清除市场主体进出市场的制度障碍；提高政府职能部门信息网络平台的建设，加快"一次办妥"的河南电子政务服务平台的建设步伐，完善全省社会信用体系，并以信用体系建设为核心，优化市场监管机制。四是持续推进投融资体制和财税金融体制改革步伐，优化投资项目审批制度，加快推进"引金入豫"工程，发展直接融资。五是积极推进科技人才体制改革，着力构建有利于激发成果产生的平台载体，更深层次激发各类创新主体尤其是企业的活力，促进创新成果顺利转移转化，提升区域创新体系服务创新的效率。

（三）拓展开放新格局

一是积极促进"一带一路"国际合作，持续加快郑州—卢森堡空中丝绸之路建设，引进欧洲最新的智能终端、精密仪器、飞机及零部件制造，将郑州打造成为欧洲企业在内陆地区的总部基地，促进航空偏好型高端制造业在郑州集聚发展。二是大力发展飞机租赁业务，发挥好航空港试验区国家战略平台的优势，优化财税支持政策和提高通关效率，积极引进和培育一大批大型租赁公司，推进洲际客运航线开辟及签证便利业务常态化建设，延长中欧班列（郑州）的运营时间，提高货物贸易的质量和效率。三是全面推进河南自贸试验区的建设，管好政府的手，给予自贸区充分的自主权，加快制定实施政务、监督管理、金融支撑、法律约束、多式联运五大服务专项方案，主动筹备并积极申建自由贸易港。四是加快郑州航空港经济综合试验区建设，完善口岸功能，鼓励飞机租赁等航空经济的发展，加快货物贸易优化升级，推动产品由低端向高端转变，鼓励服务贸易创新发展，加快培育贸易新业态、新模式，着力推动商业模式创新和推广应用，促进外商投资实行准入前国民待遇加负面清单的管理模式的全面实施。五是全力打造高水平的金融服务支持体系，加快建立包含信息、要素、人才、服务、监管在内的综合公共服务信息共享平台。

（四）夯实基础新支撑

一是加快基础设施建设，升级局部、单一优势，培育综合竞争优势，构建航空运输网络，大力引进航空运力和物流集成商；加快打造数字化、便利化的及时综合信息共享平台，推进郑州机场、郑州国际陆港和河南保税物流中心的数字信息实时共享。二是加快推进创新驱动发展，以郑洛新国家自主创新示范区建设为核心载体，完善科技创新体制机制，打通产学研转换通道，营造社会包容、政府支持和产业需要的创新创业生态环境，加快中西部地区科技创新高地的建设步伐。三是完善培养、吸引、留住及激励人才的体制机制，加快实施各项重大人才工程，政府牵头、企业参与、专家讨论，主动对接中科院、双一流高校、央企研究机构等大院名校，争取在河南设立分支机构以及建立高端研发平台，提高郑洛新中关村双创基地和自创区创新中心的建设水平。四是创新完善现代综合教育理念，以培养高素质综合和技能型人才为目标，以计算机网络教学为手段，以社会科学为现实支撑，学术教育和技能培训相结合，完善人才培养模式，夯实全省人才培养基础。

（五）培育乡村新动能

一是要保障好农民的合法权益，稳步推进体制机制改革，激活农村宅基地、耕地、荒地及集体用地的资源要素，鼓励农民创新创业，汇聚全社会的支农、助农、兴农力量。二是稳步推进集体经营性资产股份合作制改革，以土地的使用权为纽带积极发展农村集体经济新形式和运行机制，加快土地确权进程，允许农民依法有偿转让土地承包权、集体收益分配权以及宅基地使用权。三是在县域范围内完善专业人才统筹流动制度，疏通高等院校、科研院所等事业单位专业技术人才到乡村和企业实习、兼职和指导的通道，大力发展现代乡村旅游，以乡情乡愁为情感纽带，加快发展多种形式的乡村体验式经济模式。四是加快推进质量兴农，产业兴村，以高质量、多元化、个性化及绿色化的社会需求为指引，促进农业产品生产的合理布局，推动农业生产高效率、高质量发展。五是积极培育引导新型农业经营业主和小农户，大力发展粮油、主食深加工，增长农业产业链，提高农产品附加值；重点扶持在生物育种、农业智能装备具有优势的企业，促进农业技术推广和成果转化。

参考文献

［1］谷建全.贯彻新发展理念　建设河南现代化经济体系［N］.河南日报，2017-12-20.

［2］栾姗.建设现代化经济体系的战略部署［N］.河南日报，2017-12-05.

［3］朱殿勇.省委经济工作会议举行［N］.河南日报，2017-12-26.

（作者系河南省社会科学院经济研究所研究实习员）

提升洛阳副中心城市功能
助力中原城市群高质量发展

柏程豫

摘　要：洛阳区位交通条件优越、工业基础扎实、科技实力突出、资源储备丰富、历史文化积淀深厚、有国家战略支持，作为中原城市群的副中心城市，重点应提升其在交通枢纽、产业创新、开放平台和综合服务等方面的功能，通过与郑州错位发展和联动协同、以改革创新激发经济社会发展新动能、持续扩大对外开放的广度和深度、进一步优化交通设施建设与管理、增强城市品位与综合承载能力等多方面努力，建设成为支撑中原城市群经济发展的新的增长极。

关键词：副中心城市；功能；洛阳；中原城市群

由区域经济相关理论而知，副中心城市在一个区域经济系统中的地位仅次于主中心，其作用是协助主中心更好地发挥辐射作用，带动整个区域经济社会发展。因此，副中心城市一般而言具备几个显著特征：综合实力相较于周边城市都更为强大，与主中心城市有一定距离，往往拥有独特的优势资源，承担着本经济区域的某几项重要职能，对周边地区发展具有重要影响。2016 年 12 月，《中原城市群发展规划》获国务院正式批复，该规划明确将洛阳定位为中原城市群副中心城市。洛阳是河南省内第二大城市，基础条件优良，具备作为中原城市群副中心城市的潜质，如何发挥好洛阳的自身优势，提升其副中心城市功能，是推进中原城市群高质量发展的一个重要议题。

一、洛阳提升副中心城市功能的基础优势

洛阳位于河南省西部，距郑州约 130 公里，在中原城市群内综合经济实力仅次于郑州，区位交通条件优越、工业基础扎实、科技实力突出、资源储备丰富、历史文化积淀深厚、有国家战略支持，具备承担中原城市群副中心城市功能的基础优势。

（一）区位交通条件优越

洛阳东与郑州相邻，西接三门峡，向北跨黄河接壤焦作，向南与平顶山、南阳相连，位于欧亚大陆桥东段。洛阳北郊机场是国内净空条件最好的二级机场，属于国家一类航空口岸，常年担负郑州、太原、济南、武汉等机场的备降航班保障任务，已开通多条国内和国际航线。陇海铁路、焦柳铁路在此交会，另有在建的蒙中铁路与三洋铁路穿境而过；郑西高铁加上建设中的呼南高铁，形成洛阳连通四方的"十字形"高铁骨架；焦洛、洛平、郑洛等多条城际铁路也已开工建设或正在规划中。国家级高速公路连霍、二广以及区域级高速公路宁洛、郑卢等多条高速公路为洛阳构建起了高速通道网络。此外，在中西部地区洛阳是首个开工建设地铁的非省会城市，前期规划的地铁线路已有四条。内捷外畅的综合交通优势正逐步凸显。2017 年，国家公布的《"十三五"现代综合交通运输体系规划》提出把洛阳建设为全国性综合交通枢纽，也显示出洛阳在国家区域发展格局中突出的区位交通优势。

（二）工业基础扎实

洛阳市是中华人民共和国成立后国家第一个五年计划重点建设的工业中心之一，苏联援建的 156 个重点项目，洛阳有 7 个，一些与军工相关的重工业在当时居全国领先地位。工业基础，特别是装备制造、石油化工、有色金属、硅光伏及光电以及能源电力五大传统产业基础较为雄厚。近些年，洛阳还积极培育战略性新兴产业，大力发展电子信息、智能制造、节能环保装

备、新能源、新材料、生物医药等产业，中信重工、一拖集团、洛钼集团、中航光电、普莱柯生物等成为所在行业具有重要影响力的领头企业，形成了以洛阳先进制造技术集聚区、伊滨产业集聚区、洛龙产业集聚区为代表的多个特色产业集群。

（三）科技实力突出

洛阳在工程科学领域优势显著，是全国重要的科技研发基地之一。目前，洛阳拥有900余家研发机构，近40个国家级实验室、工程（技术）研究中心和企业技术中心，14家省部级科研院所以及7所普通高校。拥有6名两院院士，专业技术人员18万人，科技人才密度高于全国、河南省的平均水平。在强大的科技人才优势支撑下，洛阳的航空航天、电子信息以及新材料等高科技领域跻身全国先进水平，"洛阳制造""洛阳技术"和"洛阳智造"等包括载人航天、高速铁路、蛟龙号载人潜水器在内的一大批国家重大工程取得很大进展。

（四）资源储备丰富

洛阳的矿产资源较为丰富，境内已探明矿产资源76种，其中已探明的甲类矿产资源包括钼、铝、金、银、钨、锌、铁、铅、煤、水晶等26种，钼矿为世界三大钼矿之一，储量居全国首位，黄金产量居全国第三位。此外，洛阳境内有陆浑、故县两座大型水库和黄河、伊河、洛河、瀍河、涧河等河流，是北方地区少有的富水城市。

（五）历史文化积淀深厚

洛阳是国务院首批公布的历史文化名城，有着1500多年的建都史、4000多年的城市史以及5000多年的文明史，是中国道教的起源地和佛教的发源地之一，也是黄河文明的摇篮、河洛文化的发祥地，保有大量的物质文化遗产和非物质文化遗产，在传统文化领域具有很高的知名度和影响力。

（六）国家战略支持

洛阳是郑洛新国家自主创新示范区的主要组成部分，"双创"（大众创业、万众创新）实力强盛，得到李克强总理的多次肯定。同时，洛阳也是中国（河南）自由贸易试验区三大片区之一，其发展重点是高端制造业，比如装备制造、机器人、新材料等，以及现代服务业，包括电子商务、研发设计、国际文化旅游、文化创意、服务外包、文化贸易、文化展示等。国家战略支持给洛阳提供了政策优势，为洛阳产业转型升级能力、对外开放，加强国际产能合作提供了更多机会。

二、洛阳作为副中心城市的功能定位

2017 年 5 月，河南省委省政府按照《中原城市群发展规划》的部署印发了《河南省建设中原城市群实施方案》。该方案基于洛阳实际情况明确提出，在中原城市群建设的重点突破阶段（2017~2020 年），要加快推进洛阳城市群副中心城市建设，提升交通枢纽、产业创新、开放平台和综合服务功能，初步建成支撑全省经济发展的新的增长极。由此可以看出，洛阳作为中原城市群副中心城市，其功能定位重点在四个方面。

（一）交通枢纽

洛阳作为中原城市群副中心城市，其交通枢纽功能区别于中心城市郑州。《"十三五"现代综合交通运输体系发展规划》将郑州定位为国际性综合交通枢纽，将洛阳定位为全国性综合交通枢纽。也就是说，洛阳作为交通枢纽的功能是为中原城市群内部和对外（面向国内其他区域）的物资和人员交流提供集散与中转的服务，基于洛阳的区位条件，主要是为中原城市群西部地区的经济发展和居民生活提供便捷高效的客货运输服务，作为其对外联系的桥梁和纽带。

（二）产业创新

依托洛阳自身的产业基础优势和科技实力优势，借助郑洛新国家自主创新示范区与河南自由贸易试验区的政策支持，建设创新型城市，实现产业转型升级，现代装备制造、新型材料等高端制造业以及文化旅游、科技服务、信息服务等现代服务业繁荣发展，成为中原城市群综合实力强劲的又一产业高地，与郑州错位互补，一起带动中原城市群产业发展。

（三）开放平台

在国际产能合作和贸易便利化等重点领域实施制度创新，具备国际化、法治化、便利化的营商环境和完善的铁路、公路和航空口岸功能，扩大海铁、公铁联运规模，形成全方位、宽领域、高水平的开放格局，带动周边地区进一步拓展开放发展新空间，融入"一带一路"国家倡议。

（四）综合服务

加快发展科技信息、工业设计、检验检测、技术创新等科技服务业，吸纳周边城市的企业加入洛阳市主导的产业技术创新联盟，利用洛阳市技术公共服务平台为周边地区企业提供延伸服务。此外，还要发挥洛阳在高等教育、交通、文化等方面的优势，分担郑州部分职能，为周边地区在科技创新、文化引领、商贸物流、教育、金融等方面提供综合服务。

三、洛阳提升副中心城市功能的思路与对策

洛阳在产业、区位交通、科技、政策等方面的优势为其建设副中心城市奠定了基础，下一步如何将这些优势转化为实际效能，以提升洛阳副中心城市功能，需从以下几个方面着手：

（一）与郑州错位发展、联动协同

在交通枢纽、产业创新、开放平台和综合服务这些功能上，洛阳作为副中心城市与中心城市郑州在理论上是有差别的，比如服务的层级、涉及的具体领域、服务的地域范围等，但在实际发展过程中，必然也会存在相互竞争的问题。因此，需要引导洛阳与郑州在城市功能上形成合理的分工，合作互补，鼓励合作，促进良性竞争，限制恶性竞争，共同带动中原城市群发展。这其中，最关键的是要规范城市政府行为，在市场化条件下推动政府间的合作联动，确保政府行为更好地服务于城市与区域发展的需要。具体而言，一方面要基于中原城市群发展规划，统筹郑州与洛阳发展战略，编制二者联动

发展的总体规划，特别关注两市辖区内不同地区的实际条件和职能定位，在污染物排放、能源消耗，以及土地利用强度等方面，实施市场准入差别化制度，确保各地方政府照章办事，防止地方招商引资等行为过度竞争；另一方面可以探索建立同域职能管理模式，在中原城市群建设工作领导小组指导下，就影响二者联动发展的基础设施建设、金融、旅游以及生态环境等方面的重大问题，分领域组建专门的协调合作委员会，比如工商管理与督查、交通规划与管理以及生态环境保护等，就跨越市级行政区的重大项目和问题寻求能够互利共赢的切入点进行合作。

（二）以改革创新激发经济社会发展新动能

全面深化改革，破除体制机制障碍。围绕国有经济提质增效这一中心，推动国有资产重组和国有企业改革，形成引领支撑区域经济发展的国有经济布局；确保非公有制经济拥有平等的市场地位，破除各种制约非公有制经济健康发展的体制机制障碍；加快建设服务型政府，强化政府在提供优质公共服务、创造良好发展环境、维护社会公平正义方面的职能，推进政企、政事、政资、政社分开；加快完善商品和要素自由流动、平等交换的现代市场体系，切实提高资源配置效率。坚决实施创新驱动发展战略，加快推进国家自主创新示范区洛阳片区建设，重点在知识产权运用与保护、科技金融结合、人才培养与引进、科技评价、科技成果转化等方面开展先行先试，形成政策和机制优势，吸引创新能力强的企业向洛阳集聚，使其成为中西部地区具有较强竞争力的创新创业中心；着力提升洛阳产业技术创新能力，围绕智能制造、工业机器人、生物工程、新材料、新能源、大数据与云计算等领域，支持洛阳本市有条件的高校、科研院所和企业合作，打造各类研发平台，共建产业技术创新战略联盟，鼓励中信重工等优势企业采取多种方式建立海外研发中心，支持国内外知名高校、科研机构和国内外"500强"企业在洛阳市设立或共建研发机构或者技术转移转化中心；积极推进众创空间和科技型企业孵化器建设，依托产业集聚区、商务中心区、特色商业区和专业园区等，布局建设一批省级双创基地，基于互联网培育一批新型孵化平台，加快发展小微工业产业园和科技企业孵化器等新型双创孵化载体。

（三）持续扩大对外开放的广度和深度

以深度融入"一带一路"倡议为契机，高质量推进河南自贸区洛阳片区建设，实行外商投资负面清单制度，完善行政部门权力清单和责任清单，围绕贸易便利化和国际产能合作等重点内容加快制度创新，优化营商环境；在文化旅游和金融等领域开放创新，打造国际智能制造合作示范区与华夏文明传承创新展示中心。进一步提升公路口岸功能，支持洛阳铁路口岸申报一类口岸和航空口岸扩大对外开放，积极申建综合保税区；加快建设洛阳跨境电子商务综合服务平台，实现与省"单一窗口"平台互联互接；完善口岸通过查检、物流货运设施，推进以洛阳铁路口岸查验区为核心的多式联运集散中心建设，更好地服务于公铁、海铁联运；与"一带一路"地区主要口岸加强协调联动，依托中欧班列（郑州）打通至中亚地区的铁路货运物流通道，加强与天津、青岛、连云港等港口合作，打通陆海物流通道。深化与"一带一路"沿线城市的交流与合作，支持优势产能企业到境外去投资建厂，在境外建立起自己的战略性资源开发供应生产基地；鼓励优势企业加强与域外产能合作，带动其产品出口；在文化艺术创作与交流、文化遗产传承与保护等方面加强对外务实合作；与发达国家和地区合作建设先进装备产业园区和国际科技合作中心等，助力洛阳产业层次和创新发展能力的提升。引领中原城市群西部转型创新发展示范区建设，在交通基础设施、装备制造、石油化工、旅游等重点领域，加强与三门峡、济源、平顶山等豫西北城市联动发展；依托交通廊道，规划建设洛阳—巩义、洛阳—渑池、洛阳—济源、洛阳—汝州等产业带，推进产业链接发展。

（四）进一步优化交通设施建设与管理

围绕提升互联互通水平这一重点，统筹包括公路、铁路、航空、枢纽场站以及城市交通在内的全部设施建设，打造城市内外、公铁航空快速集疏、无缝衔接的综合交通新优势。强化洛阳铁路枢纽地位，建设现代化、立体化客运枢纽，优化枢纽空间格局，铁路客运枢纽与城市轨道交通、洛阳机场之间实现便捷联系，合理布局铁路货运枢纽；围绕枢纽拓展铁路对外通道网络，加快推进呼南高铁豫西通道建设，统筹城际铁路建设（郑州—登封—洛阳、焦作—济源—洛阳、洛阳—平顶山等），做好洛阳—三门峡城际铁路建设的可行性研究，加快三门峡—江苏沿海港口铁路通道建设，适时推动原有焦柳、陇海、洛宜支线等改线改造工作。增强公路枢纽辐射带动能力，完善高速公路网络，构建高速公路城市内环、组团高速公路环线，打造生态旅游环线，持续扩大洛阳周边地区高速公路网覆盖面，结合城市道路建设和国省道升级改造，推进洛阳至周边市县的快速通道建设。促进城市内部交通与对外交通的有效对接，包括干线公路与城市道路的有机衔接以及换乘便捷的区域交通枢纽，确保城市交通网络实现点线协调、一体衔接。打造区域物流中心，以洛阳为中心，依托高速公路和铁路网络，合理布局、建设改造货运场站，优化现代物流服务体系，构筑辐射中原城市群西部地区的1小时集疏圈，使洛阳成为该区域工业品与消费品集散中心；多方面完善提升洛阳机场功能，优化国内、国际航线网络布局，使其成为我国中西部地区的旅游骨干机场；加快推进洛阳铁路物流基地建设，依托铁路口岸积极发展国际货运，引进培育多式联运承运人和大型物流集成商，完善货运枢纽多式联运、集装箱运输以及集疏运等"一站式"服务设施，重点发展公铁联运，积极发展陆空联运。

（五）提高城市品位与综合承载能力

着力提高洛阳的城市规划建设管理水平，强化基础设施和公共服务支撑，建设生态宜居的现代化城市。按照智慧、紧凑、低碳、节能的标准加快推进新型城市建设，统筹推进地下综合管廊、海绵城市、低碳生态城市、被动式低能耗建筑示范城区建设；加强大气、水、土壤环境综合治理，深入推进全国水生态文明试点城市建设，加快水系、湿地、绿地系统建设，依托洛阳丰富的水域资源建设集生态涵养、水资源综合利用、文化旅游于一体的复合型功能带，营造优美水景观和水生态，构筑生态宜居环境；强化城市中心区、历史文化保护区等重点领域的城市设计，推动历史风貌和文化元素融入现代城市，提升城市品位和文化氛围。完善洛阳的城市高端服务功能，高标准建设医疗、教育、文化等公共服务设施，支持市内各大学强化办学特色，提升办学水平，积极引进优质教育资源，打造中原经济区西北板块教育高地；统筹推进新老城区建设，新城以科技新城和生态宜居地为定位，老城区则作为体现古都特色与河洛文化底蕴的城市形象窗口。深化城市管理体制改革，以开放包容理念转变城市治理模式，提高城市精细化服务水平，注重人文关怀，实施人性化管理，积极推进互联网、大数据和人工智能等技术手段在城市管理中的运用，切实提高城市管理效率。

参考文献

［1］张占仓.加快洛阳副中心城市建设的重大意义与战略举措［N］.河南日报，2017-09-20.

［2］赵站伟.提升洛阳副中心地位 形成新的经济增长极［N］.河南日报，2017-08-02.

［3］秦尊文.关于省域副中心城市的理论思考［N］.湖北日报，2011-10-16.

［4］刘道兴，吴海峰.转型与升级：郑洛工业走廊发展研究［M］.郑州：河南人民出版社，2010.

［5］张占仓，王建国.河南城市发展报告（2017）［M］.北京：社会科学文献出版社，2017.

（作者系河南省社会科学院城市与环境研究所副研究员）

打造三大高地

坚持创新驱动　推动河南经济高质量发展

——河南省打造中西部地区创新高地的战略与对策研究

刘战国　张　齐　王命禹　张　凯

摘　要：近年来河南省着力培育创新主体、打造创新平台、瞄准重点领域、加快改革开放，创新驱动扎实推进，成效显著，转型步伐不断加快，但是依然存在创新主体不强、平台不多、人才不足、机制不活、环境不优等突出问题。应坚持重点带动，着力突破创新企业、人才、平台、机构、成果（专利）五大瓶颈约束；坚持改革推动，着力夯实投入基础、体制保障、环境孵化、金融投资四大支撑；坚持开放带动，着力推进开放式创新，充分利用全球高端创新资源要素，构建完善的创新创业体系，力争早日建成中西部地区创新高地，有力推动高质量发展和经济强省建设。

关键词：创新驱动；河南经济；高质量

一、创新是推动河南省经济高质量发展的核心引擎

在我国经济已由高速增长阶段转向高质量发展阶段，建设现代化经济体系必须坚持质量第一、效益优先，以供给侧结构性改革为主线，推动经济改革质量变革、效率变革、动力变革，不断增强我国经济创新力和竞争力。学习和贯彻落实中共十九大精神，要深入领会习近平总书记对河南工作的重要

指示精神，以科技创新推动河南经济高质量发展。高质量发展是河南省进入新时代的必然要求，是建设现代化经济体系的关键，也是贯彻五大发展理念的重要体现。

（一）创新是构建现代化经济体系、推动高质量发展的总动力

以创新推动经济高质量发展是建设现代化经济体系的重要支撑。经济学理论把创新看作科技产业化、商业化、市场化的过程，科技改变生产要素实现经济发展。现代创新理论的提出者约瑟夫·熊彼特认为，创新是经济增长和发展的动力，没有创新就没有经济发展。虽然创新是一种创造性破坏，但是创新会创造出新的价值。因此，创新是引领经济发展的核心动力，也是构建现代化经济体系的重要支撑。

（二）创新是河南省经济强省建设的总动力

以创新推动经济高质量发展是河南省打好"四张牌"和建设"四个强省"的内在要求和必然选择。2014 年 5 月，习近平在河南考察时提出希望河南围绕加快转变经济发展方式和提高经济整体素质及竞争力，着力打好"四张牌"，创新驱动不但是其中重要的一张牌，而且还是其他产业升级、城镇化、基础建设"三张牌"的动力之源。为了更好发挥优势打好"四张牌"，河南省十次党代会提出建设经济强省、先进制造业强省、现代服务业强省和现代农业强省，实现"四个强省"建设目标必须强化创新驱动。

（三）创新是河南省技术革命和产业革命的总动力

以创新推动经济高质量发展是河南省结合发展实际抢抓新科技革命和产业变革历史机遇的战略举措。经济发展理论和历史经验都表明，创新是推动经济高速增长向经济高质量发展的核心引擎。当前，新一轮科技革命和产业变革孕育兴起，特别是信息技术、生物技术、新材料和新能源技术等广泛渗透到所有领域，正在引发产业分工重大调整，重塑竞争格局，改变区域竞争能力。河南省既面临赶超跨越的难得历史机遇，也面临差距拉大的严峻挑战，唯有建设创新型河南，全面增强自主创新能力，力争在重要科技领域实现重大突破，才能在新一轮竞争中赢得战略主动，实现河南振兴，让中原更出彩。

二、河南省创新驱动扎实推进，成效显著

近年来，省委、省政府把创新驱动摆在战略全局的高度，持续完善政策，优化环境，推进自主创新体系建设，创新支撑引领经济发展的能力显著增强，与 2012 年相比，河南省在全国区域创新能力排名中上升三位，在全国区域综合科技进步水平指数排名中上升五位。中共十八大以来的这一时期成为河南省科技创新实力提升最快、创新成果产出最多、对经济社会发展贡献最大的时期，中西部地区科技创新高地建设迈出坚实步伐。

（一）着力培育创新主体，转型步伐加快

一是培育创新型龙头企业及高新技术企业。实施创新型龙头企业能力提升工程，加快实施培育高新技术企业行动计划，培育创新型龙头企业 100 家、高新技术企业 2270 家、科技型中小企业 1956 家、新增科技小巨人企业 208 家，2017 年高新企业数量增幅创历史新高。二是支持本地研究院所及新型研发机构建设。支持郑州信大先进技术研究院、洛阳中科信息产业研究院、新乡电池研究院等建设，为当地产业创新发展、破解关键技术瓶颈提供有力支撑。推进中国航天郑州军民融合产业研究院、洛阳华东理工大学研究院、中国（新乡）小麦产业研究院等一批高层次新型研发机构加速落地。培养和引进高层次科技人才。两院院士、国家创新人才、中原学者等高端人才突破百名，杰出人才和杰出青年达到近千名，创新型科技团队超过 600 个。2017 年，新设立院士工作站 41 家，引进 43 位院士及科研团队 307 人进站工作，计划开展合作项目 112 项，项目总投资 10.28 亿元，推荐 6 人新入选国家"万人计划"。

（二）着力打造创新平台，创新基础更加扎实

一是推进国家重点实验室建设。积极争取河南省优势创新团队参与国家实验室建设工作，省部共建食管癌防治国家重点实验室、地下基础设施非开挖技术国家联合研究中心和动物免疫学国际联合研究中心列入科技部计划。目前，国家级重点实验室达到 14 家。二是加速省级创新平台布局。围绕全

省重点产业和领域需求，新建省级重点实验室、工程技术研究中心、临床医学研究中心、国际联合实验室等省级创新平台 296 家，新建省级产业技术创新联盟 21 家，科技成果转移转化基地 5 家。目前，共有省级以上企业技术中心 1136 个，其中国家级 84 个；省级以上工程实验室（工程研究中心）616 个，其中国家级 46 个。国家级工程技术研究中心 10 个，省级工程技术研究中心 1287 个；省级重点实验室 184 个。三是推进大众创业、万众创新。与科技部联合启动"创新引领中原"活动，举办五届河南省创新创业大赛和两届中国创新创业大赛先进制造行业总决策，新建省级以上科技企业孵化器、大学科技园、众创空间、专业化众创空间、星创天地等各类创新创业载体 393 家，其中国家级 116 家，孵化企业 1 万家以上，涌现了清华激光、UU 跑腿等一批科技型中小企业。

（三）着力瞄准重点领域，高新技术产业发展提速

一是实施重大科技专项。2017 年，围绕高端装备制造、新一代信息技术、功能性新材料等六大关键领域启动重大科技专项 22 项，突破产业关键核心技术 60 项，带动项目总投入 11.37 亿元。二是推动高新技术产业不断壮大。在新材料、新能源、高端装备制造等高新技术领域，形成了明显的技术和市场优势，其中超硬材料占全国市场的 80%以上，高温功能材料占30%以上，新能源客车占 30%左右。2017 年，河南省高新技术产业增加值近 7000 亿元，占全省规模以上工业增加值的比重达到 36.1%，其中郑洛新三市高新技术产业增加值占规模以上工业增加值比重达 41.5%，高于全省5.4 个百分点，有效地推动和支撑了全省经济发展方式转变及产业结构调整。三是推动高新区快速发展。推动高新区建成高新企业聚集以及高新技术产业研发、成果转化的基地，大力推动高新技术成果商品化、产业化，开展高新区"二次创业"工程。新建洛阳高端装备制造、许昌电力电子装备等八家国家高新技术产业基地和国家火炬产业基地。信阳、许昌高新区正在创建国家级高新区。全省国家级高新区总数达到 7 家。

（四）着力推进改革开放，创新环境不断优化

一是深化科研体制机制改革。建立以知识价值为导向的科研人员薪酬分

配政策，出台国家科技奖励省级配套标准，开展科技计划项目网络评审，推行企业研发投入后补助，开展"科技贷"、知识产权质押融资、科创风险投资基金等科技金融业务，成立中国郑州（创意产业）快速维权中心，设立重点产业知识产权运营基金。全社会研发投入突破550亿元，同比增长13.6%，高于全国平均增速3个百分点。带动银行信贷支持河南省中小企业662.81亿元。全省专利申请量和授权量分别达到119243件、55407件，万人有效发明专利拥有量达到3.02件，专利质押融资总额突破42亿元，培育省级知识产权强企129家。9个省辖市获批国家知识产权示范试点城市，数量居中部六省首位。二是推进自创区科技创新。着力抓好自创区生物育种、通信技术、工业CT、超级电容四大创新突破性项目，实现自创区核心区183项事项与省直部门联通，推进自创区辐射区遴选布局工作，初步构建起"3+N"自创区空间发展布局。目前，自创区高新技术产业增加值占全省的1/3，技术合同交易额占全省的90%以上，国家级创新平台数量占全省的60%以上，创新龙头企业、高新技术企业、科技型中小企业数量分别占全省的50%、56%、50%。三是推进开放式创新。打造"一基地一中心"对外开放窗口，举办自创区国内、国外推介会，推进国家技术转移郑州中心建设，开通技术市场工作网络综合服务平台，开展中国（郑州）国际创新创业大会暨跨国技术转移大会等。全省引进或共建研发机构及技术转移中心15家，新建国家联合实验室31家，新培育省级技术转移示范机构21家。全年技术合同交易额达到76.9亿元，同比增长29.9%。

这些成绩的取得是在省委领导下，全省人民认真贯彻以习近平同志为核心的党中央决策部署，深入落实习近平总书记打好"四张牌"、让中原更加出彩的嘱托，团结一心、开拓奋进的结果。在充分肯定成绩的同时，我们也清醒看到，河南省科技创新发展中还存在诸多问题，面临国内、国际激烈竞争，我们要进一步增强忧患意识和担当意识，抓住机遇，迎难而上，继续前进。

三、河南省实施创新驱动的难点与瓶颈

创新能力不强已成为制约河南省实现高质量发展的最大短板，尤其是创

新主体不强、平台不多、人才不足、机制不活、环境不优等深层次约束愈加凸显。根据《中国区域科技创新评价报告 2016~2017》显示，2016 年河南省综合科技创新水平指数为 48.21，位列全国 21 位，指数增幅低于全国平均值，创新驱动能力与发达地区和全国平均水平均有差距。

（一）企业自主创新能力有待提高

一是创新型龙头企业量少个小。以高新技术企业为例，截至 2017 年底，全国共有高新技术企业 11 万余家，而河南省只有 2270 家，占比不足全国的 2%，尚不及广东 2016 年一年新增数的 1/4，与湖北、安徽、湖南等中部省份也有很大差距；研发能力弱，缺少重大产业链关键环节攻关能力，未能形成具有核心竞争力和影响力的创新产业集群；规模较小，营业收入 10 亿元以上的企业有 110 多家，百亿元以上的企业仅有 4 家。二是企业自主创新活力不足。企业是创新的主体，是推动创新驱动体系建设的突破口，河南省企业创新意识总体不强，创新活力普遍偏低。根据《中国区域创新能力检测报告 2016~2017》显示，2016 年河南省开展创新活动的企业占比仅为 37.6%，尚有 62.4% 的企业没有创新活动，仅有 25.9% 的企业认为创新对企业的生存发展具有重要影响，企业 R&D 经费投入占主营收入比重仅相当于国家平均水平的一半，用于技术获取和技术改造的经费支出比重为 0.15%，占比在全国跌近末位。三是企业自主创新能力薄弱。目前河南省还处在改进技术为主的创新阶段，自主研发技术能力不足，以专利、知识产权发明数量为例，2016 年，河南省万人发明专利拥有量为 3.02 件，远低于国家 5.5 件/万人的标准；有效发明专利量为 12.3 件/万人，仅为全国水平的 27.4%，与中部地区 29.1 件/万人的平均水平相比也有较大差距；在进行产品创新的企业中，每亿元研发经费支出产生的发明专利授权数为 8.73 件，排在中部地区末位。

（二）创新型人才有待加快集聚

一是创新型人才数量严重不足。人才是创新的根基，是创新的核心要素。河南省创新型科技领军人才、创新战略人才、科技团队数量不足，全省研究与发展（R&D）人员为 61964 人，数量居全国第 9 位，企业 R&D 人员占就业人员的比重仅为 2.6%，万人 R&D 人员数为 7.3，仅达全国标准的

42.5%。全国 1500 多位两院院士中，河南省仅有 28 人，尚不及邻省陕西、湖北的 1/2。2013 年以来，河南省新入选两院院士、国家杰出青年、国家青年千人计划、国家优秀青年等高层次人才仅 13 人，居全国 22 位，与周围省份的差距巨大。二是科技人力资源储备不足。创新与教育密不可分，河南省长期以来教育基础薄弱，是创新人才的"洼地"，"双一流"建设相对滞后，高水平科研院所较少，省万人高等学校在校生人数排在全国 19 位，2016 年硕士、博士研究生毕业人数为 1.19 万人，仅占全国的 2.1%，高层次人才增长速度缓慢，严重制约了企业创新发展的后劲及创新高度。

（三）创新创业平台建设有待提速

全省重点实验室、试验基地等高层次人才创新创业平台少，低成本、便利化、全要素、开放式众创空间等大众创新平台少，对于创新创业型人才承载、吸纳能力比较弱。目前，全省国家工程技术研究中心占全国总数的 2.89%，国家重点实验室占全国总数的 2.91%，仅相当于湖北省的一半左右，而这两项相加的数字也不过 24 家，还不足山东省的 40%。全省规模以上企业中建有研发机构的工业企业的占比为 5.8%，大中型企业建有省级以上研发机构的仅为 2364 家，占比不足 20%，距离省委省政府提出全覆盖的目标还有相当大的差距。

（四）创新环境有待优化

一是科技服务不到位。河南省科技服务业发展落后，科技服务便捷度和可及性不强。作为衡量地区科技服务水平的重要指标，河南省科技服务业从业人数密度低，每十万人创新中介从业人员数仅为 0.89，在全国排名 29 位；创新创业公共服务平台、开放式创新网络平台密度不足 1%。二是金融服务滞后。金融作为激发创新活力的重要动力，作用不可替代。目前，河南省产业链、创新链、资金链融合不畅，天使投资、股权投资基金数量严重不足，全省已备案私募基金 147 只，仅占全国的 0.2%，科技保、科技贷覆盖面窄，政府引导基金、风险补偿基金对社会资本撬动作用不明显，未能有效分散创新风险。三是激励机制不活。2016 年，河南省科学研究和技术服务业平均工资的比较系数检测值为 78.76，较上年下降 3 个百分点，仅相当于国家标准的四成；企业研究和开发费用加计扣除减免税额为 12.94 亿元，占比进一步下降，表明政府以及社会对创新活动支持激励作用不明显。高校、科研机构关于促进科技成果转化的机制不完善，国有企事业单位在引进高层次人才方面还受到工资总额和绩效工资总量的限制，以增加知识价值为导向的国企分配制度改革进展不大。

（五）创新投入力度有待加大

有效的创新资源投入是提高区域科技创新水平的重要保障。虽然河南省科技投入连年增加，但政府、企业、社会多元化、常态化投入机制还未建立，资金投入总量偏低，规模投资较小的问题依然存在。一是从科研物质条件投入看，河南省每名 R&D 人员研发仪器与设备支出为 3.71 万元/年，远低于国家每人每年 6 万元的标准，进行科学研究和技术服务业新增固定资产占全社会新增固定资产的比例仅为 0.61%，在全国排名 24 位。二是从人力投入看，河南省每万人从事科技活动人员 34 人，仅相当于全国平均水平的54%。三是从财力投入看，2016 年，河南省 R&D 经费投入强度仅为1.23%，居全国第 16 位，不仅低于全国平均水平 2.11%，也低于中部的安徽（1.97%）、湖北（1.86%）、湖南（1.50%），企业和社会资本增加研发投入的积极性不高。

四、河南省创新驱动高质量发展的总体思路

今后几年是决胜全面小康社会建设的关键时期，河南省面临稳增长和促转型的双重任务，创新驱动是实现高质量发展的根本动力，必须牢固树立创新、协调、绿色、开放、共享的发展理念，坚持重点带动，着力突破创新企业、人才、平台、机构、成果（专利）五大瓶颈约束；坚持改革推动，着力夯实投入基础、体制保障、环境孵化、金融投资四大支撑；坚持开放带动，着力推进开放式创新，充分利用全球高端创新资源要素，建立政府引导、企业主体、人才支撑、产学研结合、环境孵化的创新创业体系，力争 2020 年基本建成中西部地区创新高地，有力推动经济强省建设。

（一）坚持重点突破，实施创新企业、人才、平台、机构、成果（专利）五大倍增引导计划

一是创新型企业求突破。企业是创新发展的主体，创新型企业少是河南省经济大而不强的直接原因，河南省实施创新驱动必须突破企业创新主体少的瓶颈约束。必须制定超常规的综合配套激励政策，大力实施"科技小巨人"企业培育工程、"小升高"培育工程、高新技术企业倍增工程，力争到2020年全省高新技术企业数量达到1万家，创新型企业数量达到1万家，实现总量翻两番，走在全国前列；实施龙头带动工程，培育或引进1000家创新型行业龙头企业；培育或引进100家创新型跨国公司。二是创新型人才求突破。人才是创新发展的第一要素资源，是新时代最稀缺的资源，也是河南省的战略短板，近年来全国主要省市掀起了新一轮人才争夺战，河南省实施创新驱动必须突破创新人才少的瓶颈约束。必须打造人才特区政策环境，大力实施人才强省战略，积极推进"十百千万"创新型人才培养和引进工程，培育和引进10家国内、国际一流高校，引进100家国内、国际一流研发机构，培育和引进1000个一流创新团队；培育和引进1万名创新型领军人才、1万名创业型领军人才。三是创新平台求突破。创新平台是创新发展的依托，河南省实施创新驱动必须突破创新平台少的瓶颈约束。实施创新平台倍增计划，力争到2020年国家工程技术研究中心和国家重点实验室达到50家，实现翻番，占全国5%以上；力争全省大中型企业建设省级以上研发机构1万家，基本实现全覆盖。加快全省180个产业集聚区升级为省级高新技术开发区，力争到2020年再创建10家国家级高新技术开发区，构建"3（郑洛新）+N"自主创新示范区，覆盖全省高新区。四是创新机构求突破。创新机构是专业化的创新主体，实施创新驱动必须突破专业化创新机构少的瓶颈约束。实施专业研发机构培育计划，鼓励本土重点高校和行业龙头企业建立100家专业化、市场化独立运营的研发机构，鼓励本土科研院所实施混合所有制改革，加快转型升级做大做强。实施省院、省校、省企战略合作计划，力争引进10家中科院、中国工程院、中国农科院、国家中医研究院等国家级专业化科研院所；力争引进10家国内外一流高校建立研究生院或研发机构；力争引进100家央企建立生产基地和研发机构。五是创新成果

（发明专利）求突破。发明专利是创新的主要成果，应确立成果激励的政策导向，实施知识产权强省战略，尤其是实施专利导航战略，建设国家专利导航试验区，加快知识产权强省试点省建设，力争 18 个省辖市全部创建国家知识产权示范试点城市。对发明专利实行奖补，重奖经济效益显著的发明专利。力争到 2020 年发明专利授权量翻一番，位居中西部地区前列。创建国家知识产权孵化中心，建立知识产权运营基金，推进知识产权证券化、股份化和质押融资。

（二）坚持改革推动，夯实创新的投入、体制、环境、金融四大支撑

一是强化投入基础。投入是创新的物质基础，创新可以产生倍增效益，加大投入力度是实施创新驱动的必然要求。力争研发投入增速达到 10% 以上，到 2020 年全省研发投入占 GDP 的比重达到 1.5% 以上，投入强度尽快赶上全国平均水平。完善投入激励机制，加大财税金融奖补支持力度，对高新技术企业、创新型人才及团队、创新平台、创新机构实施"一揽子"优惠政策。二是强化体制保障。必须突破管得过死的体制机制瓶颈约束，着力打造自主创新的政策特区，激发动力活力，积极推广北京、上海、深圳等地改革试点经验，力争将郑洛新国家自主创新示范区升级为中原城市群国家自主创新示范。深化科技管理体制和财政投入体制改革，扩大创新机构和领军人才的自主权，加快科技成果转化，科技成果利益分配应向创新者倾斜，激发创新者的积极性，提高科技投入的效率和效益。三是强化环境孵化。加快创新型河南建设，积极开展创新型市、县、区创建活动。大力开展"大众创业、万众创新"活动，构建研发、转化、创投、金融、服务等"双创"生态体系，强化种子、苗圃、孵化器、加速器一体化"双创"功能，创建一批国家级双创基地，建设 100 家国家级双创空间和 100 家国家级双创孵化器，力争到 2020 年孵化 1 万家中小微科技型企业。四是强化金融支撑。研发成果的产业化必须依靠金融支撑，应大力发展科技金融，鼓励商业银行等金融机构设立科技分支行，力争每年科技贷增加 100 亿元；大力发展天使基金、创投基金、战略新兴产业投资基金，力争每年双创基金增加 100 亿元；鼓励科技型企业在国内外挂牌上市，力争每年主板上市 10 家以上，新三板上市 100 家以上，区域板上市 1000 家以上。

（三）坚持开放带动，充分利用全球高端创新资源要素

近年来，全国范围内的结构调整转型升级加速推进，区域经济群雄并起，区域竞争不断升级，各省区市之间围绕一流人才、团队、机构、高校等高端创新要素资源展开争夺，河南省在新一轮竞争中处于守势。为此，河南省应强力实施"开放带动、引进来、走出去"开放式创新战略，设立1000亿元开放创新基金，营造创新特区环境，打造后发优势。一是加大招引力度。对照全国先进优化环境，强化正向激励，完善"一揽子"优惠政策，吸引国内外创新型企业、人才、平台、机构进驻河南，尤其吸引国内外一流跨国公司、一流高校、一流科研院所、一流孵化器进驻河南，在河南建立研发孵化机构。二是鼓励柔性引进人才和团队。在全球范围内大力开展产学研结合，建设协同创新联盟，围绕项目展开联合攻关，不求所有但求所用，优势互补，互利互惠，实现合作共赢。三是实施军民融合创新战略。创建军民融合试验区，大力引进军事院校、军工企业、军工科研院所，建立军民融合试验区，构建军民融合产学研基地。四是鼓励骨干企业建设全球创新网络。鼓励企业在国内外主要创新中心通过联合、兼并或独资等方式建立自己的研发基地。鼓励骨干企业建设开放式的虚拟创新网络平台，利用虚拟创新网络平台汇集全社会创新要素资源，加快创新成果转化，实现共赢发展。

参考文献

［1］黄瑞玲，黄忠平. 聚力创新引领高质量发展［J］. 群众，2018（3）.

［2］徐琴. 科技创新激发高质量发展内生动力［J］. 群众，2018（4）.

（作者均系河南省人民政府发展研究中心科研人员）

新时代河南推动国际产能合作路径研究

高建新

摘　要： 中共十九大以来中国现代化进程进入新时代，中国的对外开放和国际产能合作进入了一个新的时期，新时代河南国际产能合作存在竞争力小、风险大、结构差、政府支撑不足等问题。为改变河南新时代国际产能合作存在的问题，必须加快推进民营企业对外合作步伐、提升合作企业抗御风险的能力、优化产能合作领域和结构以及完善政府配套政策体系。

关键词： 新时代；产能合作；河南

中共十九大以来，中国现代化进程进入新时代，使我国的对外开放格局有了新的思路。新时代中国经济主要体现在两个方面：一方面，从政治的角度看，为保障中国安全与社会稳定，营造一个公平开放的国际环境，缔造一个国际秩序的革新者，有利于实现对外开放与深化改革的良性互动，实现中华民族的伟大复兴，构建全球命运共同体，通过加强"一带一路"倡议区域的合作，创建一种共建、共商与共享的国际经济新关系和新框架，积极应对各种危机，从而有效化解各种矛盾；另一方面，从促进经济的发展角度看，为了重构经济领域的合作新机制，推动经济领域的国际性合作，建立包容发展合作共赢新思想，通过密切"一带一路"沿线国家与中国经济的关系，巩固发展中国与"一带一路"沿线国家在传统历史上已有的商业、文化和市场上的影响力，形成"一带一路"沿线国家经济联盟全面衔接。产能融合发展和生产要素的有效结合是实现"一带一路"沿线国家互利共赢包容发展的重要途径。

国际产能合作是党中央、国务院在经济新常态下，为适应新时代我国对外开放战略的新思维、适应全球经济发展的新形势、着眼全球经济发展的新格局、把握国际经济合作的新模式下提出的充分发挥我国的竞争优势和要素禀赋，一种以政府为统筹、企业为主体、市场为导向的国家间的创新合作机制。新时代环境下的国际产能合作又有其独特的特征和要求，它是针对"一带一路"沿线国家与我国基于强烈的合作愿望、良好的合作基础、高度的产能契合度和悠久的合作历史，提出的以推进12个重点合作行业，以促进国内产业转型升级、拓展国内产业发展空间、打造新常态下经济增长新动力、营造新常态下对外开放新格局为主旨的全新国际政治经济关系。

河南省作为"一带一路"沿线重要的省份，在新时代环境下的国际产能合作中必将发挥自己的独特作用。河南作为中华文明的发祥地，历史文化厚重；作为全国第一人口大省，人力资源丰富；作为粮食主产区，有着雄厚的农业产业基础；作为重要的装备制造业产地，有着充足的产能；作为中国唯一的航空港综合试验区，有着得天独厚的交通地理优势。再加上近年来国家一系列战略举措落户河南，使河南获得了优良的发展基础和发展条件。因此，河南必将在新时代环境下开展国际产能合作中发挥重要作用。

一、河南推动国际产能合作的现实基础

河南省在新时代环境下开展国际产能合作必定是建立在一定的现实基础上的，分析河南国际产能合作的现实基础是确定河南省开展新时代国际产能合作路径的前提条件。

（一）国际产能合作基础初步形成

自2015年党中央、国务院做出推动国际产能合作决策部署，国务院提出《关于推进国际产能和装备制造合作的指导意见》以来，河南省积极采取多方举措贯彻落实国务院的这一重要战略举措，2016 年 1 月，河南省政府与国家发展和改革委员会签署国际产能和装备制造合作协议，河南省将在今后一段时间内把推进国际产能和装备制造合作作为对外经济工作的重中之重，并紧密结合河南省的现实基础、结构优化调整目标和供给侧结构性改革的要求，积极引导市场主体参与国际产能合作，使河南在"一带一路"建设中发挥更加积极的作用。根据协议，河南省将得到国家发展和改革委员会四个方面的支持：首先是将河南作为国际产能和装备制造合作的示范省份，给予信息、政策等方面的支持。其次是支持河南企业参与国家发改委主持的多边双边合作机制，统筹推动河南重大产能合作项目。再次是对河南省的重大产能合作项目给予金融支持。最后是支持国家股权投资基金与河南省合作，支持河南企业在境外资本市场募集产能合作项目建设基金。

（二）国际产能合作层次逐步提升

从河南省国际产能合作的领域看，一直以来靠传统的老牌国有企业承担国际产能合作的重要角色，集中在重工机械领域，逐步拓展到建材、农业、电力、化工、文化等领域。一批河南企业成功进军国际市场，如宇通客车远销至古巴、委内瑞拉、俄罗斯、以色列、沙特等 30 多个国家和地区，并成功获得欧盟 WVTA 整车认证，进军欧美市场；中信重工全资收购西班牙GANDARA 公司，设立澳大利亚公司、巴西公司、智利公司、南非公司、印度及东南亚公司、俄罗斯办事处等；中国一拖集团有限公司产品远销 100 多个国家和地区，设有吉尔吉斯斯坦办事处、塞尔维亚办事处、古巴办事处、科特迪瓦公司、南非公司等海外办事处和分公司；河南贵友实业集团在吉尔吉斯斯坦建设了亚洲之星农业产业合作区，从事农业种植、畜禽养殖、饲料加工、屠宰加工等综合农业产业化项目。从投资的国别来看，遍布亚洲、非洲、欧洲、美洲的主要国家和地区。

（三）国际产能合作方式日益多样化

企业参与国际产能合作的方式途径不一，传统的模式为工程承包和产品出口贸易，也即产品输出，但随着国际经济新形势发展的需要，在国外设立办事处或分支机构，甚至在国外融资并投资建厂成为了主要方式，也即产能、技术输出；还有合作开发，即与东道国一起建立合作开发产业合作区。河南省在国际产能合作领域不断探索新的合作形式，这些形式的不断探索也使河南省的国际产能合作方式日益多样化，合作深度不断加强。

（四）国有企业发挥龙头作用，民营企业异军突起

近年来，河南省对外合作有较快增长，备案境外投资企业超过 150 家，投资领域涵盖能源、交通、水利、公共工程等基础设施项目、技术并购、机械加工、农业产业化等项目，投资企业主要以河南国际合作集团有限公司、中石化中原油建工程、中铁七局等国有龙头企业为主，民营机电企业、农业产业化企业近年来异军突起，在南美、中亚、非洲等地开展项目的欲望愈加强烈，投资领域涉足服务业、制造业、采掘业、农业及农产品加工等。

二、河南推动国际产能合作存在的主要问题

通过对河南省国际产能合作的现实基础的分析，梳理出河南省新时代开展国际产能现存的主要问题，也是制定河南省开展国际产能合作的路径与措施的必然要求。新时代河南省推动国际产能合作主要存在以下几个方面的问题。

（一）民营企业合作步伐慢，缺乏市场竞争力

河南省对外投资虽然近几年来有了一定程度的发展，民营企业近年来也异军突起，但是当前河南省对外投资存在的一个突出问题是民营企业规模小，对外投资小，投资缺乏市场竞争力。2015 年前三季度，河南省优势产能对外投资 5.6427 亿美元，其中最大民营企业天瑞集团投资 5 亿美元在中国香港设立卡莱斯有限公司，从事境外水泥产业股权收购等。而与周边一些省份相比，湖北省对外投资 2015 年达到 12.5 亿美元，其中民营企业占其中的八成，湖北华新水泥已经在塔吉克斯坦建成两条熟料新型干法生产线；安徽省对外投资 2015 年达到 9.6 亿美元，其中民营企业约占七成，安徽中鼎密封件股份有限公司投资 1.03 亿美元收购德国 WEGU 公司 100% 的股权，引进专业生产汽车用高性能减震密封橡胶件生产加工工艺及技术，提高了中

鼎产品国内外市场配套量；陕西省对外投资 2015 年达到 6.6 亿元，其中民营资本占八成，涉及航空航天、汽车产业等高新技术产业和新兴产业领域。通过以上对比不难看出，河南省在对外投资领域尤其是民营企业步伐较慢，市场竞争力不足，主要原因在于河南省人才、技术和国际视野的缺失，尤其是民营企业这一最具创新意识的企业在河南发展的滞后制约了河南"走出去"的步伐，限制了河南企业的国际竞争力。

（二）对外投资面临风险大，缺乏抗风险能力

受累于河南自身经济发展质量、企业自身实力以及人才约束，新时代河南企业对外投资的目的地多为中西亚、非洲、东欧等发展中国家，这些国家一方面存在政局不稳、局势动荡不定、居民素质普遍不高等现象，致使投资者在这些国家投资面临着极大的不确定性，投资项目又大多属于传统的基础设施，建设周期长，成本的不确定性极大；另一方面企业自身对于风险的防范意识和防范能力不够，以及东道国的文化、法律、技术规则、商业伦理、国际项目管理等方面的缺陷，势必造成对外投资额外成本，从而使投资风险系数增加，而自身化解风险的能力又没能得到及时的提升，从而使其面临着比在国内投资多得多的挑战。

（三）对外合作领域不恰当，缺乏产业支撑力

国际产能合作既然是合作，应该是双方的共同需求，一方面东道国需要我国的产能补充，另一方面该产能又能为东道国创造更大的福祉，因此对外合作不仅要有恰当的投资区域，更要选对合适的投资行业。"一带一路"区域大多为发展中国家，这些发展中国家与我国的产能互补性都比较强。从合作的领域来看，河南企业近几年来主要在钢铁、水泥、采矿、机械等领域与"一带一路"国家合作，但在先进制造业、高新技术和战略新兴产业领域则比较薄弱，而这些行业正是河南未来的产业支柱。但是邻省湖北自 2015 年以来在光电子、生物技术、汽车等领域与"一带一路"国家和地区的合作，覆盖面广；安徽省除了传统产业之外，还新涉足水上运输、金融和航空航天等多个行业。

（四）相关配套政策不完善，政府政策支撑不足

一直以来，我国政府对于企业对外投资采取审慎的态度，从 1999 年以前的以管制性政策为主，到 1999 年开始转向鼓励和支持对外直接投资，尤其是随着"一带一路"倡议提出构建新型国际政治经济关系以来，中国对外直接投资管理体制得到了极大程度的改善，新时代环境下除了极少数的敏感国家和地区以及敏感行业需要严格审批之外，多数境外投资施行的都是备案制。但现实的情况是，除了已经简化了前置审批，事中和事后的监管体制还有许多地方需要完善。尤其是对于河南省而言，近年来，随着国家一系列相关鼓励企业参与国际产能合作的政策文件配套出台了一些针对河南省企业的政策性文件，但总体来说，新时代河南省自身出台的政策性文件尚缺乏系统性、不够完善，在国际产能合作的相关配套政策制定和落实上跟不上国家战略发展的步伐，政策的咨询服务体系建设滞后于邻近省份，对外投资政策的国际协调和金融保险支持等方面问题依然突出。

三、河南省开展国际产能合作的路径与措施

河南省作为中华文明的重要发祥地、国家粮食主产区和制造业大省，理应承担起在新时代环境下推进国际产能合作的重要角色，主动服务和服从于"一带一路"倡议沿线国家和地区的外交和经济开放战略，不断提升对外开放水平并改善对外开放的政策措施，加快推进国际产能合作的步伐。

（一）加快民营企业合作步伐，提高市场竞争力

尽管与发达地区相比，河南省民营企业发展步伐较慢，但是要想实现河南民营企业的跨越式发展，促进民营企业国际化发展是必由之路。加快民营企业国际化发展，一方面可以促使民营企业增强意识、促进经营管理水平，贯彻落实五大发展理念的客观要求；另一方面也是民营企业适应经济全球化和国际经济新秩序的必然要求。新时代环境下河南省民营企业尤其是民营企业家们应该具备全球眼光，依靠科技创新，坚持绿色发展，协调要素组合，开放经营区域，共享发展成果。在全球化趋势已经日益明朗的今天，河南的

民营企业要积极投身于承接国际产业转移和国际资本流动，积极引进、消化、吸收国际先进技术，充分依靠科技创新能力和管理创新能力积极开拓适宜的国际市场，敏锐把握和抢抓市场机会，以科技和管理能力的创新应对不断增加的国际市场压力。

（二）降低对外投资风险，提高抗御风险能力

由于新时代环境下河南省对外尤其是对"一带一路"沿线国家投资区域及行业相对集中，容易引起风险管控能力的不足，且极易受到国际经济形势波动的影响。从 2015 年数据来看，国有资本依然是河南对外投资的主力军，尽管民营企业在 2015 年异军突起，但其所占份额和投资领域比较单一。所以未来一段时间，河南对外投资的重点应该是调整优化投资资本构成，加大民营资本投资力度和投资多元化程度，提高民营资本在高新技术产业、新兴产业、服务业和农业产业化等领域的投资力度，以分散资本投资结构，优化投资组合，降低系统性风险，提高资本投资抗御风险的能力。

（三）优化对外投资结构，提高产业发展支撑

多年来，一谈起对外投资，大多都是基础设施、装备制造等传统领域，但是除了这些传统领域的产能合作之外，文化交流也是国际产能合作战略顺利实施的保障。河南作为中华文明的重要发祥地，有着极为深厚的文化底蕴，河南更应该从功能对等的角度以河南文化元素融入"一带一路"，实现河南文化在"一带一路"的传播。再者，河南还是一个人口大省，有着开辟服务贸易的天然条件，加强服务领域的对外投资是河南应该积极拓展的方向。服务领域的国际化水平优势主要体现在生产性服务业上，因此河南可以与产业技术先进的兄弟省份开展制造与服务的协同发展，共同实现制造和服务的协同产能合作。此外，农业作为河南省的优势产业，应该在产能国际化方面大有作为，可以采取"走出去"和"引进来"相结合的方式，优化农业产业结构，提升农业产业化水平，提高河南农业产业竞争力。

（四）完善相关配套政策，加强政府政策支持

一是要进一步完善对外投资的整体法案建设，以法律性文件逐步替代原

有的政策性文件，认真落实国家转换对外直接投资体制的相关文件精神，切实提高政府工作效率。二是进一步明确各级、各部门在对外直接投资管理中的职能划分，构建权责明确、管理科学的对外直接投资协调机制。三是构建科学、高效的对外投资服务机制，积极鼓励境外投资服务性机构的发展。四是积极构建境外投资、融资担保机制，消除企业海外经营的顾虑。五是设立国际产能合作项目库，搭建国际产能合作信息服务平台，为企业参与国际产能合作提供服务和保障。六是建立风险预警防范机制，为海外投资企业保驾护航。

参考文献

[1] 邱斌，周勤，刘修岩等."'一带一路'背景下的国际产能合作：理论创新与政策研究"学术研讨会综述 [J].经济研究，2016，18 (5).

[2] 印宏亮，潘继南."一带一路"背景下广西推进国际产能合作存在问题及对策研究 [J].东南亚纵横，2016 (4).

[3] 钟飞腾."一带一路"产能合作的国际政治经济学分析 [J].山东社会科学，2015 (8).

[4] 卓丽洪，贺俊，黄阳华."一带一路"战略下中外产能合作新格局研究 [J].东岳论丛，2015，36 (10).

[5] 闫琰，王秀东."一带一路"背景下我国与中亚五国农业区域合作的重点领域 [J].经济纵横，2016 (12).

[6] 慕怀琴，王俊."一带一路"战略框架下国际产能合作路径探析 [J].人民论坛，2016 (3).

（作者系洛阳理工学院经济管理学院副教授）

供给侧结构性改革背景下河南省高技能人才培养的思考和建议

马永华

摘　要： 高质量发展中，高技能人才在深化供给侧改革、加快产业优化升级、推动技术创新和科技成果转化等方面具有不可替代的重要作用。河南省劳动力技能培训工作要着力当前技能人才培养"供给跟不上需求"这一主要问题和突出矛盾，着力进行技能人才培养的供给侧结构性优化，通过拓宽成长上升空间，构建多元培训体系，促进产教深度融合，提升培训质量，改进技能培训模式等方式，以全面提高技能培训效率，提升质量层次目的，促进技能人才培养与全省经济社会发展新要求相适应，为河南省高质量发展提供更加有力的人力资源支撑。

关键词： 高技能人才；供给侧结构性改革；河南

当前我国经济已由高速增长阶段转向高质量发展阶段，以供给侧结构性改革为主线建设现代化经济体系是当前实现高质量发展最迫切的战略任务。人力资源作为当今经济发展的核心要素资源，是供给侧改革中的重要方面，河南省实现高质量发展，实现传统产业的优化升级和新兴产业的快速发展，离不开高素质劳动者和技术技能人才的支撑。

河南作为第一人口大省，历来重视技能人才培养工作，近年来，河南省通过实施高技能人才培养专项行动，积极开展各类职业技能竞赛等方式，大力培养急需紧缺的高技能人才，过去五年全省累计新培养高技能人才112万人，高技能人才总数达到169万人，为促进全省经济社会持续健康发展输送了一大批技能好、素质高的劳动者。但是，当前河南省高技能人才无论总量还是比例，均与下一阶段经济高质量发展的要求有相当大的差距，同时，高技能人才还存在着结构不合理、人才断档等现象。进一步提升高技能人才培养效率和水平，是推动供给侧结构性改革，促进高质量发展的现实需求，培养高素质、高技能劳动者，必须强化"供给侧意识"，实现人才供给的优化。

一、意义作用

（一）高质量发展客观要求大力进行技能人才培养

走高质量发展道路，就是要从依赖人口红利的发展模式，转向依赖人力资本质量的发展模式。而要实现这一转变，关键在于提升劳动力技能培训水平和效率，提高劳动者能力这一生产要素禀赋条件。长期以来，河南省经济相对粗放的经济增长方式主要依靠消耗能源、资源等初级生产要素，形成了对大量廉价劳动力的路径依赖。转向高质量发展，需要形成创新的发展动能、优化传统经济结构、促进企业的转型升级，归根结底这些工作的顺利实施都需要人的推动，只有具备高质量发展能力的劳动力，才能有效推动工作。供给侧结构性改革客观上要求河南省必须通过不断加强劳动力技能培训，不断提高人力资源建设能力，促使河南省人力资源比较优势尽快从简单劳动力向熟练劳动力、从一般劳动力向技能型劳动力转化，全面优化劳动力资源的素质、结构及配置方式，才能促进经济社会实现高质量发展。

（二）经济转型发展要求加强技能人才培养和积累

近年来，我国劳动年龄人口绝对数量呈现出明显的递减趋势，河南省劳动力市场供需关系也正在发生逆转。2013年以来，全省企业劳动力需求人数多于劳动者求职人数，出现了从未有过的劳动力供小于求的缺工格局。由于存在用工缺口，不少就业人员不愿接受职业技能培训而直接进入劳动力市场。虽然这些非熟练劳动力面临一个就业机会增加、工资上涨的"美好时期"，但该群体面临的潜在就业风险并没有降低。随着供给侧结构性改革推进，产业结构逐步变化，岗位要求不断提升，该群体往往会由于不注重前期技能积累，缺乏必要劳动技能而产生新的就业困难，导致经济转型难以推进。2008 年金融危机后，西班牙等部分欧盟国家青年失业率一度达到 50% 左右，而同期德国的青年失业率只有 7.6%，关键因素是德国注重职业技能储备和积累，而前期职业技能积累不足的国家人力资本不足，难以抵挡经济风险。因此，在经济发展正处于从量变到质变的关口，必须重视职业技能储备和积累，为适应新时代经济形势的变化打下坚实基础。

（三）宏观发展趋势迫切需要增强技能人才培养

从经济发展演进角度看，新产业革命促使了制造业领域一般性就业岗位相对缩减，新技术、新领域岗位不断涌现，对从业人员技能素质要求明显更高，加强新技术、新领域的技能培训势在必行。受产业结构调整的影响，今后一段时期，服务业将呈现出种类不断扩大、新兴门类逐渐增多的趋势，会创造更多的工作岗位，但新服务业门类层出不穷和创造更好服务质量也对从业人员及素质提出了新的更高的要求，只有加强相应的技能培训才能适应服务业新领域的就业需求。另外，随着智能化和数字化的普及应用，尤其是"机器换人"速度的加快，劳动力人群同样需要实现技能的创新提高。同时，河南省处于城镇化快速推进阶段，每年都有大量农村人口快速向城市转移，通过技能培训提高劳动者整体素质，能有效促进城乡融合发展，帮助农村转移人口顺利融入城市。

（四）经济增长动力转换机制要求加强技能人才培养

质量型"人力资本红利"代替数量型"人口红利"，将成为经济增长的新动力来源。国研中心研究表明，我国传统人口红利对于经济增长的促进作用正在迅速减弱，但考虑到受教育和培训水平持续提高的影响，2025 年前我国人力资本存量仍会持续上升，人力资本供应方面仍可对经济增长发挥支撑力量，据此，未来一段时期将是我国人力资本保持继续增长和优化人力资源结构的关键时期。对此，河南省应该抓住机遇、顺势而为，切实注重加强劳动力技能培训工作，构建一个完善的多样化技能培训系统，不断创新培训模式，提高培训水平和质量。只有这样，才能保证河南省保持人力资本存量上升、提升人力资源质量。

二、主要问题

目前，河南省劳动力整体素质结构与社会经济发展不适应的矛盾还比较尖锐，技能人才培训供给和市场需求之间仍有较大差距，特别是在增强市场运作水平、创新技能培训模式、深化产教融合、提升培训质量以及优化劳动技能结构等方面，问题依然突出，任务依然繁重。

（一）培养力量匮乏，供给能力不足

培养水平直接决定着技能人才的培养质量。近年来，河南省虽然不断加大技能培训师资队伍建设力度，但仍然满足不了劳动力技能培训的需要。一是师资数量不足。河南省职教院校生师比偏高，专业教师缺口偏大，优秀师资特别是具备实践经验和实践技能的"双师型"教师普遍缺乏。二是教师素质有待继续提高。从学历统计来看，职业院校师资学历明显低于普通教育院校。由于师资匮乏，实际授课中往往侧重于理论，使得课程内容针对性不强，传授的知识、技能与岗位缺乏对应性，培养质量无法保证。三是课程设置滞后。相比于产业需求，职业教育和培训对新产业、新业态所需人才的培养存在着一定程度的滞后。客观上，职业教育和培训专业结构的调整和设置必须经由国家批准才能进行，难以跟上产业发展的步伐。另外，人才培养还要经过数年的培养期才能进入产业领域，其间产业的变化又将给人才培养带来新要求。主观上，职业教育和培训对产业特别是服务业的功能定位认识不足，在培养的方式和路径上习惯于陈旧套路，新招妙招不多。

（二）政府包办过多，供给方式单一

培养高素质的技能人才必须发挥政府、市场和社会的合力，通过多元主体的有效参与，吸引企业、社会等力量参与进来，以保障培养质量和投入水平。近年来，虽然河南省一直在努力改变技能培训办学模式单一的局面，但由于相关制度及配套措施尚未完全建立，对政府扶持的路径依赖较强，至今尚未形成多元化技能培训格局。虽然政府干预或直接介入能够在起步阶段或较短时间里取得成效，可以对技能培训的规模、结构进行调控，但过于侧重政府单一主导，不能充分发挥市场的决定性作用，不注重技能培训工作的社会性、开放性，无法保证技能培训与产业发展、市场需求的良性互动关系，导致技能培训投入不足、办学效率低下、偏离社会需求等一系列问题。

（三）产教融合不够，供给模式落后

国内外实践经验证明，有效实现产教融合，密切技能培训与社会、产业之间的关系，是培养高素质技能人才的必要途径。近年来，河南省积极通过校企合作、提高专业设置与产业结构吻合度、加大实训基地建设等方式来推进产教融合，取得了一定成效，但与社会需求相比，仍有不小差距。其中原因包括：一是传统思维、传统体制束缚导致政府、企业、学校三方配合不够紧密，在提升办学能力、改革管理方法、增进协调互动等环节成效还存在不足，融合不够。二是产教融合模式多以项目对项目、点对点的形式进行，合作面较窄，单一性强，不能充分实现产教全面融合。三是缺乏适应新形势需求的多元化、多层面融合平台。近年来，伴随着新产业革命的到来和国内外产业转移不断深化，河南省大力推进产业集聚区建设，搭建"一个载体、四个体系"，形成了一批专业特色突出的产业集群和公共服务平台，但由于实际工作中对劳动力技能培训重视不够，未能形成多元化、多层面的产教融合互动机制，产业集聚区作为技能人才培训载体的平台作用发挥远远不够。

（四）社会认可度不高，发展空间受限

受多种因素影响，适龄学生仍热衷报考普通高校，主动报考职业院校的志愿率长期处于较低水平，往往是在无法顺利升入普通高中、大专院校的情况下"被动"报考职业院校，上职业院校成了一种"无奈"的选择。究其原因：主要是因为没有真正建立起有利于技能型人才成长的良好环境和长效机制。长期以来，社会上重学历、轻技能等传统观念根深蒂固，许多人认为虽然通过技能培训可以获取一技之长，但仍属于体力劳动范畴，就业面窄，工作环境艰苦，福利待遇较差，社会地位不高。从实际情况看，虽然当前技能型人才的初次就业状况较好，但与普通高校毕业生相比，技能型人才发展后

劲明显不足，预期收益较低，社会适应性差，一旦进入某个技能就业体系很难改变既有发展模式，大多只能沿单一轨道发展。这样的格局造成技能型职业教育社会认可度不高、吸引力不强，束缚了参与者自我发展、自我完善的意愿，导致技能型人才大量缺失。

三、对策建议

（一）提高技能型人才待遇，拓宽成长上升空间

一是切实提高技能型人才的经济待遇。进一步调整完善收入分配制度，提高技能型人才的经济收入，特别是努力提升高技能人才和特殊岗位技能人才的收入水平，鼓励企业内部制定有利于增加技能型人才工资收入的细则和办法，增强技能型人才的吸引力和集聚度。二是营造有利于技能型人才成长的良好社会环境。制定出台政策细则，提高技能型人才的社会地位，使其在聘任、工资、晋升、休假、带薪学习进修等方面享受与工程技术人才、科研人才大致相同的政治经济待遇，加大对职业技能竞赛中涌现出来的优秀技能人才的精神、物质奖励力度。三是积极构建技能人才成长"立交桥"。探索中职与高职、中职与应用型本科、高职与应用型本科的分段培养制度，通过分段培养、转段升学，加强职业教育与普通教育相互沟通，实现中高职有效衔接，构建分层分类的专业技术人才培养体系，提供多样的选择和成才路径，提高技能型人才培养的社会认可度，实现技能型人才培养向上延伸。四是实现技能人才的非连续性培养。按照终身教育理念，改革有关招生培养制度及相关政策，鼓励高等院校、高职院校招收具有一定工作经验的中职毕业生，或中、高职院校招收技能突出的工人，通过往复培训、工学交替等方式，实现技能人才的非连续性深入培养，夯实技能型人才的发展基础。

（二）促进政府、市场、社会有机协调，构建多元化培养体系

一是发挥政府统筹引导作用。要梳理政策，整合资金，加大对劳动力技能培训的投入力度。要更好发挥政府在技能培训体系建设中的规划、引导、规范和监督作用，以提高质量、促进就业、服务发展为导向，提高对办学主体办学行为的监管水平，规范企业用人行为，营造技能人才成长的良好环

境。二是坚持劳动力技能培训的市场导向。要充分发挥市场机制在资源配置中的决定性作用，以市场需求为导向开展劳动力技能培训。促使各类办学主体树立市场意识，主动适应市场用人需求，合理设置专业和招生规模，规范办学运行机制，不断提高自身能力。三是积极发挥社会第三方作用。在人力资源需求预测、职业能力标准制定、职业资格认证、专业技能课程开发、职业教育质量评估等领域积极引入行业组织等第三方力量，推进政府、市场和社会有机协调，解决政府效率低下和市场失灵问题。四是实现投资主体和资金来源多元化。充分调动社会力量，吸引更多资源的汇聚。积极推动社会资金进入技能培训领域，鼓励和引导社会投资主体参与，实现投资主体和资金来源多元化，切实鼓励企业、私人乃至国外资金参与其中。

（三）切实加强校企合作，促进产教深度融合

一是建立校企合作的长效机制。建立健全校企合作权益保障制度，在权益保障方面下功夫，实现校企合作共赢。明确校企合作中的义务与责任，保障将技能人才培养落实在企业生产和管理过程中，督促企业在技能人才培养中取得实际成绩。完善评价体系和激励方法，定期对校企合作双方进行绩效评估，根据评价结果对优惠政策、补贴资金使用进行调整，对积极参与校企合作并取得良好成绩的企业加大激励水平，加强校企合作优秀企业宣传力度，提高校企合作优秀企业知名度。建立准入退出机制，对不良合作项目实施终结管理，加大合作项目约束力度，规范合作双方行为。公布教育水平不高而不能满足企业需要的学校名单，减少或停止资助。二是促进技能培训与产业集聚区对接。把职业院校布局与产业集群发展、产业集聚区建设统筹起来，充分发挥产业集聚区对市场变化、技术变革和产业转移走向反应敏感的优势，搭建长期稳定的产教互动平台，鼓励开展多主体、多方位、多层次的合作，推进产业集聚区等与职业院校对接发展，促进产业资源与技能人才培养有效融合，共同培养高质量技能人才。三是健全合作服务和保障体系。建立规范的中介服务机构，依据专业服务机构掌握的大量准确信息，促进众多企业与学校进行规范性、持久性校企合作，减少校企合作中的信息不对称问题，努力实现校企合作顺畅对接。同时，健全学生校企合作实习保险制度，降低校企合作期间安全事故制约影响，消除企业后顾之忧。

（四）提升办学师资水平，提高培养培训质量

一是构建科学合理的师资培养培训体系。结合经济发展要求，在改革和完善中低等职业教育的同时，将重心置于发展高等职业教育。在加大职业技术师范教育教学改革力度的基础上，积极探索本科及研究生教育阶段采取"分段培养"模式培养职业教育师资，即从高职院校选拔优秀毕业生到职业技术师范院校接受本科教育、鼓励具有专业知识和技能的企业人员报考相应的职业技术类研究生，加大职业技能教育师资的培养力度。充分发挥普通高校师资和教育资源的优势，选择若干普通高等院校为职教师资的培养培训基地，具体承担有关专业的职教师资的培养培训任务。大力开展在职教师岗位培训，把师资的继续教育摆到重要议事日程，形成多层次、多阶段、多渠道协调发展的师资培养培训教育体系。二是建立跨区域技能培训交流与合作共享机制。当前，我国东部沿海地区如长三角、珠三角等地，产业发展水平高，劳动技能培训资源丰富，也是河南省劳动力流动和就业的重要地区。对此，河南省应当积极利用沿海地区产业基础和技能培训资源，建立跨区域的技能培训交流与合作共享机制，"借力"推进河南省职业技能培训快速发展。要鼓励河南省职业学校主动"走出去"，与东部发展较快的同类职业学校建立互助纽带关系，以联合培养教师和开发亟须专业为着眼点，学习先进经验，提高办学水平。要积极鼓励河南省技能培训学校与东部企业签订劳动力培训教育订单，在培养和就业互动中跟进需求，加强对接。三是注重引进专业兼职教师。建立师资来源多渠道制度，加快高素质专业化师资的外部引进。通过制定灵活的编制政策和录用条件，鼓励学校聘任具有实践经验的行业、企业专业技术人员、高技能人才担任专、兼职教师。鼓励学校之间建立专业联盟，实现专业教学资源特别是高素质教师资源共享。

（五）改进技能培训模式，增强技能培训吸引力

一是建立现代新型学徒制度。学习借鉴德国等发达国家学徒制的先进经验和做法，改革单一的"院校制"职业技术教育模式，积极探索建立符合技能型人才成长规律的现代新型学徒制度。建议在职业技能要求高的部分行业、企业和条件适合的产业集聚区率先尝试建立现代学徒制，有关部门要制定激励政策鼓励现代学徒制发展，给予带徒老师和学徒应有的社会地位和经济待遇，给予企业和带徒老师在培训内容、方法、时间安排上更大的自主权，学徒结业资格应获得社会承认。二是完善技能实习方式。改变传统的毕业前到企业集中实习的方式，允许技能受训者每周或每月都可以到相应企业实习和学校上课，通过实践和理论反复结合实现学生的职业技能和理论知识的相互贯通，提升技能水平。三是改革评价监督机制。人才供给侧改革的核心是让市场在人才资源配置中发挥更大作用，这就对职业教育和培训评价与监督机制提出了更高的要求。人社、教育等部门要制定相应的职业教育督导评估办法，设计相关考量标准，制定具体实施方案和相关配套措施。建立一套科学有效的绩效评价指标体系，对资源投入、运行机制、队伍建设、人才培养效果等要素进行评价，使得评价更客观、准确。实行互动式督导评估，督导评估主体与对象的合作互动，能促进各方面合作互动，共同发力，推动现代职业教育发展。实行多元化督导评估，行业、用人单位最先感知职业教育是否适应需求，它们不仅要在办学中发挥主体作用，还要在评估中发挥重要作用。

参考文献

［1］孟庆国，曹晔.中国特色高技能人才培养体系与模式研究［J］.职教论坛，2016（13）.

［2］纪树全.基于校企深度融合的高技能人才培养［J］.经济研究导刊，2017（11）.

［3］郝天聪，石伟平.职前阶段我国高技能人才培养的误区及路径新探——基于高技能人才成长的视角［J］.河北师范大学学报（教育科学版），2017（6）.

（作者系河南省人民政府发展研究中心科研人员）

商丘内陆开放的外部机遇、发展路径与关系协调

张　楠

摘　要： 商丘要依托郑州航空港与河南自贸区的建设，承接上海自贸区的政策辐射与产业转移，成为两大自贸区的联系节点，依次精准发力；加快培育商丘的跨境电商环境，研判当前中美贸易摩擦以及中韩、中澳自贸区的趋势，转变政府职能，形成富有商丘特色的内陆开放新模式。

关键词： 商丘；河南自贸区；内陆开放；地方政府

2016 年，商丘提出了"抓抢上海自贸区机遇""强力推进保税物流建设"的构想；随后市委市政府形成了利用开放形势以"大物流—大交通"来促进"大招商—大发展"的思路。在当前中美贸易摩擦的不确定形势下，我国内陆开放的主要地位得以提升，商丘应乘势而为，加快内陆开放，促进区域经济的产业调整与发展转型。

一、商丘："沿海开放"与"内陆开放"的联结点

2018 年 3 月 29 日，商丘市委书记张建慧在会见浙江商会负责人时谈道：商丘区位交通优势明显、人力资源丰富、市场消费需求旺盛，具有良好

的开放平台、产业基础和靠近市场的便利条件，发展前景十分广阔，项目投资和产业转移正当其时。当前，商丘正在积极打造全省东部地区产业转移的门户和承接地，在装备制造、现代农业、跨境电商等方面与东部地区合作空间巨大。

商丘作为河南自贸区的东大门，经济地位十分凸显。2018 年 2 月 26 日，商务部认定商丘虞城县为国家外贸转型升级基地（五金制品），地方产业发展与内陆开放进一步结合，促使商丘外向型经济不断升级。2017 年，进出口总额 3.4 亿美元，同比增长 35.3%，其中出口总额 28433 万美元，增长 34.5%，高出省平均速度 25.1%，位居全省前列。2016 年 1 月 27 日，国家海关总署、财政部、税务总局、国家外汇管理局四部门联合批复设立"商丘保税物流中心"，这标志着豫东乃至苏鲁豫皖交界区域的"内陆开放"已经提速。该保税区目前已经建成并封关运行，它位居商丘市虞城县产业集聚区，具有保税仓库、出口退税、加工增值、转口贸易、国际配送、信息咨询六大功能，将促使商丘市成为辐射苏鲁豫皖四省的国际物流中心。

"商丘保税物流中心"是打造"综合交通枢纽"的核心环节。围绕区域性综合交通枢纽城市，能够分化综合物流偏好性的产业，发挥比较优势，形成大口岸、大物流、大产业的良性反馈，必将提升商丘对外开放的整体水平与档次，促使商丘成为集商品集散地、国际物流中心、跨境电子商务中心于一身的外向型经济城市，并进一步形成苏鲁豫皖交界地区的"内陆开放"高地。

目前，河南自贸区的建设如火如荼，商丘将成为河南自贸区与上海自贸区之间的联结点，构成"沿海开放"与"内陆开放"互动的大格局。2018 年 4 月 1 日，我国全部 11 个自贸区齐聚成都并达成了《中国自由贸易试验区协同开放发展倡议》，明确将进一步强化协同改革创新与发展，推进自贸区之间的制度对接、产业协同、平台共建，加强自贸区之间以及对其他地区的引领示范、辐射带动。在此形势下，作为东部和中部的连接点，商丘的内陆开放不仅对商丘区域经济，对河南自贸区乃至全国"一带一路"倡议的整体布局都具有重大意义。商丘作为豫东区域"内陆开放"的突破口，能够进一步对接开放政策、承接东部产业转移，在河南省纵深腹地促进转型发展与结构调整，成为中原区域社会经济的推动力量。因此，当前有必要将商丘的对外开放工作嵌入河南自贸区整体的内陆开放，在开放型社会经济系统中进行综合研究，最大限度地发挥商丘的区位优势，抓抢机遇、统筹规划、借势借力、东引西融，将商丘地区打造成为辐射苏鲁豫皖的"内陆开放"高地，实现"内陆开放"与"沿海开放"的竞合与正反馈激励。

二、商丘内陆开放的发展路径

"内陆开放"在当前已经成为一项重大国策，与"沿边开放""沿海开放"一起构成我国"三驾齐驱"的全方位开放格局。河南省"十三五"规划中也专门设置了"建设内陆开放高地"（第十五章）的内容，明确指出要"形成省域全方位对外开放新格局，构建横贯东中西、联结南北方的对外经济走廊，带动中原腹地走向开放前沿"。

在 2018 年初河南省"两会"中，陈润儿省长晒出河南省对外开放的成绩单："全面启动河南自贸试验区建设，政务、监管、金融、法律、多式联运五大服务体系初步构建，入驻企业和注册资本在同批自贸区中位居前列；建成水果、冰鲜水产品、进境粮食等 8 个功能性口岸，数量居内陆省份之首。"

毫无疑问，商丘在河南省对外开放中扮演了重要的角色，这是因为商丘有着独特的资源禀赋和区位特征。为此应抓紧研判形势，加快调查论证，促使商丘尽快与河南自贸区、郑州航空港、中哈物流园区、徐州—连云港高铁等建设项目之间进行对接。借此借势借力，东引西融，打造富有商丘特色的内陆开放高地。商丘当前要结合经济发展转型与产业结构调整，以此打造更高层次的对外开放，走出低水平复制的规模陷阱。商丘的"内陆开放"与传统的"沿海开放"相比，要在制度设计上体现新视野、新思维和新模式，成为"沿海开放"的升级版，形成自身的开放路径。

（一）物流枢纽对产业分化的引导

河南省内陆地区处在"陆上丝绸之路"与欧亚大陆桥的重合点，以郑州为中心城市的中原地区更是具有不可替代的区位优势，是"枢"中之"纽"。而商丘是其中的东部门户和重要"节点"。由此，商丘可以借助郑州的枢纽地位，依托郑州航空港与正在建设的郑徐高铁，向东连接连云港，发挥"空陆海"物流集聚与分流的"综合枢纽"功能，打造"大物流"区域，进一步整合河南省区域内"航空偏好""海洋偏好"与"铁路偏好"等依赖不同运输方式的产业。

当前，哈萨克斯坦经由郑州的"霍尔果斯—连云港"的物流通道已经开通，中吉乌铁路、郑徐高铁以及欧亚大陆桥的物流合作基地正在建设，商丘大交通的综合枢纽地位必将进一步提升，成为"空运、海运、铁运"货物的集散分转的综合物流枢纽。目前，当务之急是利用"郑新欧""义新欧""渝新欧"开通的有利时机"搭上便车"，在"郑州—徐州"之间探索"海陆空"多种联运的方式，以商丘为"节点"形成不同运输方式的多种组合，加快核算综合运输成本并通过完善管理以降低成本，将"郑州航空港"和"徐州物流中心"的集聚优势强化并扩散出去，以"互联互通"的方式适应和满足电子产品、医药制品、机械产品、粮食作物等不同产业的运输偏好，形成苏鲁豫皖区域的"综合枢纽"。

（二）外贸结构对产业结构的适应

相比徐州、开封、枣庄、蚌埠等周边地区，商丘的物价水平与工资率较低，成为名副其实的"价格洼地"。长期以来，商丘的产业经济依据资源优势和成本优势获得长足发展。例如，商丘的煤炭资源富饶，电解铝、机械加工、食品加工等产业规模较大。

但是当前宏观经济形势不容乐观，商丘有必要利用"内陆开放"所提供的"能源""经贸""产能"以及"互联互通"的合作平台，促进经济增长方式转变与产业结构调整，应对当前的困境。例如，可以借助"中哈物流"通道实现中亚、西亚天然气的输入改变"以煤独大"的能源结构；可以向中亚、东欧等国家输出机械加工产能；可以与中亚国家开展以棉花和小麦种植为基础的农业合作；可以利用连云港为中原内陆的矿产和农副产品找到出海口等；这样就能够发挥"结构性"互补的合作优势，走出以"价格低廉"为特征的规模陷阱，实现商丘经济的发展转型。

（三）商品出口对要素出口的带动

商丘目前拥有了相当规模的制造业集群，其中能源开采技术、机械加工、食品加工等产业以及建筑劳务等资源都具有雄厚基础与性价比优势，电子商务也有很好的环境。利用"内陆开放"的投资平台，商丘可以在建筑劳务出口的基础上着重培育国际工程项目承包能力，最大限度地发挥劳动力资源优势；进一步通过建设工业园区以及合作开发、租赁开发等多种形式，促进商丘区域的生产要素出口，以替代商品出口。

国际工程项目承包能够综合劳务、技术、设备与资金信贷等经济要素，是要素出口的典型模式。而商丘是劳动力输出大市，以此为抓手，利用河南省突出的建筑施工技术力量，一是可以充分利用劳务出口的综合优势；二是可以利用当地的矿产资源与能源，实现要素的跨境整合；三是有助于商丘地区的产业价值链对外延伸，从资源整合中获取更多利润，走出"低廉成本"的路径依赖，以要素"走出去"带动企业"走出去"战略的实施。

（四）高校集群对文化高地的打造

商丘的内陆开放不仅要着眼于国际贸易，还要将视野从经济角度转向更为综合的社会领域，寻找潜社会经济的发展新空间。商丘地区属黄河文明的发源地，人文资源富饶，文化积淀深厚。因此，商丘应借助自身文化历史资源，扩大对外文化交流与合作，包括互派互访、合作办学、文艺演出、跨境旅游、人文交流等多种形式。"一带一路"中倡导的"互联互通"的重心在于"民心相通"，其中蕴含的社会价值不可估量。

以商丘师范学院为核心，商丘学院、商丘工学院、商丘职业技术学院等高校开始"抱团"形成地方高校集群，成立了商丘高校发展联盟。借此机会，商丘地区高校应与徐州（江苏师范大学）、枣庄（枣庄学院）、蚌埠（安徽财经大学）、菏泽（菏泽学院）、连云港（淮海工学院）等高校进一步加强联系，发挥知识外溢效应，形成淮海经济区的高校集群。同时，要积极参与"一带一路"教育合作，扩大招收留学生，设置"一带一路"沿线国家相关语言专业，或采取国际合作办学等方式加强人文交流，以此高校合作推进文化合作。

（五）开放政策对深化改革的推进

当前，我国设置自贸区的用意不仅在于提升对外开放的程度与水平，更在于用进一步的开放手段来倒逼国内推行深化改革，尤其是金融改革、投资体制以及行政监管等负面清单的管理体制改革等。

对于商丘地区来说，地方政府要主动适应形势，创新职能，提供国际性公共产品与服务；利用上海自贸区扩容和郑州自贸区申请的机会，加强"郑州航空港""河南自贸区"和"上海自贸区"之间的联系，形成"政策辐射区"。商丘地方政府当前要加快培养涉外工作能力，加快实施"放管服"改革，形成"负面清单"的管理体制，改善贸易环境，提升保税物流区的吸引力，具体包括实施通关便利化改革措施，形成培育跨境电商的产业政策等。

三、商丘内陆开放的关系协调

商丘地方政府在推动内陆开放的政策实施中，要统筹规划，破除狭隘的地方视角，以"一带一路"所倡导的互联互通的思维模式，在认识上处理好以下几对关系。

（一）互联互通与区域经济融合

众所周知，商丘地区在河南内陆开放中有特殊的区位特征：一是处于欧亚大陆桥"西安—郑州—徐州—连云港"的独特连接点；二是处于陇海和京九铁路的连接点；三是处于多省交界区，区域间合作与示范效应大。因此，商丘地区要以"河南自贸区"为重心并协调其他经济区域，尤其是东部方向的"上海自贸区"政策辐射区、以徐州为中心的"淮海经济区"、"连云港—盐城"苏北沿海经济区等不同板块。商丘作为区域性中心城市，要与苏鲁豫皖等其他区域的经济政策与开放措施相互融合，互联互通，尽量借力，形成叠加的发展合力。

（二）传统农区与农业现代化提升

商丘地区平原耕地多，人口稠密，属于精耕细作的传统农耕区。农业经济可谓是商丘地区社会经济的支柱产业。当前，在"豫东粮食批发市场"的基础上利用"内陆开放"政策和中哈物流通道以及连云港出海口，鼓励商丘粮食与农副产品的出口，激励农业企业开拓海外市场；创造条件引领、组织农业大户到海外租地种植耕作。目前，商丘相关部门正在完善《关于扩大农业对外开放 促进食品农产品出口的实施意见》，利用外向型农业改变现有人地关系，克服当前粮价波动与低迷带来的不利影响，促进农业机械的出口与农牧业技术的交流，培育传统农区的开放意识和经营理念，从而加速商丘地区农业现代化的过程。

（三）项目建设与各项政策协调

商丘地区处于多省交界，也是处于多重扶持政策的重叠交点。近年来，河南省与地方政府对中原经济区、郑州航空港、河南自贸区的相关具体政策密集出台，中原地区处于多种帮扶优惠与改革实验政策的交点。

商丘前任市委书记魏小东多次强调，"市发改委要牵头组织编制专项规划，尽早进行谋划，争取进入省里盘子"。商丘地方政府不仅要重视项目落地，还应在整合各种国家与地方政策的基础上，进一步强化各部门的协调，最大限度地抓抢发展机遇。

具体来说，一是统筹国家与河南省、省内与省外，尤其是郑州航空港和上海自贸区的各项政策，与之进行对接与挂靠。二是注重境内与境外的各项进出口政策，尤其是中韩、中澳自贸区的发展趋势，提前研判进行产业规划和布局。三是统筹各项资金包括上级拨入、本级财政、银行贷款以及社会资金，参考 PPP 运行模式，注重上下与内外的协调，改变各自为政的门户分割格局，形成相互配合、节拍一致的合力，实现项目资金运行效率的最大化。

（四）扩大开放与倒逼深化改革

商丘地区整体上来说属于欠发达地区，成为河南省的"东部洼地"。因此，商丘地区要摆脱"等、靠、要"的政策性路径依赖，敢于体制创新，以"内陆开放"成为"政策先行"的"试点"。商丘地区作为"试点"有以下优势：一是人口稠密，民风淳朴，人民群众勤劳节俭、渴望致富，对开放与深化改革的动机强烈。二是从整体上看，商丘地区社会经济自成体系与单元，外向型经济规模小而集中，因此开放性的改革成效大、成本低。三是商丘地区幅员辽阔，经济结构发展不均衡，有广大农区，因此政策腾挪与回旋余地大。当前，商丘外向型经济"先行先试"的主要内容是以"保税仓储与物流"为主的内陆海关监管措施，在此基础上还应进一步衍伸出一系列的制度创新，包括涉外商务信息指导、地方金融、财税与产业政策对"走出去"的扶持政策等。

四、商丘内陆开放的具体工作

商丘经济发展要坚持"内陆开放—制度创新—产业升级"三位一体的发展路径，大力推进平台建设和口岸开放，积极融入"一带一路"倡议，承接东部沿海地区产业转移，通过承接产业转移实现借力发展。为此，还应着重强化以下具体工作作为推手。

（一）以跨境电子商务培育新兴产业

跨境电子商务不仅是新兴国际贸易业态，而且是落后地区实现"跨越式发展"的"神器"；不仅能够刺激商丘地区的国际零担物流，而且能够改善贸易环境，利用"后发优势"实现"弯道超车"。

商丘当前应该注重利用"跨境电商"业务与河南自贸区的对接。河南自贸区已经将"电子商务"作为优先发展的新兴主导产业。按照河南省商务厅计划，跨境电商试验区的相关政策将在 2018 年在全省推开并最终形成中部地区跨境电商可复制、可推广的经验。跨境电子商务与国际物流高度相关，因此商丘应利用商丘保税物流中心加快与河南自贸区的对接，抢抓相关政策，协调银行、税务、海关、外汇、保险等诸多部门和行业，打破行业与部门壁垒，加强联系、紧密合作，利用"跨境电商"实现"弯道超车"。

（二）研判中韩与中澳自贸区最新进展

近期中美贸易摩擦令人瞩目。中美贸易摩擦短期内不可能结束，因此当前我们应积极开拓新的贸易伙伴关系。商丘有不少食品企业与韩国代加工企业，而当前中韩自贸区与中澳自贸区都已经结束了实质性谈判，商丘作为内陆城市也应该高度关注中韩、中澳自贸区建设的最新动态。一是韩国的通信设备与电子产品尤其是智能手机对华贸易保持了较大的顺差。商丘保税物流中心有望借助三星公司与苹果公司国际竞争的有利时机，分解郑州富士康的加工业务，利用"多种联运"方式配合"郑州航空港"形成电子产品最佳国际物流方式与渠道。二是中澳自贸区签订以后，澳大利亚作为畜牧业强国面对中国的庞大市场，一定会采取强力的产业政策进行推进。而商丘是传统农业区，食品加工业规模较大，如果引进澳大利亚的优质畜产品与食品原材料，面临广阔的市场也一定能够形成新的产业优势，促进商丘食品加工业的升级换代。

（三）发挥地方政府的积极作用

毋庸置疑，在传统观念下商丘作为内陆农区不具有开放经济的优势与条件，商丘的"内陆开放"对地方政府提出了巨大的挑战。因此，商丘各级地方政府应该积极有为，主动适应政策变化，并且不断通过制度创新推进"内陆开放"。

不仅如此，地方政府还应围绕保税物流中心积极服务，创新职能，提供各种制度性公共产品。地方政府应围绕四省交界的区位特点，打破行政区域的界限，寻找利益相关方和利益共同点，舆论先行，倡导共同发展的理念，利用博览会、交易会、智库论坛、招商洽谈等经贸活动、文化艺术交流、交通建设项目洽谈等多种方式推动各地政府之间的多边对话，并形成合作机制。总之，商丘应在产业经济基础上，构建制度环境和工作作风的"软实力"，并发挥区域性的引领作用，吸引生产要素的集聚与重构，引发连锁反应和放大效应，实现商丘内陆开放的周边辐射。

参考文献

［1］吴言苏，邢慧慧.建设内陆开放高地的战略思考［J］.中国科技论坛，2011（1）.

［2］肖俊夫，林勇.内陆开放型经济指标评价体系的构建［J］.统计与决策，2009（9）.

［3］杨伯坚.河南省打造内陆开放高地研究［J］.地域研究与开发，2012，31（4）.

［4］汪建敏，阮静.我国对外开放战略格局的新思路——兼论发展内陆开放型经济［J］.宁夏党校学报，2009，11（6）.

（作者系商丘师范学院经济管理学院讲师）

以宋文化传承为视角的中原传统
文化建设路径分析

杨计国

摘　要： 当前，文化软实力的竞争越来越激烈，国家高度重视文化建设，近两年尤其突出了中华传统文化的传承与创新建设。本文围绕中原传统文化的重要组成部分——开封宋文化在传承创新中存在的问题，从政策导向、学术研究、产业化道路、人才队伍建设、融入教育体系路径、平台搭建等几个方面探讨开封宋文化传承创新的具体路径，深入探讨提升中原文化软实力建设的可行之路。

关键词： 宋文化；中原传统文化；软实力；开封

中共十八大以来，习近平总书记多次强调中华传统文化的重要性，如在2013年8月19日"在全国宣传思想工作会议上的讲话"中强调："要讲清楚每个国家和民族的历史传统、文化积淀、基本国情不同，其发展道路必然有着自己的特色；讲清楚中华文化积淀着中华民族最深沉的精神追求，是中华民族生生不息、发展壮大的丰厚滋养；讲清楚中华优秀传统文化是中华民族的突出优势，是我们最深厚的文化软实力。"而河南是中华民族的重要发祥地，胡锦涛同志曾指出："河南是中华民族和华夏文明的重要发祥地，是全国重要的历史文化资源大省，历史底蕴深厚，文化资源丰富，要充分发挥这一优势，推动文化发展繁荣。"学界也有类似观点，刘成纪先生称："中华民族统一政治体制及价值观念的形成，在很大程度上就是中原地区制度文化和精神文化的放大。这一文化形态即使无法与中国传统文化等同，但起码构成了中国传统文化的主干。"

国家对弘扬中原传统尤为重视，2011 年，国务院出台《关于支持河南省加快建设中原经济区的指导意见》（国发〔2011〕32 号），把华夏历史文明传承创新区建设作为中原经济区建设的五大战略之一，该意见指出："中原地处我国中心地带，是中华民族和华夏文明的重要发源地。河南是中华民族的发祥地之一，在历史长河中积淀了深厚的文化，文化资源十分丰富。"建设华夏历史文明传承创新区的一个重要着力点就是大力传承与弘扬中原传统文化，席格先生称"传统文化是中原文化建设的基石"。弘扬中原文化时，其中的首要问题是如何传承中原传统文化，只有在将中原传统文化的精髓继承下来的基础上，才能进一步进行文化创新，"传统文化是建设先进文化的宝贵资源，没有哪种文化是可以割裂历史重起炉灶的，只有首先摸清家底，在有效传承传统的基础上才能实现创新和发展"，开封宋文化是中原传统文化的重要组成部分，本文以开封宋文化的传承与创新为视角，从宋文化的弘扬中寻找提升中原文化软实力的支撑点。

一、中原传统文化是中国传统文化的核心

近代以来，"中原地区长期的经济贫困和文化滞后，导致了研究人才的匮乏和理论失语，从而使其价值无法得到有效伸张"。在当代社会，"建基于农业文明的中原文化，它的许多思想观念以及由此主导的人的行为方式，已滞后于时代的发展"。经济的落后影响到河南文化的发展，甚至一个时期以来，"河南人的形象"尤为突出，妖魔化河南形象、歧视河南人的新闻层出不穷，在一些影视文学作品中，塑造的河南人形象不佳，河南人多以落后、愚昧、打砸抢、造假、懒惰等一些负面形象出现。

在南宋以前，中原地区在中国一直占有重要地位，不管是在政治、经济，还是在文化上，中原地区一直是核心区域。中原文化的影响力逐步扩及中国的大部分地区，成为中国传统文化的重要支柱和核心，甚至成为整个东

亚的普遍价值。但在学术层面，关于中原文化的研究长期缺席，"直至20世纪90年代中期以来，受地方政府文化实利主义观念的强力推动，学界关于中原文化的研究逐渐展开并成为一个持续的学术热点"。与其他省份相比，河南尽管有着丰富的历史文化资源，如汉字文化、黄帝文化、黄河文化、姓氏文化、河洛文化、运河文化、武术文化、戏曲文化等，但作为资源大省的河南并非文化强省。

近几年河南尤其重视文化建设，提出从"文化资源大省"到"文化强省"的目标，现在又在省十次党代会提出"加快构筑全国重要的文化高地"的目标，立足中原、放眼全国，着力从文化方面着手提升河南软实力。近年来着力打造的"根"文化，继大运河郑州段申遗成功后，又在着力打通郑汴洛水系连通工程，打造运河文化。就是想从中原传统文化方面着手，破解新时期河南发展之道。但是如何利用好传统文化资源，实现文化资源大省向文化强省的跨越，形成全国重要的文化高地，并不能一蹴而就。

二、开封宋文化是中原传统文化的重要组成部分

当前地方文化发展的过程中，需要差异化和多样化，河南建设文化强省及构筑全国重要的文化高地，在文化建设上必须突出地域特色。在中原传统文化中，开封宋文化是其中的一个重要方面。

在中原传统文化内涵中，其中的一个重要方面就是宋文化，宋文化在很大程度上可以说是中原文化制度文化和精神文化的放大。对此，不同学者却发出同样的声音："中原信仰是每一个中国人的信仰，汴宋文化成就了中原文化的广厦。""中原文化源远流长，但其概念的固定主要是在宋代以后，汴宋文化奠定了中原文化的特性。"宋文化在开封表现得最为突出，在这一时期，开封一直是中国的政治、文化、经济中心，以开封为中心的宋文化引领着文化潮流，比如影戏、戏剧、腊八粥、木版年画、交年节、金石学等在宋代发祥或创制。现在开封地面上依然保存着诸多宋代有形的物质文化遗产，如繁塔、铁塔、相国寺遗址、龙亭等。

宋代是中国历史上一个非常重要、非常独特的时期，日本的内藤虎次郎提出"宋代近世说"，也有学者提出宋代出现了资本主义萌芽。宋文化辉煌

灿烂，对后世产生了巨大的影响，同时它以强大的文化优势向周围其他地区进行辐射，形成了以宋文化为中心的东亚文化圈。关于宋代文化，陈寅恪称："华夏民族之文化，历数千载之演进，造极于赵宋之世。"在中国古代文化史上，宋乃是巍巍高峰。王国维说："宋代学术，方面最多，进步也最著。天水一朝，人智之活动，文化之多面，前之汉唐，后之元明，皆所不逮。"宋史专家邓广铭称："宋代文化发展所达到的高度，在从十世纪后半期到十三世纪中叶这一历史时期内，是居于全世界的领先地位的。"宋史专家程民生称："宋文化占据着中华文明体系的核心和主体地位。"

在后人所创作的文学作品中，如《水浒传》《金瓶梅》《三侠五义》等作品中都有大量的开封元素，可见开封宋文化对后世的影响。从北宋灭亡以后，中原地区在政治、经济、文化等方面在全国的影响力已逐步下降，中原文化从原来的辐射全国的中心文化沦为地域文化。在建设华夏历史文明传承创新区的过程中，大力挖掘宋文化元素，彰显开封宋文化的魅力，对提升河南文化软实力，推进文化强省建设战略具有重要意义。

三、宋文化传承创新中存在的问题

近几年，随着国家对传统文化的提倡，开封宋文化作为中原传统文化的一个窗口，也铸造了一些宋文化精品、名品，比如开封投巨资打造了《大宋·东京梦华》以及大型歌舞剧《千回大宋》《清明上河图》问鼎上海世博会中国馆、宋都古城文化产业园区、"小宋城"的建设和开发，在一定程度上引领了开封宋文化的发展，旅游景点清明上河园游人如织，在一定程度上提升了开封宋文化的知名度。但其他景点如繁塔、铁塔等景点相对落寞，开封市在打造以宋文化旅游为特色的旅游品牌时存在这些问题，在宋文化的传承创新上也存在着不少的问题，开封宋文化在国内的知名度还有待提高。宋文化传承创新过程中缺少将宋文化进行有效合理的系统整合，传承创新宋文化的渠道、手段有待拓展，文化创意方面缺乏新意，宋文化资源存在挖掘不足、品牌知名度不高、传播主体单一等问题，开发利用效果不明显。

（一）研究不透，开发手段不新

宋文化博大精深，宋文化传承创新应面向社会，提升在社会上的应用，不能简单地把宋文化传承创新等同于开发几个旅游景点，要把宋文化的内涵充分挖掘出来，宋文化研究要与发展文化产业相结合，体现出宋文化研究的应用、实用价值，探索宋文化有效传承的模式和创新机制。开封市在旅游业中虽然突出了宋文化，但是对宋文化资源整合方面缺乏统筹规划，具有鲜明特色的宋文化资源开发利用程度不高，宋文化内涵挖掘不够，文化产业项目各自为政。从开封众多的名胜古迹来看，这些旅游景区大多缺乏新意，文化产品特色不够鲜明，开发处于零散状态，未能发掘出宋文化蕴含的精髓。

在宋文化创新过程中，要区分对象，采用有效的创新理念、创新手段、先进科技进行开发，对于能够赋形的文化，最好能够赋形，通过高科技手段，将宋文化中的一些历史景观予以再现，比如以三维动画形式让《清明上河图》动起来，让宋代名画活起来。通过"形"来传递"神"，增强受众者的文化记忆，获得文化认同感。在旅游景点，让游客亲身体验特色文化，过把特色文化瘾，开封的清明上河园在这方面做得比较成功，园区中展现了大量与宋文化相关的建筑、演艺活动，再现了宋代城市风貌和风俗。对这些宋文化资源予以开发，深挖宋文化内涵，可以将宋文化中的传统节日、民间习俗等进行大力开发。

（二）传承展示宋文化的渠道、手段有待拓展

开封宋文化资源分为有形的物质遗产和无形的精神财富，在传承创新宋文化时，要充分挖掘传承展示宋文化的载体。宋代有形的文化遗产如繁塔、铁塔、包公祠、宋瓷等，还有多种无形的文化遗产，比如"以天下为己任"的担当精神，北宋时兴起的市民文化、民俗节日等。

现在人们交流、获取信息的形式、方式越来越多样化。目前，开封宋文化对外宣传上，主要以官方投资宣传为主，传播资源、传播手段和传播渠道还有待进一步调动起来，通过先进的媒体进行传播，采用多种媒介，综合运用报纸、杂志、电台、电视台、网络、影视剧、微博、微信、微电影等各类

载体，充分发挥媒体的文化传播功能，同时可以通过举办各类文化活动，提升开封宋文化的传播广度与深度，将开封宋文化多维立体地展现在世人面前，扩大开封宋文化的话语权、影响力。

可将传统的历史文化与现代的科技文明结合起来，利用现代的先进科技手段将无形的历史文化展现在人们的眼前。在 2010 年上海世博会上，中国馆《清明上河图》利用世博会的平台，采用高科技手段，让《清明上河图》动了起来，容易给参观者留下深刻印象，对提升宋文化的知名度、实现开封宋文化的有效传播具有十分积极的意义。

（三）文化企业规模小，品牌知名度不高

近年来，河南文化产业发展较快，打造出一批知名品牌，河南各地都开发出一批具有地方特色的文化产品。开封宋文化也顺势打造出"清明上河园""小宋城""朱仙镇木版年画"等具有宋文化品牌的文化项目，提升了开封市旅游业的知名度，也无形中传播了开封宋文化。但开封宋文化品牌的整体实力和市场竞争力还不够强，缺少更多的知名品牌。目前，开封市文化的企业数量虽然不少，但多是家庭作坊式的，从从业人数、资产规模、营业收入、税后利润等指标来看，真正上规模、上档次的文化企业很少。

河南企业在宋文化开发利用上，创新意识薄弱，缺乏对宋文化资源的有效整合，缺乏将宋文化进行开发的新手段、新思维，宋文化产品内涵不够丰富、特色不够鲜明、品牌知名度不够高。相关企业普遍存在着重营销、轻研发的现象，企业研发方面，不管是经费还是人力投入，都不高、都不够，企业与高校、与研究结构的合作程度不够。

（四）综合开发能力不强

开封市借助本地独特的文化资源，举办特色文化活动，这对于弘扬宋文化，推进文化建设，发展文化产业是十分有益的。不过，从目前的发展态势看，开封宋文化整体开发、综合开发能力不强，景区凝聚力不够，各自为政，景区配套设施不完善，从业人员素质不高的问题比较突出。

在开封宋文化传承创新的过程中，应依据"大宋文化"特色和中原"地利"优势，推动中原文化的快速发展。开封市在旅游开发中要不断深挖宋文

化资源的底蕴，依托文化遗产整合历史文化资源，通过集聚整合、创新包装，打造旅游新亮点，占领旅游制高点。

四、宋文化传承创新路径分析

实现宋文化的传承创新是一个系统工程，离不开政府的政策扶持，同时还要从学术研究、产业化道路、将传统文化融入教育体系、搭建好平台等多方面着手，明确传承方向，确定传承内容，宋文化传承创新才能真正实现，进而提升中原文化软实力。

（一）从政策导向着眼，引领宋文化传承

在开封宋文化的传承创新上，河南省可以从顶层设计、政策制定、方向引导、公共服务等方面给予宏观的指导和支持，让宋文化传承工作有章可循。开封宋文化的传承创新需要大量资金支持，河南省、开封市政府可以设立专项基金。

开封宋文化传承创新必须融入河南省"华夏历史文明传承创新"之中，不能单打独斗，要紧紧围绕河南省文化发展战略。虽然开封市非常重视宋文化资源及旅游市场的开发，但由于经济发展水平的制约，文化建设投入不足，宋文化宣传和文化旅游业发展不够充分，与同样宣传宋文化的杭州相比，发展速度明显落后。

（二）加大宋文化研究力度

开封宋文化的传承创新离不开宋文化研究，宋文化产业发展也需要文化研究做支撑。河南要占领宋文化学术研究的制高点，不仅要培养本土的宋史研究者，也要把国内知名的宋史专家吸引过来，整合国内宋文化研究资源，每年推出一批在学术界有较高知名度的学术研究成果，树立起开封宋文化的品牌。

近年来，杭州市在南宋文化上着力颇大，杭州市社科院设有南宋史研究中心，聘请浙江大学退休的南宋史专家何忠礼先生担任中心主任，何忠礼先生邀请南宋史研究学者出版了南宋专题系列专著，在学界引起较大反响。

2015 年，又在浙江卫视播出了大型纪录片《南宋》，更是在社会上引起了巨大反响。河南应该在宋文化研究上下大功夫，在学术界得到认可，找到合适的传播途径，提高开封宋文化的知名度，打造大宋文化品牌，形成开封宋文化品牌。

在加大宋文化学术研究方面，河南省要积极支持一批有功力、有潜力的学者潜心从事学术研究，在成果出版方面予以支持，争取产出一批学术水平高、在国内产生重要影响的学术成果或是文艺作品；加强对宋文化典籍的整理和出版，由河南相关出版社予以出版，也可以增加宋文化的知名度；提升河南省相关专业类期刊的影响力，比如河南省知名的人文社科期刊《中州学刊》《中原文化研究》《河南大学学报》，这些刊物中宋史方面相关论文发表较多，在国内外都有一定的影响力，在传播开封宋文化、弘扬中原传统文物方面起到了很好的效果，以后对这类刊物，可以进一步加大扶持力度，同时在论文选题上多刊出一些宋文化方面，有理论高度、文化深度或是有应用价值的选题。在从事宋文化研究的过程中，既要从事基础研究，又要从事应用研究，同时要传播宋文化。

（三）以文化产业化为路径

当今，文化与经济融合已成为时代的趋势，而文化产业化是推进传统文化社会化进程、实现经济效益和社会效益双赢的有效途径。近年来，河南文化产业有了长足进展，形成了《禅宗少林·音乐大典》《大宋·东京梦华》、"洛阳龙门石窟"等为代表的知名品牌，这些文化品牌特色鲜明。

传承创新宋文化，同样可以走文化产业化的道路，开封除了清明上河园进行产业化开发比较成功之外，还有很多具有潜在开发价值的资源，如包公祠、开封府、天波杨府、繁塔、铁塔等，但这些特色景区的产业化开发程度还较低，文化资源没有进行有效整合，文化产业项目各自为政。开封宋文化产业化道路上，要以传统文化为依托，突出开封特有的宋文化元素，并在此基础上结合民间技艺（舞蹈、手工艺、杂耍、戏剧等），深挖宋文化这条主线，挖掘文化底蕴，再现宋风遗韵。

（四）加强人才队伍建设

中华传统文化的传承创新，离不开专业的人才，河南要加强宋文化人才队伍建设。河南大学在宋史研究、宋文化研究方面具有特色，应在现有专家基础之上，扩大研究队伍，打造领军人物，打造成全国宋史、宋文化研究的权威。同时，要招揽高端的文化创意人才和管理人才等，充分发挥人才的专业知识和能动性。

弘扬中原传统文化，同时需要一支中华优秀传统文化教育师资队伍。从中小学到大学，河南各级学校要加强对优秀传统文化教师的配备与管理，要逐步形成专兼职相结合的师资队伍。河南省、开封市要注重开封宋文化科研队伍培养，进一步支持河南大学的宋文化研究。

（五）将以宋文化为代表的中原传统文化融入地方教育

国民教育是文化传承的基本途径，传承以宋文化为代表的中原传统文化，也离不开国民教育的基础作用。要重视学校教育在传统文化传承中的作用，作为传承传统文化的重要阵地，学校教育中要研究将传统文化融入教育的新方法、新途径。为传承发展中华优秀传统文化，全面推进中华优秀传统文化教育，中共中央办公厅、国务院办公厅出台《关于实施中华优秀传统文化传承发展工程的意见》，教育部出台《完善中华优秀传统文化教育指导纲要》，河南省教育厅出台了《关于加强中小学中华优秀传统文化教育工作的通知》，从政策层面对如何加强中华优秀传统文化教育提出了相关指导意见。

2017年秋季，河南省从中小学到高校都开始开设有关传统文化的课程，正好借助这股东风，充分发挥学校教育中的文化传承与创新功能，在学校教育中加强传统文化内容，增设以宋文化为代表的中原传统文化内容。在将以开封宋文化为代表的中原传统文化融入学校教育中，河南省教委可以考虑组织相关专家和中小学教师，编制具有中原传统文化特色的教辅读物，将以宋文化为代表的中原优秀传统文化素材进行整理。学校开设的传统文化课程，可以采用多种形式，避免说教式和简单灌输，要针对不同年龄段学生身心成长的特点和接受能力，采用寓教于乐的形式，深入浅出、循序渐进，有序推进中原优秀传统文化教育。

在开设相关传统文化课程外，可以通过开展丰富多彩的具有中原文化气息的教育活动，深化中华优秀传统文化教育。各中小学可以通过开展民俗活动，中原传统节日活动，到博物馆、文史馆、名胜古迹参观等活动，让学生参与进来，让他们在活动中感受以宋文化为代表的中原传统文化的魅力。针对大学生，可以举办相关人文讲座、学术报告等。针对普通市民，可以定期举办宋文化大讲坛等活动，推广和普及宋文化知识。

（六）搭建好平台

以学术研究与交流带动文化传播是近年来中原文化传播的新手段，如河南省成功举办了河南传统文化论坛、中原文化论坛、黄帝文化国际论坛等，为提升中原文化品位、扩大中原文化影响力做出了积极的贡献。

在搭建平台、传承创新宋文化方面，开封市做了诸多努力，如开封市与河南大学合作，成立了河南大学宋文化研究院，每年设立相关宋文化研究课题，由开封市给予科研经费支持。河南大学还成立了"宋文化研究所"，几代学者一直在传承创新宋文化上做着学术上的耕耘。近几年，河南省中华文化促进会、开封市、河南大学多次举办高端学术会议，如每年都定期召开"宋学国际学术研讨"，还不定期举办高端学术会议，如在 2013 年举办"宋都开封与 10~13 世纪中国史国际学术研讨会"；在 2015 年举办"现开封繁塔为宋代原型论学术研讨会"；在 2018 年召开"中国开封宋代艺术国际学术研讨会"。河南省、开封市、相关高校要坚持举办多种形式的开封宋文化学术研讨会，举办宋文化讲座，通过举办交流会与讲座的形式，加强在学术层面的交流，拓宽本地研究者的学术视野。

这些平台的搭建，为从更深层面研究宋文化、传播宋文化，做了非常好的桥梁搭建工作。河南省要进一步拓宽平台，构筑宋文化品牌宣传、推介与交流的平台，要依托平台，扎实开展工作，在开封宋文化的挖掘、整理、研究和应用方面创造出新的成果。

五、结　语

传承创新以宋文化为代表的中原传统文化，提升中原文化软实力是一项艰巨的系统工程，地方政府要有全局意识，做好顶层设计，把它作为一项有组织、有系统、有计划的长期工程来做好。各级地方政府和文化部门也要拓宽思路，以开放的姿态与心胸，充分发挥以宋文化为代表的中原传统文化的历史文化资源优势。传承创新以宋文化为代表的中原传统文化时，应深度挖掘开封宋文化的丰富历史资源，通过传承与创新的有机结合，实现中原经济区文化建设的发展与繁荣，从而将中原经济区打造成为华夏历史文明传承创新区。

参考文献

［1］内藤虎次郎.概括的唐宋时代观［J］.中学历史教学参考，2009（1）.

［2］程民生.宋代地域经济［M］.开封：河南大学出版社，1992.

［3］程民生.宋代地域文化［M］.开封：河南大学出版社，1997.

［4］单远慕.中华文化通志·地域文化典（2012）中原文化志［M］.上海：上海人民出版社，1998.

［5］刘成纪.关于中原文化的三个基本问题［J］.郑州大学学报（哲学社会科学版），2007，40（6）.

［6］李娟.提升中原文化影响力问题研究［J］.传奇、传记文学选刊（教学研究），2011（3）.

［7］李玲玲.论传统文化传承的层次及方式［C］.优秀传统文化传承体系建设的理论与实践，2012.

［8］刘成纪.中原文化与中华民族精神的历史形成［J］.中原文化研究，2013（2）.

［9］王建梅.宋文化视角下的开封旅游发展研究［J］.边疆经济与文化，2013（2）.

（作者系河南工业大学社会科学处讲师）

论省域军民科技融合的契约机制与
治理对策

赵学义

摘　要： 通过调研省域军民科技融合体样本，析解融合体的耦合联动性、契约绩效递增性和信任累加性三个特性，分析了省级政府重点培育、优先发展融合体的契约机制，提出了省级政府军民科技融合治理中，政府应遵循融合组织的演化规律，着眼自主化、产业化发展，加强创新链条各主体间的有机整合，放大科技融合强军富民的溢出效应，实现军工效益与经济效益的有机统一。

关键词： 军民融合；契约机制；政府治理；信任建构

　　科技融合是军民通用资源（学术的、技术的、人才的、经费的）的一种配置方式，军民科技融合是推进我国国防科技产业发展方式转变和省区经济协调的主导方向，是省级军民科技结合、寓军于民的科技创新体制，是提高我国国防科技产业技术效率、经营效率的改革趋势。本文的融合主体是指军民通用科技资源供求者，主要涉及五类参与者：厂商（包括行政隶属互有交叉重叠、市场化程度各异的省内国防科技工业企业、国企和民企）、科研机构（包括中央驻省内研发机构）、高校（包括军事院校、学校内部的工程技术中心和重点实验室）、军队和相关政府部门等。实际上，这是从影响科技资源结构效益角度来讲的"多元主体"。本文通过统合多元主体的规模质量，解析"多元主体"技术转移与知识积累的契约机制，达到构建省级军民科技融合的治理体系。具体而言，就是在科技资源共享的优化过程中，梳理省级区域内"全要素、多领域、高效益"的军民融合深度发展框架，以完善国家主导和市场运作相统一的省区军民科技融合体系，最终提出实现省级区位经济建设（富省）和国家国防建设（强军）综合效益最大化的对策。

一、省域军民科技融合面临的主要问题

省域军民科技融合是多个省级异质组织——"多元主体"间的科技资源配置，是具有一定规范建制的厂商和科技类、学术类组织，以及这些组织衍生的具有法人资格的公司和"私活"代工企业的契约联合。从科技融合的功能性来识别，主要是企业、军队、研究机构、高校等借助国家政府的国防和民用目标设置，主动参与市场竞争的经济组织：行政隶属互有交叉重叠、市场化程度各异的厂商，不同所有制属性的国防科技工业企业、国企和民企，以及不同类别的军事院校，学校内部的工程技术中心和重点实验室。由于它们的绩效评价不同，加之科技产品的差异（军工产业的产品特性、产品民用化程度的差异）、区位禀赋的积累等区域差异，在国防科技产业改革不断深化的科技融合中，主要存在如下问题。

（一）"搭便车"问题

调研发现省域内中央与省级政府融合政策尚没有达到无缝衔接，各级政府无法对国企运营深度管控，部分组织套取地方政府的政策红利，产生"搭便车"行为，比如，生产过程相对独立的地方企业在没有形成分工明确的成熟产业链之时，为逐利跨省迁出或迁入直属配套企业；为争取配套资格，故意隐瞒生产的不确定性与商业风险；作为代理人的企业经营者，将研发政策优惠作为决策的首要依据，在获得补偿利息、劳动成本后，忽视市场信息，为获得垄断经营不断迫使地方政府投入扭曲的政策激励，重复低层次的同质竞争，失去竞争优势，等等。这些投机性"搭便车"行为直接导致参与者的科技资源投入少于应承担的公允份额，使科技资源投入无法达到预期效率，不但影响着科技融合的稳定性，还阻碍着融合政策的顺利制定及有效执行，导致科技融合体紊乱、管理失控。

（二）政策折损问题

国家是省级政府科技融合的委托人，省级代理人（省域政府、企业和科研机构）在合力融合规模、结构、质量与效益方面并不能充分利用国家和省级政府的"一揽子"利好。科技资源融合配置在不同产权主体（国有部门、民营部门和股权混合所有制经济体等），政策在不同性质产权主体间折损。体制之内，企业、技术研发的主管部门是融合监管者，被融合监管者是国有企业、高等院校、研究机构等，委托人是被融合者的所有者。对于体制外的民营企业和混合所有制企业（尤其是不占控股地位者的企业），委托人和融合参与者间的利益取向并非完全一致，在不完全市场机制运作中，融合组织内部机会成本大小不一，面对有限的政府协调，只会浪费市场费用，很难顺利达成一定高度的纵向一体化。常见融合体成员具备一定的资源禀赋或客观条件，本该加大自己的配套投入，以消除外部性带来的消极后果，但为了局部政策红利，据事论事，合作之后不再联系，反而不能实现帕累托改进，甚至造成融合主体"劣币驱逐良币"的结果。当然，受制于现有法律规章，在横向一体化上，融合体利益取向并非完全一致，同样难以实现政策优势。

（三）信任不足问题

不同组织间的科技融合、声誉信任是研发链、装备供应链常态维系的前提。目前，在法律追诉成本过高的环境下，合约问题尤为突出：一方面，合约监管被严格局限在一定的体制之中；另一方面，在缺乏法律框架规制之处，难以解决失败合约的纠纷问题。合约本意是促进各类所有制科技资本、各级研发合作取长补短、共同发展的制度创新。信任乏力、不完全契约的不严格履行、意外撤资、背弃合约，引起契约失信。当然，也有一定的客观因素，比如一般地方性企业和研发机构进入军品市场的本身承载着准入成本重负、机会成本差异，加之信息不对称，不但企业获得"四证"（武器装备科研生产许可证、合格装备承制单位资格证、质量体系认证和保密体系认证）受累加的时间成本制约，而且研发链合作同样面对装备科研、购置、维修保修等领域的管理职责分工、基本程序、相关军用标准等限制。另外，政府监管低效，中介服务的等级歧视，无法判断投资者的"品质"，难以规范各融合主体的"责权利"，分不清合作者是增强现有业务能力，谋求占领新型市场、优化资本布局、实现互补发展，还是跟风政策浑水摸鱼等问题也十分突出。

二、省域军民融合的基本特征

省域军民科技融合不仅是与本省技术升级、业态平衡、产业产品链条的契合，更是在全国乃至国际配置中更有效地实现产业结构与资源占有的长期稳定的绩效动力，而且不断地优化诚信环境。通常协同一致的科技融合对应三个基本特征：

（一）耦合联动性

军民科技协同不是尝试性铆合，而是在资源统合、解决结构性矛盾方面具有长期稳定的动力学特征。所谓耦合联动性，就是融合主体以绩效目标转换科技资源运行机制（譬如，引入市场机制），实现不同性质产权主体的精准融合，尤其在企业产权制度变革中，以科技融合方式形成决策环节，从权利占有与分配角度使不同所有制股东成分产生变化（股权混合），打破技术、市场利润和话语权壁垒。

（二）契约绩效递增性

军民科技融合是一个契约过程，融合组织以科技资源投入带来的绩效递增为终极价值的契约保证，其间追求的契约绩效也是决定融合受益及退出效应的价值尺度。科技融合中的契约绩效递增既是企业追求资本内生化的过程，也是研发机构集聚学术和技术优势的内化过程。研究机构以追求研发创新和高端人才优势为战略动机，达不到预期的融合绩效就会促生退出机制。融合一方若以分工重组和产业转移为契约预期，持续的探索型投入难以实现资源从低效率部门向高效率部门流动、行业和地区分割加剧、吸引合作资源与省区内规模市场之间的矛盾日渐突出和绩效贡献逐渐减弱，内部将会产生抑制进一步融合的负面作用，最终导致自身乃至配套企业外出寻找新的组合。可以说，追求契约绩效是淘汰价值链低端分工或促进融合结构升级的内生动力。

（三）信任累加性

融合最基本的原则是信任。融合主体在共享互补性资产和协同性资源中，专用性资产的租金属性与已有的核心能力，以及技术水平形成的成员独特优势（稀缺资源与竞争能力），需要统一的信任机制来管理。融合以契约维系信任结构，从一开始就是一个动态变迁的体系，它统合人际信任、计算型信任、过程信任延展到制度信任，以合约过程产生的利益差异，将新规则、新秩序的预设推向法律规范。所谓信任叠加，就是信任机制的动态变迁与集成技术的贡献评价、研发激励折损、信息成本、谈判成本和执行成本以不断提高的创新能力和技术水平同步积累。信任叠加具有正向和反向的双重走势，由放弃机会主义（道德风险）而进行无缝隙合作，按照一个相对平等的正比例分配融合收益，否则，出现负比例分配就要出现信任危机。

三、省域军民科技融合契约机制

以常见融合实体结构为例，实际成型的军民科技融合体的结构特点及产生的原因，都是从早期排除资源统合、绩效和信任约束，通过计算不同政策环境、技术条件和科研基础的退出风险，估算合作成本约定共享资源，最终形成的多域耦合作用的结果。现实中，针对资源和生产要素难以控制的情况，经过事前承诺，预设市场随机需求的期望函数，在进一步的合作中，通过捕获更新网络信息、获得共享资源，最终会根据契约执行情况，获得相应的转移支付（包括政府的、企业的转移支付）。当然，整个过程借助融合体系内部的信任控制机制，调节过度投资和扭曲分配，以退出激励方式来弥补效率损失，去除共生系统的内部损害。

省域军民科技融合的契约机制不是局部关系，而是一个合作共享全局整体利益的个体优化配给。在个体理性和市场约束无法保证双方的非负收益时，以及对方成本抽取的随机性不能及时得到政府的契约兑现时，它就可以利用补偿函数调整转移支付（主要是政府对企业，政府对下一级政府运用补助金、低息贷款、提供信息、诱导混合所有制等）以培育中高端领域。那么，政府之外的融合主体怎样相应地兑现契约机制呢？可以认定融合体的信任控制机制是一个按照收益分配规则适时自我调节的动力机制，它是依据全部供应链利润的合理比例，在接受转移支付的前提下，通过保证融合双方的期望利润，实现合作共享绩效。

在技术转移与知识积累方面，省域军民融合契约机制起到资源配置的杠杆作用，主要体现在如下三个方面：第一，融合体内推进内生技术红利，引导高校和研发机构的科技成果转化，以创新引领不同企业规模、不同研发水平和绩效预期的企业组织集成，破解"搭便车"问题，在不断提高竞争力中，形成规模经济效应，提升融合效率。第二，绩效预期是融合体协同、市场化过程，契约机制在加速知识流动时，以共享和整合破解进入门槛越低而退出成本越大的问题，不断调适融合密切度出现的差异，形成融合成果的成本分摊均衡和充分问题。当然，契约功能并不制约融合主体规模，企业影响力和研发声誉越大越容易获得人才、项目、资金等资源，更具有成本分摊的优势。第三，融合的非预期后果是一个社会信任问题。契约机制通过合约治理，使军民科技融合按照其内在的市场规律正常运行并不断得到发展，最终企业产品、技术声誉、合作效率得到更高美誉度。

四、省域军民科技融合的治理路径

省域军民科技融合的契约治理，就是依据省域不同融合体（国防科技工业行业、民营企业研发机构和高校等）的质量、规模、结构和功能，以完全契约或不完全契约来分类分级干预调整融合体的关系叠加、信息嵌入、知识网络和效率优化等问题，具体而言，就是融合体间通过合乎法理的合约认同（政府规制、行业自律和第三方评价），促使融合链产生压力机制，促使融合主体不断提高结构规模，从而提升企业价值、技术贡献率和生产效率，实现游戏规则的完整性和持久性。

省域军民科技融合是一个开放系统，有限的政府干预终究要归位于市场调节。不管是省级政府低效或体制缺陷，技术交流、资源交换总是按照自组织规律以无序与有序的涨落最终达到不断降低交易成本的结果。如何捋顺无序与有序的涨落在一定时程内对资源的消耗？契约治理是统合省域内军民科技资源的基本路径。

尽管融合体各自市场结构与绩效容量存在差异，但契约机制在激励融合结构优化的同时，可以不断促使参与者改进知识网络方式，提高规模效率、生产效率和资源效率。就规模效率而言，融合体的资质数量是反映市场结构与绩效容量的基础，也是反映行业进入和退出壁垒的规模效应。

五、案例分析

本文围绕政府、企业和高校的三个指标——政府契约治理、融合体的合约机制和绩效，对驻豫央属军工及控股子公司、民口军品配套单位、高等院校（包括军队院校）和军工科研机构等，如中国电子科技集团公司 22 所、27 所，中国航空工业集团公司 612 所、613 所，中国船舶重工集团公司 725 所（以下简称 725 所），河南省前进化工科技集团股份有限公司（军工代号 9645）等进行调研。通过访谈各方组织负责人，调研他们共同承担军民科技融合的任务状态。这里选择有代表性的 725 所及其驻地相关的大学作为样本进行案例分析。

（一）政府契约治理举措

洛阳市政府针对驻地军工企业众多，军民融合、地企合作优势，大力支持央（省）企、高校和研究机构实施现代产业体系、现代创新体系的融合改革。政府通过建立军民融合双月联席会议制度，以协调融合体间资源、产业升级、产销对接、科技成果转化，不断挖掘地企、军民契约氛围，加快落实一批重大科技专项，配合国家国际科技合作基地、国家钛合金产业工程实验室等科研平台建设，以实现军地共赢发展。"建设产业技术创新联盟，促进新型创新联合体发展"是河南省和洛阳市"十三五"期间的重点科技工作，并已分别纳入河南省"'十三五'科技工作计划"以及洛阳市"九大体系60个重大专项行动"。各级政府对融合企业的技术创新需求，将在省市重大科技专项推荐及申报、产业技术升级项目等领域给予支持。

（二）725 所的军民科技融合契约机制

725 所总部设在洛阳，在北京、上海、青岛、厦门、三亚、东莞、哈密、大连、德州、张家口等地设立分支机构、研发网点和产业基地。通过以军民科技融合带动产业、产业反哺科研，从服务于军工的船舶材料技术开发转变成为我国"海、陆、核、空、天"领域的重要研制者和配套者，725 所在注重科研与产业绩效双重发展中做出了大胆的探索。2017 年，725 所牵头邀请 14 家单位构建的"河南省先进钛产业技术创新战略联盟"，是以契约合作框架构建的技术创新联盟。联盟组织成员包括双瑞万基、双瑞精铸、双瑞特材、河南科技大学、中信重机、河南神舟精工、西部超导等省内外科研院所、高校与企业，涉及了钛产业链上游（海绵钛与钛材）、中游（钛制品、加工与技术服务）、下游（钛产品和装备生产）中的各个领域。

1. 研发与经营的契约分解

围绕"千人计划"特聘专家，依托河南省博士后科研工作站分站，充分调动军民科技融合活力，在合约设计中独创"动车组"契约激励机制：每个环节都是动力之源。各机关、各个研究室和公司人员，融合共济、科学决策，通过设定目标、自带动力、自加压力、同向同频，实现"有序运转、无缝衔接、快速反应、执行有力，共同推动持续跨越发展"的行动纲领。

2. 设立委托与代理新体制——"一所两制"

725 所在相继成立的 11 个科技产业公司中施行"一所两制"创新思想。即公司负责自身的日常运营，共享集团的资源，在军工科研方面的契约目标是科研质量和水平、专利和成果转化，做到科研保军和为产业发展提供技术支撑，对科技产业实施公司化的管理模式，而集团主管战略、规划、重大投资、品牌、知识产权、无形资产、企业文化和制度监督。

3. 725 所的军民科技融合契约绩效

725 所下属的洛阳双瑞橡塑科技有限公司坚持"五大科技产品、三大产业板块"的科技产品与市场定位，立足军民科技融合，其产品在轨道交通（地铁、高铁、城际轨道交通）、环保能源（冶金、石化、电力、市政、建筑）和船舶工程等领域应用推广成绩显著，且远销中国香港、中国台湾、德国、印度等市场。在品牌收益方面，企业声誉被设计院、业主、供应商等合作伙伴高度认同，在经济绩效方面，仅双瑞特装桥梁附件经营团队 2016 年产值就超 9.0 亿元。

4. 政府、企业和研发机构问题评述

以洛阳为例，国防科工委所属企业与研发机构经过多年的改革，通过不同所有制资本配置，借助股权改革，极大地提高了资本利用效率，在提升国有资产经营效率，推进公司治理、国资运营监管及利益分配等体制机制的融合中实现了跨越式发展。省级政府的契约治理顺应企业进化惯性，出台政策的不搞"拉郎配"。尽管如此，725 所 100 个配套企业中，所属本省的寥寥无几，尽管政府协调"肥水不流外人田"，也曾有过地方企业的局部合作，在严格保密稀土成分的情况下，由乡镇企业精密铸造军工配件。

国有法人持股比例高的大型企业，国家更加关注的是国防产品生产能力的稳步提升，相对民企较少关注企业生产效率的提升。作为省域军民科技融合的政府经济指向，却存在不尽如人意之处，以河南科技大学教授张永振（摩擦学与材料防护教育部工程研究技术中心主任）、魏世忠（金属材料磨损控制与成型技术国家地方联合工程研究中心主任、摩擦学与材料防护教育部工程研究中心主任）与企业的技术合作为例，他们在干摩擦、材料磨损与防护工程技术方面，通过政府协调企业合作，将研发成果应用在技术工程之中。他们曾遇企业"搭便车"，面对违约背信的企业行为、耗时耗力的法律追诉成本（契约折损），只得退守基础性和高端研发，面对企业的合作要求不愿意接触契约的失信成本。

技术匹配、信任可靠的融合受到外在条件制约，其他地区也同样存在。

六、省域军民融合的契约治理对策

在国家层面，军民科技融合以强军为本，富国是溢出效应，在省级层面，为实现军事效益与经济效益的有机统一，应着眼自主化、产业化发展，加强创新链条各主体间的有机整合，集中各方力量协同创新，利用民间资源填补国防科技领域的不足。河南省军民科技融合发展战略中的核心问题是要主动破解体制性障碍、结构性矛盾和政策性问题，面对核心技术不足、市场集中度不高、地面设施重复建设和资源分散等制约因素，应以具体举措积极搭建地方政府和军工、军队系统合作的桥梁。具体对策如下：

统合军民科技融合的顶层制度设计、演化逻辑及其河南省的治理目标，针对河南省军民科技融合的层次、范围、程度、要求，提出政策设计、平台建设、机构协调、需求对接、资源共享建议，加快形成全要素、多领域、高效益的军民科技深度融合发展的战略部署和方法对策。主要有如下几个方面：第一，在高层次融合方面，捋顺国家主导、政府逐级推动的统一领导、军地协调、需求对接、资源共享机制，以保障融合工作的持续性，达到军民科技融合的更高层次。第二，在更广的融合范围方面，推进全方位、全要素的融合，在建立和完善军民结合、寓军于民武器装备科研生产体系、军队人才培养体系、军队保障社会化体系以及国防动员的基础上，把国防教育、民兵预备役、边海空防也纳入融合范围。第三，在更深的融合程度方面，政府要借助融合体成员所拥有的社会资源平台，最大程度地凝聚省域军民融合发展合力，通过军地科技体制机制的有机协调衔接，充分实现军地人才、资金、科技、信息等资源要素的双向流动，为国防效益和经济效益的最大化提供精准对策。

具体而言，政府要将结构性要素、主体行动者以及彼此的关系机制纳入总体框架内进行思考。主要有如下几个方面：第一，资本融合、优化来自国家军费、地方配套、企业自筹等方面的资本配置效率，避免重复投资，提高资本使用效率。第二，产品融合。比较民营企业和军工单位的装备价格，降低采购成本。第三，技术融合。一方面，引导军民双方技术优势，将民间企业单项独有和独特的技术，导入军工；另一方面，使先进的军工技术在民用领域得到转化和应用。第四，推进不同组织机构间的信任方式、评价标准、知识型网络及中介机构建设的制度规范。

参考文献

[1] 王新辉，程红，鄢仁秀.双边信息不对称的供应链契约机制效率：基于实验研究 [J].管理工程学报，2016（4）.

[2] 葛永智.国防科技研发政策与军民技术互相扩散研究 [J].科技进步与对策，2011，28（4）.

[3] 于志军，杨昌辉，彭张林等.安徽省军工企业技术创新效率评价研究 [J].科技管

理研究，2015（20）.

　　［4］彭春丽，黄朝峰.战略性新兴产业军民融合式发展的产业融合分析［J］.科技进步与对策，2014，31（22）.

　　　　　　　　　　　　　　　　　　（作者系洛阳理工学院教授）

实施乡村振兴战略

深化农村土地制度改革
促进乡村振兴战略实施

张占仓

摘　要： 中共十九大提出实施乡村振兴战略，旨在破解我国城乡区域发展不平衡、不充分的发展难题，促进城乡之间区域协调发展。我们认为，土地问题始终是中国革命、建设和改革发展的核心问题，是财富创造与社会配置的主要载体。实施乡村振兴战略关键是要深化农村土地制度改革，激活农村土地资源开发利用潜力。近期，需要通过政策创新探索盘活农村经营性建设用地资源，加快农村宅基地所有权、资格权、使用权三权分置改革，推动农村土地征收制度改革有所突破。

关键词： 农村土地制度；土地制度改革；乡村振兴战略；十九大精神

我国是发展中大国，农业、农村、农民问题始终是关系国计民生的根本性问题。土地制度改革与农业农村现代化关系特别密切，与农民收入水平提升速度直接相关。国际经验表明，没有农业、农村的现代化，就没有国家的现代化。正是基于这样的战略考虑，中共十九大提出实施乡村振兴战略，旨在促进城乡协调发展，为新时代我国区域平衡发展充分发展提供了历史机遇。然而，乡村振兴战略如何实施？与深化农村土地制度改革的学理关系是什么？值得进行深入探索。

一、土地问题始终是中国社会变革的核心问题

在经济学的经典理论逻辑中，有两个最基本的科学原理——"劳动是财富之父，土地是财富之母"。国内外大量理论与实践都证明，以制度的力量激发劳动者的劳动积极性和创造性能够创造更多的财富，科学合理地配置土地资源也能够创造大量财富。

伟大领袖毛泽东一生高度重视农民和土地问题。他在革命早期，就充分重视土地对中国农民的重要作用，对土地制度改革进行了革命性探索。正是因为中国共产党在解放区为广大农民分到了非常宝贵的土地，使农民看到了中国革命与建设的希望，才义无反顾地铁定跟着共产党闹革命的决心。1949年中华人民共和国成立之前，毛泽东通过以土地革命为中心的政治革命，打土豪，分田地，使解放区的农民获得了生命攸关的土地，破解了千百年来农民缺乏最基本的生存之本的难题，解放了农民，赢得了农民的真心爱戴。中华人民共和国成立后，通过农村社会主义现代化建设，让耕者有其田，实现了农民当家做主人的历史性跨越。正是在毛泽东等老一辈革命家的带领下，中国农民才开始拥有了土地这种从事农业最宝贵的生产资料，永远地站了起来，开始堂堂正正地做人，并迈开了通向美好生活的步伐。

改革开放以来，我们的整个改革是从安徽省凤阳县小岗村找到突破口的，当时小岗村把土地分给老百姓，使老百姓在自己的土地上发展农业，促进了农业快速发展。全国仿照这种做法进行大胆探索与完善，最终形成了联产承包责任制这种适合中国农村发展的土地制度，解放了农业生产力，保障了中国农业可持续发展，使我们这个人均耕地资源特别紧张的国家很快破解了粮食基本自给的历史性难题，为进一步推进工业化和城镇化奠定了农业基础。

20世纪90年代初期，全国城市大规模建设改革也是从土地制度创新开始突破的。我们借鉴国外的经验与做法，发挥土地制度特有的优势，在建设资金缺乏的特殊背景下，以城镇化过程中土地本身能够增值的理论力量，通过国家控制的土地上市必须进行市场化的"招拍挂"的方法，挖掘土地的市场潜力，为各地发展与建设筹集了巨额资金，有力地推动了全国工业化、城

镇化进程。大量数据表明，改革开放以来中国城镇居民财富积累与土地资源市场化开发密不可分，土地级差地租是城镇居民财富增长的重要动力之源。

伴随全国经济发展水平的提高，原有土地制度存在的缺陷日益显现。按照现行土地法规，农村土地城镇化，只有地方政府征地"华山一条路"可通，农用地转为城镇建设用地的差价主要由各级政府支配。据国务院发展研究中心农村部计算，这一差价在30万亿元左右，其中仅两三成用于"三农"。城镇化中的土地增值收益，确实存在"取之于乡、用之于城"的现象。正是因为这个原因，导致我国出现明显的城乡之间发展不平衡、不充分问题，农村发展滞后现象突出，以至于有人形容为"城市像欧洲、农村像非洲"。

我国改革开放40年，经济社会发生了巨大变化，已经成为世界第二大经济体。统计数据显示，农村人均纯收入增长速度经常高于城镇，但是真正到基层认真调研，具体算一算农村人均现在的实际财富占有量，事实上和城市拉开的差距非常大，远远低于城镇。尤其是1997年全国城镇住房制度改革之后，20年下来，城镇的房价平均涨了20倍以上，甚至更高，农村原来人均占有房子比城市多，人均占地比城市多，可是农民因为土地制度改革滞后约束，一把铁锁锁住了财产性收入提高的机会。事实上，农民获得不了因为国家经济发展导致土地增值带来的收入，无法充分享受时代发展的红利。

中共十九大报告提出："巩固和完善农村基本经营制度，深化农村土地制度改革，完善承包地'三权分置'制度。"按照这种精神，2018年1月15日召开的全国国土资源工作会议释放出两大信号——政府将不再是城镇居住用地唯一供应者、农村宅基地"三权分置"。在这样的条件下，推动建立多主体供应、多渠道保障、租购并举的新的住房制度势在必行。其本质是中国特色社会主义进入新时代，仍然以深化土地制度改革为支撑，通过供给侧结构性改革，向农村供给更加符合国家整体利益并确实能够提升农民实际收入水平的土地制度，促进城乡融合发展、协调发展、共享发展，让实际上拥有最宝贵资源的农村和农民充分享受国家发展水平提高导致土地增值的时代红利，促进乡村振兴战略全面实施。

二、中国农村土地制度全面深化改革迫在眉睫

我国现行土地征收和供给制度在保障我国工业化、城镇化对建设用地的需求方面做出了历史性贡献，为改善城镇居民住房条件、提升城镇居民住房价值发挥了制度支撑作用。但是，在实践中也暴露出一系列突出问题。其中，土地制度城乡不平等是导致城乡不平衡、不充分发展的最重要原因之一。这既与现行法律法规制定缺失、已有法规执行不到位有关，也与政府征地范围过宽、对农民征地补偿标准偏低、安置方式单一、社会保障不足等有关。全国各地征地引发的问题，核心是城乡之间利益分配的问题，根子在适合农村实际的、能够让农民稳定提升土地收益价值的土地制度供给不足，出路当然还是深化农村土地制度改革，切实站在农民的长远利益上创新农村土地管理制度，通过土地制度创新为农民创造与国家发展相适应的稳定的财富来源，特别是财产性收入来源。

到目前为止，我们受《土地管理法》的制约，把现在占有最多土地的农村农业用地，通过现有的土地收储制度，用很低的成本从农民那里收储回来，又通过"招拍挂"制度，以很高的价格把土地卖给市场主体。一个过程下来，一亩地少则增值上百万元，多则上千万元，多少地方政府支撑性的最大收入之一就是土地。而这种土地制度本身导致城乡资源配置的不平衡，是影响城乡居民实际收入差异的非常重要的因素之一。

近些年，由于农村土地制度改革明显滞后，大量农民外出务工或经商，广大农村空心村大量存在，宅基地及农房闲置可以天量计算。从 1997 年城镇住房制度改革至今，城市房地产价格升值约 20 倍，当初在大城市房改时用 5 万元左右得到的 100 平方米左右的住房，至今已经升值到 100 万元以上，而广大农村经营性建设用地、宅基地等被先后出台的若干文件约束得越来越紧，根本无法进入市场，直接影响了农民的财产性收入。如今在大中城市寸土寸金的时代，农村大量闲置的土地资源却无法盘活，更无法变现。一方面，大城市土地出让价格一路飙升，建设用地供给不足的矛盾突出，并因此抬高了城市房价，使进城农民望房兴叹，新毕业的青年学生"压力山大"；另一方面，在广大农村，经营性建设用地大量闲置，农村宅基地大量空置，

甚至多少年无人问津，事实上在无形之中逐步被风刮雨淋，一直在贬值。城乡之间土地市场的严重不对等，既表现出土地制度的不公平、不科学，也确实浪费了宝贵的农村土地资源。在我国人多地少的特殊国情下，长此以往确实难以为继。

习近平在中共十九大报告中指出："建立健全城乡融合发展体制机制和政策体系，加快推进农业农村现代化。"习近平的重要讲话已经为我们指明了乡村振兴战略的制度支撑点是建立健全城乡融合发展的体制机制和政策体系，以区别于过去城乡发展出现的"二元结构"现象，加快促进城乡协调发展与可持续发展。

农村集体土地所有权与国有土地所有权地位不平等、集体建设用地产权不明晰、权能不完整、实现方式单一等问题已经成为统筹城乡发展的制度性障碍。原国土资源部部长姜大明指出："现在已经到了将土地增值收益、资源配置更多投向'三农'的时候了。"为此，国土资源部确定，2018年十大任务之一是深入推进农村土地制度改革，增强改革的系统性、整体性、协同性，严守改革底线，鼓励大胆探索，加强指导督察，及时总结经验，并明确到2020年，城乡统一的建设用地市场基本建立，兼顾国家、集体、个人的资源收益分配机制基本形成，土地增值收益投向"三农"的力度明显加大，区域城乡资源要素配置更加公平。

当今农村，依托于土地的大量农村住房和宅基地闲置，任其破败确实是很大的资源浪费。而通过深化农村土地制度改革，把这些资源利用起来就是一笔巨大的财富。2018年中央一号文件提出，要完善农民闲置宅基地和闲置农房政策，探索宅基地所有权、资格权、使用权"三权分置"，即落实宅基地集体所有权，保障宅基地农户资格权和农民房屋财产权，适度放活宅基地和农民房屋使用权。这是借鉴农村承包地"三权分置"办法，在总结有关试点县（市）探索经验的基础上，提出来的一个深化农村土地制度改革需要进行探索的新任务。

实施乡村振兴战略有了农村深化土地制度改革的支持，就能够在全国性资源配置的过程中，确实像习近平总书记讲得那样"要坚持农业农村优先发展"，通过土地制度全面深化改革创新，把蕴藏在广大农村土地资源中的财富挖掘出来为农民造福，提高农村居民收入水平、让农民也拥有更多财产权等政策期望才能够落到实处，国家发展与进步引致土地增值的时代红利才能够惠及广大农村的普通老百姓。

三、深化中国农村土地制度改革之策

实施乡村振兴战略，是我们党"三农"工作一系列方针政策的继承和发展，是中国特色社会主义进入新时代做好"三农"工作的总抓手，是历史性破解城乡不平衡、不充分发展难题的历史契机。我们必须立足国情农情，以改革创新为动力推动农业全面升级、农村全面进步、农民全面发展，谱写新时代乡村振兴新篇章。

第一，盘活农村经营性建设用地资源。在现行制度下，目前大量土地资源仍然在农村。农村基层组织虽然是土地的所有者，但是由于基层组织操控土地资源的政策支持不足，使基层组织无法把宝贵的土地资源转变为地方发展的资本。因此，盘活农村土地资源，特别是农村经营性建设用地资源是促进乡村振兴的当务之急。据我们调研，河南省新郑市对农村建设用地进行市域内调剂使用，每亩价款60万元，当地农民参与的积极性比较高，而且实现了农民收入水平较大幅度的提高，农民居住条件得到改善，成效比较显著。山东省启动大规模土地确权登记颁证工作四年，确权面积占家庭承包地总面积的98.1%，在全国率先基本完成土地确权登记颁证工作。确权颁证之后，老百姓凭借手里的确权证，就可以办理抵押贷款，打通了资本流向"三农"的重要通道。这些改革举措都说明一个道理，盘活农村经营性建设用地资源就能够释放出大量的土地资源价值，也将为城镇提供更多的建设用地供给，对城乡协调发展都有利。如何在总结现有基层试点或者试验路径的基础上，加快农村经营性建设用地市场化改革迫在眉睫，而改革政策逐步明确以后，对未来提高农村经营性建设用地资源的实际价值具有重大意义，对打通城乡建设用地市场、真正实现城乡经营性建设同地同价意义非凡。

第二，加快农村宅基地所有权、资格权、使用权"三权分置"改革。1998年开始，在城镇建设用地资源价值快速攀升并因为土地升值导致城镇居民住房快速升值的同时，国家先后出台多项法规严格限制农村宅基地交易，明确规定农村住宅用地只能分配给本村村民，城镇居民不得到农村购买农村宅基地、农工贸住宅或"小产权房"，堵住了农村住宅用地市场化的路子，使农民虽然有了住宅供给的保障，但是却失去了在城镇建设用地大幅度涨价条件下农村住宅价值上升的机会。所以，一方面看统计数据，农民人均年收入增长速度经常快于城镇居民，另一方面在城镇居民住房制度改革以后住房价值数十倍上涨的同时，广大农村居民由于住宅不让进入市场而失去了财产大幅度升值的机会，与城镇居民的实质性收入差距快速扩大。这是1997年城镇居民住房制度改革以来，导致城乡发展不平衡、不充分的最大制约因素之一。基于这样的学理分析，我们建议通过农村住宅用地国有化改革试点，真正做实住宅用地所有权，加快农村住宅市场化改革速度，彻底放活农村住宅的使用权，明确农村住宅的产权，破除城乡住房制度方面严重的不对称，让国家发展带来的土地升值的历史性红利为农民提升财产性收益奠定制度基础。其实，现在我国仍然在限制城镇居民到农村购买住宅，看似保护农民利益，实际上使城乡之间资本无法正常流通。只要城乡之间的资本无法正常流通，农村土地资源的巨大潜力用什么力量怎样盘活呢？怎样建立健全城乡一体化的土地市场呢？通则活，不通则滞。现在，农村土地资源需要在市场上尽快实现通，而不是滞，让农村住宅依规依法公开交易是改革发展的大方向，继续出台新政限制土地资源盘活确实已经不合时宜。

第三，推动农村土地征收制度改革有所突破。城市与乡村是一个地域有机体，只有二者形成可持续发展机制，才能相互支撑，共同进步。现行农村土地征收制度存在的最大特色是富了城镇，穷了农民，即城乡利益分配的天平明显倾向于城镇，形成了制度性不公平。地方政府从农民手中用很低的成本把土地征收过来，通过"招拍挂"就可以获得巨额的土地增值收益，本来在农民手中的土地，通过这种制度化的"魔法"，就可以让地方政府的土地财政大获收益，而失地农民在这个过程中得到的补偿是非常有限的。事实上，不少地方政府近几年为了缓解与农民争利益的格局，已经出台或者试行了对农民更多补偿的举措，非常受农民的欢迎，大大减少了征地拆迁过程中的纠纷。既然我们已经看到了土地制度征收改革创新的大方向，有些地方做得很有成效，都是一个国家，为什么不能够统一政策，修改相关法律呢？其实，农村土地征收制度改革方向非常明确，就是在征收与拍卖过程中更多地给农民让利，使国家发展的时代红利也部分地让农民共享。该换一种思路进行土地制度改革了，土地是农民的生存之本，必须让农民在土地上获得与时代同步的应有收益。我们认为，这是乡村振兴战略的命脉所在。

四、结　语

通过以上分析与讨论，可以初步得出如下结语：

第一，要充分认识乡村振兴战略的重大意义。中共十九大提出实施乡村振兴战略，是习近平新时代中国特色社会主义思想的重要组成部分，是破解中国城乡之间发展不平衡、不充分的历史机遇，对中华民族伟大复兴意义重大。

第二，加快农村土地制度改革刻不容缓。按照中共十九大精神，建设城乡统一的土地市场迫在眉睫，时不我待，我们必须具有历史的紧迫感和责任感，加快农村土地制度改革步伐。

第三，激活农村土地市场潜力是实施乡村振兴战略的命脉所在。在新一轮农村土地制度改革过程中，让利于民是基本的价值取向。让中国农民享受国家发展带来的历史红利，让农村土地资源迸发出应有的价值是大势所趋，激活农村土地资源是实施乡村振兴战略的命脉所在。

参考文献

［1］张占仓.以土地制度改革为突破口实施乡村振兴战略 ［N］.河南日报，2018-03-07.

［2］夏柱智.农村土地制度改革的进展、问题和启示——基于 33 个试点的资料 ［J］.云南行政学院学报，2017，19（5）.

［3］杨璐璐.农村宅基地制度面临的挑战与改革出路？——基于产权完善的收益共享机制构建 ［J］.南京社会科学，2017（11）.

［4］张占仓.中国农业供给侧结构性改革的若干战略思考 ［J］.中国农村经济，2017（10）.

［5］李太淼.马克思主义基本原理与当代中国土地所有制改革 ［J］.中州学刊，2017（9）.

［6］姜大明.深化农村改革要处理好农民和土地关系 ［N］.东方城乡报，2016-06-14.

［7］张义博.我国农村宅基地制度变迁研究 ［J］.宏观经济研究，2017（4）.

［8］李铜山.论乡村振兴战略的政策底蕴 ［J］.中州学刊，2017（12）.

［9］陈明星.乡村振兴战略的价值意蕴与政策取向［J］.城乡建设，2017（23）.

［10］刘彦随.中国新时代城乡融合与乡村振兴［J］.地理学报，2018，73（4）.

［11］刘合光.乡村振兴的战略关键点及其路径［J］.中国国情国力，2017（12）.

［12］钟钰.实施乡村振兴战略的科学内涵与实现路径［J］.新疆师范大学学报（哲学社会科学版），2018，39（5）.

（作者系河南省社会科学院原院长、研究员）

河南省农村第一、第二、第三产业融合发展研究

朱攀峰

摘　要：第一、第二、第三产业融合发展相比于农产品加工，涵盖领域更加广泛，既包括农产品加工的第一、第二产业连接，又包括像休闲农业的第一、第三产业和田园综合体的第一、第二、第三产业连接，不再只专注于农业生产功能，而是充分挖掘农业的多种功能和多重价值；更突出产业之间的有机衔接、相互渗透，强调产业链条前后联动、一体推进，强调要素资源集中集聚、跨界配置。基于这些新要求、新内涵，河南省近年来做出了一系列新探索、新尝试，致力于将农产品加工优势升级转化为融合发展优势，从而更好地服务农业供给侧结构性改革大局。

关键词：第一、第二、第三产业；融合发展；农村；河南

一、对河南省农村产业融合发展态势的判断

（一）在全国具有较强的先发优势

河南丰沛的农业要素资源、多样的农村风光形态、强劲的农产品加工能力和突出的区位交通条件，共同决定了河南省农村产业融合发展具有许多省市无可比拟的先天优势。与此同时，河南省农村产业融合起步也要早于全

国，2012年实施的农业产业化集群培育工程已经准确把握了融合发展的核心要义。基于这些先发优势，通过近年来的持续推动，当前河南省农村第一、第二、第三产业融合发展已经进入快速成长期，在中西部地区处于领先地位，与山东、江苏、浙江等先进省份组成了全国的第一方阵。在这些先发省份中，河南的优势在于肉类、主粮加工两大产业链条，山东的优势在于海产品、果蔬和油料等经济作物加工，浙江的优势在于通过休闲农业、特色小镇等对农业多种功能的挖掘，江苏的优势在于立足高效农业和新技术对产业链、价值链和利益链的有机整合。值得关注的是，河南省在实现从"中原粮仓"向"国人厨房"的跨越后，又进一步提出要打造"大众餐桌"，继续将产业链向消费终端延伸，朝着更有利于老百姓生活、更快捷、更实用、更加人性化的方向发展。如三全食品采用"中央厨房+APP+终端售卖机"形式，创造一种新的餐饮O2O模式以满足办公室午餐需要。发展餐桌经济使得河南食品加工在发展理念上再次快人一步。

（二）仍处于较低的发展阶段

河南省农村第一、第二、第三产业融合发展虽在国内有优势，但相比第一、第二、第三产业融合发展的实质，对标世界范围融合发展范例，却仍处于较低的发展阶段。一是融合程度低。主要表现为农业与第二、第三产业联结不紧密，产业链条短，环节之间分割问题突出。目前全省能够有效覆盖三次产业的成熟项目仍然稀缺。不少企业虽然既有第一产业项目，也有第二产业、第三产业项目，但这些项目并不处在同一产业链上，只能算是混合发展而非融合发展。二是融合层次低。主要表现为融合过程缺乏新技术渗透，没有新商业模式的支撑，价值链没有随产业链的延伸得到有效提升。如一些地方所谓的全产业链各环节普遍缺乏核心竞争力，创新能力不足、产品附加值不高，有些甚至是过剩产能的堆砌。三是功能拓展不足。从发达国家发展经验看，拓展农业多种功能是农村产业融合发展的较高阶段。但河南省农村产业融合主要还是聚焦于生产功能，对农业的生态、文化和社会功能挖掘明显不足，全省休闲农业、观光农业、创意农业发展水平低，新产业、新业态发展尤为不足。四是利益联结松散。河南省第一、第二、第三产业融合中的利益联结总体还是定位于简单合作，多数还是采取订单农业、基地农业、土地流转等方式，诸如股份制或股份合作制等紧密联结方式比例仍然不高。这更多表现为一种联合发展而非融合发展。

（三）深度融合的条件愈加成熟

一是推进农业供给侧结构性改革。按照"调优种养结构、调强加工能力、调大经营规模、调长产业链条"的总体要求，大力推进"四优四化"，通过发展优质小麦、优质花生、优质草畜、优质林果，促进农业布局区域化、经营规模化、生产标准化、发展产业化，农村第一、第二、第三产业融合发展的产业基础有望不断夯实。二是产业集群载体功能不断完善。规模化程度持续增强，全省农产品加工业行业集聚度超过 50%，销售收入在 30 亿元以上的有 61 个，50 亿元以上的有 17 个，100 亿元以上的有 6 个。协作水平不断提高，2016 年规划培育的 542 个集群中协作企业数达到 4186 个，平均每个集群 7.7 个，配套合作社 4968 个，平均每个集群 9.2 个，小麦、大豆、油料、玉米、肉类加工、奶业六大全产业链初步形成。配套体系不断完善，已集聚研发机构 559 个，其中国家级 18 个、省级 123 个，博士后工作站 13 个，各级各类检测机构 600 个。三是农村产权制度改革不断深入。承包经营权、宅基地使用权确权颁证工作推进顺利，农村产权交易改革试点范围逐步扩大，尤其是"三权分置"改革不断深化，有利于激活农村各类生产要素潜能，建立符合市场经济的农村集体经济运营新机制。这将为完善利益联结机制促进三产融合提供坚实的制度基础。四是城乡关系进入互动发展新时期。新常态以来，河南省的城乡关系有了较大调整，开始全面进入错位发展时期，县域相对于市域开始发挥比较优势，要素资源从主要由乡到城的单向流动，转变为城乡之间的双向互动，城市资本下行投资意愿增强和回乡返乡创业渐成趋势。这些为农村第一、第二、第三产业融合发展提供了前所未有的要素支撑。

（四）融合发展的关键性不断提升

从调研情况看，第一、第二、第三产业融合发展正在快速成长为新时期推动河南省农业农村转型发展的新动能。一是正在成为农业供给侧结构性改革的主导动力。新时期的农业结构优化必须发挥市场的基础性作用，政府推动的传统路径已经很难满足改革需要。在 2017 年上半年对全省种植结构调整的调研中，我们发现纯种粮的新型经营主体普遍存在不会调的现象，主要原因是他们远离产业链终端，对市场信号的感知和把握能力较差。与之对应，复合型经营主体调结构的能力最强，他们基于产业融合对市场变化做出准确反应。从调研情况看，第一、第二、第三产业融合发展正在逐步成为推动农业供给侧结构性改革的主导动力，而且随着农业产业市场化改革的不断深入，这种关键作用还在继续提升。二是推动传统农区转型发展关键作用不断提升。新常态以来，河南省农业大县依托承接产业转移快速提升工业化的模式难以为继，县域经济迫切需要依靠新动能实现转型发展。从调研情况看，第一、第二、第三产业融合发展正在成长为这样一种关键动能，如新野、延津、临颍等农业大县围绕第一、第二、第三产业融合构建起来的产业体系，明显具有较强的竞争力，县域经济社会发展也表现出更强的韧性。我们认为，新时期县域相比市域最突出的比较优势，就是具备第一、第二、第三产业融合发展的条件和空间，能否发挥这一比较优势将成为新常态下县域转型成败的关键。三是促进农民增收的作用更加突出。新常态下，经济增速放缓、结构调整、动力转换，影响农民工就业数量、工资水平、工资增速，此前的增收机制正在发生重要调整，农民增收面临着新旧动能的转换。

二、河南省农村产业融合发展的主要制约因素

（一）产业基础支撑能力不足

农村第一、第二、第三产业融合发展关键在"融合"，但基础还在产业自身。新时期，三次产业在农村第一、第二、第三产业融合发展中发挥着不同的作用：农业发挥着基础性作用，无论以何种模式实现融合发展，都要立足农业资源构建比较优势；第二产业主要接续农业的生产功能，发挥着纵向延伸产业链的作用，在工业化任务尚未完成的发展阶段，必然成为推动融合发展的主导力量；第三产业主要接续农业的生态、文化功能，发挥着横向拓展融合领域的作用，是新常态下促进农村产业融合发展的新动能。新时期，从河南省农村第一、第二、第三产业融合发展的需求看，从三次产业应当发挥的作用看，它们都存在对农村产业融合支撑不足的问题。一是农业主要表

现为结构性矛盾突出。河南省虽是全国的农业资源大省，但符合市场需求的优质农业资源、特色农业资源、绿色农业资源比重偏低，过剩农品种比重高。如河南省虽是全国小麦生产第一大省，总产量超过全国的 1/4，但符合精深加工需要、市场需求旺盛的优质小麦比重很低，每年优质小麦还要净调入。在消费结构升级加速的背景下，这种结构性矛盾严重削弱了河南省农业资源的传统优势，制约了第一、第二、第三产业融合发展的潜力和空间。而且随着融合加速、加深的要求越来越迫切，这种制约作用也会表现得越来越突出。二是第二产业主要表现为精深加工能力不足。新常态下，农产品加工出现了较为严重的产能过剩，传统的粗浅加工模式在新时期已经很难为农村产业融合发展提供充足动力。目前，河南省农产品加工虽处于全国领先水平，但精深加工能力不足的问题也很突出。例如，河南省的主粮加工能力虽占全国 30%，但大多数加工企业集中在产业链的中前端，低水平加工能力过剩，消费终端型产品比重低。在我们调研的十几个产粮大县中，多数县内最大加工企业仍是面粉厂，而且加工能力普遍偏小，产品主要是普通面粉，定位面向本地市场，基本都处于微利保本经营。这种低水平的产业化对种植结构优化、种粮收益提升带动十分有限，根本无力对当地第一、第二、第三产业融合发展带来实质性影响。三是服务业发展长期滞后导致支撑最薄弱。服务业一直是河南省经济社会发展最突出的一块短板，不仅严重滞后于工业化，还严重滞后于城镇化。2016 年，全省服务业比重是 41.9%，落后于全国平均水平 10 个百分点，在全国处于中下游水平。河南省服务业发展滞后是全方位的，从意识观念到平台载体建设，再到产业生态体系都很薄弱。这就导致河南省服务业在第一、第二、第三产业中对农村产业融合发展的支撑最弱，不仅融合发展领域相对狭小，而且第一、第二产业与服务业融合时容易趋于低水平、低层次。如在消费需求快速升级背景下，休闲农业、观光农业本应带来较好的融合效益，但服务低端化、创意雷同化问题突出，导致这一类项目已开始出现供给过剩。新时期，服务业作为农村产业融合发展新动能的作用发挥还很不充分。

（二）县域载体支撑能力不足

县域是农村第一、第二、第三产业融合发展的空间载体，县域的产业体系、城镇体系、基础设施体系和生态环境体系,对农村产业融合发展形成了最直接的支撑。通过近年的快速发展,河南省县域经济已经迈入新阶段,工业化、城镇化水平达到了催化第一、第二、第三产业融合发展的基本需要,这也是当前农村产业融合发展相比以前更具生命力的主要原因。但如果要继续向更高层次发展,拓展新领域、加深融合度,目前县域的载体支撑能力就明显不足。一是适应农村产业融合发展的产业体系尚未构建起来。近年来,不少农业大县开始补工业化的课,依靠承接产业转移加快工业化步伐,但主要体现在规模和速度上,项目引进缺乏全局性和战略性,对自身比较优势考虑不足,造成第二、第三产业发展与优势第一产业缺乏衔接。不少农业产业化集群也存在企业聚而不群、低水平扎堆、科技创新不足等突出问题。二是适应新型城乡关系的县域城镇体系尚未构建起来。县域城镇体系建设仍然滞后,未能发挥好在城乡互动中的引领作用。其中,县级城市承载力不足、功能不完善等问题尤为突出,带动县域经济转型发展的作用很不充分,无法较好地适应农村人口就地就近转移、回乡返乡创业、消费结构变动等城乡关系的一系列新变化、新调整。三是支撑产业融合发展的基础设施体系尚不完善。农村产业融合发展空间虽在农村,但目标市场却主要是城市人口,不少县域并未意识到这种供需关系,导致基础设施建设标准难以达到融合发展的需求。如与农村产业融合发展相关的供水、供电、供气条件较差,增加了特色资源开发利用难度;道路交通、网络通信与城镇基础设施互联互动衔接性不强,加大了农村产业融合发展的成本和风险;农村信息网络、仓储物流设施建设滞后,延缓了农村电商等新业态、新商业模式的发展。四是农业农村生态环境建设滞后。从需求侧看,生态功能已经成为继生产功能之后农业的第二大功能。但从供给侧看,河南省县域的生态环境建设却相当滞后,严重削弱了农业多重价值的实现。农业生产方式粗放,长期大水大肥已造成严重面源污染,土壤板结、水生态破坏等问题突出,绿色发展能力明显不足。村镇建设与产业发展脱节,农村环境整治滞后,垃圾、污水处理能力差问题突出,离人们向往的"美丽乡村"差距较大。

(三)要素供给支撑能力不足

农村第一、第二、第三产业融合发展作为一种主要立足弱势产业、植根后发地区的现代产业模式，对各类资源要素的供给水平有很强的依赖。在各类要素中，土地发挥着基础性作用，是其他要素集中、流动的载体；资本发挥着引领性作用，是土地与其他高水平要素对接的桥梁；人才、信息、技术等优质要素则各具功能，是农村产业融合发展向高水平推进的必要条件。从新时期河南省农村产业融合发展需求看，要素供给支撑不足是全方位的：一是土地载体功能发挥不充分。农村农业土地存量虽然巨大，但流动性较差，导致要素配置缺乏效率，一旦其他现代要素投入以后配置效率有随之降低的倾向。无论是农业自身经营规模偏小、不易对接大市场，还是现代要素流入意愿不强，这都是最关键的原因。通过研究四川崇州、上海松江等一系列第一、第二、第三产业融合发展的范例，我们发现它们无一不是从打破农地的流动性瓶颈入手构建制度框架的。由此可见，农地的流动性缺陷对农村产业融合发展的制约之强。二是金融引领作用发挥不足。调研发现，河南省农村产业融合发展中表现最尖锐、新型经营主体反映最迫切的问题还是融资难。与不少产业面临去杠杆相比，农村产业融合发展的金融杠杆率普遍低于现代产业发展的最低需求。除了有效抵押物不足、农村金融产品少、服务水平不高等老问题外，多层次、多功能的农村金融服务体系发展滞后更为关键，导致农村产业融合发展总体处于一种金融抑制的状态。三是先进要素资源依然稀缺。在新的城乡关系下，农业的弱势产业地位有所改善，但也并未出现根本性扭转，最主要就表现为先进技术、管理经验、信息技术等高水平要素资源依然匮乏，而这也是制约河南省农村产业融合发展向更高阶段转型提升的关键原因。当前，先进要素向农村产业融合发展领域扩散渗透进程缓慢，主要原因还是融合发展水平低、项目盈利能力弱，存在较大的自然风险和市场风险。同时，农村产业融合型人才缺乏，也抑制了先进要素的融合渗透。

（四）公共服务支撑能力不足

随着农村产业融合发展的不断深入，传统产业的界限越来越模糊，企业组织内部将有多种业态共生共存，同时还会衍生出许多新产业、新业态、新模式，这些都对传统的公共服务体系形成了较强的挑战。从发展实际看，目前河南省的公共服务能力薄弱，不利于产业链条的纵向发展与效率提升，不利于对农村产业融合发展做出全面、长久有效的发展规划，影响良好产业生态的构建。一是发展理念落后。不少地方仍然只注重开发农业生产功能，不重视农业的多重功能挖掘，制定和执行政策主要从生产层面给予扶持，突出增加产品供给，对按照市场需求引导农村产业融合发展重视不够，"生产导向过强、消费导向不足"的问题突出。二是缺乏统筹规划。不少地方缺乏产业融合发展总体规划和整体布局，整个产业链的管理被不同部门人为地割裂，导致管理体制僵化、办事效率低下，这与农村产业融合发展打通产业链的目的不相适应，难以统筹协调和有序推进农村产业融合发展。用地难、环评难、获证难等问题进一步加剧。三是平台建设滞后。相关支持政策中，重视基础设施建设，忽视流通、信息等服务环节，轻视品牌建设、消费引导和公共服务平台建设。农村综合性信息化服务平台、集体产权评估与交易平台、农产品公共营销平台等建设滞后。公共科研机构、行业协会、专业性服务机构服务能力不强，在推进区域标准化、品牌化建设方面服务不足。四是市场监管不力。市场秩序监管跟不上融合发展的需要，假冒伪劣现象屡见不鲜，虚假标准、商标侵权、以次充好等违法行为屡禁不止，存在生产安全、食品安全、环境保护等诸多隐患，一些新产业、新业态甚至缺乏监管主体。

三、关于促进河南省农村产业融合发展的思考

（一）培育农村产业融合发展的内生动力

新时期，农村产业融合发展的外部条件发生了显著变化，农产品加工业产能过剩、食品消费升级周期不断缩短、生态环境约束越来越紧，依托落后产能、依赖政策兜底、依靠规模扩张的低水平融合难以为继，必须加快培育内生动力，提升农村产业融合发展的可持续性。一是坚持市场主导。发挥市场配置资源的决定性作用，引导农村产业融合发展从生产导向转为消费导向，让市场规律主导产业融合发展的路径和方向，积极推进覆盖农业全产业链的标准化和品牌化建设。确立新型经营主体在融合发展中的主体地位，支持龙头企业、行业协会、产业联盟发挥资源整合和行业引领作用；政府应从融合发展的主导者变为引导者和服务者，从融合发展的微观层面脱身，转而集中精力构建适应融合发展的产业生态系统。二是坚持集群发展。新常态下，依托集群化的组织方式推进农村产业融合发展更为重要。要进一步提升

全省农业优势资源、制造加工能力的集中度，扩大产业集群平均规模，加快产业集群转型升级，支持产业链核心企业通过订单、联合、参股等方式，增强辐射带动功能，形成主导产业、衍生产业、配套产业层次有序、分工协作、网络链接新格局，打造农村第一、第二、第三产业融合发展的现代农业综合体。重点发展农业循环经济，推进生态链和产业链结合，形成农业生态循环型产业集群；依托"一乡一业""一村一品"，以农产品区域品牌为纽带，形成区域品牌化产业集群；依托农业科研院校，孵化培育农业科技创新应用企业群落，形成农业科技创新产业集群。三是坚持创新驱动。河南省农村产业融合发展要加快新旧动能转换，从要素驱动转向创新驱动，依靠制度创新、管理创新、技术创新和商业模式创新的协调互动、集成叠加，打破农村产业融合壁垒，促进深度融合发展。当前，创新重点是推广以消费者为中心的发展理念，推进新一代信息技术、生物技术与农业产业交叉渗透和整合集成，优先支持覆盖农业全产业链的科技创新和成果转化，推广"田头+电商企业+城市终端配送"等营销模式，加快农业产业链的业态创新和商业模式创新，促进线上线下融合发展。

（二）重点支持链条延伸型融合模式

链条延伸型融合是当前河南省农村产业融合发展的基础模式，农产品加工则是这一模式最主要的表现形式。从基础条件和发展阶段看，链条延伸型融合仍是当前最契合河南省发展实际的融合模式，农产品加工对农村产业融合发展的牵动作用无可替代。特别是，河南省不少产粮大县的农业产业链还处于"萌发"阶段，延伸能力不足仍是最突出的问题。因此，现阶段我们还是要把链条延伸型融合作为农村产业融合发展的基础，加快农业产前、产中、产后一体化发展，带动农村产业融合发展保持较快增速。鼓励发展农产品产地初加工和农村特色加工业，建立农产品标准化原料基地，稳定同农户的利益联结。重点实施主食加工业提升计划，构建以小麦为主的主粮全产业链条，将其作为全省产粮大县推进农村产业融合发展的突破口。但新常态下，在加快产业链条纵向延伸速度的同时，更要注重推动农产品加工业转型升级，实现价值链与产业链的同步提升。如何解决农产品加工业同质化低水平过度竞争，是河南省产业链条升级的核心内容。应当瞄准城乡居民食品消费结构升级过程中产生的全新市场空间，提升精深加工能力，通过技术改造升级、产品和品牌升级、企业管理和营销升级等措施，推动价值链跃进式升级。

（三）加快布局功能拓展型融合模式

新常态下，河南省农村产业融合发展要从重点开发农业生产功能，转向全面开发农业复合功能，提升农业的文化、科技、教育、旅游观光、休闲度假和运动养生价值，把培育新产业、新业态作为农村产业融合发展的主要任务。一是全力发展休闲农业。休闲农业涵盖农村第一、第二、第三产业，是当前对农业农村资源开发最全面、产业融合最直接的一种产业形态。通过休闲农业和乡村旅游，产品实现了优质优价，餐饮实现了产品增值，住宿实现了资产增值，景观实现了功能增值，销售实现了就地消化。支持建设历史、地域、民族和文化特色鲜明的特色旅游村镇，打造形式多样、特色鲜明的农家乐、休闲农庄、休闲农业园区等乡村旅游休闲产品，强化休闲农业和乡村旅游标准化、品牌化、网络化，鼓励各地开拓休闲农业高端市场、专用市场和特色市场。二是积极发展创意农业。创意农业借助创意产业的思维逻辑和发展理念，有效地将科技和人文要素融入农业生产，进一步拓展农业功能、整合资源，把传统农业发展为融生产、生活、生态为一体的融合模式。创意农业在农村产业融合中具有重要地位，既是融合发展的重要领域，又易于对接其他融合模式，为整个产业融合发展走向高端化提供重要动力。如荷兰的花卉产业享誉世界，就得益于完整、发达的创意农业产业链条。因此，我们应当将创意农业作为农村产业融合发展的战略增长点来培养。三是大力发展农村电商。农村电商一头连着农产品种植源头，另一头连着产品市场销售，在农村产业融合发展中不仅处在前延后展的便利位置，更是产业融合发展的内生动力。通过发展农村电商，整合各地的农副产品及地域特色旅游资源，打通农产品产供销一体化通道，实现购销信息双向畅通，可以有效弥补农业农村在区位上的劣势，实现从生产驱动到市场需求驱动的转型升级。从而引导农户开展订单生产、发展原产地和无公害绿色农产品直销、直供、分销、预售等新型农村农产品流通模式。

（四）加快构建良性互动新型城乡关系

农村产业融合发展涉及城乡之间的要素流动和产业重组，城乡分离发展以牺牲农业农村为代价来支撑城镇发展，不利于农村产业融合的可持续发展。一是促进产城互动。农村产业融合发展需要高度利用城镇发展提供的空间。从各地的发展经验看，农村产业融合发展与就地城镇化形成了良好的互动发展关系。促进产城互动，就要引导农村产业融合空间布局的优化调整，推动企业向产业集群集中、土地向融合主体集中、农业转移人口向城镇集中，促进产业发展和城镇建设相协调，带动农村产业空间融合。二是促进人地互动。"人地关系僵化"导致承包经营权缺乏流动性，无法发挥现代要素功能，一直是城乡良性互动的瓶颈，也成为农村产业融合可持续发展的关键制约。促进人地互动，就要加快深化"三权分置"改革，借鉴四川崇州、安徽宿州等地的经验，鼓励有条件地区开展农村土地和集体资产股份制改革，支持各地因地制宜探索多种形式的集体经济模式，真正放活承包经营权。三是促进县域与市域互动。站在全省区域发展层面，城乡关系突出表现为市域与县域的关系，城乡互动则表现为市域与县域之间要素资源的流动。农村产业融合发展所需的高水平要素基本上都来自于这一互动关系，是对整个县域发展能力的衡量。促进县域与市域互动，就要加快县域经济转型升级，重点发挥好县域贴近农村农业的比较优势，构建第一、第二、第三产业紧密衔接的产业体系，推动县域与市域错位发展，提升县域综合发展能力。

参考文献

［1］姜长云. 推进农村一二三产业融合发展新题应有新解法［J］. 中国发展观察，2015（2）.

［2］姜长云. 推进农村一二三产业融合发展的路径和着力点［J］. 中州学刊，2016（5）.

［3］苏毅清，游玉婷，王志刚. 农村一二三产业融合发展：理论探讨、现状分析与对策建议［J］. 中国软科学，2016（8）.

［4］赵海. 论农村一二三产业融合发展［J］. 农村经营管理，2015（7）.

（作者系河南省人民政府发展研究中心助理研究员）

河南省农村志愿服务研究报告

牛苏林　冯庆林　潘艳艳　李三辉

摘　要：本文在分析推进农村志愿服务工作重要意义的基础上，总结了推进农村志愿服务在制度建设、阵地建设、人才建设、项目建设等方面工作取得的显著成绩和面临的主要问题，提出了进一步扎实推进农村志愿服务的对策建议。

关键词：农村志愿服务；对策建议；河南

按照中央文明办和河南省委宣传部关于"推进农村志愿服务"课题的调研要求，河南省社会科学院组成课题组，深入到濮阳、安阳、南阳等地开展调查研究，初步形成了"河南省农村志愿服务研究报告"。现将相关问题汇报如下：

一、推进农村志愿服务工作的重要意义

"三农"问题关系我国发展全局，在中国特色社会主义进入新时代，向着全面建成小康社会目标迈进的关键时期和全面实施乡村振兴战略之际，加强和推进农村志愿服务具有十分重要的意义。

（一）加强和推进农村志愿服务，是实施乡村振兴战略的必然要求

中共十九大提出实施乡村振兴战略，这是我国决胜全面建成小康社会的关键时期做出的重大战略部署，也是"三农"工作的总抓手。实施乡村振兴战略不仅需要政府的大力支持，更需要全社会力量的广泛参与。尤其是在农业大省的河南，大批青年农民外出务工，导致农村人力资本严重短缺，不仅缺少各类管理人才、经营人才、专业技术人才，甚至连种田能手和青壮年劳动力都十分匮乏。农村人力资本匮乏是实施乡村振兴战略面临的重要问题。在这种背景下，农村志愿服务直面农村基层，不仅服务领域广泛，而且服务形式多样，从倡导农村文明风尚到促进农民精神面貌的提升，从帮扶困难群体到助力脱贫致富，从沟通干群关系到化解矛盾冲突，从参与民主管理到保护生态环境，志愿服务在农村的政治、经济、文化、生态建设的方方面面都发挥着重要作用，已经成为维护农村稳定、促进农村发展、助力乡村振兴的一种不可或缺的力量。毫无疑问，加强和推进农村基层志愿服务，对于进一步促进乡村产业兴旺发达，美化乡村生活环境，倡导乡风文明，形成自治、法治、德治三位一体的乡村治理体系，实现农业强、农村美、农民富的美好目标，发挥着不可替代的重要作用。

（二）加强和推进农村志愿服务，是加强农村精神文明建设的重要载体

长期以来，精神文明建设一直是农村发展的薄弱环节。在农村开展丰富农民精神文化生活的志愿服务实践活动，是改善农村精神文化环境，提高农民文明素质，深化农村精神文明建设的重要抓手。一方面，志愿服务以"奉献、友爱、互助、进步"为宗旨，能够促使农村志愿者把服务他人、服务社会与实现个人价值有机结合起来，自觉践行社会主义核心价值观，通过奉献爱心、服务社会来陶冶情操、修身立德，满足自身向上向善的精神追求；另一方面，农村志愿者通过培训、教育或者文艺活动等多种方式开展精神文明的宣传教育，在农村去除乡村生活陋习，弘扬和传承优良的传统道德观，把尊老爱幼、济贫扶弱、维护公益作为基本的道德规范，促进乡村社会更加互助友爱，乡邻和睦，乡风文明。

（三）加强和推进农村志愿服务，是提高乡村治理水平的有效途径

乡村治理是社会治理的基石，坚持法治、德治、村民自治相结合的治理结构，形成治理有序的乡村治理体系，既是加强基层民主法治建设的应有之义，也是实施乡村振兴战略的重要内容。加强和推进农村志愿服务，是建设"三治合一"的乡村治理体系的内在要求。一方面，志愿服务组织可以在政府和群众之间发挥"桥梁"的作用，在帮助政策下达和民意上传中建立政府和群众的沟通对话机制，推进干群矛盾的化解；另一方面，志愿服务组织可以通过政治参与，把农民组织起来，对农民开展民主政治教育，逐步激发出农民的政治参与意识，促进农民有序参加民主政治活动，提高农村民主管理水平。同时，志愿服务组织能够发挥资源链接优势，发动村内外的志愿者力量开展环境治理、养老助残、扶贫济困、生产互助等方面的社会服务，既满足了农村社会公益日益增长的需求，又进一步提高了农民群众自我管理和自我服务的能力。

（四）加强和推进农村志愿服务，是完善基层政府公共服务的重要补充

河南省是农业大省，也是农村人口总数最多的省份。近年来，虽然河南省在脱贫攻坚方面取得了突出的成就，但是农民贫困问题并未从根本上得到解决，目前农村贫困人口仍大量存在，"三留守"群体、残疾人、"五保"人员等弱势群体还需持续关注，农村医疗、教育等公共服务资源短缺问题也很突出。解决此类问题，依靠基层政府有限的财政投入和基本救助政策并不能满足需求。在这种情况下，志愿服务作为第三方力量，能够有效弥补政府在公共服务供给方面的不足，一方面，志愿者能够对农村困难群体开展物质资助和精神关怀，帮助困难群体解决日常生活问题，改善其生活环境；另一方面，志愿者通过组织慈善救助、捐款捐物、结对帮扶等多种活动方式动员全社会力量，实现各类救助资源的统筹和整合，从而在政府的兜底保障之外，实现对特殊群体和困难群众的精准帮扶。

二、河南农村志愿服务取得积极成效

近年来，河南省高度重视志愿服务发展，积极推进农村志愿服务的制度建设、阵地建设、人才建设、项目建设，农村志愿服务工作取得了显著成绩。

（一）构建组织运行体系，农村志愿服务队伍日益壮大

据统计，目前河南省已注册志愿者 1107.54 万人，团体注册 45380 个，农民志愿者 154.6 万人，全省按照"六有一落实"标准已建成 7137 个志愿服务站。开封市祥符区以创建全国文明城市为统领大力推进志愿服务工作，全区有注册志愿者 67967 人，是开封市六个区注册人数最多的一个区，其中农民志愿者 25434 人，占注册人数的 37.4%。濮阳市依托市志愿服务联合会，健全市、县（市直、区）、乡（镇、街道）、村（社区）志愿服务协调组织，组建党政机关、企事业单位、学校、民间组织四类学雷锋志愿服务队伍，形成了"四纵四横"志愿服务组织体系。筹集资金近千万元，高标准建设 11 个志愿服务总站和 200 多个"文明使者"志愿服务站，形成了网络化、全覆盖的志愿服务管理平台。目前，全市 74 万个志愿者、3200 余支志愿服务队常年活跃在濮阳大街小巷、社区、农村，活跃在每一个有需要的地方，每年参与志愿服务时间累计 100 多万小时，用爱心温暖着这座城市，也使学雷锋志愿服务成为濮阳最闪亮的名片。

（二）加强制度体系建设，农村志愿服务制度日趋规范

全省认真贯彻落实《志愿服务条例》和中共文明办关于推动志愿服务制度化、常态化的总体要求，在制度建设上综合施策，为加强和推进农村志愿服务营造了良好的制度环境。

一是健全工作领导体制。全省各乡镇成立以乡党委书记为组长，副书记为副组长，乡镇团委、妇联、民政、各行政村支部书记共同参加的农村志愿服务组织协调机构，村"两委"班子负责农村志愿服务工作。构建了"总站（队）—分站（队）—服务队"三级网格化志愿服务体系。如安阳市以乡镇、

街道为单位，组建镇级志愿服务总队，下设直属分队和村分队，分队下设若干小队，形成"指令直接、运行有序、管理高效"的运作机制；唐河县形成了志愿服务站、分站和志愿服务队三级志愿服务组织体系。

二是建立保障机制。各地结合实际，根据志愿服务项目的要求，对农村志愿者进行专业知识和技能培训，建立志愿者星级认定制度、褒奖制度和回馈制度。

三是注重城乡志愿服务融合发展，推动城乡资源共享。全省广泛开展文化科技卫生"三下乡"活动，定期组织专业技术志愿者到乡镇、村进行培训，增强农村志愿者的知识和专业技能。积极促进城市文明单位与农村结对共建，推动公益协会、爱心联合会等社会组织开展农村志愿服务，增强县直部门对农村志愿服务的针对性、实效性。如濮阳市"益点爱助学中心""六一爱心助学中心"等公益组织在帮助留守儿童、失依儿童方面成效突出；南阳市探索了"社会志愿服务组织+乡镇志愿服务站"模式等。

四是积极探索社会化资金募集渠道，强化志愿服务"造血"机制。2017年9月，中国志愿服务基金会与濮阳市志愿服务联合会共同启动"志愿濮阳"专项基金项目，建立了全国首家志愿服务专项基金，面向全国公开募集资金，探索志愿服务社会化筹融资的创新样本。建立志愿服务基金会能够为志愿者购买保险，解决其参与活动的后顾之忧，为常态化开展志愿服务提供源源不断的动力。

（三）注重能力体系建设，农村志愿服务内容不断丰富

调研发现，一些地区在推动农村志愿服务常态化发展的同时，积极打造了一批主题特色鲜明的志愿服务品牌。如汤阴县以"五风"（严党风、抓政风、淳民风、正村风、美家风）建设为线，建立县、乡、村三级"五风"评议会，开展了"农民夜校""岳乡榜样、汤阴模范"等精神文明建设活动，受到中央和其他主流媒体的广泛关注。濮阳市"老李热线""阳光大厦"被表彰为全国学雷锋志愿服务示范岗，"爱周六"志愿服务项目、文明交通引导志愿服务项目被评为全国最佳志愿服务项目。滑县以"善行滑州"为主题塑造了地方特色服务品牌。

在推动农村志愿服务活动中，部分地区还逐步形成了一些较为成熟的运

作模式：一是"党建+志愿服务"模式。如洛阳市组织党员采取就近就便"结对帮扶""一帮一""多帮一"的方法，开展"我们一起奔小康""聚力点亮微心愿"等农村志愿服务活动，树立了党员开展志愿服务的标杆。唐河县以党员志愿者为主体开展"党心连民心、亲情进万家"活动等。二是"县直党政机关+乡镇（街道）+社会组织"模式。如方城县采取此模式一方面要求与群众密切相关的民政、文化、科技、农办等单位推出切实的志愿项目，另一方面动员支持社会组织开展一批社会公益项目。三是"扶贫+志愿"服务模式。各地在定点扶贫单位中开展"贫困村文明共建，打赢脱贫攻坚战"行动，对贫困村开展产业发展帮扶、完善基础设施、美化生态环境、扶贫救困、关爱留守人群与残障人士、文化志愿、引导文明风尚等志愿服务，驻村帮扶干部和帮扶责任人成为农村志愿服务的新生中坚力量。南阳市通过"千企帮千村、万名干部助脱贫""结穷亲、进农户、话农事、解民困"等内容形式，开展"助力脱贫攻坚"党员学雷锋志愿服务活动等。四是"文明单位+志愿服务"模式。各地市、县积极统筹各级文明单位的志愿服务队力量参与农村志愿服务。如南阳市开展以关爱留守儿童、空巢老人、残障人士和保护生态环境等为内容的志愿服务，确立省级文明单位重点帮扶贫困村，市级、县级文明单位对其他行政村实施"一对一""多对一"帮扶。

（四）注重民生体系建设，农村志愿服务凸显惠民效应

调查发现，目前河南农村百姓对志愿者的了解，普遍印象就是帮助孤寡老人、残疾人、贫困家庭、困难儿童等特殊群体的服务。从调查数据看，54.6%的志愿者参与的是"弱势群体服务"，占选择比例最大。由于目前农村志愿服务内容仍不丰富，志愿服务创新项目稀缺，大多数志愿者选取孤老寡残作为服务对象。各地根据农村生产生活实际，基础性志愿服务活动开展得比较扎实，如清洁家园、邻里互助、关爱"三留守"、文体活动、民事调解、文明引导、移风易俗等志愿服务活动，已成为推动农村志愿服务常态化发展的基本内容。

志愿者对农村困难群体的服务，在改善农村民生工作方面发挥了特殊的作用。

一是通过物质资助和精神关怀，帮助农村困难群体解决问题，改善生活，稳定了他们的情绪，减少了他们的埋怨与抵触，增加困难群众对政府的好感。濮阳市通过"益点爱助学中心"打造了"益点爱之家""日行一善"等特色项目，已长期救助 237 户贫困家庭 398 名学生，累计捐赠物资 300 余万元；益客公益协会已帮扶 318 户贫困家庭、500 余名留守儿童，长期"一对一"帮扶贫困儿童 69 名。

二是通过培育一批"关爱三留守""扶危济困""邻里守望"等志愿服务项目，持续推进了扶贫、济困、助老、救孤、恤病、助残等民生重点领域志愿服务。各地根据不同需求推出个性化服务项目，针对老年人、未成年人开展送温暖、送文化、送书籍、送爱心的志愿服务活动，将志愿服务送进学校、敬老院；针对种养殖大户等不同群体，开展送技术、送科普的志愿服务活动，将志愿服务送进种养殖大户，增强了群众得到社会温暖的力度，提升了群众的获得感。

三是通过党员、干部、村医、教师、退伍军人等与留守人群、困难群众结成志愿服务对子的形式来解决实际问题。唐河县以党员志愿者为主体开展"党心连民心、亲情进万家""四个一"（每月做一件好事、参加一次公益活动、找社区居民聊一次天、帮助群众解决一个问题）活动，赢得群众的广泛好评。

（五）注重乡风文明建设，农村志愿服务培育时代新风尚

各地在推进农村志愿服务工作的过程中，把志愿服务作为精神文明创建的重要抓手，借助文明村镇、文明家庭、星级文明户等群众性精神文明创建活动，结合农村人居环境整治、文明引导、移风易俗、民事调解、社会治安等内容常态化开展志愿活动，以志愿服务的良好成效培育文明乡风、良好家风、淳朴民风，提升乡村社会文明程度，培育了时代的新风尚。

一是以文化引领营造乡风文明氛围。各地通过制作宣传栏、文化墙、新媒体等载体宣传乡风文明行为规范，让村民潜移默化地加以理解和应用；通过完善农村文化设施，充分发挥农家书屋作用，营造良好的文化氛围；发挥农村党组织、共青团、妇代会、老年协会的作用，让党员、团员、老干部、乡村教师等骨干力量带头营造良好的文明风尚；不断加强农村文化志愿服务

队伍培育，经常性地开展群众喜闻乐见的文化活动，让广大群众成为文化活动的参与者、创造者。

二是以制度建设促进乡风文明长效有序。各地充分发挥村党组织领导核心作用，结合各村发展实际，把乡风文明纳入村规民约重要内容，让乡风文明建设形成机制，让乡风文明建设成为常态。同时广泛开展"传家训、立家规、扬家风"行动，发挥党员干部、"五老"人员、新乡贤的带头作用。常态化开展"文明村镇""美好家庭""道德模范"等基层文明创建活动，以榜样力量引领道德风尚。

三是以榜样力量树立乡风文明典范。各地以美丽乡村建设为主题，以文明创建为抓手，突出抓好乡风民风、人居环境和文化生活建设，广泛开展文明村社创建、文明户创建，开展身边好人好事和道德模范评选活动，激发农村活力，深化创建内涵，提高文明素质。汤阴县以"五风"（严党风、抓政风、淳民风、正村风、美家风）建设为主线，广泛开展移风易俗、弘扬时代新风行动，建立县、乡、村三级"五风"评议会，树立了"农民夜校""岳乡榜样、汤阴模范"等精神文明建设特色品牌，受到中央和其他主流媒体的广泛关注。

四是以移风易俗去除生活陋习。全省各乡镇都成立了红白理事会，帮助群众操办红白事，既避免了民众不得已的"攀比"，平衡了公众心理，又减少了铺张浪费，使丧事简办的文明风尚逐步深入人心。节俭之风在乡村悄然兴起，铺张浪费、大操大办之风得到了有效的遏制。

三、河南省农村志愿服务面临的主要问题

虽然河南省农村志愿服务在近年的发展中取得了一些成绩，但同时也存在着一些困难与问题，主要表现为：

（一）认识不到位

一些基层干部认为志愿服务不是中心工作，其重要性远低于经济建设、扶贫、环保等工作，不属于硬性指标任务，将农村志愿服务作为应付性工作，导致"闲时不愿意抓、忙时没空抓"现象在基层较为普遍。调查中还发

现，在基层干部认识不到位的这些地区，农民群众对志愿服务认知度不高、参与不主动，志愿服务意识尚未融入农民生活。

（二）发展不平衡

大部分地方领导重视发展农村志愿服务，将农村志愿服务作为推动本地精神文明建设的重要载体，各项工作推进顺畅，各类活动有声有色，如濮阳、安阳、洛阳、南阳、新乡等地。也有些地方领导不重视或迫于扶贫、环保等硬性指标的压力，将农村志愿服务工作边缘化，不做统筹安排指导，无法形成规范化的志愿服务制度体系，使得这些地区的农村志愿服务水平仍然滞留于发展的初始阶段。这种状况在一些脱贫攻坚任务较重的地区尤为突出。

（三）制度不健全

一是注册机制不健全。1998 年，国务院发布的《社会团体登记管理条例》中规定，"在同一行政区域内已有业务范围相同或者相似的社会团体不予登记注册"。目前河南一些地区的民政部门仍然在沿用 20 年前的旧条文，用"一行一业"的规定限制民间志愿服务组织的发展。我们调查发现，一些地区的民间组织为志愿事业默默奉献多年至今仍被拒之门外，有的地区竟达四五例之多。由此可见，部分地方民政部门的封闭守旧与不作为已成为推进农村志愿服务发展的严重路障。

二是培训教育制度不健全。对志愿者的培训不足，培训师资力量薄弱，无法满足提高志愿者素质、改善志愿服务技能的需要，造成了农村志愿服务专业化程度普遍偏低。

三是资金保障与激励回馈制度不健全。调查发现，资金保障不足是目前农村志愿服务存在的一个普遍现象，也是各地反映较为突出和集中的问题。各县（区）虽已把志愿服务纳入财政预算，但实际支出占比很小，乡镇一级仍然没有专项经费，到村一级经费就更为紧张。目前开展农村志愿服务活动的经费多来源于社会捐赠，政府资金投入机制仍不健全。由此也在一定程度上造成一些农村志愿组织运转不灵、发展乏力甚至沦为空壳的客观现象。在激励回馈机制方面，总体上来看缺乏对志愿组织和志愿者的有效激励，且激励措施、方式较为单一、表面,激励效果难以持久。

(四)运行不规范

一是农村志愿服务队伍建设不到位。绝大多数农村志愿队伍均以党员、老年人、"五保"人员为主,力量薄弱,专业化程度较低,活动内容表面、单一,难以满足农民群众多元化需求。

二是农村志愿服务阵地建设不到位。随着志愿服务制度化的深入推进,各地固定化志愿服务阵地的数量正不断增加,但仍有相当数量行政村迄今还没有固定化的志愿服务站(点、广场)。

三是农村志愿服务品牌建设不到位。各地尤其是行政村一级,志愿服务活动内容单一,大多局限于环境卫生、慰问老人等一两项志愿服务活动,无法满足广大群众在生产生活中的所需所求,缺乏有规模、有影响的本土特色志愿服务品牌。

(五)信息不健全

志愿服务信息化是顺应大数据时代发展要求的基本趋势,也是提高管理质量、降低管理成本的重要手段。从总体上看,河南省在志愿服务信息化建设方面还比较滞后,在地市、县、乡村不同层级还没有建立起自己的志愿服务信息系统或网站,城乡志愿服务各种信息资源数据互不联通,资源不能共享,呈现明显的碎片化、零散化状态。

四、进一步扎实推进农村志愿服务的对策建议

(一)把志愿服务事业摆在更加突出的位置

一是把志愿服务纳入各地党委、政府的中心工作。认真贯彻落实国务院颁布的《志愿服务条例》等文件精神,将志愿服务事业发展纳入国民经济和社会发展规划,把志愿服务纳入各地党委、政府的中心工作,将志愿服务经费纳入财政预算,注重发挥政府主导地位。二是以文明城市、文明单位、文明村镇创建为抓手,深入推进农村志愿服务发展。三是将志愿服务工作纳入地方党委和政府绩效考核内容。进一步量化指标要求、加大考核

权重、强化绩效评估，使志愿服务成为衡量文明创建成果和干部绩效评估的"硬杠杆"。

（二）大力推进农村志愿服务制度化常态化建设

一是适当放宽农村志愿服务组织依法登记条件。针对目前河南省大部分农村志愿服务组织规模小、注册资金不足、缺乏相应专职人员和固定场所的实际，在不违背《志愿服务条例》基本精神的基础上，可以按照农村实际，适当放宽服务农村志愿组织所需条件。各地民政部门要在活动场地、活动资金、人才培养等方面提供优先支持，激发农村志愿服务组织依法登记的积极性与主动性。

二是进一步完善志愿服务组织网络，健全志愿服务制度体系。整合社会资源，丰富志愿服务项目内容，设计接地气的志愿服务项目，通过"你点我供"的精细化运作模式，不断完善项目对接机制、志愿者激励机制、测评考核机制等，形成管理有序的志愿服务体系，推进农村志愿服务"常态化"。

三是实现志愿服务阵地全覆盖。按照省文明办"六有一落实"标准，在显著位置设立全省统一的新标识，建立健全规章制度，配备办公设备和便民设施，农村以乡镇、村为重点，全面推进志愿服务阵地建设，力争两年内实现农村志愿服务站全覆盖。

（三）加大资金投入力度，提供公共财政支撑

一是将志愿服务经费纳入地方财政预算。建立政府资助志愿服务项目制度，通过项目化运作，加大政府购买志愿服务力度，加大财政资金对民间志愿服务组织运营管理的支持力度，加大对志愿队伍建设和志愿服务活动的财政支持，建立财政投入逐年增长机制。

二是鼓励引导社会资源对农村志愿服务的投入。在政府财力、物力有限的情况下，积极发掘政策潜力，加强宣传，倡导社会各方"有钱出钱、有力出力"，支持农村志愿服务事业。制定实施社会资金支持志愿服务的优惠政策，鼓励企事业单位、公益慈善组织和公民个人等对志愿服务活动进行资助，形成社会化、多渠道的筹资机制。加强和规范志愿服务资金管理，严格财务和审计制度，提高资金使用效益。

三是积极推广濮阳经验，通过建立志愿服务基金会的方式，为志愿服务提供有效的资金保障。

（四）树立志愿服务典型，打造志愿服务品牌

近年来，各地在推进农村志愿服务实践中涌现出大量典型和成功的经验，打造出一批有影响力的志愿服务品牌，需要有关部门组织力量去系统发掘和大力宣传，深入开展寻找最美乡村志愿者活动，大力宣传农村志愿服务的先进典型，让农民看到身边榜样的光辉，更容易达到"润物细无声"的效果。培育和树立先进典型，扩大品牌的影响，不仅弘扬了志愿服务精神，使志愿服务成为更多人的行动自觉，发挥了志愿服务的示范带动效应，而且也有助于探索、复制和推广各地创造的成功经验，进一步推动志愿服务事业在广大农村深入开展。

（五）加快推进志愿服务信息化建设，积极探索"互联网+志愿服务"模式

加快建立全省统一的志愿服务信息平台，实现全省各市县志愿服务供需信息能够互联互通，实现志愿服务信息的互联互通和数据的有效汇集。积极探索"互联网+志愿服务"模式。建立健全大数据辅助志愿服务科学决策机制，支持和建立志愿服务领域大数据技术服务机构，运用大数据开展志愿服务统计、分析和研判工作，促进科学决策，实现精准服务。

参考文献

［1］谭建光.中国农村志愿服务调查报告［J］.中国青年研究，2010（3）.

［2］刘秋丽.加强农村志愿服务的几点思考［J］.世纪桥，2014（3）.

［3］王康.大学生参与农村志愿服务意愿及其影响因素分析［J］.青少年研究与实践，2015，30（1）.

［4］李杰.推进农村志愿服务组织建设的实践与思考［J］.智富时代，2016（12）.

（作者均系河南省社会科学院社会发展研究所科研人员）

新时期促进河南省城乡融合发展的对策研究

秦小玲

摘　要：新时期城乡关系发生重大变化，城乡要素的流动由向城镇集聚为主转化为城乡之间双向交互流动，当前和今后一个时期，要按照实施乡村振兴战略的要求，立足于新时期乡村发展，根据河南省发展实际，紧紧围绕高起点发展农村新产业、新业态，着力培育农村产权市场，着力优化农村承接环境，着力构建城乡融合发展政策体系，促进城乡资源更加有效配置和融合发展。

关键词：城乡融合发展；新时期；河南

一、新时期城乡关系呈现出新特点

中共十九大提出实施乡村振兴战略，指出要建立健全城乡融合发展体制机制和政策体系，加快推进农业农村现代化。当前，我国经济发展到了新阶段，城镇化率过半，全社会进入以城为主的结构，城镇化亦在这个过程中由对周边地区的集聚转为集聚与扩散并重；工业化进入中后期发展阶段，传统行业大面积产能过剩，转型升级任务迫切；农业也进入了质量效益竞争力为导向的新时期，在消费结构升级背景下，农业农村的文化、休闲、生态等功能价值显现。在此背景下，城乡关系呈现出新特点。

（一）城镇化率过半由集聚向扩散阶段过渡

一是城镇化率过半，进入快速推进的减速阶段。按照城镇化发展的一般规律，在城镇化率越过 50% 后，将进入城镇化快速推进的减速阶段。从全国来看，2011 年城镇化率过半达到 51.27%，2011~2016 年全国城镇化率年均提高 1.21 个百分点，比 2006~2010 年的年均 1.39 个百分点低 0.18 个百分点。河南省城镇化率低于全国平均水平，2016 年为 48.5%，预计 2017 年河南省城镇化率即将过半，未来城镇化速度将逐步放慢，由加速推进向减速推进转变。此外，由于上一时期我们的城镇化呈现出高消耗、高排放、高扩张的粗放型特征，这种粗放型城镇化的加速推进主要依靠低要素成本和资源环境成本的转移来支撑，半城镇化及资源环境问题突出。新发展理念下，未来城镇化的推进也更加注重质量的提升，以弥补前一时期快速城镇化的成本。二是县域经济与市域经济的关系发生变化。区域经济发展分为极化发展和扩散发展两个阶段。河南省中心城市郑州自 2011 年人口首位度二城市指数（首位城市与第二位城市的人口规模之比）由 2006 年的 1.69 快速提高到 3.15，四城市指数（首位城市与前四位城市的人口规模之比）由 0.68 提高到 1.2，河南省区域经济发展在整体上由极化发展阶段，进入扩散发展阶段。在此背景下，市域经济之于县域经济，由极化效应转化为扩散效应，由对周边外围地区要素吸附转为能量输送。以往以中心城市极化效应为唯一增长极的城镇体系，将沿着点—轴—网的路径下沉，中心城市周边，尤其是县域经济发展进入快车道。

（二）工业化后期背景下要素流向发生变化

随着工业化步入后期，工业领域面临着转型升级的任务，传统行业产能过剩，房地产行业进入后地产时代，金融领域泡沫凸显，经济处于新旧动能的转换阶段。在此背景下，以城市为导向的传统工业、房地产及金融等主要产业对经济增长的驱动力下降，资金、人才等原来积聚于城市和传统工业领域的投资空间缩小，受市场驱动影响，要素向外扩散的冲动明显，要素流向发生变化。一是农村人口流向发生变化。新时期，随着经济增速的放慢，加上工资快速上涨引致的资本对劳动力的替代，城市就业岗位增加乏力，城乡人口迁移出现了减缓的趋势。以河南省为例，近年来，新增外出农民工数量不断减少，2014~2016 年，新增农村劳动力转移以每年 10 万人的数量递减。在此背景下，农民工返乡创业热潮兴起，2017 年上半年，全省新增农民工返乡创业 13.72 万人，创办企业 7.67 万个，农民工返乡创业人数累计达 89.93 万人，创办企业 45.83 万家，且中青年成为农民工返乡创业的中坚力量。二是部分城市先进生产要素向农村溢出。在城镇化由集聚到扩散，及新旧动能的转换阶段和消费结构升级的背景下，城市原有投资空间缩小，空间潜力巨大的绿色、传统文化、休闲等农业农村的多维功能越来越受到资本的青睐，城市的资本、技术、人才下乡速度加快，农村农业及相关产业成为资本投资的热门领域，并出现了中高等院校毕业生、退役士兵以及科技人员等下乡创业和就业的热潮。

（三）发挥乡村动力机制的政策导向更加明朗

基于经济发展的基本规律，随着城镇化、工业化水平的提高，各国政策大都经历了从"农业支持工业、农村服务城市"的城市偏向到"工业反哺农业、城市支持农村"的农村偏向的转变。长期以来，我们实行的一直是一种城市偏向的政策导向，公共资源布局向城市倾斜。由于 21 世纪初严重的"三农"问题，中共十六大提出了"以工补农、以城带乡"的城乡统筹和城乡一体化发展，大量的公共资源开始向农村布局，以及 2004 年以来每年的中央一号文件逐渐构建起了目前的农业、农村政策支撑体系，农业农村取得了较大发展。但由于 21 世纪初我国整体上仍处于城镇化、工业化快速发展的阶段，强大的市场动力和发展冲动下，公共政策对农村的一定程度倾斜并没有整体改变城市偏向的导向，城乡二元体制在这个时期也并没有完全解构。新时期，城镇化、工业化和农业农村都步入全面转型的新阶段，农业农村迎来了前所未有的发展机遇，成为新时期破解经济发展主要难题的重要途径之一。在此背景下，尤其是中共十八大以来，中央出台了大量政策文件，引导要素下乡，开辟发展新空间。例如，在土地确权颁证基础上，农村承包耕地的"三权分置"、农村建设用地入市、集体经济的发展等农村产权制度改革进一步深入；美丽乡村建设、百城提质工程等完善县域及广大农村地区的基础设施建设深入推进；支持返乡下乡人员创业创新，促进农村第一、第

二、第三产业融合的系列文件大量出台，以及中共十九大明确提出实施乡村振兴战略。

（四）农村资源调动的程度更加广泛

新时期，一方面，城乡市场之间的隐性壁垒开始打破，城乡两个市场的依赖性、渗透性加深；另一方面，在城镇化率过半和工业化即将进入后期阶段，农村作为区域发展的一部分，其腹地作用开始凸显。在此背景下，农村将迎来前所未有的发展机遇，资源开发调动的范围亦将在原有农业的基础上大大拓宽。尤其是城市居民消费结构对农业农村的生态、文化、休闲等的需求增长，以及以互联网为代表的信息技术对农村资源的进一步挖潜带动，农业农村的生态、文化、休闲等价值开始凸显，原来一些破旧、废弃的房屋开始成为乡愁的一种体现；丘陵、山区等地具备较好自然风光条件的地区也迎来了发展机遇；互联网背景下一些特色农产品敞开销路，沉睡的资源和资产开始在市场需求及利益的驱动下越来越广泛地被调动起来。近年来，农村电商、乡村旅游、休闲农业等呈"井喷式"发展势头，据统计，近年来，河南省每年休闲农业和乡村旅游人数达到 4500 万人次，从业人数达 200 多万人；2016 年全省农村电商交易额突破 300 亿元。

二、新时期河南省促进城乡融合发展面临的主要障碍

（一）农村产权制度改革滞后削弱要素流入的内生机制

农村的各种资源资产长期以来存在归属不清、权责不明、保护不严、流转不畅的问题，农村各类要素潜能无法被激活。目前，河南省农村承包地的确权颁证已基本完成，但对于全面盘活农村各种资源，完善农村市场体制来说，还仅仅只是开始。确权颁证的范围还比较窄，宅基地、民房及集体资源型资产和经营性资产等的确权颁证需要积极推进；确权后的流转交易赋能等农村产权市场的培育还任重道远，尤其是宅基地和民房的流转、集体产权制度改革及集体建设用地的入市进展较慢。调研中，村庄普遍存在闲散宅基地问题，很多村庄没有完成集体资产的清产核资，集体经济缺乏发展的制度基

础，市场有需求的农村绿色生态资源、传统文化和典型农业景观及其田园化农业生产生活方式等资源，还处于低层次开发或沉睡状态。

（二）农村基础设施和公共服务落后削弱了农村吸引要素的综合能力

长期以来，公共资源分配中的城市倾向使农村各种基础设施和公共服务都落后于城市，以全国为例，人均市政公用设施建设投资如果以村庄为1，那么，乡为村庄的2.0倍，建制镇为3.8倍，县城为10.7倍，城市则为16.1倍。尤其是河南省作为农业大省，城镇化率较低，财力薄弱，情况更加突出。新时期，农村基础设施和公共服务关乎的不仅是民生和农业生产条件改善问题，也是城乡融合发展的基础要素支撑。虽然，近年来，随着公共资源向农村投入的不断增加，村村通、高标准良田建设、医疗卫生条件的改善等，支撑了农业生产，改善了农民生活。但其作为支撑先进生产要素流入农村，孕育、发展新产业、新业态还远远不够，尤其是休闲农业、乡村旅游、异地养老、生态观光等产生于消费结构升级下的消费需求，相对于单纯的农业生产，对基础设施和公共服务的要求较高，如燃气普及、污水处理、生活垃圾分类处理、光纤到村到户等，有些产业的发展需要基础设施和公共服务达到和城市相当的水平，如异地养老以及各种城市下乡创业者对医疗、教育的内在需求。

（三）产业发展层次较低削弱了城乡融合的动力机制

城乡之间要素的流动最主要体现在产业的发展和互动上，产业互动深入、发展较好，则要素流动就更加剧，城乡互动也就愈加深入。当前，经济形势发生变化，在市场驱动下，城市各种生产要素向农村流动，农村电商、乡村旅游、休闲农业等新产业、新业态蓬勃发展，呈现出较好的发展势头。但同时，由于农村基础设施和公共服务落后，以及先进要素与农村生产要素的合作方式等原因，产业发展较为粗放，如乡村旅游和休闲农业，要么是有形无神，高品质产业缺乏高品质的服务和设施，满足不了城市消费人群的高需求，留不住人；要么脱离乡村的实际，没有乡村特色、千篇一律，没有与城市形成差异，对城市的消费人群没有吸引力。尤其是随着消费结构的进一步升级，从最初的吃土菜、买土产，到采摘、休闲，再到寻找乡愁，对乡村旅游等产业的转型升级提出了新要求。

（四）农民主体地位的缺失削弱了融合发展的实际效果

城乡融合发展的效果和成果最终要体现在人，农民是其中的重要主体。过去来看，在城乡要素不断流动、交换的过程中，由于种种原因，往往存在重业不重人的情况，农民处于被动弱势的地位。从城镇化来看，城镇化的本质是人的城镇化，是农业转移人口市民化的过程。但目前河南省乃至全国，普遍存在着大征地、大拆迁的现象，不少地方都把推进城乡土地统筹作为突破口，通过大规模开展土地整理和城乡建设用地增减挂钩，以解决小城镇建设"缺钱"、城市发展"缺地"的矛盾，城镇化演变为大拆大建和圈占土地运动。从前一时期的土地流转推进农业适度规模来看，资本在下乡过程中往往采取"买断"或长期租赁的方式流转经营农民、农村的资产和资源，一部分被"买断""被流转"的农民转移到城市自谋生路，另一部分农民成为农业产业工人，虽然收入有所改善，但作为原始资产的所有者，难以随资产的增值和产业的发展同步改善生活。新时期，随着城乡互动发展进入新阶段，资本下乡、人才下乡、技术下乡等将更加普遍和深入，如农民的利益不能在生产要素下乡过程中得到保障或同步提高，这种城乡互动实质是对农民利益的侵占和挤压，有名无实。

三、新时期促进河南省城乡融合发展的思路与建议

新时期，随着经济形势的发展变化，在市场机制的作用下，城乡融合发展已经成为大势所趋。在推进城镇化的同时，要顺应城乡关系发展的规律，把握先进要素不断流向农村的新趋势，立足乡村开辟新增长空间，既是农业增效、农民增收、农村繁荣的需要，也是新时期稳增长、调结构、转方式的必然选择，是破解当前城市与农村双重难题、打开统筹城乡发展新局面的重要途径。

（一）加快推进农村产权制度改革

农村产权制度改革是这一轮深化农村体制改革的核心，明晰、健康、有序的农村产权体系能否有效构建起来，将对农村、农业以及新时期城乡互动

发展产生重要作用。对河南省而言，当前在尽快完成承包经营权确权扫尾工作的同时，需着力解决农村集体建设用地和宅基地确权工作滞后的问题。另外，应当认识到明晰农村产权只是产权制度改革的第一步，如何在清晰产权保护下盘活农村资产资源，促进城乡要素交流互换，才是核心要义。一是要充实和保障集体产权的市场属性，加快落实承包经营权的抵押、担保功能，解决当前普遍存在的抵押难、担保难问题。二是要加快构建城乡统一的建设用地交易市场，赋予农村集体经营性建设用地合理的市场价格，给予集体建设用地平等的市场要素地位。三是要加快构建农村产权交易平台，重点解决功能不完善、交易品种单一、交易形式冗杂等突出问题。四是要加快建立农村产权退出机制，引导撂荒耕地、空置宅基地等"沉睡"的资产资源重新复苏。

（二）高起点发展农村新产业、新业态

农村生产要素不断流失，农村不断空心化，最根本的原因在于农村缺乏相关产业的支撑，单纯靠传统农业支撑农村的繁荣几乎是不可能的，以乡为主开辟新增长空间的互动机制也会落空。因此，必须在农村培育、发展出一些新产业和新业态，不仅符合时代要求有发展前景，又能提供相对不错的平均收益，吸引更多的生产要素流向农村，这既是新时期城乡互动发展的体现，也是城乡之间能进一步深入互动发展的前提。目前，乡村旅游、休闲农业、农村电商等新产业、新业态正以强劲的生命力呈现"井喷式"的发展势头，但同时也存在着低水平、同质化等问题。针对上述问题，要主动适应需求，调整供给，满足新时期人们消费结构不断升级的需求。一是提升产品内涵，打造特色品牌。切实以城市消费需求为导向，及时捕捉城市居民消费升级带来的发展机遇，利用资源优势、乡土特色，打造差异化、特色化、乡土化的产品特色。二是改善基础设施，增强服务理念，实行标准限制，提升服务水平。三是重视返乡、下乡创业者等新型经营主体的引领作用。返乡、下乡创业者不但带回了资金、技术、现金的理念等生产要素，而且善于捕捉各类信息，深挖信息价值，不断实现产业转型升级。

（三）创新发展模式

立足乡村开辟增长新空间是大势所趋，成为新时期城乡互动的重要引擎

之一，这个过程中，一方面由于农民思想认识、文化素质等方面的局限性，仅靠农民自身很容易陷入低水平、无序开发，满足不了城市消费者的需求，需要社会资本进入；另一方面社会资本参与，容易在开发的同时侵占、剥夺、挤压农民的利益，这就需要创新城乡互动发展模式，让农民与市民共同开发、合作开发。2018 年中央一号文件也提出允许通过村庄整治、宅基地整理等节约的建设用地，通过入股、联营等方式，重点支持乡村休闲、旅游、养老等产业，和农村第三产业融合发展。各地也都涌现出了一些较好的探索，要及时总结以便参考推广。例如，浙江很多村庄开始成立旅游公司，跟社会资本合作，农民可以以土地入股，或者资金入股，采取联营的方式，招商引资，发展产业的同时也保障农民的利益，避免了对农村资源资产的剥夺。位于河南省洛阳新安县五头镇的胡沟、亮坪、寺上、包沟四个村庄，成立了集体性质的舜王农业公司，通过流转土地并平整后，引入新的经营模式，即以 50 亩为一个单位面向以城市退休老人、白领等为代表的较小规模的社会资本招商引资，打造万亩油用牡丹生产基地，发展旅游休闲农业，带动当地农民增收，已经呈现出了良好的发展态势。

（四）构建以返乡、下乡创业为重点的政策体系

当前，以乡为主立足乡村开辟新增长空间的动力机制重点就体现在返乡、下乡创业上。返乡下乡创业实质上是资金、技术、人才等先进生产要素从城市向农村的回流，创业者带回了现代化的眼界、先进的管理经验和市场等，更注重品质、品位、品牌管理，注重新技术的应用，注重挖掘农业的多种功能，创业者是城市先进生产要素流入农村以及打通城乡两个市场的一个重要通道，有利于农民深度参与社会分工分业，促进城乡互动发展。因此，在不断完善农村转移人口市民化政策的基础上，要逐步构建并完善以返乡、下乡创业为重点的互动政策体系。河南省前不久出台了《关于支持返乡下乡人员创业创新促进农村一二三产业融合发展的实施意见》，在进一步强化落实的基础上，需针对发展过程中的问题进一步完善：一是完善基础统计工作，除了近两年人社部门开始对农民工返乡创业培训有粗略的统计外，对于下乡创业者缺乏相关统计，返乡、下乡创业的总体主体数量几何，主要从事哪些行业，经营状况和带动作用如何不清晰。二是政策碎片化较为突出。返

乡创业政策基本按创业群体归口不同的职能部门进行管理，农民工、大中专毕业生、女性创业、电子商务分属不同管理部门，不同部门的创业支持政策条件不一，缺乏统筹。另外，由于下乡创业者类别众多，有些创业群体存在覆盖不到的情况。

（五）以打造载体入手优化农村承接环境

从全国来看，东部等沿海发达地区已经形成了较为成熟的城乡融合发展机制，以浙江省为例，从 20 世纪 90 年代大力推进城镇化到 21 世纪初的"千村示范、万村整治"，再到美丽乡村和特色小镇的建设，大力推动城乡基本公共服务均等化，使农村面貌发生实质性的变化。这个过程中，正是因乡村基础设施完善、居住环境优化，随着城市消费结构的不断升级，乡村休闲旅游业、民宿经济火热迸发，返乡青年和乡村创客等投资农业活跃，并最终形成了较为成熟的城乡互动发展机制。从浙江等地的发展过程看，大多在城市化发展较为充分的条件下，开始把公共资源投入向农村倾斜，改善农民生活条件的同时，迎合了城市消费结构的升级，共同催生了生产要素下乡的热潮。新时期，也应重新定位农村基础设施和公共服务的作用，不仅是民生和农业生产所需，更是城乡融合发展的基础支撑。尤其是面对当前的返乡、下乡热潮，要让他们可以长期在农村生产生活，不仅基本的水、电、通信等基础设施要健全，教育、医疗等基本公共服务也不能比城市差多少。诚然，作为中西部落后省份，发展水平较低，财力有限，在全面改善农村面貌较为困难的情况下，可以从打造载体入手，如"三区、三园、一体"，优化局部环境，为生产要素下乡创造条件。

参考文献

［1］范恒山.促进城乡融合发展［J］.党的文献，2018（1）.

［2］何红.城乡融合发展的核心内容与路径分析［J］.农业经济，2018（2）.

［3］李红玉，梁尚鹏.马克思主义城乡融合发展理论探析［J］.城市与环境研究，2016（2）.

（作者系河南省人民政府发展研究中心助理研究员）

加快实施河南省乡村振兴战略
创新"三农"工作思路

汪煜丽

摘　要： 本文简要分析了乡村振兴的重要意义与科学内涵，乡村振兴战略是我们党对"三农"工作方略的重大创新，与先进省份相比，河南省乡村建设整体依然落后，农业发展不平衡、不充分问题依然突出。在调研中发现，当前河南省实施乡村振兴战略面临不少现实瓶颈，存在的主要问题有：乡村振兴战略面临人才瓶颈，缺乏多层次、多方面的人才队伍，集体经济薄弱，农村改革亟待进一步深化等。最后提出了河南省实施乡村振兴战略，创新"三农"工作的思路与对策建议：加快制定出台河南省乡村振兴战略规划、积极开拓农业新功能与新业态、加快乡村全面振兴、加快推动城乡融合发展、鼓励和引导城市部分资源下乡等。

关键词： 乡村振兴战略；城乡融合发展；人才；建议

乡村振兴战略是以习近平同志为核心的党中央对"三农"工作做出的新战略部署和新要求，是解决人民群众日益增长的美好生活需要和不平衡不充分的发展之间的矛盾、实现"两个一百年"奋斗目标的必然要求，是新时代"三农"工作的总抓手。省第十次党代会报告中提出要建设现代农业强省，乡村振兴是一个重大机遇，我们要深刻认识实施乡村振兴战略的深刻内涵，扎扎实实推进乡村振兴战略，推动河南省开创农业农村工作新局面。

一、深刻理解当前乡村振兴的重要意义与科学内涵

习近平总书记指出：城市的现代化不能以农村的萧条为代价，社会的繁荣离不开农村的繁荣，使农业全面升级、农村全面进步、农民全面发展，让农业成为有奔头的产业，让农民成为有吸引力的职业，让农村成为美丽宜居的新家园。在城镇化快速推进的同时，必须重视乡村建设，重视对农业、农村、农民的政策资金支持和人才的帮扶，才能避免农村萧条的情况出现。乡村振兴战略核心是推动农村农业实现现代化，实现产业兴旺、生态宜居、乡风文明、治理有效、生活富裕的总要求。作为农业大省，乡村振兴是实现农业稳定、农村繁荣和农民对美好生活向往的保证。中央一号文件提出了乡村振兴战略的目标任务、时间表和路线图，即到 2020 年，乡村振兴取得重要进展，制度框架和政策体系基本形成；到 2035 年，乡村振兴取得决定性进展，农业农村现代化基本实现；到 2050 年，乡村全面振兴，农业强、农村美、农民富全面实现。乡村振兴战略是我们党对"三农"工作方略的重大创新，一是创新性地提出建立健全城乡融合发展体制机制和政策体系。二是促进农村第一、第二、第三产业融合发展，支持和鼓励农民就业创业，拓宽农民增收渠道。三是培养造就一支懂农业、爱农村、爱农民的"三农"工作队伍。四是创新性提出完善承包地"三权分置"制度、深化农村集体产权制度改革、保障农民财产权益和壮大集体经济等新思维。习近平总书记在"两会"期间参加山东代表团审议时，又提出推动乡村产业、人才、文化、生态、组织"五个振兴"，使乡村振兴内涵更加具体和丰富。

二、当前河南省实施乡村振兴战略面临的主要瓶颈

中共十八大以来，河南省持续加大"三农"投入，着力加快发展现代农业，粮食产量已实现十二连增，全省农林牧渔业总产值稳定增长。"十二五"期间，河南省农村居民人均纯收入年均增速达 13.2%，增长快于同期城镇居民，城乡居民收入差距呈稳定缩小态势。2016 年，农村居民人均可支配收

入 11697 元，增长 7.8%，高于城镇居民 6.5% 的增幅。2017 年，农村居民人均可支配收入 12719 元，增长 8.7%，高于城镇居民 8.5% 的增幅。农村水电路等基础设施显著改善，社会保障体系不断完善，脱贫攻坚力度不断加大，农村改革全面深化，农村面貌发生显著改观，为全省经济社会的持续健康发展奠定了坚实基础，提供了有力支撑。但也要看到，与先进省份相比，当前河南省乡村建设整体依然落后，农业发展不平衡、不充分的问题依然突出。在调研中发现，当前河南省实施乡村振兴战略面临不少现实瓶颈，存在的主要问题有：

一是农村集体经济薄弱。乡村振兴缺乏政治素质高、工作能力强、有强烈事业心和责任心的带头人，基层党组织老化，干部老龄化，村干部工作条件差、工资待遇低的问题比较突出。二是农村改革亟待进一步深化。由于政策和经营等方面的制约，大部分耕地、山林等农村资产资源处于"沉睡闲置"状态，未能得到充分发掘和利用。三是脱贫长效机制难以形成。扶贫工作重"输血"轻"造血"，单纯的资金"帮扶"多，而对产业的引入不够注重，产业结构层次较低。四是农村基础设施和公共服务相对滞后，农业农村投入欠账较多。长期以来我国农村教育、科技、卫生、文化等公共资源投入少。近年来，农村基础设施有了一定改善，但教育、医疗和文化设施等水平与城市相比仍有很大的差距，城乡要素市场分割，两个市场未实现互动融合，农村金融供给不足。五是乡村振兴战略面临人才瓶颈。缺乏多层次、多方面的人才队伍，人才留不住、引不进。快速推进的城镇化使大批年轻人涌向城市，农村人力资源向城市过量流失，城乡人才不能形成良性互动，农村人口老龄化，农村"空心化"趋势日益严重，一些农村地区甚至陷入日渐凋敝的发展状态。新型职业农民队伍基础不牢、人员不稳。掌握现代农业技术的职业农民严重短缺，新生代农民工大部分对务农积极性不高，对现代农业发展缺乏责任感和使命感。造成农村难以留住年轻人的主要原因有：职业农民收入水平有待提升，农业增产、农民增收难度加大。涉农方面的制度建设滞后，河南省农村合作经济组织力量薄弱，难以承担起帮助职业农民抵御市场风险的能力。城乡发展差距仍然较大，农村基础设施公共服务落后，生产生活条件差。城市里有丰富的文化生活，且外出打工比在家务农赚钱多，农村青年人更愿意到城市打工，让子女在城市接受更好的教育。农民社会地位低，要让农民成为体面的职业任重道远，需要顶层设计和多部门的通力合作。此外，乡村村庄不同程度存在垃圾处理和污水处理问题，生活垃圾随处乱扔、农业点源面源污染等现象严重，农村环境整治和生态环境保护任务还十分艰巨。乡村治理体系和治理能力亟待强化。

三、河南省实施乡村振兴战略，创新"三农"工作的思路与对策建议

河南是农业大省，乡村振兴战略的提出与实施给河南省带来了新的机遇和希望。当前我们要采取有效措施，激发乡村发展活力，推动乡村走出发展的困境，加快推进农业农村现代化。

（一）加快制定出台河南省乡村振兴战略规划

要强化乡村振兴规划引领，加快出台全省乡村振兴战略规划，部署若干重大工程、重大计划、重大行动。乡村振兴需要新思路与新方法，规划应多注意考虑农民的实际需求，既要注重硬件建设，又要重视乡村文化凝聚力和职业教育等多方面的提升。

（二）积极开拓农业新功能与新业态

一要尽快出台河南省乡村振兴产业培育与发展专项规划，制定相应的推进措施和税收信贷政策，成立乡村产业培育专项基金等。要把乡村旅游、"互联网+农业"、休闲产业等新产业、新业态融合到农村的发展中。二要充分认识和发挥乡村的多功能性，乡村不单单是农产品生产的地方、农民居住的地方，它还应该成为城市的后花园，让市民享受青山绿水，农耕体验、乡村地貌景观和丰富多样的乡土文化。发展乡村旅游是乡村振兴战略中的重要手段和途径，要开发更多集种植、采摘、民宿、农家乐等为一体的乡村旅游产品，带动更多群众就业。应坚持因地制宜、柔性建设的发展方式，推进农业、林业与旅游、教育、文化、健康养老等产业深度融合，保护好古村落、历史遗迹和文化遗迹等。鼓励和支持村民以股份制形式组成专业旅游公司，鼓励农村集体经济组织创办乡村旅游合作社，积极引导大集团、大公司等工

商资本投资开发乡村旅游，推动乡村旅游向集约化、规模化方向发展。鼓励农村地区采取土地流转、房屋资产入股分红和门票分红等方式参与乡村旅游开发。三要吸引外出务工经商人员回乡投资或带头创业。2017 年，河南新增农民工返乡创业 24.74 万人，累计返乡创业 100.95 万人，累计带动就业近600 万人。要以乡村为单元，成立返乡创业服务中心，省级每年安置一定数量的优秀大学生到乡村就业创业服务平台。建立返乡创业专项资金定向扶持，建立返乡创业特色产业，大力发展立足乡村的创业项目。此外，以扶贫车间发展助力产业扶贫。近年来，政府资金和社会资本下乡建成的扶贫车间使农村土地得以盘活，成为乡村振兴和脱贫攻坚的重要载体。

（三）加快乡村全面振兴

一要加快进行村庄规划，建设富有乡村特色的现代民居。积极推广安全卫生、经济适用的内部设施如上下水系统和能源取暖系统，推进农村"厕所革命"等。二要从村容村貌入手，为乡村居民生产生活创造良好的环境。农村垃圾、污水治理和村容村貌提升见效快，应作为当前的主攻方向之一，如河南省原阳县和南乐县，三年投入 2 亿元清理垃圾，成效显著。三要以深化改革增添乡村发展新动能。完善农民闲置宅基地和闲置农房政策，允许农村承包土地的经营权依法向金融机构融资担保、入股从事农业产业化经营。四要做实做强村集体经济。推动资源变资产、资金变股金、农民变股东，探索农村集体经济新的实现形式和运行机制，增加乡村经济收入。五要打造坚强的基层党组织。加强农村基层党组织建设，建立有力的党委班子，发挥好村党支部书记的带头作用，更好地带领乡亲们干事创业，注重吸引高校毕业生和机关企事业单位优秀党员干部到村任职，注重从优秀村党组织书记中选拔乡镇领导干部。六要注重生态建设。良好的生态环境是农村最大优势和宝贵财富，要推动乡村自然资本加快增值，增加农业生态产品和服务供给。七要增强乡村的文化吸引力和内在凝聚力。相关部门要积极组织农业技术交流和农业技术竞赛与各种乡村集体文化娱乐活动等，提高青年人学习农业技术和建设乡村的热情。要加强农村思想文化阵地建设，促进农村移风易俗。培育文明乡风、良好家风、淳朴民风，提升农民精神风貌，加大农村优秀传统文化、非物质文化遗产的挖掘、保护和弘扬力度。八要引导金融更多地投向乡村振兴。金融机构应优先安排乡村振兴信贷资源、优先发放支持乡村振兴贷款、优先满足乡村振兴相关金融服务。加快"三农"信贷产品创新，加强与保险、农业信贷担保公司等同业机构的合作，积极推动土地经营权抵押贷款试点，开发土地经营权抵质押担保贷款产品和服务，解决农民的贷款难问题，向农民工返乡创业项目提供创业担保贷款，建立返乡创业现代农业示范园和扶贫车间等。

（四）加快推动城乡融合发展

制定省级层面城乡融合发展政策体系，鼓励和引导城市部分资源下乡。一要鼓励大中城市商业服务和文化娱乐项目等向乡村布局，积极推动城市文化、医卫等部门和企事业单位，把自身的优质资源向乡村延伸扩展，引导大城市优质高等教育、中小学教育资源向农村区域布局，结合分级诊疗、医养结合，推动优质医疗机构在乡村设立分支机构，推动医疗资源下沉。二要大力振兴农村教育。应当把教育资源送到农民中去，而不是让农民子女集中到城镇。现阶段，我国优质教育资源主要集中在大中城市，而在农村优质中小学教育资源稀缺。应尽快制定实施推动优质教育资源均衡布局的规划，让优质教育资源直接进乡村，当前可学习借鉴浙江的经验，将一些城市名牌中学的分校区直接安排到乡镇，将一些城市重点小学的分校区直接安排到中心村和一部分行政村。教育部门应制定实施为农村中小学引进优质师资专项计划。在发达国家和地区，很多名牌大学都建在小城镇和乡村，如英国的剑桥大学和牛津大学等都设在乡村小镇，有助于提高附近农村居民的文化素养和促进乡村的发展。我们也应探索将一些高等院校，特别是涉农的院校搬迁到县级城市和乡镇，提升对农村农业的带动作用。三要鼓励引导工商资本下乡。鼓励城市工商资本和民间资本进入农村和农业，重点从事如种养业、产前产后服务、设施农业、规模化养殖和资源开发等领域和产业，进行农业产业化经营。鼓励农业龙头企业参与乡村振兴战略，发展田园综合体等模式。鼓励国有企业与贫困乡村建立帮扶关系，建立有效激励机制，吸引支持企业家、专家学者、技能人才等，积极参与农村学校建设、农业科技研发、成果转化和农村各类人才培养。四要建立省级联席会议制度，及时帮助协调解决乡村振兴建设中存在的突出问题。同时，引导乡村借力城市新技术、新商业模式及巨大的消费需求实现发展振兴。加快特色小镇建设，河南省一些农村地区拥有丰富的旅游资源和独特的自然景观，小城镇融入自然、看得到山水，是提供休闲、旅游和养生服务的最佳选择，要积极建设一批集休闲、医疗保健等功能为一体的特色小镇。积极实施"千企千镇工程"，引导有实力的企业进入小城镇进行开发建设，使小城镇成为具有辐射和带动能力的农村区域经济文化中心，实现农民工就地就近就业创业，并带动农村经济社会发展。

（五）吸引多方人才参与乡村振兴

一是要加快培育新型职业农民，政府要营造尊重农业劳动的氛围，提高新型职业农民的社会地位，改善农业生产经营条件，大力实施新型职业农民培育工程。按照河南省"十三五"现代农业发展规划，到2020年河南省现代职业农民人数要达到100万人，当前要组织实施高校毕业生基层成长计划。支持地方高等学校、职业院校综合利用教育培训资源，灵活设置专业（方向），创新人才培养模式，为乡村振兴培养专业化人才。扶持培养一批农业职业经理人、经纪人、乡村工匠、文化能人和非遗传承人等。要建立完善城乡一体的养老保障体系，探索农民退休制度，让农民无后顾之忧。二是要留住农村青年人才。乡村振兴亟须观念新、有活力、文化程度高的年轻人，他们是学习新技术、发展新产业和建设新农村的生力军。要发展一些年轻人喜欢从事的产业，如电商等，通过产业留人，吸引青年创业者创业，建设美丽农村。要通过支农惠农政策吸引年轻人返乡创业，让他们看到希望，要大力丰富乡村文化生活，与城市积极对接，融合现代文明与文化，用好的环境和文化留人。三是要提升青年投身乡村振兴的积极性。组织扎根农村一线、做出成绩的模范，组成宣讲团，到大学、机关和农村等，宣讲他们改变乡村落后面貌、实现人生理想的事迹，激励更多有理想、有信念、有担当的青年大学生参与到乡村振兴中去。四是要通过有效的激励机制和政策倾斜，培养和造就一批热爱乡村的"三农"工作队伍。出台更多激励办法，把培养大学生村官作为乡村振兴的一项重大人才战略，把到农村一线锻炼作为培养干部的重要途径。五是要吸引更多的农民工返乡创业，为乡村振兴培育和补充新动能。近年来，农民工返乡创业热情高涨，河南省已有数百万农民工选择返乡创业，并且涌现出一批成功者。2017 年出台的《河南省人民政府办公厅关于支持返乡下乡人员创业创新促进农村一二三产业融合发展的实施意见》，针对农民工返乡创业过程中面临的融资、用地、服务、人才、风险应对等问题，明确了支持政策和措施。六是要制定实施引导城市人才回流农村计划。创新人才引进、编制和待遇等方面的政策措施，鼓励科研人员、大中专毕业生和鼓励退伍军人领办新型农业经营主体或到农民合作社、龙头企业任职兼职。通过设立专项基金、给予鼓励和优惠政策等，引导城区优秀专业技术人员到基层任职，重点服务于基层紧缺的专业领域，鼓励和农业相关的专业人才在农村发挥自己的优势，可探索首先引导城市农业科技人员、中小学校教师和医护人员等到农村去，并将农村基层工作经历作为专业技术人员职务聘任的基本要求。积极引导市民下乡，鼓励城市退休职工返乡居住，为家乡发展积极做出贡献。

参考文献

［1］陶怀颖.创新实施乡村振兴战略的几点思考［J].吉林农业，2018（3）.

［2］陈明星.乡村振兴战略的价值意蕴与政策取向［J].城乡建设，2017（23）.

［3］郭晓鸣，张克俊，虞洪等.乡村振兴的战略内涵与政策建议［J].当代县域经济，2018（2）.

（作者系河南省人民政府发展研究中心科研人员）

山东省农村改厕实践及对河南省的启示

王命禹

摘　要： 农村厕所环境是农村人居环境最突出的短板，更是影响人民群众生活质量与健康的最突出的短板，厕所革命看似微小实则影响深远，对于改善农村的生活污染，并部分解决农业污染具有重要作用。厕所革命也是习近平总书记一直坚持不懈推进的补短板民生工程。山东省农村改厕实践起步早、谋划实，在改厕模式、资金筹措、后期维护、工作机制创新举措方面取得了良好的效果，预计于 2018 年底基本实现全省无害化厕所全覆盖。河南省农村多以旱厕为主，且农村生活污水处置设施缺乏，在农村改厕实践中改厕模式、资金筹措、后期运维等也存在诸多问题，山东省的农村改厕实践对于河南省具有较强的借鉴意义。

关键词： 山东；农村改厕；启示

　　长期以来，中国社会始终面临严重的城乡差距，而厕所环境可以说是城乡差距中最为明显、直观和突出的表现，农村厕所革命是乡村振兴战略的重要内容，也是重要突破口。因此，尽快改善农村厕所状况，彻底改变农村卫生面貌，缩小农村和城市的差距，对于改善农民生活品质具有重要意义。2016 年，山东省全省已经完成农村改厕工作，本文选取山东临淄区、胶州市、莱城区、滕州市四县市，探索总结山东省在农村改厕模式、资金筹措、后期维护、工作机制等方面的创新做法以及对推动河南省农村改厕的启示。

一、山东省农村改厕的探索和实践

习近平总书记对于农村厕所革命高度重视，十分关心，早在 2015 年 4 月就曾对"厕所革命"做出重要批示，强调农业现代化步伐加快，新农村建设也要不断推进，要来个"厕所革命"，让农村群众用上卫生的厕所。2017 年，就旅游系统推进"厕所革命"工作取得的成效做出重要批示，指出厕所问题不是小事情，是城乡文明建设的重要方面，不但景区、城市要抓，农村也要抓，要把这项工作作为乡村振兴战略的一项具体工作来推进，努力补齐这块影响群众生活品质的短板。随后，2018 年 1 月、2 月相继出台的《中共中央国务院关于实施乡村振兴战略的意见》《农村人居环境整治三年行动方案》，都把开展"农村厕所粪污治理"作为农村人居环境的重点任务。"农村厕所革命"已经成为制约农村发展、乡村振兴的突出短板。山东省已经超前对"农村厕所革命"进行了有益探索和实践，并于 2016 年完成了全省的农村改厕工作，从山东临淄区、胶州市、莱城区和滕州市四县市"农村厕所革命"的实践来看，总体有以下几个特点：

（一）农村改厕多采用就地改造，"单户改厕、集中化处理"模式

农村地区大多处在不靠城区、不靠镇驻地、不靠污水集中处理厂的地方，人口密度较低，建设污水集中处理模块、铺设地下管网、后期运营成本较高，建成后难以达到处理规模等因素，因此多采取新型预制三格式化粪池进行单户改厕，对粪液进行初步无害化处理，再分类收运至镇厕污集中处理点进行资源再利用或收运至污水处理厂进行集中处理的"单户改厕、集中化处理"模式。临淄区改厕方式一般为就地改造，农户的化粪池大多设在院外，方便抽污。改厕模式大部分采用双瓮漏斗式，部分采用三格式化粪池，加装有脚踏式压力冲水器，实现水冲式。胶州市采取三格式化粪池进行单户改厕，该模式是胶州市农村改厕的主要管护模式，数量约占改厕总数的 90%。莱城区的改厕模式大部分采用三格式化粪池加压水容器式冲刷，个别

农户采用自来水冲刷。滕州市改厕模式主要采用三格式化粪池，主要特点是采取把三格式化粪池与小型污水处理设施相连通的方式，将农村改厕和污水治理有机结合，积极探索质优价廉的污水处理模式。

（二）资金配套以政府出资为主，前期改厕农户不出资

山东省、市、县、镇层层重视农村改厕工作，出台《关于建立农村改厕工作长效管护工作机制的实施意见》，省、市、县、镇财政每年投入资金，用于抽厕补助和厕所维修补助。农村改厕工作已在全省展开，省、市、县都配套了改厕资金，每户 900 元，再加上镇村配套资金，农户不需要出资，保障了农村改厕工作的顺利开展。同时，改厕以乡镇为改厕主体，负责本乡镇改厕的招标，统一采购卫生洁具、化粪池等改厕材料，统一招标施工队伍，统一招标监理单位，保证了改厕质量。临淄区改厕资金由省、市、区三级补助，分别为 300 元，每户共补助 900 元，镇（街道）补助 200 元。改厕工作以镇（办）为主体统一组织招标施工队伍，各村组织施工，同时招标第三方监理进行施工监督、竣工验收。胶州市在改厕费用上，也是由青岛市、胶州市和各镇（办）三级补助，每户共补助 1100 元。莱城区改厕资金由政府出资，村里组织施工。

（三）后期运维采用"服务站+农户"，保障改厕实效

在后续厕所运维上，在乡镇成立改厕服务站，配备抽渣服务车和各种配件，为农户提供服务，公布农村改厕服务电话，具体承担厕具损坏的维修、粪液清掏和无害化处理。同时，由各镇办进行公开招标，委托物业公司组成专业管理队伍进行管护，每 1500 户配备一辆抽粪车辆，满足全部改厕农户的抽厕需求，真正做到了"专业人干专业事"，并按照"谁受益，谁付费"，每户适当收取抽取粪液费用。临淄区在后期维护上，各镇（办）成立农村改厕服务站，购置抽粪车，抽取一次 40 元，每年免费为农户抽取一次，之后抽取费用由农户承担。胶州市在改厕的后续维护上，按照市、镇、农户共同出资的方式进行，每个厕所每季度需抽取一次，每次抽取费用约 30 元。胶州市财政每年投入 800 万元，200 万元用于全市统筹，另外 600 万元按照每户抽取 1 次补贴 10 元的标准进行补贴。镇办按照每户抽取 1 次补贴 10 元的

标准进行补贴。农户适度缴纳厕所抽取少部分费用，每户每季度缴纳 10 元，每年每户约需 40 元。莱城区在后续维护上，由各镇（办）负责，采取市场化运作模式，每个镇（办）分片区设立几个改厕服务站，负责几个村农户厕所粪液的抽取，抽取一次收费 30 元，每年免费为农户抽取一次。

（四）改厕与农村生活污水治理、资源化利用相结合

农村改厕并不是单打一，而是根据农村实际，将农村改厕与农村生活污水处理、厕所粪污资源化利用相结合，把渣液经无害化处理后作为生态肥用于农田或林地施肥，实现了人居改善环境和废物利用双赢。临淄区部分镇（办）建设了大型粪污处理站，处理后的粪液用于林果树木和农田施肥。莱城区抽取后由服务车人员自行联系果园蔬菜基地和合适农户向农田排放处理。胶州市对城中村和距离主城区、镇驻地较近的村庄，在村内单户设立沉淀池，将粪液和生活污水通过地下管网纳入市级或镇级污水处理厂，进行集中无害化处理。该模式主要分布于主城区附近及镇驻地附近，数量约占改厕总数的 5%。滕州市择优选取了零耗电生态过滤床污水处理系产品，在龙阳镇焦庄村进行了试点，设施出水水质超过一级 B 小标准，大部分指标达到一级 A 小标准，该系统无须建设大规格的水收集主管网，仅需铺设连接分散各户的支管网，排入村内小型污水处理站，经过无害化处理后直接排入河道或浇地。小型污水处理站使用空气作为动力，自动处理，无人值守，成本极其低廉，是农村生活污水分散处理可行方案之一，大大降低了污水处理设施建设投资及运行成本。

（五）建立完善工作推进及第三方评估机制

四县市在农村改厕推进上建立了工作落实、推进及核查验收机制，三项机制是推进农村改厕工作顺利推进的有效保障。一是分工明确的工作落实机制。建立了牵头单位负责项目组织、协调、管理和监督，组织专家提供技术指导；财政部门负责项目资金落实和监督管理；有关乡镇（办）专人负责，村委会组织施工，保证质量到位、使用到位；各有关职能部门齐抓共管，合力推进工作机制。二是跟踪调度的工作推进机制。出台《深入推进农村改厕工作实施方案》，将改厕工作纳入办实事工程重点调度、重点推进、重点督

查。成立农村改厕工作领导小组，加强现场督导检查和技术指导，及时协调解决工作中出现的新问题、新情况，确保工程进度和质量。建立日汇总、日调度、周通报的督查机制，对厕所建设实行动态监测和半月调度通报制度，保证了改厕工作的顺利推进。三是审核验收的质量保证机制。在厕所改造完成后，通过政府购买服务的方式，委托社会第三方机构入村逐个清点数量，检查质量，全面核实完工情况。在此基础上，及时对第三方机构已验收户厕组织"回头看"，发现问题立即通报相关镇办和第三方机构，对违反合同约定的坚决进行处罚，确保改厕数量实、质量优。

另外，在以上特点的基础上，胶州市在实践中也探索了自己独有的经验。如在采取"单户改厕、集中化处理"模式的基础上，因地制宜，针对城中村和距离主城区、镇驻地较近的村庄，在村内单户设立沉淀池，将粪液和生活污水通过地下管网纳入市级或镇级污水处理厂，进行集中无害化处理的"粪污直排、专业化处理"模式，该模式主要分布于主城区附近及镇驻地附近，数量约占改厕总数的5%；针对村内已铺设管网但距离大型污水处理厂较远的村庄，通过管网收集化粪池中的粪液和生活污水，进入区域集中污水处理厂或污水处理模块进行处理的"连片整治、模块化处理"模式，该模式主要分布于镇区域中心及大沽河沿岸两侧，数量约占改厕总数的5%。同时，还充分利用信息化技术，在每个抽粪车上装配定位器、摄像头和手机，实现了数字化、智能化管理，农户通过手机 APP 软件即可通知服务站抽取粪液，同时还可防止乱倒粪液。

二、对河南省推进农村改厕的几点启示

（一）农村改厕要因地制宜，分类施策

各地受经济发展水平制约，在农村发展阶段、空间布局、居民素质、农民生活和生产方式、人口密度、风俗人情等方面情况不一，农村改厕首先要综合考虑各地农村的财力、自然环境、风土人情、生活水平等各方面因素，按照群众接受、经济适用、维护方便、不污染公共水体的要求，因地制宜制定不同地区农村改厕工作目标，采用适合各地实际的改厕模式，普及不同水平的卫生厕所，以实现本地经济、社会、卫生和环境的共同发展。一是存量

改造分类施策。借鉴胶州市经验，分别对城中村和距离主城区、镇驻地较近的村庄，对村内已铺设污水管网但距离大型污水处理厂较远的村庄及农村新型社区，对不靠城区、不靠镇驻地、不靠污水集中处理厂的地方，对人口密度较低，建设污水集中处理模块、铺设地下管网、后期运营成本较高，建成后难以达到处理规模的村庄，对在重点饮用水源地保护区内的村庄，对在山区或缺水地区的村庄，分类施策，科学评估改厕客观实际，采取适合本地农村实际的改厕模式。二是增量建设科学谋划。对于移民搬迁村、城中村改造等新建村庄，卫生厕所建设要纳入地方政府村镇规划和农村住宅设计中，引导农村新建住房配套建设无害化卫生厕所，人口规模较大村庄配套建设公共厕所。同时，要将农村改厕工作纳入城乡统筹发展规划，给予资金、政策支持，通过改厕带动改厨、节能、环境整治等工作协调发展。同时，在人口规模较大村庄、农村人口集中活动的场所、农村旅游地要配套建设公共厕所。三是典型引示范带动。受城镇化、工业化的推进，农村空心化、老龄化加剧，农村出现"过梳化"现象，大多数留守在农村的老年人居多，改厕需要动土，也需要技术，故留守老人多倾向于拖着，而且生活方式、消费方式大都延续老方式，加上农村多年来的陈规陋习和农民重经济、轻生活环境的思想意识，更何况厕改前后还要分担建设、维护、水费等支出，很多人对于厕改积极性不高。因此，要选取农村改厕典型，让村民看到厕改带来的生活便利，提高农户厕改的积极性。

（二）农村改厕要健全多元化资金投入保障机制

农厕改厕资金需求量大，不能单靠某一方的力量。农村改厕的关键和难点在于资金投入，改厕前期资金几乎需要全部依靠政府财政投入，虽然在后期运维上，农户也承担了部分费用，但仅仅占运维费用的一小部分，是象征性收取，如何建立长效化、多元化的农村改厕资金投入保障机制是农村改厕的关键。一是将厕改经费纳入年度预算。改厕资金根据各地确定的改厕工作任务，省级要确定每户改厕奖补标准，市、县、乡（镇）、村（居）根据工作任务工作进度，对照省级确定本级奖补标准，将改厕所需经费纳入政府年度预算。同时，对于经济落后、卫生厕所普及率低的农村及省定贫困村，要适当提高奖补标准。二是统筹整合优化农村改厕项目资金。充分利用争取国家农村改厕项目资金，优化农村人居环境各类资金，投入到改厕的污水治理和农村人居环境的改善上，分年度分批次推动，同时防止重复建设。三是多渠道筹措资金。采取"地方财政配套补助+社会投资+农户个人出资"的方式，鼓励农户和社会力量参与筹资，用于厕所的建造、维护、使用与管理。引导鼓励农村金融机构、政策性金融机构、商业银行围绕农村改厕工作开展信贷业务、完善配套政策、创新金融服务，并通过减税、土地等方面的优惠政策吸引当地企业对农村改厕的资金投入，同时推广一事一议、以奖代补等方式，鼓励农民对直接受益的农村改厕投工投劳投资，让农民更多参与建设管护，拓宽融资渠道。四是强化资金使用监督。为了保证改厕资金的合理利用，政府要通过电子政务对改厕进程定期公布，公民和其他社会力量要对改厕资金的使用情况进行监督，防止改厕资金被贪污和挪用。

（三）农村改厕要与农村生活污水治理及渣滓资源化利用有效衔接

农村改厕是农户家用厕所经由地下生活污水处理管网处理再进行资源化利用的循环系统，缺了哪一个步骤，都会影响农村改厕的效果。因此，改厕不仅是把农户家的厕所改造好的问题，还要解决系统循环资源化利用的问题。一要与农村生活污水治理有效衔接。对于离城市及镇区较近的村庄，要拓展地下管网建设，将村内粪液及生活污水纳入市级或镇级污水处理厂集中处理；对村内已铺设管网，但距离城区及镇区较远的村庄，要根据人口密集程度、地理区位、自然条件等综合多因素，在区域内建立集中污水处理厂，通过污水处理就地进行资源化再利用；对于偏远乡村，分类收集收运至镇厕污集中处理系统进行资源再利用或收运至污水处理厂进行集中处理。二要与渣滓资源化利用有效衔接。原来传统农村农业发展主要依靠农家有机肥，只不过随着工业化、城镇化推进，化肥逐渐取代有机肥，但是随着农业"一控两减三基本"目标的确立及现代社会对于农产品绿色化、健康化的需求，农业有机肥将会成为绿色、健康农业发展的重要一环。因此，农村改厕实践与渣滓资源化利用有效衔接就显得尤为必要。例如，临淄区和莱城区部分乡镇，已经开始将经过粪污处理站处理的粪液用于农田施肥或果蔬基地排放处理；胶东区部分办事处则通过厕污集中处理系统的中水用于农业灌溉，每年系统产生净效益总和约为 120 万元。三要与农村生产生活方式转变有效结合。农村改厕是在观念、设施、机制和行为诸方面发生的比较彻底的变革和改善，正如农业革命、绿色革命、技术革命、垃圾革命等一样，是农村现代化、文明化进程的内容之一。农村改厕不仅是硬件设施的改善，还包括促使人们养成文明如厕习惯、卫生生活方式等，农村厕改必须与农村生产生活方式转变相结合，并以此为突破口，不断提升农村的现代化水平，是农村改厕题中的应有之义。

（四）农村改厕必须采用"政府+市场"运作机制

农村改厕的运作机制是指改厕的投入与管理主体之间的关系方式。农村改厕资金投入的主体是政府，如果把农村改厕的建设、管理、运营等一系列运作机制都纳入政府行政工作，则会造成政府角色异常复杂，既是改厕的投入主体，又是管理主体；既是改厕的政策制定者，又是执行者和监督者；既是行政权力机关，又是执行者和监督者。既不利于政府管理、服务、监督职能的发挥，也影响农村改厕实效。因此，各地农村改厕实践运作模式多采用"政府+市场"运作机制，即投资、监管主体为政府，但是建设、管理、运营则采用政府招标、市场化管护，同时注重利用信息化手段。一是政府下放权力给市场。采用竞标的方式筛选优质供应商和队伍，利用市场机制减少改厕的成本，完善改厕的技术，提高改厕的效率，让资源得到优化配置。山东四县市改厕工作都以镇（办）为主体统一组织招标施工队伍，各村组织施工，同时招标第三方监理进行施工监督、竣工验收。二是建立市场化管护机制。按照市场化运作模式，鼓励企业或个人出资进行改厕后检查维修、定期收运、粪渣资源利用等后续工作，形成管收用并重、责权利一致的长效管理机制。山东四县市均在后期管护上以各镇（办）为单位分片区成立农村改厕服务站，并采取市场化运作模式，配备抽渣服务车和各种配件，组成专业管理队伍进行管护。三是注重利用信息化手段。现代信息化手段的普及，客观上为缩短城乡差距提供了有利条件，鼓励有条件的地区充分利用现代科技手段、村庄网格化管理方式，建立农村改厕智能管理系统，提高农村改厕的精细化、科学化水平。

（五）农村改厕必须完善强化政策措施保障作用

农村改厕因其处在社会经济发展的延长线上，体现着经济社会的发展程度、文明素养程度，因此厕所问题从一开始就不是个人层面的问题，它必须是政府和社会公共体系的义务，而政府作为供给侧及管理侧的责任主体，在供给、管理等方面采取政策措施对于推进农村改厕具有重要作用。一要统筹谋划、科学设计。对当地的厕改工作进行统筹规划、科学设计并对整个项目的进程与工程质量厘清相应责任，严格把关项目招标、资金下拨、资金来源及使用明细等各环节。二要制定农村改厕管理办法和农村改厕技术规范。为改厕工作提供一个格式化、文本化的标准。三要建立常态化专题业务培训机制。对改厕负责同志重点培训农村改厕的适用模式、改厕流程、施工技术、质量安全管理和资源化利用等方面的内容，确保每一名参与改厕的工作人员懂技术、会管理。四要加强政策协同。加强农村改厕与农村特色小镇、危房改造、农业综合体、扶贫开发、国家储备林、三次产业融合发展等相关政策协同。例如，在推进农村土地承包经营权流转、促进农业规模经营的基础上，引导培育种养殖大户、农业龙头企业建立三格式化粪池，就地推动农村粪渣资源化利用；借力国家储备林项目，在储备林基地建立化粪池，有效推动山岗地、丘陵农村改厕后粪渣的资源化利用。

参考文献

[1] 黄晶晶.关于重庆市北碚区农村改厕的调研报告 [J].劳动保障世界，2016（35）.

[2] 龙通平.厕所革命：农村小康社会建设的"关键工程"[J].农村工作通讯，2015（21）.

[3] 汪宇.美丽乡村建设背景下农村改厕运动的困境与解决路径 [J].无锡职业技术学院学报，2017，16（3）.

（作者系河南省人民政府发展研究中心科研人员）

河南实施乡村振兴战略的总体思路与对策建议

高　璇

摘　要：河南实施乡村振兴战略，既是贯彻落实中共十九大精神的具体行动，也是遵循发展规律，决胜全面小康，实现中原崛起、河南振兴、富民强省的战略举措。实施乡村振兴战略，河南具有良好的基础和环境，但也存在不少困难和问题。要顺应农业农村发展趋势，立足河南实际，着力推动农业供给侧结构性改革，加快建立现代农业产业体系，着力深化农村改革，加快健全城乡融合发展体制机制和政策体系，着力拓宽农民增收渠道，加快建立农民增收长效机制，着力推动美丽乡村建设，加快构建人与自然和谐共生的新农村，着力繁荣乡村文化，加快提升农村文明程度，努力破解农业农村农民发展难题。

关键词：乡村振兴；总体思路；对策建议

中共十九大明确提出了乡村振兴战略，实施乡村振兴战略既是遵循农业农村发展规律的内在要求，也是决胜全面小康社会、破解"三农"发展难题、缩小城乡差距的战略举措。作为传统农业大省，河南应抓住乡村振兴这一战略机遇，抢占先机、赢得主动，努力将河南打造成为实施乡村振兴战略先行区、示范区。

一、河南实施乡村振兴战略的重大意义

（一）实施乡村振兴战略是决胜全面小康全面现代化的内在要求

决胜全面建成小康社会，开启社会主义现代化新征程是中共十九大向全党、全国人民发出的重要号召，是对我国发展阶段的重要判断。河南是我国传统农业大省，随着城镇化进程的不断深入，河南省农业有了较大发展，农村发展质量有了全面提升，农民生活水平有了较大提高，但与城市发展水平相比，仍然存在较大差距，农业发展质量仍较低，农村自我发展能力仍较弱，农民增收能力仍较差。河南决胜全面小康，关键在于农村全面建成小康社会。面对城乡差距不断增大的事实，要全面建成小康社会，这就需要采取超常规措施，力图在制度设计、政策创新等方面实现突破，而乡村振兴战略恰能在制度设计上和政策支撑上给予精准供给，通过实施乡村振兴战略，可以进一步理顺城乡关系，在资源配置上优先满足农业发展，在公共服务上优先满足农村发展，在基础设施建设上优先满足农村发展，可以说，乡村振兴战略为农业农村优先发展提供了支持，为决胜全面小康提供了重要保障。农业现代化是现代化的重要组成部分，实现现代化离不开农业现代化的实现。河南是传统农业大省，农业现代化水平还较低，与城市现代化相比，还有较长的路要走，这就需要加快乡村振兴战略建设，通过优先发展农业农村，加快农业现代化进程，让农村实现人与自然和谐共生的现代化，让农村实现与城市共建共享的现代化，让农村实现持续健康发展的现代化。

（二）实施乡村振兴战略是新时代解决"三农"问题的治本之策

农业农村农民问题是关系国计民生的根本问题，是全面建成小康社会的关键所在，是确保社会稳定、国家富强的重要环节。作为粮食主产区和农村人口大省，河南一直致力于破解"三农"发展难题，并取得了积极成效。河南认真实施国家藏粮于地、藏粮于技战略，将科技创新作用于粮食生产，耕地单位产能持续提高，高标准粮田建设不断升级，截至 2016 年底，全省累计建成高标准粮田 5357 万亩，完成全部规划任务的 84.1%；河南不断创新发展理念，积极推进农业供给侧结构性改革，着力构建农业现代化产业体系，农业产业化实现蓬勃发展，截至 2016 年底，河南省农业产业化集群高达 207 个，规模以上农产品加工企业达到 7670 家；河南不断探索新路径，全省农村产权制度改革成效显著，截至 2016 年底，家庭承包确权到户已达到 80%；河南农村金融改革成效显著，2016 年，全省村镇银行已达到 77 家，银行资产、规模居全国第一。在取得众多成绩的同时也应看到，河南"三农"问题仍没有解决，农业比较效益持续下降、农村生态环境约束和资源条件约束日益凸显、农业现代化水平仍然较低、农村二元结构矛盾依然突出等，迫切需要创新发展理念，以新理念、新思路破解"三农"发展难题。乡村振兴战略是新时代解决"三农"问题的重要举措，通过实施乡村振兴战略，能够推动农业现代化进程，能够进一步促进农民增收，能够实现农村人与自然和谐相处等。可以说，实施乡村振兴战略是促进农业发展、农村繁荣、农民富裕的治本之策，有助于从根本上解决河南的"三农"问题。

（三）实施乡村振兴战略是新时代实现城乡协调发展的必然选择

改革开放 40 年来，河南省积极推进城市改革，城市发展成效显著。城市工业化进程不断加快，河南省规模以上工业增加值持续增长，工业结构持续优化，全省高成长性制造业增加值持续增长，新产业、新业态引领作用不断增强；城市化进程不断加快，河南省城镇化率持续提升，截至 2016 年底河南省常住人口城镇化率达到 48.5%，城市化水平不断提高，全省城市公共服务水平不断提高；河南省城市信息化水平持续提升，信息网络基础设施建设不断升级，信息产业快速发展，信息技术不断创新。可以说，改革开放 40 年为城市发展带来了前所未有的发展机遇和发展成果。相较于城市的快速发展，河南省农业农村发展相对滞后，农业现代化水平、农村基础设施建设、农村公共服务水平仍较为落后，城乡发展呈现多方面、多角度不平衡，这些不平衡、不协调问题逐渐成为河南省经济社会发展的主要短板，这就需要加快补齐这块短板。补齐这一短板就必须加快农业农村农民发展，不断缩小城乡差距，而通过实施乡村振兴战略，能够完善农村基础设施，能够促进农业现代化发展，能够提升农业公共服务水平。可以说，实施乡村振兴战略是新时代实现城乡协调发展的必然选择。

二、河南实施乡村振兴战略的总体思路

（一）基本思路

坚持农业农村优先发展，按照"产业兴旺、生态宜居、乡风文明、治理有效、生活富裕"的总要求，着力推动农业供给侧结构性改革，加快建立现代农业产业体系，着力深化农村改革，加快健全城乡融合发展体制机制和政策体系，着力拓宽农民增收渠道，加快建立农民增收长效机制，着力推动美丽乡村建设，加快构建人与自然和谐共生的新农村，着力繁荣乡村文化，加快提升农村文明程度，努力破解农业农村农民发展难题。

（二）发展原则

一是市场主导，政府推动。充分发挥市场配置资源的决定性作用，将市场机制和政府调控更加有效地结合起来，充分发挥农村比较优势和发展潜力，促进市场原动力与政策推动力的有效对接，推动农业农村协调、均衡发展。

二是开放带动，创新驱动。大力实施开放带动主战略，坚持以扩大开放"一举求多效"，将开放逐渐渗透到广大农村，让农业、农村、农民也能享受开放成果；坚持创新驱动发展战略，为乡村振兴战略的实施提供技术支撑。

三是以人为本，共建共享。着力促进基本公共服务均等化，缩小河南城乡基本公共服务水平差距，使广大农民和城市市民都能享受大体均等化的基本公共服务，确保改革发展成果由全体人民共享，促进城乡协调发展，消灭贫困，使城市人民和农民的生活如期达到小康水平。

（三）战略重点

一是产业兴旺。产业兴旺就是要建立现代农业产业体系。通过引导和推动更多资本、技术、人才等要素向农业农村流动，调动广大农民积极性和创造性，持续增强农业农村发展动力；通过产业融合，积极支持第一、第二、第三产业融合发展，继续保持农业农村经济发展活力；通过集群发展，做大做强现代农业，确保农业安全。

二是生态宜居。生态宜居就是要推动农村实现人与自然和谐共生的良好生态环境。通过完善基础设施建设，如改善水、电、路、气、通信等基础设施，强化农村资源环境保护；通过美丽乡村建设，将农村的绿水青山和清新清净的田园风光保护好；通过加强农村环境专项整治和生态保护，将农村打造成为环境友好的新农村。

三是乡风文明。乡风文明就是要进一步提高农民素质，提升农村文明程度。通过强化农村基础教育、提高医疗卫生水平等，全面提升农村公共服务水平，为文明乡村建设、文明农民建设提供坚实的基础保障；通过弘扬农耕文明、发扬农村优良传统，为文明乡村建设、文明农民建设提供重要支撑。

四是治理有效。治理有效就是构建和谐安定有效的新农村，让农民拥有更加充实、更有保障、更可持续的获得感、幸福感和安全感。通过加强和创新农村社会治理方式，让农村治理更有效率；通过加强基层民主和法治建设，让农村治理有法可依、有规可循；通过弘扬社会正气、严惩违法犯罪行为，让农村成为风清气正的农村。

五是生活富裕。生活富裕就是不断提高农民收入，让农民拥有持续稳定的收入来源，与城市市民一道实现共同富裕，满足农民对美好生活向往的需要。通过大力发展现代农业，支持和鼓励农民就业创业，不断拓宽农民增收渠道；通过健全公共服务，提高公共服务水平，不断提高农民生活质量。

三、河南实施乡村振兴战略的对策建议

（一）以产业发展支撑乡村振兴

构建现代农业产业体系，实现农业现代化是河南推动乡村振兴战略实施的重要抓手，是河南实现乡村振兴的支撑力量。一是要持续提高粮食产量，确保粮食安全。河南是我国粮食大省，粮食产量在全国居于重要地位，构建现代农业产业体系，首先就是要持续提高粮食产量，为国家粮食安全做出重要贡献。继续实施藏粮于地战略，依靠耕地保护、高标准粮田建设，不断提高耕地质量，确保粮食产量；继续实施藏粮于技战略，依靠科技创新，提高农业机械化、信息化、科技化水平，确保粮食产量、质量；不断完善粮食主产区利益补偿机制，最大限度地调动农民种粮积极性。二是要加快构建现代农业产业体系，提升农业现代化水平。加快构建农业生产体系，用现代装备武装农业装备，用现代科学技术服务农业技术，用现代生产方式作用农业生产方式，不断提高农业生产能力；加快构建农业经营体系，用现代经营理论和经营思维服务农业经营体系，积极培育新型农业经营主体，不断提高农业经营专业化、规模化、市场化程度，提高农业经营水平。三是要调整农业结构，促进第一、第二、第三产业融合发展。持续优化农业产品结构、产业机构和布局结构，通过延链、补链等方式，拉长农业产业链条，提升农业附加值；重视农产品品牌打造，强化质量兴农、品牌强农意识，加快推行农业标准化生产、全程化监督，将农产品质量放在首要位置，打造河南农产品品牌；加快第一、第二、第三产业融合发展，依托特色和优势，大力发展特色农业、休闲农业、观光农业、农村电子商务等，将新业态、新模式融合农业发展全过程，不断优化农业结构。

（二）以深化改革推动乡村振兴

全面深化农村改革是河南推动乡村振兴战略实施的根本保障，是河南实现乡村振兴的推动力量。一是要持续深化农村土地制度改革。土地问题是农民赖以生存的根本问题，为正确处理好农民与土地的关系，更好地调动农民积极性，应积极深化农村土地制度改革，推进农村土地所有权、承包权、经营权"三权分置"，使集体所有权得到落实，农村承包权得到稳定，土地经营权得到盘活。二是要继续深化农村集体产权制度改革。农村集体经济是保障农民财产收益的重要来源，应进一步深化农村集体产权制度改革，建立归属清晰、权能完整、流转顺畅、保护严格的现代产权制度，以现代产权制度引导农村集体经济发展，保护农民合法权益，盘活农村集体资产，激发农村经济动力活力。三是要加快完善农业支持保护制度。完备的农业支持保护制度是推动农业农村发展的制度保障。加快完善农业财政补贴政策，将农业财政补贴与农业发展趋势结合起来，更加注重农业产业结构调整、资源环境保护、农业科技研发等，推动农业农村不断发展壮大；加快粮食收储制度和价格形成机制改革，将国家粮食安全摆在突出位置；加快完善农村金融保险政策，最大限度地保护农业农村农民利益；加快完善农产品贸易调控政策，促进农业持续健康发展。

（三）以美丽乡村引领乡村振兴

美丽乡村建设是河南推动乡村振兴战略实施的重要抓手，是河南实现乡村振兴的引领力量。一是加快农村基础设施建设，打造宜居环境。绿水青山、环境优美、设施完善的新农村是美丽乡村基本内容，也是乡村振兴战略的重要内容。要着力抓好农村环境综合治理，全面整治垃圾乱倒、粪便乱跑、柴草乱放、污水乱流等现象，采取多种途径解决农村垃圾、污水等问题，确实达到美化、硬化、净化、绿化、亮化"五化"目标。要着力完善农村基础设施，通过路改、暖改、厕改、房改、水改、电改等工程建设，确保农村基础设施建设能满足农村、农民需要。要着力提升农村公共服务水平，针对"上学难"问题，进行合理规划布局，让农村孩子都能有学上。针对"就医难、就医贵"问题，要加强乡村医疗队伍建设，完善医疗卫生服务，提升医疗卫生服务能力，保障农民健康；要进一步完善医疗保障体系，形成农村居民基本医疗保险、大病保险、医疗救助、医疗商业补充保险四重保障体系，减轻农民医疗负担。针对"养老难"问题，要创新农村养老服务方式，完善农村养老服务体系，让农村老人老有所养、老有所依、老有所乐。二是推进道德风尚建设，倡树文明乡风。健康淳朴、文明和谐、秩序良好的民俗乡村是美丽乡村建设的重要内容，也是乡村振兴战略的任务所在。要大力开展文明创建活动，通过文明创建活动，引导广大农民自觉摒弃陈规陋习，让文明生活方式深入人心。要大力弘扬新风正气，通过完善村规民约，健全村民议事制度，完善村民调解制度，让农村成为风清气正的新农村；要重视乡贤文化培育，积极传承传统文化，加快形成农村爱国爱乡、崇德向善、见贤思齐的道德力量；要加快农村法治建设，持续深化农村民主协商制度、村务公开制度，严格落实"四议两公开"制度，杜绝农村腐败，确保微小权力在阳光下运行。

（四）以科技创新驱动乡村振兴

科技创新是河南推动乡村振兴战略实施的重要路径，是河南实施乡村振兴战略的驱动力量。一是加快农业基础创新。根据河南农业发展特点和未来发展方向，应加强基础研究和原始创新，注重自主创新和原创性创新，为农业现代化发展提供技术支撑；注重融合创新，将互联网、物联网、大数据、云计算等新一代信息技术应用于农业农村发展中，让农村农民充分享受现代科技成果。二是加快农业农村领域科技创新平台建设。围绕河南自主创新体系建设和河南农业现代化发展所需的科技需求，整合各方面科技创新资源，进一步加快农业科技创新平台建设，通过强化国家农业科技示范区建设，推进农业农村领域重点实验室、研发中心、技术推广中心等建设，不断优化资源配置，为农业农村领域科技创新提供平台保障。三是完善农业科技创新生态。积极倡导农业农村领域创新文化，推动农业农村领域大众创业、万众创新，为农业农村领域创新创业发展提供良好生态环境；积极整合民间力量，让更多私人资本参与农业农村科技创新，为农业农村科技创新增添新力量。

（五）以人才建设保障乡村振兴

人才队伍建设是河南推动乡村振兴战略实施的重要保障，是河南实施乡村战略的保障力量。一是要重视基层领导班子建设。基层领导班子是河南农村人才队伍的重要组成力量，是推动农业农村发展的主力军。要进一步巩固和建设乡村党支部，建好乡村振兴领导班子，为河南农业农村发展打下坚实的组织基础。二是要加强新型职业农民建设。新型职业农民是推进农业农村现代化建设的主导力量，是带领农民致富的骨干力量，是农村人才队伍的重要组成部分。要创新培育机制、创新培育内容，强化能力培训、素质培训，加快培育一批爱农民、懂技术、善经营的新型职业农民；要扩大试点范围，注重培训内容和模式创新，完善农村新型职业农民示范培训机制。三是要壮大创新创业人才队伍。充满生机活力的农村创新创业人才队伍是河南推进乡村振兴战略的重要力量，是农村人才队伍的生力军。要加大农村创新创业人才培养力度，全面提升农村创新创业人才生产经营、市场拓展、品牌打造、企业管理等方面的能力；要加强创新创业导师队伍建设，根据农村创新创业人才建设需要，积极壮大创新创业导师队伍，为农村创新创业人才成长提供帮助；要营造良好的农村创新创业环境，加快出台一系列扶持支持政策，引导和支持农村创新创业。四是要打造乡村科技人才队伍建设。农业科技人才是提升农业核心竞争力的主体力量。要加大稳定支持力度，为农业科技创新人才培养提供资金保障；要完善协同培养模式，健全协同创新组织模式，推动农业科研人才队伍水平整体提升；要健全评价激励机制，让农业科研人员更充分、更广泛地享受科研成果。

参考文献

［1］韩长赋.大力实施乡村振兴战略［N］.人民日报，2017-11-11.

［2］张晓山.实施乡村振兴战略的几个抓手［J］.人民论坛，2017（12）.

（作者系河南省社会科学院经济研究所副研究员）

河南乡村振兴战略实施路径探究

岁有生　付　坤

摘　要：在中央大力推进实施乡村振兴战略的背景下，河南各级政府根据中央精神已提出了具体方案，划定了时间表。现阶段，乡村振兴形势正在发生深刻变化，呈现许多新情况、新特点，乡村振兴战略面临着人口流失，"空心化""老龄化"严重，土地面积流失、污染严重、使用效益不高，资金外流、引资能力差、农村总体资金短缺等困境，还需要防范过度行政化、过度形式化及过度产业化等风险。本文分析了当前乡村振兴战备面临的困境及风险，结合河南实际情况，规划了乡村振兴战略实施的路径：一是持续深化改革创新；二是强化发展内在动力；三是重视促进城乡融合；四是注重全面发展提升。

关键词：乡村振兴战略；困境；风险；实施路径

中共十九大报告首次提出实施乡村振兴战略，这不仅是经济发展的需要，也是生产方式、生活方式转型的需要，更是实现中国社会平衡发展、充分发展的需要，是实现中华民族伟大复兴的必然要求。它涵盖农业、农村、农民的"三农"问题，是关系国计民生的根本性问题，必须始终把解决好"三农"问题作为全党工作重中之重。河南是一个农业大省，人口过亿，被誉为"天下粮仓""国人厨房",实施乡村振兴战略,对河南省的意义尤为重大。

一、河南乡村振兴战略实施的背景

(一) 实施乡村振兴战略的总要求

中共十九大报告中提出,实施乡村振兴战略的总要求,就是要坚持农业、农村优先发展,努力做到产业兴旺、生态宜居、乡风文明、治理有效、生活富裕。让农业成为有奔头的产业,让农民成为有吸引力的职业,让农村成为安居乐业的美丽家园。

(二) 中国特色社会主义乡村振兴道路

中国特色社会主义乡村振兴道路怎么走,中央提出了七条"之路":必须重塑城乡关系,走城乡融合发展之路;必须巩固和完善农村基本经营制度,走共同富裕之路;必须深化农业供给侧结构性改革,走质量兴农之路;必须坚持人与自然和谐共生,走乡村绿色发展之路;必须传承发展提升农耕文明,走乡村文化兴盛之路;必须创新乡村治理体系,走乡村善治之路;必须打好精准脱贫攻坚战,走中国特色减贫之路。

(三) 河南乡村振兴战略及其实施路径探索现状

中央乡村振兴战略提出后,河南省及各地市政府反应迅速、热情高涨,依据中央文件精神,相继制定了具体措施、方案和时间表。河南省"三农"领域的知名专家、学者也针对乡村振兴战略进行了研讨,提出了诸多观点和方案。河南省委农办常务副主任申延平指出,"要按照中央统一部署和安排,结合我省实际,围绕实施乡村振兴战略,做好'稳、调、改、补、建'五篇文章,加快我省现代农业强省建设,推动农业农村现代化"。国际欧亚科学院院士、全国经济地理研究会副会长、城乡协调发展河南省协同创新中心主任李小建指出,"由于农区景观建设长期处于自发状态,缺乏相应的规划设计和管理措施,仍存在着规划落实不力、乡村特色风貌缺失等问题,直接影响乡村振兴。这些问题的存在,迫切需要加强规划引领"。河南省农业科学院农业经济与信息研究所党支部书记田建民指出,"河南省实施乡村振兴战略，一是正确处理好产业兴旺和粮食安全的关系问题。二是依据 2018 年中央一号文件提出的'三园一体'（现代农业产业园、农业科技园、农村创业园、田园综合体）和以农业产业为支撑的特色小镇以及一二三产融合发展等新模式、新理念，结合我省实际，加大扶持力度，加快探索模式经验，把这些新模式、新业态作为促进我省乡村振兴的重要载体和抓手。三是积极深化农村体制改革培育发展新动能。四是要把科技创新作为乡村振兴的根本动力"。

现阶段，乡村振兴形势正在发生深刻变化，呈现许多新情况、新特点，必须清醒地认识到当前乡村振兴战略所面临的困境及风险，结合现实情况因地制宜，走好乡村振兴之路。

二、河南乡村振兴战略面临的困境

改革开放 40 年来，随着城镇化进程的加快，我国农村人口大量流向城市，农村出现村庄空心化、农业从业者老龄化、乡村缺乏发展活力。河南乡村振兴目前面临的困境主要集中体现在"人、地、钱"等方面：

（一）人口流失，"空心化""老龄化"严重

当前乡村发展呈现出村庄空心化、人口老龄化、人才匮乏等趋势，农民普遍缺乏创新意识。农业劳动力特别是素质相对较高的青壮年就业时仍然主要选择离乡进城，严重失衡的劳动力流动方式依然未能逆转，这一发展态势事实上是在从根本上损伤现代农业的发展根基。受人口外部非均衡流动的影响，我国农村人口老龄化的问题比城市更为突出，未富先老的矛盾十分尖锐。目前，大多数农村区域实际务农的劳动力平均年龄高达 60 岁，农业劳动老龄化进一步拉低了农业劳动力的教育水平，对采用新技术、新品种持保守态度，"谁来种地""如何种地"成为普遍性的突出矛盾。

农村人口急剧减少，农村住房大量空置，农村公共服务有效需求显著降低，乡村社会治理水平同步下降，部分自然村落出现总体性衰败甚至消亡，老龄化、妇孺化与空心化相互交织，造成农村普遍的家庭撕裂，社区邻里互助传统削弱，优秀乡村文明衰减，农村社会结构稳定性遭受破坏，社会治理

面临巨大挑战。河南省现在面临的严峻现实是，在许多乡村特别是区位条件差和交通不便的偏远农村，伴随人口外流的是乡村全面性的深度衰退，村庄空心化与土地荒芜、粗放经营、产业萎缩在同一区域同时发生，在空间上完全重叠，与相对发达区域新农村建设所实现的深刻变化构成巨大反差。

（二）土地面积流失、污染严重、使用效益不高

河南省大部分城市地处平原，高速工业化、城市化推进中所吞噬的主要是肥沃的良田沃土，对农业现实生产能力的损害极为严重。

农村不仅水土流失面积仍然在扩大，环境污染已经成为严重的问题：河南省农膜的回收率和秸秆还田率都很低，农膜不能降解直接危害土壤结构，农村秸秆焚烧则造成严重的大气污染。现在大量使用的洗衣粉、消毒液等不加任何处理后排入沟渠、耕地，造成日趋严重的水体和耕地污染。农业增长过度依赖化肥、农药的格局总体上仍未扭转，投入量大，利用率低，大量直接进入水体和土壤，致使农村环境污损矛盾日趋加重。农村生态环境的红灯全面拉亮，不仅在一定程度上危及了农民自身的基本生存，而且使农产品质量安全的矛盾持续加剧，这一现实问题已十分严峻。

此外，还存在地块细碎化，难以进行大规模机械化作业，土地使用效益不高，发挥资源效用不明显的现象。

（三）资金外流、引资能力差，农村总体资金短缺

当前农村资金总体短缺，金融抑制的矛盾依然尖锐，农民获得金融服务仍然十分困难。几乎所有农村金融机构都是存贷差，农村稀缺资金仍然大规模向外部流失。农民存款意识较强，但投资意识差。农村招商引资能力弱，愿意投资者少。农村地方财政困难。

三、推进河南乡村振兴战略需要防范的潜在风险

从根本上看，乡村振兴是全新战略理念下的创新型发展，必须选择新思路、启用新方法，乡村振兴不应以老手段对付新挑战。目前，乡村振兴热遍及所有农村区域，各地政府热情高涨，响应及时，动作快捷，表现出希望尽

快改变乡村发展现状的很强的机遇意识和行动能力。但是，在普遍的发展热潮中尤其需要有冷静的理性思考，必须在深刻吸取已有教训的基础上进行防范潜在风险的预警性分析。概括而论，下述四个方面的潜在风险是特别需要重视和有效防范的：

一是防范过度行政化。要防止单纯利用行政手段来下指标、定任务，求多求快，求大求全，超越现实基础，不充分考虑区域差距和差异的现实约束，人为提档加速，追求短期速效。或者简单化地采用熟悉的老思路和旧方法，统一要求、"一刀切"推进，仍然热衷于不计成本地塑造典型，打造样板。或者不惜以与改革方向背道而驰的方式收回下放的权力，重新集中掌控资源，通过强化行政干预能力来快速实现政绩化的乡村振兴。

二是防止过度形式化。要防止在推进乡村振兴过程中把建"新村"、造"样板"放在突出位置，更要防止只注重简单移植城市文化元素，把咖啡屋、小酒馆、外国农庄、异域城堡等一窝蜂地导入乡村，而不重视发展本地特色和独特的中原文化，使乡村振兴蜕变为失去吸引城市居民所独有的异质性文化特征的异化过程。

三是防范过度产业化。乡村振兴要防止在乡村所有领域进行产业覆盖，特别是在新村建设过程中，要考虑生态宜居与环境保护，并非所有的村落改造提升都需要发展休闲、观光、度假等乡村旅游产业，任何产业发展都客观存在供求平衡的市场规律，虽然农业与乡村旅游的第一、第三产业融合具有较大的发展空间，但同样需要防止主要由行政力量推动的超越现实需求的过度和过量扩张，造成因产业供过于求带来严重的利益损失。

四是防范过度外部化。在新的历史条件下，乡村振兴是一个开放性的发展过程，不能主要依靠乡村内部的有限自积累加以推进，当然也不可能完全依靠政府的财政投入予以支撑，吸引城市社会资本进入将是一个无法回避的重要选择，大量实践证明，合理引入城市资本进入乡村发展领域具有难以估量的巨大资源激活效应。但是城市资本的进入应当是有门槛和受管控的，如果无条件和无限制地引入城市资本，在这个过程中，农民、农村集体经济组织被严重边缘化，甚至被无情挤出，农村稀缺的土地和生态资源再次被低价剥夺，这样的乡村振兴的持续性和稳定性必然会受到严峻挑战。

四、河南乡村振兴战略实施路径

分析乡村振兴战略当前面临的困境及风险，结合河南省实际情况，乡村振兴的战略指向是十分清晰的，关键是如何实施，主要从以下四个方面考虑：

（一）持续深化改革创新

就当前乡村振兴战略的实施而言，根本性的动力源仍然是改革与创新，改良式推进方式是不足以从根本上解决不均衡、短期化、空心化等深层矛盾的。

一是要打造新型人力资源体系，加强农村基层基础工作，培养造就一支懂农业、爱农村、爱农民的"三农"工作队伍。这仅仅依靠政府是不够的，还要引入一批社会机构和组织，打造一批职业经理人队伍，培养一批优秀的新型职业农民。由政府引导监督，社会组织及职业经理人为农民进行广泛服务。注重解决农村人口和农业劳动力的老龄化问题，引导部分农民工返乡，来自农村的大学生回乡，在城市长大的科技人员下乡，到农村去创业，并加强培训，使他们成为新型职业农民，带领广大农民走上共同富裕的道路。

二是要深化土地制度及农业经营制度改革，巩固和完善农村基本经营制度，深化农村土地制度改革，完善"三权分置"制度。对宅基地经营性和公益性的集体建设用地而言，要从长远考虑，根据未来乡村振兴的需要，逐步盘活，用出效益。

三是要创新资金投资模式，要加大对"三农"的投入，使之与农业农村现代化的需求相适应。广辟来源、多措并举，按照坚持农业、农村优先发展的理念，配置公共资源优先向"三农"倾斜。坚持农业、农村优先发展的理念，不能只停留在文件上、口头上，而要贯穿于乡村规划制定的过程中，贯穿于有关政策制定的全过程中，把发展普惠金融的重点放到农村，加强对乡村振兴的金融支持，引导社会资本共同参与乡村的振兴。

（二）强化发展内在动力

提高乡村的内生动力和发展能力，是根本之策、长远之计，在比较短的时间内，如果集中大量的资源，实际上是可以实现收入和生活水平维度的脱贫目标的。但是从长远持续的发展来看，这不能一蹴而就。人的观念也在改变，能力提高也有一个过程，乡村的基础设施和营商环境的改善也需要一个较长的过程。要考虑这个地区的长远的、持续的发展。要重视发挥市场机制的作用，尽管乡村振兴需要政府和市场两种力量共同发挥作用，但市场机制的力量应当是基础性和决定性的，政府在制定振兴规划和支持政策以及建立监测评估机制等方面的重要作用当然是不可替代的，但政府的作用边界应当有所限制，不应无所不能，不可无所不为，特别是不能再度以超强的行政手段、高度集中分配资源的方式来推进乡村振兴，绝不能以损害乡村发展中的要素配置机制和产业发展中的市场运行制度为代价来实施乡村振兴。强化行政干预的非市场化推进方式，虽然也能轰轰烈烈地在短期内见到成效，但由于没有长效性的市场制度支撑，其推进过程必然缺乏基本的稳定性和持续性，或者只能高成本打造无法复制推广的典型样板，或者短期取得的示范成效因支持政策不能持久延续而发生显著的效应衰减。乡村振兴战略本身具有的全面性和长期性特征，内在地决定了必须主要依赖完备的市场机制持续推进，如果以改革倒退为代价逆向而行，则必然产生长期性的制度危害。

（三）重视促进城乡融合

乡村振兴不是封闭的，不能只是局限在乡村内部重建和提升。新的历史条件下的乡村振兴必然是开放性的，必须有城乡双重资源的集合和集成，既有农村内部资源的激活集聚，也有城市外部资源的整合进入。城乡融合并非简单的统筹城乡条件下的发展资源数量的分配过程，不是一块蛋糕在城与乡之间切多切少的问题。进一步而言，乡村振兴不应该是城对乡的恩赐式的福利给予，也不是乡对城的被动式的资源接受，更不是强势的城市对弱势的乡村新一轮肆无忌惮的利益剥夺。城乡融合至少包括城乡资源平等公平的自由交换、城乡产业一体化的共同发展、城乡形态差异化的互利性共存三方面的主要内涵。因此，通过城乡融合实现互利共赢是乡村振兴战略的基本要求，不管是要素融合、产业融合，还是空间融合，构建城乡一体融合发展的体制机制都是关键性的制度支撑。从另一角度看，以城乡融合实现乡村振兴具有多元政策目标，不仅要保障原有户籍乡村人口的基本权利和利益，而且也要保障新进入乡村发展群体的基本权利和利益。乡村振兴虽然要承担对传统乡村进行现代化改造的历史使命，但绝不是对立式地以城市元素代替乡村风貌，以城市文明取代农村文明。

（四）注重全面发展提升

在新的历史阶段，乡村振兴必须是发展中的振兴，是现代条件下从传统乡村向现代乡村的根本性转型发展，是城乡深度融合下乡村功能的全面发展和提升。推进乡村振兴过程中要有更好的产业发展基础，要有基于适度规模的新的产业构成和经营方式，要有效培育成长乡村旅游、康养农业、创意农业、农业电商等新的业态；要打造更优美的乡村空间形态和更高质量的社会公共服务，要创建更优质的生态环境和实现更好的文化传承。要特别重视中原文化的传承、发展与提升。中原文化的特质决定了中原文化对于历史进程的推动，对于中华文明的形成，对于民族精神的传承，对于经济社会的发展，都发挥了独特而重要的作用。中原文化是五千年中华文明的缩影，反映了中华文明发展的轨迹，折射着中国历史发展的脉络。长期以来，中原文化都以其文化理想引领着东方文明的进程。中原文化产生的新思想、新知识、新技术有力地推动了中国经济社会的发展，对中华民族精神的塑造发挥了重要的作用。中原文化正以其无可比拟的系统性、丰富性、完整性，为中国经济社会的发展提供不竭的智力支撑。在河南乡村振兴战略中，应注重打造中原文化品牌，带动经济社会发展。

参考文献

［1］新华网.习近平强调，贯彻新发展理念，建设现代化经济体系［EB/OL］.［2017–10–18］（2018–04–02）.http：//www.xinhuanet.com/politics/2017/10/18/c_1121820551.htm.

［2］新华社.中共中央　国务院关于实施乡村振兴战略的意见［EB/OL］.［2017–02–04］（2018–04–02）.http：// www.gov.cn/zhengce/2018–02/04/content_5263807.htm.

［3］新华网.谱写新时代乡村全面振兴新篇章——2017 年中央农村工作会议传递六大

新信号 [EB/OL]. [2017-12-30] (2018-04-02). http: //www.xinhuanet.com/2017-12/30/c_
1122188285.htm.

[4] 河南日报网. 乡村振兴河南该如何做? ——乡村振兴战略研讨会发言摘要 [EB/
OL]. [2017-12-07] (2018-04-02). http: //www.henandaily.cn/content/fzhan/2017/1207/79000.
htm.

[5] 郭晓鸣. 实施乡村振兴战略的路径选择与突破重点 [EB/OL]. [2017-12-11]
(2018-04-02). http: //www.snsc.gov.cn/decision/4534.htm.

(作者分别系商丘师范学院科研处教授、商丘师范学院

科研处工作人员)

构建农村普惠金融体系　促进乡村集体经济振兴：叶县观察

黄良杰

摘　要： 乡村集体经济振兴，既是一个经济问题，更是一个政治问题。促进集体经济的振兴，需要从政策、技术、人力资源、资本等方面进行系统安排。本文在叶县调研基础上，采用归纳分析方法，分析了普惠金融理论内涵，阐述了农村普惠金融促进乡村集体经济振兴的理论逻辑，通过叶县的观察，分析了构建农村普惠金融的关键要素，提出了构建农村普惠金融体系的具体措施，具有经济与政治上的现实意义。

关键词： 普惠金融；金融排斥；乡村集体经济；乡村振兴

一、引　言

中共十九大报告提出乡村振兴策略之一就是壮大农村集体经济。作为公共财政在乡村的延伸，农村集体经济的发展是乡村组织的正常运转，建设新型农村和美丽乡村的重要基础。发展壮大村集体经济，既是一个经济问题，也是一个政治问题。乡村集体经济如果得到有效的发展壮大，将会筑牢农村基层基础，促进农村经济高效发展和农业现代化建设。同时也会改善干群关系，促进农村干部队伍的稳定。2017 年 10 月 25 日至 11 月 3 日，我们有机会到河南省叶县进行扶贫工作调研，在调研过程中我们发现乡村集体经济十分薄弱，甚至存在"空壳村"现象。一般情况下，乡村集体经济发展缓慢主要原因有：一是自然禀赋差。主要表现在地理位置偏僻、交通不便、信息不对称、可开发利用资源较少且资源流动性差。二是技术落后及人才缺乏，经济的发展空间小。三是实行联产承包责任制之初，部分乡村对集体资产搞"一刀切"，大多数集体资产流转至农户手中，村部留存少，造成原有集体资产流失、积累减少。四是缺乏足够扶持的资本。传统上，金融一般遵循"二八定律"，即 20% 的客户创造 80% 的利润，主要服务于那些规模大、信用好、业绩好及发展前景好的大企业等优势群体，对于那些地处偏远乡村的弱势群体来说，产生了金融排斥（Financial Exclusion）。那些资源少、收益低、流动性差的乡村集体经济，更是难以获得金融服务。

2005 年，联合国根据 20 世纪七八十年代印度、孟加拉及南非、拉美等国家和地区经验，提出了普惠金融（Financial Inclusion）理念及概念。普惠金融理念最大的突破在于改变传统金融"二八定律"，使弱势群体及偏远乡村也能公平享受金融服务。此后，联合国又与世界银行、全球普惠金融合作伙伴（GPFI）等多个国际组织持续推行普惠金融理念，截至 2016 年底，已有 57 个国家加入《玛雅宣言》（*Maya Declaration*），开始构建国家层面的普惠金融体系，推动普惠金融实践。中国同样将普惠金融定为一项国策，中共十八届三中全会明确提出要发展普惠金融。2015 年《政府工作报告》提出，要大力发展普惠金融。同年，中国银监会设立普惠金融部。2016 年国务院印发《推行普惠金融发展规划（2016~2020 年）》（以下简称《规划》），这标志着我国普惠金融顶层设计的初步形成。

根据《规划》，到 2020 年，要基本实现乡乡有机构，村村有服务，乡镇一级基本实现银行物理网点和保险服务全覆盖，巩固助农取款服务村级覆盖网络，提高利用效率，推动行政村一级实现更多基础金融服务全覆盖，显著改善居民金融服务的便利性。本文拟从乡村集体经济振兴需求角度，提出农村普惠金融体系构建思路及其促进农村集体经济发展逻辑，并提出了政策建议。

二、普惠金融内涵及其意义

（一）普惠金融的内涵及其特征

2016 年的《规划》将普惠金融定义为：立足机会平等要求和商业可持续原则，以可负担的成本为有金融服务需求的社会各阶层和群体提供适当、有效的金融服务。而世界银行则将普惠金融定义为：在没有价格和非价格方面的障碍情况下，能够广泛获得金融服务，能够为社会所有阶层和群体提供合理、便捷、安全的金融服务的一种金融体系。从这两个定义可以看出普惠金融的四个特征，即机会平等、价格合理、可获得性以及便捷性。

机会平等主要是指普惠金融的包容性（Inclusion），为传统金融难以服务到的弱势群体提供服务。传统金融弱势群体通常会因为信用低、地处偏远或偏僻、流动性差、缺乏抵押物、金融服务成本高等导致无法获得金融服务。

价格合理即金融服务成本可负担。任何金融服务都会产生一定成本，只是对于多数群体来说，主要依赖银行等金融机构获得间接金融服务，在市场机制驱动下，金融机构本身也是逐利主体，付出的服务成本必须有回报。对弱势群体来说，由于其信用低、流动性差和信息不对称等原因，大大提高了服务成本和风险，导致许多金融机构因为成本原因放弃面向该群体的服务，产生了金融排斥。

价格合理则表明普惠金融具有一定的公益性，这种公益性取决于政府与市场的协作（安于宏，2017）。政府主要从外部愿意提供金融服务环境，市场则需在商业模式变革、可持续前提下，推动金融技术创新，不断降低服务成本，促进金融服务全覆盖。

可获得性是指普惠金融必须做到服务全覆盖，所有弱势群体均能获得金融服务。这就需要金融部门不断创新金融产品，构建多元化金融服务体系，使得社会各阶层均能享受到金融的雨露甘霖。

便捷性是指金融服务不仅需要做到全覆盖，还需要做到快捷方便，更需要金融在技术方面不断创新，不断提升所有居民金融服务的获得感和满意度。

(二) 普惠金融的意义

普惠金融的意义主要体现在经济与政治两方面。

在经济上，普惠金融的普及可以促进国家和地区经济均衡和包容性增长。普惠金融通过不断创新产品和服务，构建多元化产品和服务体系，不断扩大金融覆盖范围，使最广大人民和企业特别是弱势群体均能机会均等地获得金融服务，抑制金融排斥，促进经济可持续增长（Beckt 等，2004；李涛等，2016）。

在政治上，普惠金融的发展可以使金融产品和服务做到全覆盖，社会弱势群体能够通过普惠金融体系得到金融扶持，改善自身境况，促进社会和谐发展。尤其对于那些地处偏远或偏僻的乡村来讲更为重要，不仅可以通过普惠金融促进地方经济的提升与发展，更有利于乡村基层组织的稳固，有利于干群关系的改善，有利于乡村振兴和美丽乡村建设。

三、普惠金融促进乡村集体经济振兴的理论逻辑

(一) 乡村集体经济与金融排斥

传统上，集体经济发展为我国经济与社会发展做出了非常大的贡献。但随着市场经济的不断推进，集体经济在国民经济发展中的地位有所下降，其在金融服务获得上也呈逐步下降趋势。目前，对农村地区来说，金融宏观渗透度和微观使用度均不高，且效用度较低（栗芳、方蕾，2016）。基于我们对叶县乡村集体经济的观察，发现金融服务的获得性比较差，产生了金融排斥。导致这一现象的原因主要来自乡村集体经济内、外部两方面：

从乡村集体经济外部来看，一是基层政府对农村基础设施投入整体较少，对基层农村金融普遍重视不够（栗芳、方蕾，2016），导致农村金融宏观渗透度和微观使用度均不高，这种现象亦波及乡村集体经济，使得乡村集体经济金融服务可获得性差。二是对于传统金融机构来说，由于信息不对称，无法做到对乡村集体经济的信用做出合理评估。同时，由于一般乡村集体经济地处偏远，金融服务成本往往比较高，使得部分金融机构没有意愿在农村布设网点，提供金融服务。三是目前农村征信体系及监管等制度和手段

不完善，也导致农村金融服务风险较高。

从乡村集体经济内部来看，一是目前乡村集体经济企业可利用资源较少，且相当部分资源产权不明、估值不清、可抵押性差。二是乡村集体经济人才缺乏，尤其是懂得经营和具备金融素养的人才更是奇缺，使得大多数乡村集体经济企业不知道如何获得金融服务。三是由于乡村集体经济企业技术相对落后，集体经济企业业绩与可持续性相对较差，导致了较高的财务风险，使得部分金融机构提供金融产品和服务的意愿不强。四是由于乡村集体经济收益和流动性不高，违约现象时有发生，使得一些乡村集体经济不容易获得金融服务。五是由于政府补贴的存在，使得一些乡村集体经济不愿意通过市场机制获取金融服务。

（二）普惠金融促进乡村集体经济振兴的逻辑分析

金融排斥与普惠金融事实上是一个问题的两个方面。由于金融排斥的客观存在性，导致传统金融机构在金融产品和服务提供上对弱势群体或偏远、偏僻地区存在歧视的客观性。从而导致金融资源在空间配置上存在较大差异，使得经济发达地区、大城市、优势群体及优势产业等金融基础设施、金融产品和服务等金融资源配置高，金融服务基础条件完备，金融密度高。而在经济不发达、交通不便利、农村弱势群体及弱势产业等方面金融资源配置密度小，金融服务基础条件相对不完备，因而导致这些地区获得金融资源机会不公平、不均等，金融服务成本高，反过来又进一步加深金融排斥。乡村集体经济正是处于这样一个境地，从而进一步抑制了乡村集体经济的振兴与发展。

普惠金融事实上是对金融排斥的对冲，通过技术创新、产品和服务的创新，在政府与市场双重机制协调下，提升金融资源配置成本可负担性，促进金融资源供给侧改革，构建多元化金融产品和服务及空间体系，提升经济不发达地区、偏远或偏僻地区、农村等地区及弱势群体的金融密度，促进金融资源空间合理配置，从而促使这些地区和弱势群体的经济振兴与发展，更加助力于乡村集体经济壮大，促进乡村集体经济振兴。

四、农村普惠金融体系的构建：叶县观察

（一）农村普惠金融体系构建的关键要素

根据 2016 年《规划》的精神，发展普惠金融应遵循健全机制、持续发展，机会平等、惠及民生，市场主导、政府引导，防范风险、推进创新，统筹规划、因地制宜五项基本原则。结合我们在叶县的观察，构建农村普惠金融体系首先要考虑以下几个因素：

1. 政策扶持

政府应当出台相应普惠金融扶持政策，调整监管和考核制度，鼓励技术创新以及金融产品和服务创新，鼓励金融机构开放与竞争，促进金融部门相互交流与学习。这里需要注意的是，由于农村金融服务风险高、成本高，完全依赖市场机制促进普惠金融发展难度比较高，因而政府必须适度对市场失灵进行干预，但需要很好把握政策的拿捏度，既要做到有利于普惠金融推广，又要防止过度透支弱势群体信用，引发社会群体乃至政治问题。同时，还需要注意，普惠金融不是政策性金融，必须走市场化道路，建立竞争机制，促其筑牢风险意识。

2. 金融基础设施的投入

建立快捷、便利、高效的支付系统是普惠金融发展的关键第一步。特别是小额支付系统尤为重要，因为弱势群体主要办理小额支付业务。同时，还需要构建弱势群体的征信系统，有利于弱势群体在获得金融服务时降低成本，提升金融服务的时效性。

3. 金融产品、金融服务及技术创新

由于大多数传统金融产品、服务及技术均是针对优势群体设计的，必须创新符合弱势群体的金融产品、服务和技术，以利于普惠金融的推广。

4. 风险和监管机制

普惠金融发展不是放弃风险评估与防范，相反，更需要进一步对风险加强监督。同时，需要进一步加强金融监管。由于普惠金融主要面向弱势群体，一旦出现风险问题，其引发的不仅仅是经济方面的问题，更可能引发社会问题，因而需要加强监督，构建责任追踪制度。

5. 数据统计

政府部门应该持续利用互联网技术，进行广大普惠金融数据的统计与整理，设立区域乃至全国数据处理中心，确保能够从不同层级金融机构科学合理地分析普惠金融数据，提升金融数据服务质量，提升普惠金融服务便捷和时效性，更有利于普惠金融相关政策的制定。

6. 居民金融素养教育与提升

政府部门应当积极采取措施，加大弱势群体的金融素养教育，提升其金融判断能力，促其提升金融服务获得能力。

（二）叶县普惠金融发展的经验

叶县辖 18 个乡镇（街道）、553 个行政村，总人口 87 万，是河南省级重点贫困县，有重点贫困乡镇 11 个、贫困村 120 个。我们调研过的每个乡、村集体经济均未得到很好的发展，许多乡村集体经济几乎是空白的。由于贫困乡村往往都处在偏远地区，交通不便，农民资产沉淀较多，可流动性差，所以农民信用不好评估与计量，金融信用可获得性差。基于这种现状，除了传统金融机构加大网点建设，积极创新机制，拓展金融服务以外，叶县还从 2006 年开始，在国家扶贫办的指导下，规范发展农民资金互助合作社（以下简称"互助社"）。"互助社"设在行政村内，登记为非营利性组织，不跨行政村设社、开展业务，互助资金在"互助社"内封闭运行，有借有还、周转使用、滚动发展、利益共享、风险共担，自我管理、不可吸储、不可开展非许可的经营业务。单个"互助社"种子资金从最初每家 10 万元，发展到现在每家 15 万~50 万元，十年来，叶县农民资金互助合作社已发展到165 家，金融服务覆盖了叶县 120 个贫困村，全县"互助社"的资金规模达到 6000 多万元，累计发放借款 2.2 亿元，助推 5000 余户贫困户稳定脱贫。互助资金成为贫困村自我管理、自我发展、自我监督，良性运转的"小银行"，成为贫困村脱贫致富的稳固靠山。被称为扶贫资金管理的"叶县模式"，亦是典型普惠金融模式。

（三）农村普惠金融体系的结构与内容

根据上述要素分析，结合叶县普惠金融发展情况，农村普惠金融体系可以从金融机构、金融网点分布、金融产品服务和技术等方面着手构建。

在金融机构方面，在传统银行金融机构（主要是中国农业银行、区域银行及农村信用联合社）以及农业保险公司等基础上，利用市场机制，鼓励成立竞争性小贷公司、村镇银行，以及农民资金互助合作社，从县、乡、村三个层面，构建立体化、多元化互补体系。

在金融网点分布上，以市场为主导，做到县城有银行、保险等传统金融机构网点，在乡镇有具有竞争性的小贷公司和村镇银行网点，村庄有农民资金互助合作社网点。

在金融产品服务和技术上，主要根据实际业务需要，开发面向农村农户、小微企业、集体经济，设计合理的金融产品，利用互联网技术提供金融服务，利用乡村"熟人社会"的特性，进行征信数据搜集与整理，构建适应农村的信用服务体系。

在数据统计方面，可以借助市场机制，联合金融机构和企业，建立县级金融数据处理中心，利用互联网、云数据等技术，促其全国联网，储存普惠金融数据档案，以期降低普惠金融服务成本，提升普惠金融数据服务质量，为防范普惠金融风险、制定普惠金融相关政策提供参考。

五、结论与局限

实现乡村振兴战略的重要途径之一就是壮大乡村集体经济。但由于乡村集体经济内外部因素影响，导致乡村集体经济客观存在自愿和非自愿接受金融排斥现象。普惠金融的兴起和发展，特别是在农村地区建立健全的普惠金融体系，能够起到对冲金融排斥的作用，有利于促进乡村集体经济振兴与发展，从而筑牢农村基层基础，促进农村经济高效发展和农业现代化建设，这在经济和政治上具有现实意义。

但由于我们在叶县调研时间短，调研范围仅局限于叶县，许多数据没有很好地搜集，所以，上述结论只是通过观察得到的结果，希望后期能够进一步扩大调研范围，搜集到更为广泛、翔实的数据，对普惠金融的作用机理做出科学合理的实证研究，将有利于提出更加合理、科学的政策建议。

参考文献

[1] 安于宏.普惠金融 [J].宏观经济管理，2017（1）.

[2] 李涛，徐翔，孙硕.普惠金融与经济增长 [J].金融研究，2016（4）.

[3] 栗芳，方蕾."有为政府"与农村普惠金融发展——基于上海财经大学 2015"千村调查" [J].财经研究，2016（12）.

[4] 石盛林.县域金融对经济增长的影响机理——基于 DEA 方法的前沿分析 [J].财贸经济，2011（4）.

[5] 吴国华.进一步完善中国农村普惠金融体系 [J].经济社会体制比较，2013（4）.

（作者系河南牧业经济学院金融学院教授）

推动工商资本下乡 助力河南乡村振兴

李兴民

摘 要：工商资本下乡的动力越来越强，工商资本下乡有利于加快农业提质增效，对农产品供给失衡、农业品牌缺失都有着更为有效的解决办法。地区的特色资源、农村支持政策、龙头企业发展内驱力和下乡人才是带动工商资本下乡的重要因素，而交易成本高、产权发育水平低、市场风险高、软硬环境欠佳等则是当前制约工商资本下乡的主要问题。目前，工商资本下乡已经进入关键期，需要加强对工商资本下乡的认识和把握，在下乡发展过程中着力处理好四个结合。

关键词：工商资本下乡；乡村振兴；提质增效

一、工商资本下乡有利于农业提质增效

工商资本下乡是城市发展到一定阶段对农业农村的一种反哺。当工业化和城镇化推进到较高阶段时，城市资本出现溢出效应，工商资本就会主动下乡寻求市场空间。正是在这样一种作用机制下，新时期的工商资本下乡相比以前就具有了更强的内在驱动力。一方面，乡村资源更有市场，近两年优质农产品销售和乡村旅游都呈现快速增长，消费者对高质量农产品和乡村养

老、乡村旅游都有着更为迫切的需求；另一方面，随着互联网的迅速发展，城市乡村之间通过网络更加紧密地联系在一起，破解了以往农村信息孤立的状态，乡村资源上行更加便捷。目前，我国不少发达省份在工商资本下乡方面已经取得一定成效，有先进经验可以借鉴，工商资本已经成为这些地方农业农村发展实现提质增效的关键力量。工商资本下乡骨子里是对传统农业农村进行的改造，伴随着资本下乡，人力资源、创新技术、现代管理跟着下沉到乡村，有利于农业提质增效。

一是有利于破解长期以来农村市场化不足的问题。长期以来，广大农村都难以有一个顺畅的发展机制，原有一家一户的分散经营方式，既不利于科技水平的提升，也难以直接走入终端市场。工商资本下乡有利于与市场进行对接，更容易产生出具有竞争力的农业企业，更加市场化地解决农业问题，对于农产品出现的供给失衡、规模化不足、农业品牌缺失都能提供更为有效的解决方法。

二是工商资本下乡有利于对农村经营主体的整合。在现代农业的发展模式之下，农业比拼的是品牌、规模、效率，工商资本下乡会加速对地方农业经营者主体进行整合，与农户建立紧密的利益联结机制，形成快捷紧密的组织形态，提升整个农业的质量效益，带动农民就业增收。

三是工商资本下乡有利于实现三次产业融合发展。在广大农村地区，只有以农业为基础进行第一、第二、第三产业的融合才能实现产业兴旺。工商资本进入农村从事第二、第三产业可以对当地发展进行较高层次的战略性引领，从产业高端对整个产业链条进行辐射，带动农村农业发展。

二、当前河南省工商资本下乡的四种类型

近年来，随着河南省工业化、城镇化的快速推进，工商资本下乡的情况越来越多。工商资本投入主要聚焦在特色农产品、农产品加工、乡村旅游、乡村养老和特色小镇建设方面。当前，吸引工商资本下乡的因素是多重的，主要包括资源要素吸引、支持政策引导、龙头企业自身发展驱动、返乡人才创业带动等方面，河南省也出现了像浚县中鹤、新野肉牛、神垕小镇等不少典型案例。

（一）特色资源引导型

特色资源引导是当前工商资本下乡中最常见的类型。工商资本下乡本质上是城市现代要素与乡村土地资源、绿色生态资源、特色文化资源的有机结合，因此特色资源是影响工商资本下乡最重要的因素之一。像比较优势突出的特色农业集群就适合工商资本直接投入进行产品加工或者品牌化运作营销。例如，河南省延津小麦以其优良的品质吸引克明面业、酒鬼酒等一大批知名企业投资，茅台集团在此共建 2 万亩有机小麦生产基地。像生态资源丰富、有文化内涵的地方就更适合发展乡村旅游、乡村养老和特色小镇投资建设。河南省的许昌神垕小镇、温县太极小镇、墨子古街景区都是受特色资源吸引驱动工商资本下乡。

（二）支持政策引导型

近年来，国家对农业农村发展扶持力度持续增强，深化农村产权制度改革、支持三次产业融合发展、培育新型经营主体、坚决打赢脱贫攻坚、提升农村基础建设等政策吸引了一大批工商资本下乡。像不少工商资本投入土地流转搞规模经营，一方面是被政府流转土地的补贴政策所吸引，另一方面则是认为规模经营契合国家产业政策，对农业农村发展在政策面上有较好的预期。像近年来全方位的扶贫政策，有效改善了农业农村长期以来发展上的弱势地位，甚至对一些贫困农村具有重塑发展条件的意义。2016 年，全省 53个贫困县同步开展统筹整合使用财政涉农资金试点工作，发挥政策资金的导向性和杠杆作用，带动不少企业直接对接产业扶贫。兰考是国家首个农村普惠金融试验区，通过政策的引导支持，兰考小微企业遍地开花，并且有多家上市公司落户。

（三）企业发展驱动型

涉农龙头企业面对互联网时代新的发展要求，面对消费者对农产品绿色安全、特色品质的更高需求，不少企业制定了三次产业融合发展的企业战略，通过向农业产业链上下游延展注资，加速对产业链上下游资源的整合，实现对产业链源头农业生产环节的控制。这些企业通过自身发展带动工商资本下乡，促进产业纵向一体化，提升了本地农业产业的组织效率。如河南万庄原来是一家供应农资的化肥企业，在新的发展环境下万庄构建"生产—电商平台—销售"的垂直经营模式，集农资大宗商品交易、物流园区运营、仓储配送、互联网金融发展于一体。众品食业利用自身优势搭建平台，依托原有的线下行业内资源，整合行业内的流通资源，发展壮大成立鲜易子公司，创新农企新商业发展模式。

（四）人才下乡带动型

河南是农业大省和农村人口大省，近几年回流返乡创业人员多。这些人才回流农村，带回新技术、新思维，为农村带来了新的发展动能和资本。例如，汝州市通过打造云绣纺织特色小镇吸引返乡人员创业，小镇承接浙江、广东等沿海地区纺织产业链的转移，已有浙江、绍兴返乡的百家企业设备入驻园区并投入生产。近几年依托互联网电商，焦作博爱许多年轻人下乡成了"澡巾王""山药哥""丸子姐""博爱山妞""花仙子"这样的本土电商，其中焦作博爱马营村澡巾在国内市场的份额持续扩大，目前市场占有率已经超过 55%。

三、当前河南省工商资本下乡存在的主要问题

目前，河南省工商资本下乡处于关键发展阶段，工商资本下乡的积极性、发展模式及效果关系着农业农村的发展质量。一些地方成功借助工商资本下乡，农业供应链更加顺畅，已经开始走上品牌化、规模化、集群化发展道路；一些地方成功借助工商资本下乡，农业的多种功能得到有效拓展，特色小镇、乡村旅游红红火火，从更高层次带动了农业农村的发展。但总体来看，河南省工商资本下乡水平不高、规模不足、带动效果不强，存在交易成本高、产权市场发育水平低、市场风险高、软硬环境欠佳等突出问题。

（一）交易成本高

当前河南省农业生产仍然以分散兼业经营为主，农村经济组织较弱。工商资本下乡过程中缺乏强有力的农村经济组织来承担起有效对话任务，导致

谈判不顺利、对话效率低、交易成本高。目前，工商资本下乡谈判对话主体主要有三种：一是分散农户，二是村集体，三是地方政府。与分散农户打交道容易出现对话不对等问题，并且由于农户缺乏经济理性和契约精神导致对话低效；与地方政府谈判容易出现地方政府受利益裹挟，牺牲掉小农户利益的现象；而河南省大部分村级集体经济薄弱，组织涣散，村组织缺乏公共组织协调能力，不能提供有效的服务支撑。

（二）产权市场发育水平低

工商资本下乡的过程中，像特色小镇的开发和规模种养殖都会遇到土地流转的问题，而当下热门的"旅游+文创+老屋"也需要解决农村闲置资源的利用问题。河南省的城镇化进程慢，滞留在土地上的农民人口众多，这又给土地流转带来难度。目前，河南省土地承包经营权的确权虽然已经完成，但是还没有完全给它赋能，无法流转交易。绝大多数地区农村产权交易中心处于初步发展阶段，只是为农村交易双方出具产权交易鉴定书，大部分还不能进行抵押融资。宅基地的"三权分置"还没有深入展开，集体产权制度改革也处于一个探索阶段，集体建设用地、闲置农房，以及如何调整土地权属来盘活土地要素都缺少鲜明的制度规范。

（三）市场风险高

农村政策红利不断释放，增强了工商资本下乡的意愿，但农业和农村的发展环境却决定了工商资本在从事经营活动面临着高风险。一是农业金融保险支持不足。农业发展中面临的自然非可抗因素多，工商资本下乡对融资服务需求呈现多层次、多元化趋势，但是大部分地区农村金融机构服务能力还相对偏弱，并且现行的金融保险体系多以小农户为主，针对大规模工商资本的政策支持少。二是对产品的供求变化估量不足。工商资本下乡为农村带来了活力，工商资本下乡为城市居民提供了特色农产品，如手工制品、乡村旅游、乡村养老等，如果产品没有销路，工商资本也会丧失下乡的意愿和动力。最近一些地方的特色农产品发展起来，却烂在地头，主要原因还是缺乏市场信息，对产品市场的供求估量不足。三是缺少专业化农业创业服务组织。专业化的农业服务组织能为农业企业提供更丰富的资源，对创业主体给予专业的指导和资金支持。例如，四川省鼓励支持成立专业的农业创投公司，由政府财政注资成立，对创业者从立项开始遇到的发展难题提供服务方案。

（四）软硬环境欠佳

工商资本下乡过程中遇到发展软氛围和硬件基础都欠佳的状况。一是缺乏新的发展思维。在以往工商资本下乡过程中，工商资本曾陷入与民争利的窘境，究其原因还是因为发展粗放，没有给农村带来先进的技术经验，没有扎实的品牌效应，无法和小农户建立利益联结机制。农业发展必然走质量农业、品牌农业、绿色农业道路，这些发展思维还是没有深入人心。二是缺少创新创业主体。目前看来，在农村进行创新创业的主体仍然有限，无法为农业规模化经营提供有效的服务，不能为农村发展提供良好的发展生态。返乡创业人群还没有形成一定规模，从事农村电商、微商，去宣传农村好产品、美丽乡村的人员还欠缺。三是农村硬件基础欠佳。工商资本下乡发展中对基础建设的要求比较高，如发展特色小镇如果基础建设条件差的话，工商资本下乡进行经营还需要大量资金进行改造；还有一些特色农业集群如果周边物流仓储环境不佳也会影响工商资本对其进一步投资发展的意愿。

四、河南省工商资本下乡要做好四个结合

通过工商资本下乡的四种形式我们可以看到，地区的特色资源、农村支持政策、龙头企业发展内驱力和下乡人才都是带动工商资本下乡的关键因素。但是工商资本下乡过程中面临交易成本高、产权市场发育水平低、市场风险高、软硬环境欠佳等问题，总体还是因为河南省处于工业化、城镇化偏低的阶段，城市对农村的辐射带动不强，农村市场发育不充分，需要加强对工商资本下乡的认识和把握，在下乡发展过程中做好四个结合。

（一）与农业转型升级发展相结合

工商资本下乡过程中需要结合农业转型发展，大力发展新主体、新产业、新业态，实现质量兴农、绿色兴农、品牌强农。一是促进小农户与现代

农业发展有机衔接。打破原来以小农经济为主的生产体系，引导推动工商资本与合作社、小农户建立紧密利益联结关系，通过保底分红、股份合作、利润返还等方式，实现农民分享农业全产业链增值收益，并且政府要加强产业引进、吸纳、分流农业剩余劳动力。二是鼓励发展新产业、新业态。加强对新技术应用的政策支持，提升创新氛围；实施农产品电子商务发展工程，鼓励大型电商集团进入农村，带动新型经营主体开展网络销售，鼓励返乡创业人员、大学生、军人入驻创业；严格工商资本投资农业的发展范畴，允许其投资现代种业、种植业、养殖业、农产品加工业、农产品流通业、农业生产性服务业，以及农村电商、农村养老、乡村旅游等重点领域；选择资源条件好的村庄免费对其进行宣传，加强其文化资源的萃取提升，打造发展一批网红乡村旅游村。三是树立品牌兴农意识，加快推动形成农产品优势区。河南省平原农区县多，可以在旅游资源匮乏地区布局一些高科技农业示范园区，以吸引更多的工商资本下乡打造以农文化为背景的集教育—生态—休闲等于一体的综合农业体验园区；在优势农业集群周边设立中转站、农产品批发市场，加强基础能力建设，形成以"农业产业集群+仓储+物流"为一体的物流网络体系，加快形成区域品牌。

（二）与集体经济组织建设相结合

工商资本下乡需要和农村经济组织建设相结合，以提升对话效率。保护农民利益和提高农民的组织化程度是对农村经济组织的内在要求，发展强大的农村集体经济组织是提升谈判话语权的有效途径。一是激活集体资源要素。引导通过资源变股权、资金变股金、农民变股民等市场化的办法和手段激活资源要素，增加集体收入。二是大力发展合作组织。合作组织实行"民办、民管、民受益"的原则，既可以把村两委解脱出来，让群众唱主角，也可以让村级组织通过服务增加收入。三是建立稳固的契约关系。利用市场规则，形成风险共担、利益共享的集体经济组织，依法建立集体与个体之间的契约关系，引导推动工商资本与合作社、小农户建立紧密利益联结关系，通过保底分红、股份合作、利润返还等方式，实现农民分享农业全产业链增值收益。

（三）与农村产权制度改革相结合

工商资本下乡需要和农村产权制度改革相结合，以实现资源变资产，使城乡资源有序流动对接。一是加快探索农村产权制度改革。在承包经营权确权的基础上，进一步扩大农村要素确权范围，尤其对宅基地、集体建设用地、林权、水权、住房等多种资产性要素，要坚持"应确尽确、能确尽确"的原则，为工商资本下乡对接农村要素，打好制度基础、做好技术支撑。二是加快产权赋能流转。建设农村产权交易平台，建立省市县三级联网的交易体系；探索盘活利用农村闲置宅基地和农房，增加农民财产性收入。三是优化村庄用地布局。在符合土地利用总体规划前提下，允许县级政府通过村土地利用规划，调整优化村庄用地布局，有效利用农村零星分散的存量建设用地；落实城乡建设用地增减挂钩节约建设用地指标，优先用于发展休闲农业和乡村旅游。

（四）与农业支持政策转型相结合

工商资本下乡需要和农村支持政策转型相结合，地方的支持政策应从单纯的补贴、吸引，过渡到以增强企业竞争力为导向。改变主要依靠行政手段配置资本的方式，建立开放度高、以金融为主体的资本运作方式。一是加快建立多层次农业保险体系政策。郑州商品交易所的棉花和白糖"保险+期货"试点等已经积累了经验，继续复制探索农业保险模式，利用涉农资金成立区域性专业保险公司。二是加强构建多层次的农村金融体系的政策。支持发展农村"普惠+特惠"金融，用普惠提升金融服务的覆盖面和供给规模，特惠重点对接龙头企业实现带动发展；建立工商资本下乡动态监测制度，增强对其动态监管，避免企业对财政资金的裹挟，根据监测结果进行授信。三是加强对信息服务公共供给水平的提升。探索整合涉农资金扶持成立农业创业中介服务公司，多方位收集整合丰富的资源，对创业主体进行服务支持，并且为创业主体提供公益性市场信息资讯。

参考文献

［1］郭钺，何安华.社会资本、创业环境与农民涉农创业绩效［J］.上海财经大学学报，2017，19（2）.

［2］叶晓欢，周宇飞.农民工返乡创业金融支持体系研究综述［J］.时代金融，2016（27）.

（作者系河南省人民政府发展研究中心科研人员）

乡村振兴背景下发展壮大村级集体经济的制约因素与建议

刘　攀

摘　要： 近年来，随着城市工商资本下乡，村级集体经济在资产总量、发展模式、经营状况等方面发生了显著变化，作为农村统分结合的双层经营体制的重要形式，村级集体经济是实现乡村产业振兴、人才振兴、文化振兴、生态振兴、组织振兴的重要组织载体，是实现农村产业兴旺、生态宜居、乡风文明、治理有效、生活富裕的物质基础，壮大村级集体经济对落实乡村振兴战略具有重要意义。

关键词： 集体经济；乡村振兴；制约因素

我国宪法第八条规定："农村集体经济组织实行家庭承包经营为基础、统分结合的双层经营体制。农村中的生产、供销、信用、消费等各种形式的合作经济，是社会主义劳动群众集体所有制经济。"中共十九大提出：实施乡村振兴战略，深化农村集体产权制度改革，保障农民财产权益，壮大集体经济。习总书记也多次强调，要"积极探索发展农村集体经济的具体形式和路子"。

一、村级集体经济发展现状

（一）总体发展水平不高

就河南省的情况而言，大致可分为四类：第一类是经济发展状况较好，村集体经营收益较为可观，年均收入在 5 万元以上，村级组织号召力较强，发展势头较好。第二类是村集体经济发展薄弱，经营渠道单一，年均收入在 5 万元以下。第三类是村集体无任何经营收益，村级组织"无钱办事""无力办事"等问题突出。第四类是村级组织债务负担沉重，入不敷出。目前，河南省村级集体经济发展状况较好的村庄占比不超过 25%，总体发展水平不高。

（二）发展方式多种多样

2015 年以来，作为全国扶持村级集体经济发展试点省份之一，河南省选取了 846 个试点村，投资 22.5 亿元，通过与美丽乡村、脱贫攻坚等相结合，多措并举，发展壮大了村级集体经济，其发展大致有五种模式：

一是资源开发型。通过开发当地土地、山林、水面、滩涂、自然风景、民族文化、水资源以及太阳能等自然资源的经济潜力，将资源优势转化为经济优势，带动村级集体经济发展。

二是资源整合型。通过盘活闲置的场地、校舍、仓库、礼堂、祠堂等集体资产，开展集体土地整理、宅基地复垦、土地流转等，挖掘农村集体经济增长点。如三门峡渑池县天池镇东杨村以省集体经济试点建设为契机，通过土地整理，建成两栋 1620 平方米的猪舍，成立了集体经济项目光大牧业有限公司。投产后，村集体每年可获得净收入 20 余万元。

三是中介服务型。由集体经济组织组建中介服务组织，围绕农业生产、乡村旅游、仓储物流、居民生活等提供生产、生活服务，为村集体获取收入。如洛阳市嵩县大坪乡流涧峪村、旧县镇白庄村成立专业合作社，围绕农事生产，提供全程劳务服务，平均每村可获得年收益 7 万~10 万元。

四是产业配套型。靠厂、近城、邻矿的村庄，通过发展关联配套产业，开展产、购、销、加工"一条龙"服务，延伸产业链条，增加集体收入。如洛阳市洛龙区刘富村充分利用紧邻洛阳钢厂的优势，大力发展钢材加工产业，现有企业 30 余家，主要经营冷拔丝加工、仓储物流等。可获得村集体收入 280 余万元。

五是混合经营型。以村集体资产资源参股公司、合作社、龙头企业等为主，采取村企共建、合伙经营等多种形式，获得股份分红。如三门峡渑池县天池镇藕池村整合扶贫项目补助资金 300 万元，入股雪莲面业有限公司，按照 5% 的股份参与该公司分红，由雪莲面业有限公司每年以注入资金的 10% 作为保底红利支付给村集体。

（三）各地不断探索发展途径

目前，省内各地能够认识到乡村集体经济尤其是村级集体经济在解决"三农"问题中发挥的重要作用和价值，大部分地区都正在探索其发展壮大的具体路径。特别是河南省入选国家开展田园综合体建设试点省份以来，洛阳、鹤壁等地探索运用先建后补、贴息、以奖代补、担保补贴、风险补偿金等形式，撬动了金融和社会资本投向田园综合体建设，进而带动村级集体经济的发展壮大。

二、村级集体经济发展壮大的制约因素及原因分析

（一）发展基础薄弱

受小农经济、历史沿革等因素影响，一些行政村位置偏僻、资源贫乏，村集体经济在发展时一无资源二无资金，起步困难。究其原因主要有以下三方面：

一是集体资产稀少，"无米可炊"。家庭承包责任制、林权制度改革初期，绝大多数行政村都将集体土地、山林、水库等资产分包到户或组，留给村集体的资产很少。有集体资产的村庄，也因家底不清、管理不规范等原因，导致集体资产被贪占、挪用、浪费、低价承包、变卖，集体资产流失现象严重。

二是村级债务沉重，"雪上加霜"。村集体在进行基础设施建设、公益事业发展时，由于各种原因，产生了沉重的村级债务，入不敷出。对于地理位

置偏僻又无资源优势还背负着巨额债务的村落而言，发展壮大集体经济的艰难可想而知。如洛阳市嵩县 2016 年村级债务达到 11953.6 万元，平均每村 37.59 万元，最高的村达 800 万元。

三是日常开支大，"不堪重负"。基础设施建设、环境整治、绿化保洁、治安联防等是村级固定的支出项目，除此之外，公共事务支出、设施运营维护、报纸杂志订阅又呈刚性增长，除非有工商资本的强势进入和上级的专项拨款，否则村集体很难专门留出资金启动发展项目。

（二）发展层次较低

改革开放以来，河南省涌现出如竹林、刘庄、南街等集体经济明星村。但综观全局，村级集体经济总体起步晚、规模小、集约程度低，大部分处于产业链末端，初级产品多，精深加工产品少，科技含量低，附加价值低，缺乏龙头企业带动。究其原因主要有以下三方面：

一是经营者专业化程度低。村级集体经济组织经营者大都由村干部兼任，村干部在选拔时侧重的是其行政能力，而村集体经济发展要求的是市场化经营运作能力，选拔与实际需求的错位造成了经营者往往不具备市场经济发展的专业素质，同时，河南省村级集体经济的职业经理人选聘机制、中介市场都还不健全，加上村庄天然的封闭性、排外性，外来优秀人才很难进入。

二是项目发展短视化。村两委班子三年一届，更迭频繁，由于担心失去选票，村干部一般不会考虑时间长、见效慢的项目，更谈不上制定长期规划，这造成了村级集体经济组织在发展思路、经营理念上变动频繁，短视化现象严重。同时，对于村级集体经济经营管理者缺乏长效追责机制，负责人在经营上还存在一定程度的机会主义倾向，侧重于承揽工程等项目以谋取私利。

三是受客观条件制约。受地理位置、劳动力文化程度、资源禀赋以及城乡二元结构等客观因素制约，村级集体经济在发展时，往往只能被动选择进入处于第一产业、第二产业末端的生产、加工或资源供给或原材料、零部件粗浅加工等行业，缺乏市场竞争力。

（三）发展政策受限

农村地区经济基础普遍较差，单靠自身力量很难实现快速发展，需要政策、金融等方面的适度倾斜，带动村级集体经济发展。但现行政策不配套，特别是土地、金融政策方面，制约了村级集体经济的发展。

一是村集体建设用地指标不能满足实际需要。受土地利用总体规划和城乡建设规划限制，村集体没有农业用地转为非农用地的指标，一些必要的村集体经济营运设施无法正常建设，影响了产业发展。特别是一些针对农产品深加工及包装的生产厂房，因受土地政策限制，无法配套完善，村级组织想要提质延链，提高附加价值，不具备物质基础。同时，在发展农业产业时，一些必要的农业设施用地也存在违规建筑的风险。

二是担保融资困难重重。对处于逐步成熟阶段的村级集体经济，面临着进一步完善，进而做大做强的问题，需要"发展性"资金；处于较为薄弱的"空壳"村级集体经济，需要"启动性"资金。目前，村级集体经济组织作为特殊法人的法律权责尚不明晰，上述两种情况，如果以"村集体经济组织"的名义进行贷款融资往往比较困难，同时，财政扶持性政策资金一般都倾向于分配给合作社及家庭农场等相对具体和稳定的集体和个人，对于真正需求扶持的村级集体经济组织先天缺资产、后天无资金，生存和发展十分困难。从具体的金融政策来看，受村集体流转村民的土地、村集体投资形成的不动产、经营性固定资产等不能贷款抵押以及村集体争取国开行、农发行的项目必须由县财政部门担保等政策限制，导致了村集体企业在新上项目、扩大规模等过程中融资难度很大。

（四）发展动力不足

部分有资源、有条件、有发展基础的地区，村干部主动发展集体经济的意愿却不强，"等靠要"思想严重，分析其主要原因有：

一是升迁考核机制缺失。村干部属于村民自治体系范畴，游离于国家公职人员队伍之外，没有政绩压力和升迁考核压力，虽然国家倡导从村干部中选拔优秀者进入乡镇公务员队伍，但比例极低，且有年龄、学历等限制，不具备普适性。因此是否主动经营村级集体经济，往往只取决于村干部的主观意愿。

二是物质激励机制缺位。对于村干部来说，从事行政工作可获得固定补助（工资），但经营管理集体经济的报酬机制和利润分配机制却不明确，"干与不干一个样"。且目前村级财政收入不足，集体经济收益往往拿来补贴村委会的行政开销，也影响了村级集体经济组织的运行效率和进一步的发展。

三是现行补助标准较低。目前，河南省村干部待遇水平相较其他省份不高，也导致村干部发展经营村级集体经济动力不足。就拿洛阳市新安县来说，村两委成员每月分别补贴 1680 元、1380 元、980 元，处于全省村干部补贴的中高水平，但对村干部个人而言，相较其外出务工，尚不足其月收入的一半。

（五）发展人才匮乏

随着城市化、工业化的推进，农村往往留不住人，人才则更为缺乏。对于发展集体经济而言，主要是缺乏懂经营管理的领头人、农业技术人才和新型职业农民。实践表明，村干部特别是村党支部书记对发展村级集体经济的认识不足，发展意愿不强，管理经济工作能力较弱，是制约村级集体经济发展的核心问题。除此之外，现有职业农民队伍普遍存在人数少、年龄大、专业素质差的问题。同时，农业科技人才不足的问题也十分突出。

三、发展壮大村级集体经济的相关建议

（一）盘活资源，探索新路径

对于地理位置偏僻，缺资源、缺资金的农村地区，应抓住当前农村宅基地、集体产权制度改革的时间窗口期，盘活各类潜在资源，激发发展活力。对集体资产包括农民集体所有的土地、森林、山岭等资源性资产以及经营性资产和非经营性资产，进行确权登记，积极探索发展的新路径。

平整土地，扩大耕地面积。县、乡、村三级联合对辖区内零散土地进行规模化平整，使村界内田边地头、边界小路、沟坎渠道等非耕作土地实现耕作利用，新增土地可作为村集体资产，交由村集体经营，从中获得收益。

借助外力，增加资本收益。村集体盘活闲置或废弃的水井、池塘、沟

渠、校舍等公共基础设施资源，通过作价出售、出租或入股新进企业等途径，实现资本收益。

对接企业，获得中介收益。村集体组织作为村民代表，与新型农业经营主体或者企业谈判，雇用村民作为农业工人提供有偿服务，或取得部分产品、边角料处置权，获得中介收入。

（二）因地制宜，探索新业态

对于具备一定发展基础的地区，要突破农业单一发展的限制，整合资源优势，因地制宜，探索集体经济与农业生产、电子商务、文化旅游、养老、物业等产业融合发展，村集体从中获得经营性收入。

具有农业资源优势的村庄，村集体可通过土地流转，形成规模优势，发展特色农业和设施农业，采用"集体+生产服务"模式，通过提供技术、信息、物资、流通、仓储等有偿服务，发展生产服务型经济，增加村集体经营收入。

具有特色农业优势的村庄，村集体经济组织可采用"集体+电商"模式，与大型电商平台对接，将周边专业合作社、基地、农民个人的水果、蔬菜、草药、花卉等特色农产品汇集到电商平台，村集体统一负责线上运营、线下管理，从中获取中介费用收益。

具有旅游资源的村庄，应抓住河南省作为国家田园综合体建设试点省份的有利时期，主动对标，按图索骥。对于纳入田园综合体范畴中的村集体经济组织，可创办乡村旅游合作社，或与社会资本联办乡村旅游企业；未列入的，可对当地风景、山水、文化等旅游资源进行挖掘，探索"集体+旅游"模式，以村集体为主导，开发特色旅游资源，发展休闲农业、观光旅游、体验旅游等产业，获得收益。

留守老人较多的"空心村"等，村集体可针对空巢老人、留守老人的养老需求，利用集体用地或闲置的村办公用房、校舍等，探索"集体+养老"模式，发展养老事业。

具有相对区位优势的村庄，地处城郊接合部或中心镇村的村庄，村集体可探索"集体+物业"模式，对闲置的村办公用房、校舍、旧厂房等场所，进行更新，改造出租，提高存量资产利用率，增加村集体资本经营收益。

（三）增权赋能，探索新渠道

调整完善农村土地政策。将年度新增建设用地指标的 5% 用于农村建设，并优先安排村集体物业用地。

调整优化村庄用地布局。落实好设施农用地政策，有效利用农村零星分散的存量建设用地，预留部分规划建设用地指标用于单独选址的农业设施和休闲旅游设施等建设。

积极推进城乡建设用地增减挂钩。置换出的建设用地指标优先安排用于农村各类建设以及发展工业、商业、旅游、休闲等多种经营项目，节余指标经批准可以有偿调剂到城镇使用，其土地增值收益返还村集体所有，用于发展村集体经济。

给予新增建设用地指标奖励。在政策范围内，对于村集体经济组织利用收储农村闲置建设用地发展农村新产业、新业态的，给予重点奖励。

倡导农村集体经营性建设用地入市流转。在符合规划和用途管制的前提下，允许农村集体经营性建设用地出让、租赁、入股，实行与国有土地同等入市、同权同价，加快建立农村集体经营性建设用地产权流转和增值收益分配制度。

（四）加大支持，探索新模式

针对村集体经济组织普遍缺乏项目启动资金的情况，应按照先"输血"再"造血"的思路，通过政府扶持、项目整合、以奖代补等措施，支持村级组织和村干部因地制宜发展壮大村级集体经济。

强化财税政策支持力度。省、市、县财政安排专项资金，用于扶持村级集体经济发展。以县级为单位，整合相关涉农资金，在政策允许范围内，重点向村级集体经济项目倾斜，同时，村集体兴办的各类物业项目，依法依规减征免征相关税费，降低村级集体经济税费成本。

加大金融保险支持力度。推广卢氏金融扶贫模式，创新金融产品和服务，发展绿色金融、普惠金融，逐步实现行政村金融服务全覆盖，把村级集体经济组织纳入评级授信范围，设立发展村级集体经济专项信贷资金，对符合条件的村级集体经济项目在信贷支持上实行计划优先、利率优惠；加强农村担保体系建设，积极扩大农村有效担保物范围，开展生产设施、集体山林权、村级股权等抵质押贷款业务。加大农业保险支持力度，把规模化设施农业、养殖水产品以及大型农机具纳入中央财政农业保险保费补贴范围，并适当提高补贴标准。

（五）提高认识，探索新机制

在开展扶持村级集体经济发展试点的基础上，出台全省促进村级集体经济发展的实施意见，提高各级党政领导对新形势下发展村级集体经济重要性和必要性的认识，把扶持村级集体经济作为实施乡村振兴战略的一项重要任务，克服在市场经济背景下发展村级集体经济既没必要也没办法的消极思想和畏难情绪。市、县根据地方实际，制定发展村级集体经济的具体实施意见，因村施策，指导乡镇、村理清发展思路，推动村级集体经济健康发展。通过制定优惠政策，利用乡情牵引，积极招商引"才"，吸引当地在外创业的成功人士反哺故里，发展集体经济。除此之外，要理顺村组织、村民自治组织和村集体经济组织的关系，明确各自职责，尽量做到政经分开，从根本上消除村干部频繁换届对村集体经济发展带来的不利影响。

（六）夯实基础，配强两委班子

两委班子的综合素质和能力水平直接关系到村集体经济的发展状况。

坚持选派第一书记工作长效机制。面向全省贫困村、软弱涣散村和集体经济薄弱村党组织派出第一书记。实施全省农村带头人队伍整体优化提升计划，从高校毕业生、农民工、机关企事业单位优秀党员干部到村任职，培养一批青年骨干农民作为村干部后备队伍和农村实用人才，把农民中思想政治素质好的致富能手培养成党员、将党员中的致富能手培养成村干部。

强化教育培训。对村两委干部进行有目的、有计划的培训，特别是针对村集体经济的经营者，组织他们到集体经济发展较快的典型地方进行考察学习，借鉴经验，因势利导，提高村干部的经营管理水平和综合素质。

完善激励机制。一方面，要建立健全从优秀村党组织书记中选拔乡镇领导干部、考录乡镇机关公务员、招聘乡镇事业编制人员制度，同时，适当提高村干部补助水平；另一方面，把发展村级集体经济纳入村干部目标责任制的主要内容，作为考核村干部的重要依据，对在一定时期内村级班子建设和村级经济发展成效显著的给予精神和物质奖励。

参考文献

［1］张军，蒋维.改革后中国农村公共产品的供给：理论与经验研究［J］.社会科学战线，1998（1）.

［2］李功奎，钟甫宁.农地细碎化、劳动力利用与农民收入——基于江苏省经济欠发达地区的实证研究［J］.中国农村经济，2006（4）.

［3］黄延信.发展农村集体经济的几个问题［J］.农业经济问题，2015（7）.

（作者系河南省人民政府发展研究中心综合处科研人员）

乡村振兴信息产业融合发展研究

梁信志

摘　要：乡村振兴信息产业融合是利用信息技术，通过互联网平台，把闲置资源整合、配置，通过市场机制，培育产业融合，延长和健全产业链，有效联结供需双方，实现资源的优化配置。如何让乡村振兴信息产业融合发展为农村经济发展业带来便利和效益？通过对河南部分农村的实地深入访谈和抽样调查，摸清乡村振兴信息产业融合在农村发展的状态、发现其发展困境、查找出其制约因素、提出乡村振兴信息产业融合发展的政策建议与发展路径，从而实现农村资源动起来、产业旺起来、动力活起来，提升农业发展质量，培育乡村发展新动能，加快推进农业现代化，让农业成为有奔头的产业，为实现乡村振兴提供经济保障。

关键词：乡村振兴；信息产业；融合发展

2018 年中央一号文件《关于实施乡村振兴战略的意见》提出乡村振兴，产业兴旺是重点。用信息化的理念、方式发展现代农业产业体系，实现农业从农资供应的生产端到农产品加工与销售结算等现代服务消费端的信息产业融合发展。提升农业发展质量，培育乡村发展新动能，构建现代农业产业体系、生产体系、经营体系，为实现乡村振兴战略打下坚实的物质基础。

一、乡村振兴信息产业融合发展的内涵和外延

农业供给侧结构性改革是解决农业生产与需求数量和质量信息不能与市场需求信息相适应、农业产业经济效益差、农民增收致富难的问题，提出全产业链的全面信息化建设、系统信息化管理的供给侧结构性体制改革。因此，乡村振兴信息产业融合发展与农业供给侧结构性改革是一致的。

（一）乡村振兴信息产业融合发展的内涵

从实证研究的角度定义，信息产业融合发展的内涵是以农业安全与农产品市场供应为基本依托，以农业现代生产、现代加工、现代服务三大环节信息垂直闭环管理的信息化运行为主线，建立信息产业链各个环节组织联盟和利益公平配置的契约关系，去掉中间环节、克服信息产业痛点、破解体制机制障碍、打开要素信息市场、完善农业现代化经济体系的市场经济体制与计划经济体制有效结合的机制和建立"三农"参与发展的创新性发展模式。

（二）乡村振兴信息产业融合发展的外延

从产业链的角度去定义，信息产业融合发展的外延按产业环节划分，包括现代农业生产、现代农业加工、农业现代服务三个环节信息的融合发展；按产品划分，包括农产品运营和农村生态资源支持的休闲度假养生旅游服务信息的融合发展；按产业范围划分，包括现代农业产业体系垂直闭环运行信息和农业现代服务信息共享性带来关联的、非农产业信息的融合发展；按空间划分，包括现代服务业信息有效联结农村生产端信息与城市消费端信息的融合发展，是城市信息与小城镇、农村信息聚集与匹配的过程。

（三）乡村振兴信息产业融合发展的政策动态

2016 年中央一号文件《关于落实发展新理念　加快农业现代化　实现全面小康目标的若干意见》提出完善农业产业链与农民的利益联结机制，让农民参与农村产业融合发展、分享产业链收益机制。2017 年中央一号文件《关于深入推进农业供给侧结构性改革发展　加快培育农业农村发展新动能

的若干意见》将中国农业的主要矛盾定位在供应链上，存在供需总量矛盾、供需质量矛盾、成本与收益矛盾、规模化生产与分散经营矛盾等，认为现阶段阶段性供过于求和供给不足并存，矛盾的主要方面在供给侧。2018年中央一号文件《关于实施乡村振兴战略的意见》中提出，农产品供过于求和供给不足并存，农业供给质量亟待提高，坚持质量兴农、绿色兴农，构建农业产业体系、生产体系、经营体系；通过开发农业多种功能，延长产业链、完善利益链，重点解决农产品销售问题，打造农产品销售平台，健全农产品产销稳定机制，开展农超对接、农社对接，促进小农户和现代农业发展有机衔接。三年的中央一号文件为乡村振兴信息产业融合指明了方向、提供了政策依据和支持，信息产业融合发展符合未来趋势，也是原本作为第一产业的农业成为综合性产业，形成农产品生产、加工、销售、服务高度融合的现代化发展之路。

二、乡村振兴信息产业融合发展的目前现状

当前，"电商产业""网络销售""共享经济"……信息产业融合发展在城市的日常生活、工作中已经让大家享受到其中的便利与效益。在农村，信息产业融合发展如何？发展信息产业融合会将农村变成什么样子？利用信息化科技手段，通过互联网平台，构建农业发展物联网体系，激活资源要素，让农村资源要素动起来；激活主体要素，让农业经营主体活起来；激活市场要素，让融合产业联起来。这已成为当前乡村振兴发展亟须解决的重要现实和理论课题。

（一）乡村振兴信息产业融合发展的基本情况

为了了解乡村信息产业融合发展的现状，通过对河南平原、山区地区六个村庄实地访谈和200份问卷抽样调查，进行了归类分析。一是农民对乡村信息产业融合发展的认识。调查数据显示，农民对乡村信息产业融合发展不了解的占54.2%、了解但对发展前景不看好的占35.7%、了解并认为发展前景一片光明的只占10.1%。由此推断：农民对乡村信息产业融合发展的认识有限、了解甚微，特别是偏远的山区，对互联网都不了解，基本上没有在网

上购物、贩卖过东西，信息闭塞和农民对乡村信息产业融合发展认识、学习能力的不足已严重制约了农村乡村信息产业融合发展的发展。二是农民对乡村信息产业融合发展的态度。调查数据显示：农民认为乡村信息产业融合发展对农村经济发展有好处、符合农业未来的发展方向的占 86.7%，无所谓并认为与个人没有多大关系的占 10.5%，不支持并认为不符合农业发展方向的占 2.8%，了解并认为发展前景一片光明的只占 10.1%。虽然仍有一小部分农民不认可乡村信息产业融合发展，但绝大多数农民认为乡村信息产业融合发展对农业经济发展有促进作用，表示愿意参与、值得期待。三是农村要素资源闲置状态。调查数据显示：农村耕地闲置占 16.3%，丘陵山区闲置更严重，村庄闲置占 62.7%、房屋闲置占 69.1%、人力闲置占 53.3%、资金闲置（钱存银行）占 95.8%、机械闲置占 31.1%、畜力闲置占 19.5%、其他闲置占 20.9%。农村闲置较多的资源要素是资金、房屋、村庄、人力和宅基地。所以，乡村信息产业融合发展应从这几方面入手，兼顾其他方面。四是乡村信息产业融合发展在逐步发展且日益壮大。滴滴打车已在节假日搭起农民工回家、进城的有效桥梁，小猪利用民房构建生态农业体验、自然创意、田园生活可持续乡村美宿社区，农村电商 APP、O2O 实现消费品下乡和农产品进城的双向物流交易，联合收获农场重构农民和市民的友好互动、和谐发展等。这些都预示着乡村信息产业融合发展的发展潜力无限、动力巨大。五是乡村信息产业融合发展仍然存在障碍。农村产业发展较为单一、产业链不完整、资源分散并难以整合、人才匮乏且组织化程度较低、基础设施落后、信息技术与互联网发展缓慢、物流体系建设不足等，时时刻刻制约着乡村信息产业融合的发展。

（二）乡村振兴信息产业融合发展的现实困境

乡村信息产业融合在农村发展日益加速，增加了农村经济发展的新动能。目前，乡村信息产业融合发展也面临各种问题和瓶颈，从我们的抽样调查情况看，突出表现为：一是体制性制约严重。当前分散的土地管理体制，一定程度上导致农民原子化、离心化现象严重，加上小农经济在相当一部分农村仍占主导，小农意识仍然大量存在，农村资源整合的难度越来越大。农村组织管理体制不完善，党支部与村民自治组织（村委会）之间不协调，甚至相互冲突影响了村民再组织化的积极性；村委会与村集体经济二合一，导致"政企不分"，引发农村公共集体产权不清、纠纷增多，引起农民对村委会管理的抵制情绪，集体经济的不公开、不公正运营，在一定程度上疏远了农民的参与意识，整合农民及其农村闲置资源就难上加难了。农业生产管理体制弱，缺乏为农民提供服务，连接农业产前、产中、产后的各类专业合作组织，导致竞争力不强，农产品商品化程度低。乡村信息产业融合缺乏发展规划，乡村信息产业融合是新生事物，农村的很多领导还不知道乡村信息产业融合是什么的前提下，留守农民更不会积极主动去学习、发展了。政府政策的滞后性也导致乡村信息产业融合发展不可能有一个相对合理的发展规划。二是支持乡村信息产业融合发展的投入不足、资金分散。近年来，由于政府加大对农业的投入和补贴，农业投入不足的矛盾得到很大缓解，但农民组织化的积极性仍不高，种地分散、经营细碎，现代农业科技在农村得不到推广和应用，人们仍然使用千百年来沿袭下来的古老的种地模式，农业科技含量不够高，机械化水平低。农村文化教育事业落后，人口素质低下。整体文化程度偏低，文盲率高，严重影响了劳动力资源的质量，使得他们在接受、学习新知识、新技术、新事物上显得较为落后。即使县、乡派技术人员到农民的田间地头，农民都不愿意学习，甚至抱着怀疑和不信任的态度。三是乡村信息产业融合面临金融服务的突出问题。体制内农村金融供给规范，但明显不足，并且有日益弱化的趋势，对乡村信息产业融合供给不足，产品单一，没有市场供给竞争，仍旧是卖方市场，导致乡村信息产业融合金融服务相当大一部分需求得不到满足。体制外农村金融服务供给活跃，但成本高、不规范、风险防范难度高，有非法金融发展趋势。由于当局对体制外金融服务一直持严管状态和农村金融服务需求旺盛，体制外金融服务供给资金成本逐年上升，很多已经接近金融利率管制红线，有的甚至已经超越利率红线。体制外农村金融组织自发性必然蕴藏一定的风险性、违约性，易受市场形势和政策变化的影响，长期游离于国家监管体系之外，信息披露失真造成金融信号失真，风险防范难度高；农村金融法制建设滞后导致金融维权难以受到保护，征信体系欠缺导致贷款人道德风险加剧，形成监管真空。体制内与体制外农村金融供给主体一直各自独立、相互之间缺乏沟通协调和分工负责，也缺乏制度性、规范性的政策进行引导、指导。体制内农村金融供给主体一直认为体制外农村金融供给主体非法、不合规、风险高、道德风险大，抱着一种抵制、排斥的态度和做法，不愿意与他们进行交流合作。体制外农村金融供给主体认为体制内农村金融供给主体不接地气、不了解民情、不通民意，贷款手续烦琐、抵押难。农村体制内金融服务与体制外金融服务之间的信息化建设滞后、信息流动不畅也是乡村信息产业融合缓慢的主要原因之一。四是乡村信息产业融合信息化平台建设缓慢。政策建设资金缺乏，2015年以来"互联网+"概念提出后，乡村信息产业融合虽然也制定了相关的发展政策，政府也投入了相当多的资金，但这些投资依旧呈现流向非农产业的趋势，直接投资在乡村信息产业融合信息化上的资金仍然较少，成为制约"互联网+现代农业+物联网"建设的一大瓶颈。农村互联网普及增速缓慢，信息平台建设不完善，相关农业科研机构、管理部门的网络建设滞后，网页信息更新少、网络平台互动少、网上农业信息不全面，农户的难题不能得到及时解决，难以满足乡村信息产业融合发展的需要。农民综合素质相对较低，受教育程度低，对乡村信息产业融合认识不足，大多停留在娱乐应用、网络购物初级阶段，缺乏乡村信息产业融合应用能力。特别是急需农村乡村信息产业融合网络推广、平台运行管理以及物流配送、售后服务等专业的信息化人才。

三、乡村振兴信息产业融合发展的基本架构

乡村信息产业融合发展，一方面要淘汰中间环节，另一方面要真正做到乡村信息产业融合为农业、农村、农民真正起到融通作用。乡村信息产业融合发展模式最基本的就是用现代信息化手段搭建资源要素、生产主体、市场主体之间共建、共管、共享平台，培育和发展产业，增加资源的利用率，达成互惠互利的合作机制，实现乡村振兴发展。

（一）乡村振兴信息产业融合发展的战略任务

无论是"互联网+现代农业+物联网"，还是"农业供给侧结构性改革"，其目标是一致的，其战略任务是：用现代的产业管理思想和互联网信息化管理手段，建立"三标一品"农产品从生产端到消费端良性运行的市场经济生态系统，重构农业的综合价值和信用机制。验证并解决传统农业向现代农业

产业融合创新发展过程中面临的农业经济制度、农业产业政策、三产融合并垂直闭环运行信息化管理技术、安全农产品产业垂直闭环运行的良性生态体系、三产融合发展产业运营商、"三农"参与发展的农产品定价机制与契约关系。

(二) 乡村振兴信息产业融合发展的基本定位

乡村信息产业从行业上，包括产品农业和体验观光休闲度假农业；从供应链上，包括农业产品生产、农业产品加工、农业产品仓储物流配送、产业流程结算、农村金融服务、金融担保、农业保险、农产品贸易（批发、零售、线上、线下）、农产品质量全程追溯管理等；从运营思想上，实施产业垂直闭环运行；从组织架构上，运用有效的互联网信息化管理手段的产业管理思想，建立云库、县、村三级互联网信息化运营平台，实现行业运营服务和行业自律管理；从产业融合的手段上，运用互联网管理手段支持建立农业产业垂直闭环运行，构建产业融合运行的行为规范和共享共赢的契约关系。

(三) 乡村振兴信息产业融合发展的主要内容

一是乡村振兴信息产业融合的体制机制。包括农村供给侧信息产业融合发展需要推进农业经济产权制度改革，分散组织向合作社、公司化组织建设与改革，第二、第三产业融合中的成长机制建设，各自农业经济独立性与公共性平台集聚共享机制建设，制度成本和政府公共财政制度改革需求。二是乡村振兴信息产业融合的现代管理。包括农村供给侧信息产业融合发展面临分散生产向规模化、集中化转化的可行性，云库、县、村三级组织建设运营机制的可行性，三级运行信息化管理技术的可行性，农产品定价互害机制的逆转方案、最后一公里仓储物流解决方案，农产品质量安全管理实施路径。三是乡村振兴信息产业融合的现代服务。包括农村供给侧信息产业融合发展面临各个方面的公平、合理、公开透明契约关系建设的现实路径，以县为基本行政区域、以村为基本经济单元的第二和第三产业资源匹配关系建设、创业创新人员和基本劳动力回流动力模拟，政策性担保、政策性金融服务和商业金融服务建设。

四、乡村振兴信息产业融合发展的研究启示

乡村振兴信息产业融合发展是产业兴旺的核心和基本抓手，是增强农业生产能力、实施质量兴农、构建农村三次产业融合发展和农业对外开放、促进小农户与大市场有效衔接的融通平台，是提高农业创新力、竞争力和全要素生产率的根本途径。

(一) 乡村振兴信息产业融合发展的政策建议

一是加强顶层设计，做好乡村振兴信息产业融合的发展规划，构建"共享经济+互联网+农业"发展体系。实现乡村振兴信息产业融合，目前可依靠的平台就是互联网。在战略上重视乡村振兴信息产业融合，乡村振兴信息产业融合是农村经济发展培育新动能的途径和平台载体，是农村经济发展的战略支撑。用乡村振兴信息产业融合思维构建现代农业发展新体系，是融入农业经济发展的全过程，是一个动态、渐进的长期过程。要加强和完善乡村振兴信息产业融合的顶层设计，制定乡村振兴信息产业融合的发展规划，从基础设施、转向应用、服务体系等入手，将乡村振兴信息产业有机融合到现代农业发展的各个环节，对农村资源进行合理布局和优化配置。

二是构建多元化的、竞争性的、城乡互动的金融体系。其一，深化农村信用社、农业银行改革，建构服务"三农"的商业银行体系。取消农村商业金融经营的行政区域限制，允许不同区域的农村商业金融展开跨区域竞争，进一步提升服务功能，拓宽服务领域，改善服务方式，增加服务品种。其二，进一步发挥农业发展银行的政策性金融功能。继续支持国家粮、棉、油储备体系建设，同时开办农业综合开发贷款、农村基本建设和技术改造贷款、扶贫开发贷款等业务。其三，设立社区合作金融机构，培育农村小额贷款组织和乡村银行，引导农户发展资金互助组织，组建土地互助银行和土地中介组织，培育土地资本化市场体系，建立适合其特点的有效监管体系和措施。其四，建立区域统一的数据库网络信息平台，构建集第三方交易支付、跟踪、信用评价与物流信息实时发布于一体的信息服务平台，健全农村信用体系，建立信贷登记、支付结算、农村不动产和固定资产抵押担保贷款等服

务体系，完善区域资源市场网络信息平台建设，将农村资源进行数据化的经营管理和服务交易与外部进行有效对接。其五，大力发展农产品期货市场和农业保险市场，为农户、农业合作社、农业企业提供风险管理，促进订单农业健康发展，发展互助合作保险、农业商业保险、政策性农业保险及农村人身保险和财产保险。

三是提高农民素质，实现其职业化，构建城乡人力资源双向循环体系。其一，构建城乡人力资源双重循环体系。农村不应只是"抽水机"，应建城乡人才"回流通道"，针对 16 岁以下农村青少年，纠正"离农化"倾向教育；16 岁以上的，应建立完善农民职业教育体系，针对农业现代化，以社区教育为基础，根据不同职业需求，分别提供各种培训和教育服务。提升农民职业化、专业化，培育农民在第一、第二、第三产业之间的"无缝衔接"和合理流动。采取有效改革措施吸引部分有志青年到（返）农村，培养一批种田能手，并给予荣誉和物质奖励的优惠，吸引更多的人流向农村，为"三农"发展提供人才保障。其二，整合渠道培训资金来源，建立政府主导、部门协作、统筹安排、产业带动的培训机制，优化农业从业者结构，重点培育现代青年农场主、林场主和新型农业经营主体带头人、农业职业经理人，构建农村教育培训、认定管理、政策扶持"三位一体"的培育体系。其三，提升乡村振兴信息产业融合的应用能力。乡村振兴信息产业融合主要是利用信息技术和互联网平台实现资源优化配置，畅通产业发展路径，实现供需的利益诉求。以此为突破口，举办信息化和互联网应用展示培训，系统引导和鼓励农民积极运用互联网和信息化技术，提高农民"互联网+"的信息化能力，对农民开展应用技能和信息化能力培训，提升农民信息供给能力、传输能力、获取能力，特别是手机上网发展生产、便利生活和增收致富能力。鼓励外出务工人员、大学生返乡创业，政府在税收、网络开通、技术等方面给予扶持，示范带动乡村振兴信息产业融合发展，培育新型职业农民，实现乡村振兴信息产业融合的共建、共商、共享机制。

（二）乡村振兴信息产业融合发展的路径

一是加强"互联网+农村产业融合发展"平台建设，建立"三标一品"农产品公共商贸体系，构建生产端—物流—市场渠道—消费端四个板块融通的体系。建立省、县、村三级运营平台，创新村级平台组织机制。建立以农村集体自治组织、农村集体经济组织并行的公司制法人组织，一方面，为本村农户开展生产组织服务，实现农业生产与外部市场互联互通；另一方面，代表农业生产组织与农业现代服务环节建立经济合作关系，提供政府推动农村标准化生产服务建设的承接主体。通过股权配置留在村集体经济组织或自治组织，实现村组发展的自我造血功能和推动农村市场经济体制发展进一步完善。二是建立以县为单位的社会公共物流体系和完整的"三标一品"农产品市场渠道。通过互联网物流信息技术手段整合县域内工业、农业、商贸、电商等流通业务需求，实现物流需求和物流供给资源的高效对接；通过打造县域内物流节点，实现县、乡镇、村三级物流信息互通，在服务整个标准农产品公共商贸体系中实现传统物流合作—商业物流合作—物流商业联盟—物流公共体系的有效转换。在城市批发市场建立"三标一品"农产品线下体验展示和线上批发为一体的综合市场；在城市网格化布局"三标一品"农产品超市、线下体验展示、线上批发为一体的连锁市场；在现有市场体系中建立"三标一品"独立运行的市场运营体系；推进非标产品市场体系向标准产品市场体系转换融合机制。三是建立"三标一品"农产品全程质量追溯管理体系。建立标准管理制度、检验检测管理制度，建立农业、商贸物流、质量监督、食品药品监督四个部门统一质量监管运行机制和数据标准，建立"三标一品"农产品可溯源的单位（医院、学校等）强制消费制度、（餐饮等）引导消费制度、（商超等）自由选择消费制度和"三标一品"农产品质量违约处罚制度体系。

（三）乡村振兴信息产业融合发展的关键节点

一是建立示范机制。在顶层设计的基础上，建立以县级为基本单元的运营系统，通过省级、县、村三级运营平台建设，实现各个县级平台的独立性和聚合共享性，保障"互联网+农村产业融合发展"的经济性、技术可行性，实施战略示范。二是建立完善的基本设施配套体系。在城市端建立与大宗批发市场相衔接的线上线下一体化的批发、配送、体验、零售综合运营的连锁市场渠道。引导"三标一品"消费，提升消费者"三标一品"农产品认知和消费能力，重构农产品定价机制，建立安全农产品价格信用体系，遏制标准农产品价格互害模式。三是构建"互联网+农村产业融合"透明闭环运营服务体系。建立标准农产品全产业链一体化后台管理系统，支持信息产业融合发展，用省、县、村三级运行平台，进行组织、指挥、调度农业现代生产与现代服务闭环，支持农村生活服务和生产服务、政府市场性配置公共资源、社会救助服务，并用大数据管理能力支持金融、结算、保险等现代服务。

参考文献

［1］厉无畏.产业融合与产业创新［J］.上海管理科学，2002（4）.

［2］陆国庆.基于信息技术革命的产业创新模式［J］.产业经济研究，2003（4）.

［3］陈红川."互联网+"背景下现代农业发展路径研究［J］.广东农业科学，2015，42（16）.

［4］李国英.产业互联网模式下现代农业产业发展路径［J］.现代经济探讨，2015（7）.

［5］王艳华."互联网+农业"开启中国农业升级新模式［J］.人民论坛，2015（23）.

［6］金志广.鹤壁"互联网+农业"实践探索［J］.农村工作通讯，2015（15）.

（作者系河南省社会科学院社会发展研究所科研人员）

新常态下河南省促进农民增收问题研究

赵祯煜

摘　要： 农民增收问题既事关农民安居乐业和农村和谐稳定，又是全面建成小康社会的难点所在。经过对河南省农民收入情况的一系列调研发现：转移就业难度加大、农业产业效益下滑、农村资产不能有效盘活、农民群体综合素质不高是制约河南省农民增收的主要因素。我们判断农民收入增速放缓的趋势在短时间内不易逆转。面对新常态下农民收入增速放缓、结构调整、渠道拓宽、城乡关系转变的新趋势，我们提出了促进河南省农民增收的对策建议：一是有效化解农产品结构性矛盾；二是加快盘活农村集体资产资源；三是进一步提升农业转移人口非农就业能力；四是加快培育合格新型农业经营主体；五是推进"双创"适应新型城乡关系。

关键词： 农民增收；转移就业；城乡关系

自经济进入新常态以来，河南省农民收入受经济下行压力和农业产业效益下滑的影响不断加重，农民收入增速逐年放缓，与全国平均水平的差距出现一定程度的拉大。工资性收入和家庭经营性收入作为农民收入中的主要力量在比重和增速上都有明显的降低，同时制约农民收入增长的因素多为长期因素，难以在短时间内得到化解，农民收入增速放缓的趋势短期内难以逆转。因此，在新常态下积极探索农民增收的新思路，将成为河南省努力赶超全国平均水平、实现全面建成小康社会的关键所在。

一、新常态下河南省农民增收的主要特点

（一）农民收入增速下滑明显

2000 年以来，河南省经济快速发展，GDP 由 5052.99 亿元上升至 2013 年的 32155.86 亿元，年均增速 14.1%，特别是随着城镇化水平的快速提升，农村人口不断向第二、第三产业转移，农民收入始终保持着较高速的增长。2009~2013 年，河南省农村家庭人均纯收入年均增速为 12.7%，GDP 年均增速为 10.5%，城镇居民人均可支配收入年均增速为 9.3%，农民收入增速高于 GDP 增速和城镇居民收入增速的"双高"特点十分明显。但我国经济进入新常态以后，农民增收速度下滑明显，2014~2016 年河南省农村居民人均可支配收入分别为 9966 元、10853 元、11697 元，增速分别为 12.3%、8.9% 和 7.8%，下滑趋势明显。同期，河南省 GDP 增速分别为 8.5%、5.9%、8.1%，城镇居民人居可支配收入增速分别为 8.9%、8.0%、6.5%。2016 年，"双高"开始转变为"单高"，农民收入增速仍然高于城镇居民收入增速，但近年来首次低于 GDP 增速。农民收入由"双高"向"单高"的转变表明农民群体在经济新常态下的增收压力越来越大，传统增收模式动力不足的问题越来越严重，农民收入和国内经济形势一样进入了增速换挡、动力转换时期。

（二）与全国差距仍在继续拉大

2009~2013 年，河南省农民收入年均增速为 12.7%，全国平均水平为 12.4%，河南省农民收入增速高于全国水平 0.3 个百分点。进入新常态以来，河南省农民收入无论从绝对值还是从增速上看与全国水平的差距都在不断拉大。从绝对值上看，2015 年、2016 年全国农村家庭平均人均可支配收入分别为 11422 元、12363 元（见表 1），而河南省农村家庭人均可支配收入分别为 10853 元、11697 元（见表 2），分别低于全国 569 元、666 元；从增速上看，近两年全国农民家庭人均收入增速分别为 8.9% 和 8.2%，河南省增速分别为 8.9% 和 7.8%，2016 年农民收入增速低于全国平均水平 0.4 个百分点，

总体来看，河南省农民收入与全国平均水平的差距有拉大的趋势。同样作为农业大省的黑龙江和山东目前也面临农民增收困难的问题，2015年和2016年，黑龙江省农村家庭人均可支配收入分别为11095元、11832元，增速分别为6.1%和6.6%，虽然其增速相对稳定，并有上升趋势，但始终保持在7%以下，农民可支配收入绝对值和增速均低于河南省和全国平均水平。山东省2015年、2016年农村居民人均可支配收入分别为12930元、13954元，增速分别为8.8%和7.9%，与河南省十分接近，虽然山东省农民收入增速也出现下滑，但其收入水平明显高于河南省和全国平均水平。总体来说，河南省农民收入仍处在全国中下游水平，增收压力十分巨大。

表1 全国农民人均可支配收入情况

年份	农民家庭收入（元）	工资性收入（元）	比重（%）	家庭经营纯收入（元）	比重（%）	转移性收入（元）	比重（%）	财产性收入（元）	比重（%）
2004	2936	999	34.0	1746	59.5	116	4.0	77	2.6
2005	3255	1175	36.1	1845	56.7	147	4.5	89	2.7
2006	3587	1375	38.3	1931	53.8	181	5.0	101	2.8
2007	4140	1596	38.6	2194	53.0	222	5.4	128	3.1
2008	4761	1854	38.9	2436	51.2	323	6.8	148	3.1
2009	5153	2061	40.0	2527	49.0	398	7.7	167	3.2
2010	5919	2431	41.1	2833	47.9	453	7.7	202	3.4
2011	6977	2963	42.5	3222	46.2	563	8.1	229	3.3
2012	7917	3448	43.6	3533	44.6	687	8.7	249	3.1
2013	9430	3652	38.7	3935	41.7	1648	17.5	195	2.1
2014	10489	4152	39.6	4237	40.4	1877	17.9	222	2.1
2015	11422	4600	40.3	4504	39.4	2066	18.1	252	2.2
2016	12363	—	—	—	—	—	—	—	—

资料来源：《河南省统计年鉴》（2004~2016）。

表2 河南省农民人均可支配收入情况

年份	农民家庭收入（元）	工资性收入（元）	比重（%）	家庭经营纯收入（元）	比重（%）	转移性收入（元）	比重（%）	财产性收入（元）	比重（%）
2004	2553	—	—	—	—	—	—	—	—
2005	2871	854	29.7	1914	66.70	67	2.30	36	1.30

续表

年份	农民家庭收入（元）	工资性收入（元）	比重（%）	家庭经营纯收入（元）	比重（%）	转移性收入（元）	比重（%）	财产性收入（元）	比重（%）
2006	3261	1023	31.40	2108	64.60	90	2.80	40	1.20
2007	3852	1268	32.90	2398	62.30	133	3.50	53	1.40
2008	4454	1500	33.70	2699	61	202	4.50	53	1.20
2009	4807	1622	33.70	2891	60.10	239	5.00	56	1.20
2010	5524	1944	35.20	3240	58.70	280	5.00	59	1.00
2011	6604	2524	38.20	3601	54.50	371	5.60	108	1.60
2012	7525	2989	39.70	3973	52.80	427	5.70	135	1.80
2013	8475	3582	42.30	4285	50.60	448	5.30	160	1.90
2014	9966	3260	32.70	4278	42.90	2282	22.90	146	1.50
2015	10853	3728	34.30	4462	41.10	2505	23.10	157	1.40
2016	11697	—	—	—	—	—	—	—	—

资料来源：《河南省统计年鉴》（2004~2016）。

（三）工资性收入拉动作用大幅减弱

新常态以前，随着农村剩余人口外出务工就业，工资性收入比重逐渐上升，与家庭经营性收入形成此消彼长的态势，对农民收入增长的拉动作用十分突出。2009~2013 年，工资性收入比重由 33.7%上升至 42.3%，上升 8.6个百分点，家庭经营性收入比重由 60.1%下降至 50.1%，下降 10 个百分点，财产性收入和转移性收入比重分别常年维持在 6%和 2%以内（见图1）。由此可见，新常态以前河南省农民增收主要来自工资性收入。进入新常态以后，家庭经营收入和工资性收入此消彼长的变动趋势发生了变化，二者比重出现双下降。截至 2015 年底，河南省农村居民家庭人均可支配收入中家庭经营性收入和工资性收入比重分别下降至 41.1%和 34.3%。从贡献率来看，2009~2013 年，工资性收入对农民人均纯收入的贡献率为 53.4%，2014~2015 年，工资性收入对人均可支配收入的贡献率只有 50.5%，下降近 3 个百分点。工资性收入比重和贡献率的下降表明：进入新常态以来，虽然工资性收入仍是农民增收的主要支撑，但在国家经济下行压力的影响下，全省大范围"去产能"和产业升级的大背景下，低收入的外出务工这种简单粗放的

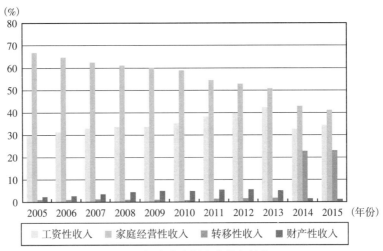

图1　河南省农村家庭收入结构

资料来源:《河南省统计年鉴》(2004~2016)。

增收模式对持续增收的拉动作用正在大幅减弱。

(四) 转移性收入拉动作用显著提升

2009~2013 年,河南省农民转移性收入比重一直保持在 6% 以内,无论从总量还是增速都十分稳定,对农民收入增长的贡献率十分有限。近几年来,随着政府一系列惠农政策的出台和涉农补贴力度的加大,转移性收入的比重也不断上升,2015 年转移性收入在农村家庭人均可支配收入中的比重上升至 23.1%。2012~2013 年,转移性收入对农民人均纯收入上升的贡献率仅为 2.2%,2014~2015 年,转移性收入对农民人均可支配收入上升的贡献率达到 25.1%,成为新常态以来拉动增收的重要力量。转移性收入涵盖了一系列社保、医保、扶贫、养老等农村社会保障体系,转移性收入的大幅增加不仅从总量上对农民增收做出了很大贡献,其对农民群体生活水平的提高更是起到了一定的杠杆作用,为农民群体生活条件的改善提供了良好的保障。通过调研我们发现,转移性收入的提升对提高农民群体的生活满意度有着极大的贡献。但从国内外经验看,转移性收入挖掘空间有限,不会成为增收的最主要动力,达到一个较高比例以后,基本就会保持稳定,再加上新常态以来河南省财政收入增速放缓,财政压力巨大,靠财政转移支付实现的增收模式必然不会长期保持,随着城乡社会保障水平均等化的逐步实施,一部分涉农资金也会逐渐从农民收入结构中退出，转移性收入长期快速上升的可能性不大。

（五）城乡居民收入差距继续收窄

近几年来，随着新型城镇化建设的不断推进，河南省城乡一体化程度正逐步提高，2016 年省政府出台了《河南省人民政府办公厅关于整合城乡居民基本医保制度的实施意见》，自此全省 8000 多万个农村居民与 1100 万个城镇居民将平等地享有城乡居民基本医疗保障待遇，这标志着城乡基本公共服务均等化程度得到进一步提高。从城乡收入差距看，进入新常态以来，城乡收入比由 2013 年的 2.64 下降到 2016 年的 2.33（见图 2），2016 年农村居民人均可支配收入同比增长 7.8%，城镇居民人均可支配收入同比增长 6.5%，农村居民收入增速高于城镇居民，说明随着河南省城乡一体化的不断推进，城乡收入差距正在逐步拉近。近年来，河南省一直实行基本公共服务均等化，县域发展能力快速提升，农村社会保障体系进一步健全，农村人口生活水平快速提升。虽然河南省城乡收入差距正在收窄，但农民群体中高低收入户的差距却在不断拉大。2014 年，农民家庭中高收入户人均可支配收入为 21395 元，低收入户为 3877 元，高收入户收入为低收入户的 5.5 倍，2016 年，高收入户人均可支配收入为 23617 元，低收入户为 3899 元，高收入户收入为低收入户的 6.1 倍，收入差距有所扩大。

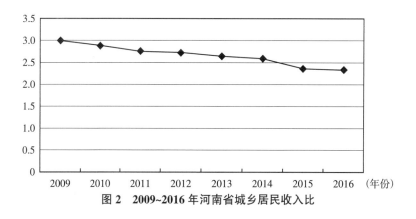

图 2　2009~2016 年河南省城乡居民收入比

二、当前制约河南省农民增收的主要因素

（一）转移就业难度不断增大

从工资性收入比重和贡献率的双下降可以看出，新常态以来不断加大的就业压力是制约农民群体持续增收的最主要原因。一方面，宏观经济环境长期面临较大的下行压力，对就业带动作用持续减弱，直接影响河南省农村劳动力的转移方向和转移规模。2011 年，河南省转移就业人数出现拐点，省内转移首次超过省外转移，截至 2016 年底，全省累计转移就业总量达 2876 万人，其中省内转移就业总量达 1709 万人，占比 59.40%，尤其是 2016 年新增转移就业的 62 万个农村劳动力中，有 90.3% 在省内就业，占比首次突破 90%。向省外转移就业越来越困难。另一方面，河南省县域发展还明显滞后，难以发挥对就业的吸纳作用。截至 2015 年底，全省产业集聚区从业人员数近 453 万人，实现主营业务收入近 44951 亿元，为河南省经济社会发展做出了突出贡献，但随着宏观经济形势越来越复杂多变，沿海及周边地区产业升级步伐加快，区域资源环境约束持续强化，尤其是现代产业体系没有建立起来，河南省产业集聚区受新常态经济下行影响很大，不少县域产业集聚区存在突出的低水平产能集聚、过剩问题，在吸纳农业转移人口就地就近就业上的能力明显减弱。除此之外，城镇化发展滞后，尤其县域规模、功能、带动能力等各方面都存在短板，整个县域缺乏增长极，服务业发展滞后，难以为农民群体实现转移就业提供良好的环境。

（二）农业产业效益下滑明显

进入新常态以来，国内外农产品价格倒挂越来越严重，"洋货入市、国货入库"现象越来越突出，农业产业的效益整体呈下滑趋势。河南省农产品结构性矛盾尤其突出，品种不佳、质量不优、附加值不高等问题导致河南省农业产业效益低、农民增收困难的问题日渐凸显，种粮难、种菜难等现象不断涌现，随着农业市场化改革的不断深入，这些问题还会以不同形式表现出来。近几年河南省农村居民家庭经营性收入增速下滑态势明显，这一方面是由于农产品价格总体疲弱，粮食收购价格近两年来不断下滑，大宗农产品进

出口明显增加，加剧了国内粮食下跌压力，农民家庭经营收入增长乏力；另一方面，随着社会平均工资的增加和农村劳动力的减少，劳动力用工价格不断攀升，农业生产总成本上涨明显。2015 年，河南省种植每亩秋粮的生产成本为 448.1 元，相比 2010 年，五年间增加了 74.1 元，涨幅近 20%，其中人力成本上升最为明显，农业生产投入多、收益少、风险高、利润低的现象普遍存在，因入不敷出引起的种粮大户退地退租现象屡见不鲜。总体来说，目前河南省正处在农业供给侧结构性改革的关键时期，农业市场化程度依然不高，农产品质量低、深加工程度不足、市场竞争力差的现状与不断攀升的生产和加工成本形成了巨大矛盾。

（三）农村集体资产未有效盘活

2015 年，河南省家庭平均每人可支配收入中财产性收入为 938 元，占家庭人均可支配收入的 5.5%，其中城镇家庭人均可支配收入中财产性收入为 1990 元，占城镇家庭人均可支配收入的比重为 7.8%，农村家庭人均财产性收入仅为 157 元，占 1.4%，财产性收入比重在城乡间存在着巨大差异。农村资产主要包括承包经营权、宅基地与集体建设用地、农村集体产权等，农村资产盘活困难是目前制约河南省农民群体财产性收入提高的主要原因。一是承包经营权流转不畅。目前，全省完成实测耕地面积 1.055 亿亩，确权到户面积 8193.8 万亩，但土地流转多数是在熟人之间或是农户与经营主体之间协商流转，市场化程度不高。而城乡统一的土地市场仍未形成，农户群体和经营主体之间存在信息不互通、价格不透明的问题，即便是许多试点地区已经大规模流转土地，在合同的签订和履行上仍十分不规范，严重阻碍了农村资产的有效盘活。二是集体产权不清、集体经济不强。集体经济不强是河南省农村经济社会发展中的长期问题，河南省农村的大多数农户没有集体经济收入，即便是有集体经济收入的乡、村，集体产权不清、利益分配不均等问题同样长期存在。明晰的集体产权是集体经济得以发展的基础，集体产权不清造成集体资产边界不明、账目不清的问题在河南省农村地区十分普遍，因产权不清、权责不明带来的集体资产保管、使用、处置、分配上的问题常年得不到解决，同时也造成了一系列的资产流失问题。三是农村集体资产退出机制欠缺。随着城镇化的不断推进，大量农业人口从农村转移到城市,而留下的宅基地、集体建设用地等农村资产难以退出,既不利于农村集体资产的管理和分配,又不能为转移人口提供一定的资金支持,许多已经实现市民化的农户想退出也没有适当渠道,这也造成价值不能充分体现。

(四)农民综合素质不高制约持续增收

收入是人力资源价值的根本体现。因此,从较长的时间维度和市场价格机制的角度来看,农民素质将成为决定其收入的基础因素。进入新常态以来,随着传统产业的退出、高成长产业的不断发展,就业供需两侧的矛盾愈加明显,农民群体非农就业压力越来越大。在需求侧,符合产业变动趋势的就业需求愈加强烈,第二产业中对具有熟练职业技能的技术工人需求不断增多,第三产业中现代服务业的迅速发展也对就业人员的综合素质有了更高的要求。同时,煤炭和钢铁行业涉及面广、从业人员多、经济占比大,多年来一直是河南省创造就业的重要力量,随着煤炭和钢铁行业去产能的不断深入,传统行业的用工需求进一步压缩。在供给侧,河南省农民工文化水平普遍不高,具有专业技能和职业素养的劳动力也十分缺乏,尽管近几年河南省加强了农业转移人口的职业技能培训力度,但仅有 50% 的农业转移人口参加过相关培训,而且培训水平低、层次低、不精准的问题十分突出。除此之外,随着传统产业的退出、新兴产业的进入,劳动力市场信息不对称、沟通不通畅的问题也亟须解决。总体来说,河南省农民群体的非农就业能力难以满足新形势下的新要求。

三、新时期河南省农民增收的趋势判断

目前,农民增收形势与我国经济形势一样,进入加速换挡、动力转换的新时期,河南省农民收入无论从增速、结构、模式还是与生活保障之间的关系都已出现新的变化。针对当前国家经济社会发展的大环境,我们判断,河南省农民增收可能出现以下几个趋势:

(一)农民增收放缓的趋势短期内不易逆转

目前,制约河南省农民增收的因素大多属于中长期因素,短时间内得到改善的可能性较小，农民增收短期内回升到 10% 以上增速的难度较大。从家庭经营性收入来看，目前河南省正处于农业供给侧结构性改革的关键时期，农产品结构的调整、质量的提升、适度规模经营的推进虽然取得了一定的成绩，但随着农产品市场化程度的提高，其价格波动也将会加大，对农民收入的影响将持续存在。2017 年的中央一号文件也提出推进农业供给侧结构性改革是一个长期过程，将面临许多重大考验，因此家庭经营性收入快速提升的可能性较小。从工资性收入来看，新常态经济下行压力短期内不会有大的改变，河南省农业转移人口的就业规模和就业水平将面临长期的考验。同时转型发展进入下半场，新旧动能转化加速，战略新兴产业蓬勃发展，对劳动力供需的结构性矛盾会进一步加剧，河南省农业转移人口综合素质普遍较低，职业农民的培育也相对滞后，短期内难以依靠自身力量实现工资性收入的持续提升。从财产性收入来看，农村耕地确权颁证已进入收尾阶段，但流转比例和流转质量相对较低，农村财产的激活牵扯到一系列农村体制改革问题，也是一个缓慢的过程。比如宅基地流转，承包经营权抵押贷款银行不认可等问题仍没有得到解决。从转移性收入来看，2017 年以来，河南省经济保持了良好的稳中求进的发展态势，2017 年上半年财政税收加快增长，全省一般公共预算收入增长 10.2 个百分点，但经济下行的压力始终存在，财政收入增速短期内很难达到新常态以前的水平，同时农业产业政策调整，从增产向提升竞争力转变，财政不会再去过度补贴边际产能。目前，转移性收入在农民收入中的比重已超过城市居民，长期来看继续快速增长的可能性较小。总体来说，短期内农民收入可能受农产品价格和相关政策影响出现波动，但长期内因受诸多制约因素影响，仍有可能保持放缓态势。

（二）财产性收入比重将逐步上升

改革开放以来，农民收入结构不断调整，河南省农民家庭经营性收入和工资性收入比重在经历了漫长的此消彼长发展之后，在 2015 年首次出现了双下降，我们判断河南省农民收入在新型城乡关系快速构建背景下正在进入新阶段，有望迎来财产性收入的快速提升。从收入组成的一般规律来看，财产性收入应是总收入的重要组成部分，而且随着经济社会发展不断向前迈进，其比重应当持续上升。但当前河南省农民财产性收入贡献率依然很低，城乡居民财产性收入的比重相差十分巨大，这也成为造成城乡收入差距的关键原因。因此，新时期激活农村财产使其成为农民收入持续增长的新动力意义十分巨大。近年来，中央一号文件连续关注农村产权制度改革，加快农村集体产权的认定，建设合理有序流转交易的市场体系，都是在为激活农村资产打牢基础。目前，河南省积极探索农村产权制度改革，为土地的流转和价值的体现打下了基础，同时宅基地退出机制也在试点推进中，随着农村产权制度改革的不断推进，我们判断，财产性收入在农民收入中的比重将会逐渐升高。

（三）农民增收渠道不断拓宽

随着国内外经济形势的变化，传统的农业生产和务工对农民增收的支撑力正在触及天花板，农民增收模式已呈现出越来越明显的多样化趋势，"农民"的职业化属性越来越突出，种植、养殖也不再是农业发展的唯一业态。例如，随着"互联网+"时代的到来，越来越多的传统农民已经开始放下锄头和镰刀，加入到更加适应时代发展的电商大军中。同时，随着农业企业的不断发展和农村三次产业加速融合，职业农民的发展已经常态化，以产业链为载体的"种、养、加"增收、以特色文化为载体的文化旅游增收、以优质农产品为载体的绿色增收、以种养体验为载体的体验式增收、以土地流转为载体的合作社增收、以田园生活服务为载体的康养增收等多种增收模式百花齐放，三产融合的理念催生着农业新功能、新业态的不断涌现。由此可以判断，随着外部政策环境的不断引导和内部增收动力的不断转换，河南省农民增收的渠道将不断拓宽。

（四）收入增加与改善生活不再完全趋同

在经济社会发展的较低阶段，收入增加与生活水平提升会呈现出高度趋同的特征，人们也会把过上更好的生活全部寄托在提高收入上。但随着经济社会发展进入较高阶段，收入水平达到对吃穿住行等基本需求的有效支撑后，收入增加就会开始与改善生活不再完全同步，人们追求更高收入的动力在一定程度上会减弱。我们通过调研发现，当前随着济社会发展到新的阶段，城乡一体化的社会保障和社会服务体系正在逐步建立，农民群体在教育、医疗、医保等方面所享受到的社会保障与城镇人口趋同，农民自身的增收动力由谋生型动力向发展型动力转变，农民群体的生活保障与增收的关系已逐渐分化。目前，河南省扶贫攻坚工作正在全面展开，"产业扶贫""金融扶贫"等多种扶贫模式百花齐放，离完成 2020 年的脱贫目标越来越近，河南省提出的"转、扶、搬、保、救"五字方针中的"保"，就是社会保障兜底扶贫，河南省农村已初步建立起以最低生活保障、五保供养、新农合、基本养老为基础，医疗、教育、住房等专项救助相配套的广覆盖、多层次、兜底式的社会保障体系。因此，我们判断，随着河南省社会保障制度的进一步完善，保障水平的进一步提高，农民增收与生活水平之间的关系将日趋分化，我们不需要过分担心收入增速放缓给农民群体带来的生活压力。

四、新时期促进河南省农民增收的对策建议

总体上看，虽然农民增收到了爬坡过坎的关键节点，但其面临的形势与经济社会发展的阶段性特征相吻合，促进农民增收要与国家经济转型发展的大环境保持一致才能取得长期、稳定的效果。新时期下，应积极、扎实地培育农民增收的新动力，通过全面、准确的政策引领，推动农产品结构的进一步调整，缓解农民群体在就业供需两侧的矛盾，深入打通城乡之间的互通关系，建立起以市场为主导的农业发展新格局。我们建议，从以下几个方面入手促进农民持续增收：

（一）有效化解农产品结构性矛盾

河南省农业产业效益的不断下滑是农产品结构不优的最直观表现，优质农产品、高端农产品十分缺乏，与市场需求十分不匹配。从调研情况看，在农业供给侧结构性改革背景下，河南省种粮结构调整不顺畅的问题依然突出，超过 70% 的受访者表示不愿调或不会调，农产品结构性矛盾并没有得到化解。同时，妇女和老人作为普通农户种粮主体的主力军普遍缺乏合作发展的意愿和能力，无法对接市场，种地主要考虑便捷性，调结构的意愿较弱，而规模经营主体对效益敏感，调结构意愿强，但又畏惧调结构带来的市场风险，普遍存在不知道种什么的焦虑。调研中，不少规模大户都提到有订

单才会考虑调结构。如何尽快发挥市场在调结构中的基础性作用？一方面，要深化农产品价格形成机制和收储机制改革，发挥市场资源配置的作用，激发农民群体主动优化种植结构、提高农产品品质，并进一步提高农业补贴政策的准确性和合理性，缓解因市场波动引起的价格变化，避免农民收益的大幅下降；另一方面，大力发展订单农业、定制农业、绿色生态农业等提升农产品品质，利用"互联网+"、大数据等新技术和新理念，真正推动农业生产从"种什么吃什么"向"吃什么种什么"转变，推动农业产业转型升级，促进农民群体向转型发展要收益、向消费终端要收益。同时，积极发挥新型经营主体的组织带动功能，提升分散农户合作水平，引领小农户与大市场对接，以应对"弱者种田"对结构调整带来的负面作用。据调研，河南省农民专业合作社虽然数量很多，但规范运营、发挥组织功能的却很少。

（二）加快盘活农村集体资产资源

城乡居民财产性收入比重的巨大差异长期存在，已成为制约农村发展的主要因素之一，农民财产性收入不仅对农民增收的贡献潜力十分巨大，更到了不得不激活的关键节点，而农村产权制度改革作为这一轮深化农村体制改革的核心，将对农村、农业发展产生决定性作用。对河南省而言，要建立起明晰、健康、有序的农村产权体系，一方面要进一步加快推进确权登记颁证进程，在承包经营权确权推进较为顺利的情况下，着力解决农村集体建设用地和宅基地确权工作滞后的问题；另一方面，当认识到明晰农村产权只是产权制度改革的第一步，如何在清晰产权保护下盘活农村资产资源，促进城乡要素交流互换，才是中央农村产权制度改革的核心要义。一是要充实和保障集体产权的市场属性，加快落实承包经营权的抵押、担保功能，解决当前普遍存在的抵押难、担保难问题。二是要加快构建城乡统一的建设用地交易市场，赋予农村集体经营性建设用地合理的市场价格，给予集体建设用地平等的市场要素地位。三是要加快构建农村产权交易平台，重点解决功能不完善、交易品种单一、交易形式冗杂等突出问题。四是要加快建立农村产权退出机制，引导撂荒耕地、空置宅基地等"沉睡"的资产资源重新复苏。

（三）进一步提升农业转移人口非农就业能力

我们在这次调查中深刻感受到了加强职业技能培训、提升农民综合素质对就业的基础性作用。我们判断，在"人口红利"逐渐成为稀缺发展要素的大背景下，当前的就业难很大程度上具有结构性特征，符合产业变动趋势的就业需求不减反增，对具有熟练职业技能的技术工人需求更加旺盛。当前，我们应当把农业转移人口能力提升放在培育区域竞争优势的高度来推动，着力提升农村劳动力培训的精准性和实效性，促进农村丰沛人力资源向雄厚人力资本的转化，实现"农民工大省"向"技术工人大省"转变，这既符合市场经济规律，又契合河南省的比较优势。一是扩大培训覆盖面积。组织全省开展劳动力转移培训需求调查，明确培训方向和培训目标，各市、县（乡）应积极采取措施，以政府购买服务或培训补贴等手段，提高农业转移人口的积极性，扩大农业转移人口就业培训的覆盖面积，特别是针对相对落后和贫困的地区，加大培训力度，切实提高农业转移人口非农就业能力。二是加强培训管理。相关部门应加强对培训项目各个环节的管理，明确培训目标，丰富培训内容，严抓培训质量，提高就业培训的精准性和实用性，提升培训合格率和就业率，保障农业转移人口掌握更多生存和发展技能，真正提升符合市场需求的就业能力，促进其就业与增收。

（四）加快培育合格新型农业经营主体

新型农业经营体系构建，必须依靠高素质的"新农民"来完成，缺乏"新农民"支撑，农村体制改革的各项预期目标也难以顺利达成。近年来，随着国家不再对玉米实施托市收购，玉米价格应声下跌就成为了检验各类新型经营主体素质的试金石，懂技术、会管理的经营者正在快速适应市场变化，而大批低素质的经营主体举步维艰，已经被逼到退出市场的边缘。可以说，技术和管理水平正在成为农业规模经营的盈亏平衡点。由此可见，农业供给侧结构性改革必须依靠一大批懂技术、会经营的新型职业农民来实施。但目前河南省农村青壮年劳动力仍以外出打工为主，农业生产"副业化、兼业化、老龄化"问题突出，新时期"谁来种地""如何种地"的问题亟待破解。为解决这一问题，一是应当建立严格的新型农业经营主体认证制度，提高农业规模经营职业门槛，改变当前家庭农场、合作社"鱼龙混杂"，运行不规范、组织不健全等突出问题，为今后农业支持政策精准扶持规模经营主体做准备。二是创新职业农民教育培训模式，构建适应农业供给侧结构性改革、三次产业融合发展的农业职业技能培训体系，根据不同层次需求开展"精准化"培训服务，为构建新型农业经营体系提供人才支撑。

（五）推进"双创"适应新型城乡关系

当前，城乡关系已经进入一个新的阶段，各种资源要素由以前的单向流动向双向流动转变，特别是在经济新常态的背景下，越来越多的资本、人才、技术由城市走向农村寻找机会。同时随着"双创"的常态化发展，三次产业在许多领域已实现高度融合，城乡之间的生产和生活方式也得到进一步的融合，返乡创业就业已成为解决就业中结构性难题的重要突破口。2016年，河南省农民工返乡创业人数达76.21万人，带动就业339.53万人，全省新增农村转移劳动力九成以上在省内就业，创业带动就业效应明显。在这种趋势下，推进农民工返乡就业创业既适应了新型城乡关系的发展，又势必成为稳增收的重要途径。一是要进一步优化创业环境。返乡农民工能力、素质、资金基础参差不齐，农民工创业成功与否对其发展影响巨大，广而不专的政策扶持环境易形成运动式热潮，一哄而上的返乡创业行为不仅不能有效解决返乡农民工创业成功率低的问题，反而会提升创业风险和投机行为。要将农民工返乡创业与农业供给侧改革有机结合起来，把重点放在有专业技能、有相对市场把握能力、有一定资金和经验积累的群体中，引导发挥区域要素禀赋的比较优势，挖掘发展潜力，着力推动三次产业的融合发展，做精做强特色产业，促进形成竞争力强、带动就业能力强、可持续发展的产业生态。二是要加强培训辅导。加强财政扶持力度，设立专项资金用于就业创业指导和技能提升，开发符合地方产业需求的就业创业培训教材，建立并壮大就业创业导师团队，加强平台建设，使创业者与优质项目能有效对接。三是完善金融服务。返乡创业者无论是从市场判断、资金，还是抗风险能力都有所不足，通过提供优质的金融服务，建立农民工创业专项信贷担保体系、风险补偿体系、风险投资体系等降低农民工创业的门槛，提高农民工创业的积极性。

参考文献

[1] 鲁玉秀. 基于农民增收的土地供给侧改革探讨 [J]. 农业经济，2016（9）.

[2] 曹永辉. 完善农民科技培训　促进农民增收致富 [J]. 农业经济，2017（2）.

（作者系河南省人民政府发展研究中心科研人员）

构建现代化产业体系

以创新引领河南制造业高质量发展

张富禄

摘　要：河南制造业进入了高质量发展时代，创新引领成为河南制造业的重大战略选择。河南工业已经拥有雄厚的制造业基础，智能化、服务化、绿色化转型发展初见成效，拥有一大批在国内外市场上叫得响的大中型企业和科研机构，但和国内外先进水平相比还存在一定差距。未来河南制造业高质量的发展方向，需要构建"五位一体"的产业发展体系，以智能制造为主攻方向，根本出路在于创新引领。政府部门要以"四个一批"为抓手，围绕创新引领发展工作的方向任务，优化政策措施，加快推进创新引领工作。

关键词：创新引领；制造业；高质量发展

中共十九大报告明确提出，我国经济已由高速增长阶段转向高质量发展阶段。作为新兴的工业大省，河南省拥有雄厚的先进制造业基础，拥有"三区一群"等国家战略规划和战略平台优势，在充分享受新型城镇化带来的新动力、新活力、新红利的基础上，在深化改革、激发内生动力、增强自主创新能力的政策影响下，河南产业转型发展成效显著，河南制造业进入了高质量发展时代，创新引领发展成为河南制造业的重大战略选择。

一、河南制造业进入高质量发展时代

2013~2017 年，河南全省生产总值先后跨越 3 万亿元、4 万亿元台阶，初步核算，2017 年全省生产总值约达 4.5 万亿元（见图 1），三次产业结构为 9.6∶47.7∶42.7（见图 2）。2017 年，整体工业经济运行好于预期，2018 年开局平稳，隐忧凸显。统计数据显示，2018 年河南工业开局良好，平稳运行。2018 年 1~2 月，全省规模以上工业增加值增长 7.7%，增速比上年 12 月提高 0.2 个百分点，比上年同期回落 0.1 个百分点，高于全国平均水平 0.5 个百分点。规模以上工业的统计范围为年主营业务收入 2000 万元以上的工业企业。工业增加值增长速度可以判断短期工业经济的运行走势。五大主导产业、高技术产业增加值分别增长 10.6%、14.1%，分别高于规模以上工业增加值增速 2.9 个、6.4 个百分点，五大主导产业占规模以上工业比重同比提高 1.4 个百分点；传统产业、高载能行业增加值分别增长 3.3%、2.9%，占规模以上工业比重同比均降低 1.1 个百分点。这些数据说明河南省产业转型继续向前推进并见成效，传统产业、高载能行业的当前主要任务是调结构、转方式。

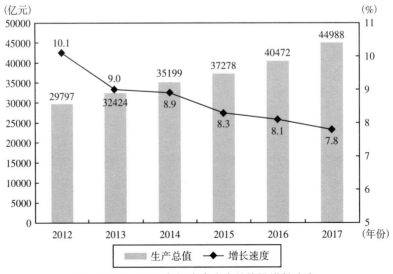

图 1 2012~2017 年河南省生产总值及增长速度

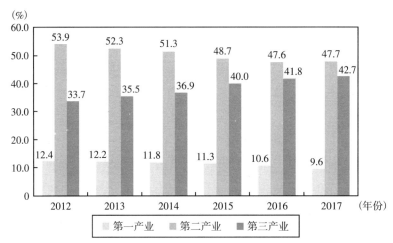

图2 2012~2017年河南省三次产业增加值占生产总值比重

值得关注的是，新能源汽车产量增长497.1%，锂离子电池增长151.9%。工业企业产品销售率98.6%，高于全国平均水平0.7个百分点。说明以新能源汽车为代表的河南省新兴产业继续发力，汽车产业继续按照市场预期调整结构、优化产业发展方向，尤其是政府关于燃油汽车的未来限售态度，新能源汽车前景被社会公众普遍看好。其中，宇通集团的新能源客车处于国际领先水平。例如，纯电动客车当前世界单位载质量电耗水平为27KWh/100km·t，续驶里程为250公里，到2020年将达到23KWh/100km·t，续驶里程为300公里。以宇通客车为代表的新能源客车目前单位载质量电耗水平为25KWh/100km·t，续驶里程为300公里，到2020年将达到20KWh/100km·t，续驶里程为400公里，均为世界领先。

客观地说，河南工业已经拥有雄厚的制造业基础，拥有一大批在国内外市场上叫得响的大中型企业和科研机构，但是和国内外先进水平相比还存在一定差距。例如，洛阳一拖，公司的拖拉机研发能力、农用柴油机研发在国内处于领先地位，率先研发代表国内先进水平具有自主知识产权的大型动力换挡拖拉机已形成批量销售，已经实现270马力拖拉机产业化，完成400马力CVT拖拉机样机开发但没有产业化。目前，国际企业已经实现500马力、600马力拖拉机产业化。洛阳一拖在新能源拖拉机方面，燃气拖拉机已经有样机，但受需求限制没有产业化。与国际不仅在大马力提升、新能源（如氢能、电动）方面，而且在智能控制、节能环保、可靠性和舒适性等方面也有差距。按照权威专家的说法，中铁装备目前的整体技术已经达到了国际先进水平，个别技术指标达到了国际领先。中铁盾构装备已经实现 φ15m 盾构机、φ12mTBM 产业化，双圆形、马蹄形等异形盾构机实现产业化，与国际水平并行。总体来看，整机技术水平与国际并行，但刀具、减速机等关键零部件仍需进口，可靠性、智能化水平存在差距。

2018 年 3 月底出现的中美贸易摩擦，给中国的经济发展思路带来了隐忧。河南双汇集团等与美国市场联系较多的个别企业可能受影响大一些，由于河南经济整体外贸依存度偏低，整体现代化进程受影响有限，但是我们也要高度重视，从国际经济新秩序角度进行新的思考。

未来河南制造业的发展方向是什么？构建"五位一体"的产业发展体系，积极推进河南制造业高质量发展。主要表现在：一是优化产业方向。大力发展先进制造业，建立现代产业体系。重点是加快新兴产业规模扩张，尤其是"中国制造 2025"提出的十大领域。2018 年 1 月，国家知识产权局发布的《知识产权重点支持产业目录（2018 年本）》，就是国家重点发展的产业方向。该目录确定了现代农业产业、新一代信息技术产业、智能制造产业、新材料产业、清洁能源和生态环保产业、现代交通技术与装备产业、海洋和空间先进适用技术产业、先进生物产业、健康产业、文化产业10 个重点产业，细化为 62 项细分领域。例如，新一代信息技术产业细化为云计算及大数据、物联网、人工智能、高性能计算、高端通用芯片等九个领域。二是转换发展动能，重视高新技术支撑。加快培育和壮大新动能，实施创新驱动战略，实现创新引领发展。积极开展大数据应用、人工智能、"互联网+"战略，开展重大专项攻关，实现新技术、新业态方面的新突破。三是夯实企业管理基础，创建一流企业。开展企业创新管理专项行动，提升企业创新管理水平，弥补管理、品质等短板，进入价值链的位置中高端，规模扩张与盈利能力并重，重视提高盈利能力，支持军民融合发展，培育大企业集团，争创一流企业。四是提升产品品质。对标国际先进标准，实施三品（品质、品种、品牌）战略，提高产品品质，提高用户满意度，树立高端品牌和质量形象，保持新产品开发新活力。五是以智能制造为主攻方向，推进智能化、绿色化、服务化等先进制造方式。申报智能制造试点示范项目，实施万家企业上云工程，申请创建"中国制造 2025"

国家级示范区，重点推动工业互联网平台的发展，探索制造业转型升级的新路径、新模式。

二、以创新引领河南制造业高质量发展

河南制造业高质量发展的根本出路在于创新引领。2017 年 10 月中共十九大报告提出，创新是引领发展的第一动力，是建设现代化经济体系的战略支撑。创新引领发展的标志表现在建设国家创新体系以及区域创新体系（进行基础研究以及应用基础研究），构建产业层面的产学研深度融合的技术创新体系，企业层面专门的创新管理活动，积极组织和参与世界范围的国际交流合作。最终通过发挥市场和政府两个作用，形成创新引领发展这个第一动力，而且形成制造业和高端要素协同发展的产业体系，从而形成自组织产业生态系统，让一切要素活力竞相迸发。

一是贯彻新发展理念，把创新作为引领发展的第一动力。2014 年 8 月，习近平总书记在主持召开中央财经领导小组第七次会议时强调，实施创新驱动发展战略，就是要推动以科技创新为核心的全面创新。2015 年 10 月，中共十八届五中全会提出，要"推进理论创新、制度创新、科技创新、文化创新等各方面创新"。中共十九大报告进一步提出创新是引领发展的第一动力。我们要坚定不移地贯彻创新、协调、绿色、开放、共享的发展理念，把创新排在首位，尤其企业界要自觉地把创新定位为发展的第一动力，推动创新引领型发展。例如，河南润南漆业有限公司是一家集涂料科研、生产、销售为一体的综合性集团企业，注册资本 3000 万元，现有职工 500 余人。公司成立的专门负责创新工作的部门——创新驱动部。该部门分为五大创新小组，分别从"商业模式、技术、营销、管理、人力资源"五大模块进行创新，由公司董事长亲自担任部门主任，每组设组长一名，组员若干名。创新驱动部本着"每月每小组至少打造一个创新提升"的理念，每月召一次开创新驱动会议；组长汇报上月创新工作内容及论证方案，并提报次月创新计划。由集团董事办对创新方案实际运用后的效果进行追踪和评价。自成立以来，润南在这五大创新领域相继取得了较好的成绩。对于河南省企业界来说，下一步要继续在全社会大规模推进企业创新管理专项工作，全面助推企业创新工作上台阶。

二是政府层面以"四个一批"为抓手推进创新引领工作。创新引领要求既要创新又要引领，全面推进创新工作。从某种程度来看，创新引领型企业、人才、平台、机构，是创新引领型发展的重要载体和抓手。2017 年 6 月 20 日，省长陈润儿主持召开郑洛新国家自主创新示范区领导小组第二次会议。陈润儿强调，要加快培育创新引领型企业，要加快培育创新引领型人才，要加快培育创新引领型平台，要加快培育创新引领型机构。2017 年 6 月 28 日，豫自创〔2017〕6 号文印发四个专项行动计划，《郑洛新国家自主创新示范区 2017 年度创新引领型企业专项行动计划》《郑洛新国家自主创新示范区 2017 年度创新引领型人才专项行动计划》《郑洛新国家自主创新示范区 2017 年度创新引领型平台专项行动计划》《郑洛新国家自主创新示范区 2017 年度创新引领型机构专项行动计划》。2017 年 11 月 13 日，中共河南省第十届委员会第四次全体会议通过的《中共河南省委关于深入学习贯彻中共十九大精神，决胜全面建成小康社会，开启新时代河南全面建设社会主义现代化新征程的意见》进一步指出，大力培育引进创新引领型企业、平台、机构、人才，引领带动中西部地区科技创新高地建设。以"四个一批"为抓手助推创新引领工作，河南省已经走在国内省份的前列。在实际工作中，要通过"四个一批"，建立省域创新体系，加强基础研究和应用基础研究；建立技术创新体系，建立以企业为主体、市场为导向、产学研深度融合的技术创新体系；推进科技改革开放，加快"放、管、服"改革，深化科技体制机制改革，进一步激发创新活力、支撑攻坚发展；持续提升创新能力，在桥、水、陆、港等一大批基础建设工程中发挥科技创新的支撑作用，在经济社会发展、区域产业发展中发挥创新的引领作用。

三是突出吸引集聚创新机构，立足全国开展创新。值得注意的是，加快"四个一批"的工作进程中，重点围绕河南省亟须培育和发展的战略性新兴产业和高新技术产业进行技术对接，发布技术需求，核心任务要考虑在河南省布局建设国家级高端平台，培育具有国际影响力的国家实验室、科研机构、高等院校、科技社团，聚集高校院所、央企和国际企业研发总部、国家实验室等大型科学中心。例如，2016 年初，占地 200 亩的中科院过程工程研究所郑州分所已经落户郑州金水区，2017 年 4 月，中国科学院过程工程研究所和禹州市天源生物科技有限公司合作编制低能耗提取青蒿素基础数据工艺包；中科院近代物理研究所药物研究中心和舞阳威森生物医药有限公司联手成立"河南省抗疟医药原料开发工程技术研究中心"。2018 年 3 月，河南提议在郑州布局建设国家超级计算中心，由科技部批复建设的国家超级计算中心，截至目前全国共批复 6 家，分别是国家超级计算天津中心、国家超级计算广州中心、国家超级计算深圳中心、国家超级计算长沙中心、国家超级计算济南中心和国家超级计算无锡中心。

四是促进国际合作交流面向世界开展创新。积极参与我国牵头组织的大科学计划，集聚国际创新资源。围绕河南经济社会建设的巨大创新需求，在全国乃至全世界范围内组织开展"产、学、研、用、金"协同创新意义重大。2018 年 3 月 14 日，国务院印发《积极牵头组织国际大科学计划和大科学工程方案》的通知，提出围绕物质科学、宇宙演化、生命起源、地球系统、环境和气候变化、健康、能源、材料、空间、天文、农业、信息以及多学科交叉领域的优先方向、潜在项目、建设重点等，积极参加重要国际组织的大科学计划相关活动，主动参与大科学计划相关国际规则的起草制定。加强与硅谷、以色列等全球创新创业高地的合作，支持建设郑州幼发拉底孵化器，吸引国际知名孵化器、创业投资机构、高端创新创业人才参与自创区创新创业。对于河南来说，参与这些国家级重大创新活动对于地区聚集全国乃至全球优势科技资源、对于加快河南产业转型发展具有重要战略意义。

五是以企业为主体开展企业层面的技术创新。宇通集团在技术创新方面为河南企业界树立了典范。2017 年其实现营业收入 332.22 亿元，全年累计实现客车销售 67268 辆，公司是一家集客车产品研发、制造与销售为一体的大型制造业企业，主要产品可满足 5~25 米不同长度的需求，拥有 139 个产品系列的完整产品链，独创中国制造出口的"古巴模式"，引领中国客车工业昂首走向世界。这一成绩与宇通客车在新能源市场的前瞻性布局及创新核心技术是分不开的。宇通每年在研发方面的投入占全年产品销售额 3%以上。2017 年，研发支出 15 亿元，占营业收入的比例为 4.51%，在同行业中居于较高水平。宇通依照国家汽车技术发展路线，结合自身特点，从新能源技术、智能化技术、基础技术等研究方向，开展了大量研究工作。技术方面，公司按既定技术路线继续深化推进，其中整车节能与控制技术、高压隔离电源变换技术、高密度电驱动控制技术三项核心技术处于国际行业领先水平。截至 2016 年底，公司拥有研发人员 3013 人，占公司总人数的 16.92%。截至 2017 年底，公司拥有研发人员 3112 人，占公司总人数的 18%，此外，宇通客车积极推进"产、学、研"有机结合的创新共同体，与清华大学、北京理工大学、吉林大学、哈尔滨工业大学、同济大学、郑州大学、中国汽车技术研究中心、中国汽车工程研究院等国内知名高校和科研院所建立产学研合作关系。强大的研发实力和庞大的科研队伍，为宇通不断取得技术突破奠定了基础。截至 2016 年底，公司拥有有效专利 1147 件，其中发明专利 73 件。截至 2017 年底，公司拥有有效专利 1403 件，其中发明专利 176 件，拥有软件著作权 116 件。2017 年，公司共获得授权专利 369 件，其中发明专利 103 件。

三、加快推进创新引领工作的政策建议

中共十八大以来，习近平同志高度重视创新工作，围绕实施创新驱动发展战略、发挥创新在发展中的引领作用，提出了一系列新思想、新论断、新要求。政府部门要结合省情实际，围绕创新引领发展工作的方向任务，优化政策措施，加快推进创新引领工作。

一是政企联动，加快推进"四个一批"专项工作。2018 年，河南省政府工作报告明确突出抓好"四个一批"工作任务，突出发展一批创新引领型企业、培育一批创新引领型人才、建设一批创新引领型平台、引进一批创新引领型机构，建设中西部科技创新高地。总体来看，河南省已经明确提出加快培育创新引领型企业、人才、平台、机构，努力构建创新引领型高地。河南省在推进"四个一批"专项工作方面做出一系列积极部署，在实际工作中，要围绕提出的创新引领型企业、人才、平台、机构建设的总体要求及主要目标、重点任务、支持政策、保障措施等，发挥市场和政府两个作用，政企联动，从实际出发，狠抓落实。既要大胆创新开拓，又要实事求是，决不好高骛远。一方面，通过创新引领型企业、人才、平台、机构发挥创新作用。立足世界科技发展大势、世界科技革命新方向，围绕事关经济社会及科技发展的重大问题开展创新研究，围绕国民经济建设中的重大工程技术问题开展创新研究，在高技术产业、新兴产业相关技术领域实现重大突破，提高我们自身的核心技术，甚至赶超世界先进水平。另一方面，通过创新引领型企业、人才、平台、机构发挥创新引领作用。把创新成果产业化，以创新的成效促进河南省产业整体素质大幅提升，对于产业转型升级起到明显推动作用，助推形成一批具有较强国际竞争力的跨国公司和产业集群，明显提升在全球产业分工和价值链中的地位，打造全国先进制造业基地。

二是加强创新引领型发展理论研究工作。根据 2018 年 1 月河南省科技厅《关于公布第二批河南省软科学研究基地名单的通知》（豫科〔2018〕7号），通过专家评审，河南省社会科学院申报的"河南省创新引领型发展软科学研究基地"成功获批立项建设。"河南省创新引领型发展软科学研究基地"旨在经过三年的建设，立足创新引领型发展研究领域，初步建成一个科研实力突出、特色优势明显、创新团队出众的高水平、高层次、高质量的软科学研究基地。逐步形成理论研究水平不断提升、决策咨询能力不断提升、软科学研究团队建设不断完善的高效软科学研究网络。从国内外相关理论研究成果来看，创新引领型发展研究非常薄弱。"河南省创新引领型发展软科学研究基地"研究要吸收集聚国内外优质研究资源，立足河南基本省情，通盘考虑从理论体系构建到应用对策的提出，以"四个一批"工作需求为核心，以创新引领型发展为研究对象，重点研究河南加快实施创新引领型发展的基础性、关键性、决定性问题，以期为全省"四个一批"专项工作的展开，以及更好实施创新引领型发展提供科学有效的参考。

三是推进企业创新管理活动带动企业全面创新。2017 年 6 月，河南省工信委发布了《关于企业创新管理提质增效活动的通知》，拟在全省评定 100家创新管理提质增效示范企业、500 家创新管理提质增效优秀企业。从 2017年活动情况来看，绝大部分企业推进创新的积极性非常高，通过管理创新弥补企业在技术创新、产品创新、营销创新、管理创新、模式创新等方面管理短板的效果也很明显。例如，近年来，河南中光学集团有限公司坚持创新驱动战略，着力科技创新和体制机制创新"双轮驱动"，有效促进了企业转型升级和改革发展。尤其是以"细化组织、共享红利"为主题的"微组织"经营管理模式，有效激发了企业活力，实现降本增效的目标。"微组织"经营管理模式就是根据生产经营特点将企业分割成众多微组织，每个微组织独立经营、独立核算、明确收支、分享超额利润，从根本上调动员工积极性，实现降本增效和竞争力提升。企业基层生产经营单位不再是传统的分厂、事业部、车间、班组，而是基于企业实际、根据团队成员的协作和配合来灵活划分的"微组织"。公司光学元件生产单位一共建立了 104 个"微组织"单元，人数最多的 1240 人，最少的 1 人。自 2014 年公司实施"微组织"以来，公司经济指标已卓见成效，企业整体经营情况呈现良好发展态势。

参考文献

［1］谭顺辉.中铁装备：创新引领发展［J］.国资报告，2018（1）.

［2］黄群慧.创新是引领新时代发展的第一动力［N］.经济参考报，2017-10-19.

［3］赵刚.全面创新　全链创新　全球创新——习近平总书记创新思想解读［J］.前线，2016（10）.

［4］徐美健.坚持创新引领，走在高质量发展最前列［N］.新华日报，2018-03-28.

［5］吕志雄.建设一批创新引领型平台［N］.河南日报，2018-03-06.

［6］庞宇飞.创新引领型企业发展研究——以宇通客车为例［J］.创新科技，2017（10）.

［7］李丽芳.创新引领型人才发展研究［J］.决策探索（下），2018（2）.

［8］胡伟.以科技创新引领发展新动能［N］.文汇报，2018-03-25.

［9］丁倩.技术创新打开转型新窗口［N］.大河报，2017-05-11.

（作者系河南省社会科学院工业经济研究所所长、研究员）

积极打造数字经济新优势　促进更高质量更好效益发展

孙中叶

摘　要： 大数据是基础资源、战略资源，是重要的生产力，以数字化的知识和信息为关键生产要素、以现代信息网络为重要载体、以信息通信技术为驱动力，用"数字重组产业"。互联网、大数据、人工智能与实体经济深度融合，促使产业组织形态由地理集聚向网络协同化转变；降低了生产企业交易成本，提高了实体经济运行效率；克服了产业要素禀赋的先天约束，激发了自生长的产业数据要素，为经济社会实现更高质量更好效益的发展提供了有力支撑。

关键词： 数字经济；实体经济；产业融合

习近平总书记在中共十九大报告中指出，建设现代化经济体系，必须把发展经济的着力点放在实体经济上，推动互联网、大数据、人工智能和实体经济深度融合。这一高屋建瓴的论断为实体经济发展指明了方向。在决胜全面小康、让中原更加出彩的关键时期，在实现"两个一百年"奋斗目标的历史交汇期，必须加快互联网、大数据、人工智能与实体经济深度融合，使互联网、大数据成为经济发展方式转型的重要推动力，实现河南省经济社会更高质量更好效益的发展。

一、准确把握数字经济发展新态势

全球经济发展正处于新旧增长动能转换的关键时期，世界经济加速向以网络信息技术产业为重要内容的经济活动转变。以信息化培育新动能，用新动能推动新发展，数字经济成为各国创新增长方式、注入经济新动力的重要抓手，互联网、大数据、人工智能与实体经济深度融合已经成为世界发达国家科技和产业界竞相发展和竞争的焦点，在社会发展和区域竞争中具有基础性、先导性和战略性地位。数字经济是继农业经济、工业经济之后新的经济形态，正在成为推动实体经济发展质量变革、效率变革、动力变革的重要驱动力，也是全球新一轮产业竞争的制高点和促进实体经济振兴、加快转型升级的新动能。美、日、德、英等发达国家的网络经济占比均已超过45%，美、德等国甚至超过50%，在网络经济竞争的窗口期，我国加大了对大数据应用的推动力，批复了京津冀等7个国家级大数据综合试验区和10个大数据国家工程实验室，逐步形成了以京津冀、长三角、珠三角、中西部以及东北地区集聚发展的格局。我国数字经济正在进入快速发展的新阶段，规模不断提高，占GDP比重达30.3%，新技术、新产业、新业态、新模式层出不穷，为实体经济发展注入新的动力，成为拉动经济增长的新引擎，全国各地都在加紧布局数据产业的发展，杭州、承德、海口、青海等省市推动旅游大数据的应用；唐山、贵阳、成都、重庆等城市加速落地工业大数据平台及创新项目；青海建设农牧业大数据平台；河南把交通物流、农业粮食作为主攻方向和突破口，在政务、益民服务、产业等领域开展大数据创新应用试点示范。

数字经济是信息化催生的新经济形态，是当前最具潜力、最具爆发力、最具成长性的经济形态，网络经济强省建设展现出河南发展的战略思维和超前意识。依托河南全国数据中心建设布局二类地区优势，紧抓国家大数据综合试验区建设机遇，充分发挥大数据、互联网在产业生态中的聚合能力。以推进电子商务大发展为着力点，深化网络经济发展的行业应用；以建设大数据综合试验区为着力点，发展工业大数据、新兴产业大数据、农业农村大数据、创新创业大数据、时空大数据，并加快建成跨行业、跨部门共享的基础信息资源库，创新网络经济发展的产业融合；以实施"互联网+"行动为着力点，加快互联网在制造业、农业、服务业、能源等领域的应用，推动形成现代互联网产业体系。同时，结合众创模式不断推动各种新产品、新业态的培育发展，为"大众创业、万众创新"提供肥沃土壤。

二、大数据与实体经济融合带来的产业变革

大数据是基础资源、战略资源，是重要的生产力，"转型升级"与"经济增长"的核心动力都与互联网、大数据息息相关，以数字化的知识和信息作为关键生产要素、以现代信息网络作为重要载体、以信息通信技术的有效使用作为效率提升和经济结构优化的重要推动力，用"数字重组产业"推动跨界融合应用发展，促进大数据与传统产业在发展理念、产业体系、生产模式、业务模式等方面深入融合，实现创新驱动发展，为经济社会实现更高质量更好效益的发展提供有力支撑。

加快互联网、大数据、人工智能与实体经济深度融合，促使产业组织形态由地理集聚向网络协同化转变，推动新产业、新业态、新模式的兴起，加速信息技术向传统产业的渗透，打破以先天资源禀赋为比较优势的产业分工格局，以数字经济优势占领产业价值链制高点。互联网平台汇聚资金、创意、工具等生产要素和资源，推进产业链环节形成网络空间的集聚，达到甚至超越以往地理空间集聚所产生的协同分工效果。利用互联网、大数据、区块链、人工智能等技术对上下游产业的双向带动和统筹整合能力，推动企业信息网络、控制系统、管理软件和数据平台的纵向集成，以及企业间研发设计、客户关系管理、供应链管理和营销服务的横向集成，实现基于互联网的企业间协同创新和产业链集成，形成业务交叉、数据通联、运营协同的产业融合机制，构建共生、再生乃至互生的价值循环体系。

加快互联网、大数据、人工智能与实体经济深度融合，降低生产企业交易成本，提高实体经济运行效率。在产业演进嬗变的历程中，交易成本的每一次降低都能极大地拓展市场范围，促进分工与专业化，使得社会生产力迈上一个新的台阶。当今，互联网、大数据、人工智能的技术发展和广泛应用，形成了跨地域、跨系统、跨层级、跨行业、跨组织的社会协同平台，使企业之间、生产者与消费者之间、产业上下游之间实现了更加便利、更加充

分的信息交换，减少了交易过程中的信息不对称，节省了信息匹配所需要的时间，使企业具备快速响应用户需求、灵活组织制造资源的能力，按需生产、大批量定制成为现实。从产业链、价值链多领域、全维度等各环节向数字化、网络化、智能化转型，推进大数据与实体经济深度融合，不仅驱动实体经济生产技术更新、商业模式创新和产品供给革新，更推动实体经济供给侧结构性改革，促进新旧动能转化。

加快互联网、大数据、人工智能与实体经济深度融合，克服了产业要素禀赋的先天约束，激发了自生长的产业数据要素。习近平总书记指出，要构建以数据为关键要素的数字经济。经济发展新常态下，随着资本、土地和劳动力等传统生产要素对经济发展刺激作用的减退，产业转型升级的成效和新业态发展，很大程度上取决于后天要素禀赋的集聚速度和体量，互联网、大数据与云计算等的融合导致数据量呈现爆发式增长，庞大的数据量及其处理和应用需求催生了大数据从概念向规模化应用，数据日益成为重要的国家战略资产，和土地、劳动力、资本等生产要素一样，成为促进经济增长和社会发展的基本要素。现有的"云网端"网络设施和存储数据，作为产业发展的创新要素，带来产业业态的创新和商业模式的变革，使数据成为创新创业链上的"石油"资源，驱动产业链的良性发展，可以为创新创业地区带来新的发展机遇和数以亿计的产值。

互联网、大数据、人工智能与实体经济的深度融合，使产业发展由要素驱动转变为创新驱动。在工业经济时代，一个地区的经济发展驱动力差异很大，有依赖地区矿产、交通、旅游等资源优势发展起来的，有依赖大量低成本的劳动力发展起来的，也有依赖丰富的金融资本等要素发展起来的。在数字经济的快速发展阶段，北京、上海、深圳、杭州等一批依赖政策先行先试和新兴产业领域创新探索的城市引领了新一轮的增长。产业转型升级既有传统产业要素的路径依赖，也有后天要素禀赋升级带来的产业创新，当前，数字经济已经进入新的裂变式发展阶段，创新将成为引领产业创新驱动发展的核心动力，面对数字经济带来的机遇，早调早转就会赢得主动，抢得先机，晚调晚转就会被动乃至被淘汰。长三角、珠三角等发达地区由于动手较早，已经出现较好势头，而河南跨境电商和大数据综合示范区促成的新经济格局和产业空间布局，也有望催生结构性机会。

三、大数据与实体经济融合的新举措

河南省作为人口大省、农业大省、新兴工业大省、重要的经济大省，是国家级大数据综合试验区、国际综合交通枢纽、国际物流中心、全国数据中心建设布局二类地区、全国七大互联网信源集聚地，互联网用户数居全国第五位，数据资源丰富多样，拥有极具开发价值的海量数据资源和市场优势。随着"三区一群"等国家战略的实施，河南在数据平台集聚、信息基础设施、应用市场、交通物流、产业集聚等方面的优势进一步凸显。但数字经济发展与河南经济规模在全国的地位仍有差距，存在数字经济产业规模偏小、业态创新不足、区域发展不平衡等问题。要紧紧抓住河南省建设大数据综合试验区的重要机遇，大力推进互联网、大数据应用，提升引领产业转型升级的能力，加快构建以大数据、互联网为依托的新型产业体系，引领实体经济高质量、高效益发展。

一是运用大数据驱动智能制造加快发展，推动制造业与互联网融合。传统产业尤其是制造业的数字化、网络化、智能化转型成为释放经济增长潜力的重要手段。河南制造业要抓住全球制造业分工调整和智能制造快速发展的战略机遇期，重塑制造业技术体系、生产方式、发展要素及价值链，实现社会生产力整体提升。在河南工业体系结构中，制造业智能化和服务化不仅是最突出的短板，也是建设先进制造业强省的主攻方向，通过智能化技术改造升级，大幅提升产业形态、产业业态、产业载体，使传统产业脱胎换骨，蜕变成现代新型产业，实现河南制造向河南创造、河南速度向河南质量、河南产品向河南品牌转变。深化国家和省级工业云创新服务试点，打造"1+N"工业云平台体系，促进制造业与互联网融合发展，建立"两化"融合管理标准体系，发展智能装备和智能产品，引导企业实施"设备换芯""生产换线"和"机器换人"，培育一批智能工厂和智能车间，推进生产过程智能化。以试点示范、推广应用为抓手，实施服务型制造行动，推进产业互联网与消费互联网融合，加快从卖产品向卖"产品+服务"升级，实现制造业服务化转型。鼓励行业龙头企业基于工业大数据资源建设工业大数据平台，开展个性化定制、众包设计、智能监测、全产业链追溯、在线监控诊断及维护、工控系统安全监控、企业管理智能化等工业大数据应用创新，以提升生产制造、供应链管理、产品营销及服务等环节的智能决策水平。

二是以智慧农业为引领，促进农业供给侧结构性改革。依托郑州、鹤壁、漯河等国家重要的粮食生产和食品加工产业基地，实施国家现代农业和粮食流通大数据应用示范工程，在新型农业生产经营、粮食流通市场化、质量安全追溯方面开展应用创新示范，构建全省农业大数据资源中心，促进智慧农业产业全面发展，为保障国家粮食安全提供有力支撑。加快推进国家农业粮食大数据创新应用先行区建设，融合云计算、大数据、移动、社交等创新技术，加强农业物联网和智能装备的推广应用，开展农业大数据应用。围绕粮食结构调整，实施单品种全产业链大数据示范工程，选择条件较好的千亩方、万亩方，重点在优质专用小麦、花生等领域开展试点，开展种植、仓储、加工、流通、销售等全过程数据分析，为政府决策、企业经营提供服务。建设智能化养殖基地，加快实现饲料精准投放、远程疫病诊断、废弃物自动回收。建立生物质资源循环发展模式。推进农业实现信息化、标准化、规模化、集约化、高效化和绿色化联动发展，促进第一、第二、第三产业融合，推动农业发展、农民致富、农村进步。开展农产品大宗商品交易大数据应用，提升郑州商品交易所和粮食电子商务平台发展水平与核心竞争力。

三是积极推进电子商务大数据应用，培育新业态、新商业模式。推动工业企业电子商务应用，鼓励大型工业企业建设电子商务应用系统，以增强产业链协同能力为重点，通过电子商务与企业内部业务和管理信息系统的集成，实现企业间基于互联网的协同研发、设计和制造，为制造企业发展智能制造、服务型制造、个性化定制、网络协同制造等新型制造模式提供支撑。支持面向行业的电子商务平台建设，推动有条件的企业电子商务网站向行业电子商务平台转化，形成一批垂直细分行业具有竞争力的本土工业电子商务平台。强化工业企业与电商企业合作，持续开展"豫货通天下"对接活动，支持工业企业整合线上线下资源、拓展销售渠道。培育壮大一批行业电子商务平台，积极支持世界工厂网、企汇网、中华粮网、中钢网、豫货通天下等电商平台企业做大做强。开展跨境电子商务大数据应用示范，推动商务、海关、出入境、检验检疫、金融、保险、交通物流等相关数据汇聚共享，为实现电子商务流、资金流、货物流"三流合一"提供支撑。鼓励骨干企业建设跨境电子商务大数据综合应用平台，开展精准营销、风险分析、精细化管理、小微金融服务等业务创新和应用创新，提升跨境电商发展水平。

四是积极培育云计算和大数据产业，为实体经济提供产业支撑。推动中国联通中原数据基地、中国移动（郑州）数据中心、阿里云计算和大数据中心、百度云计算中心、奇虎360数据中心、洛阳景安互联网数据中心等重点项目建设，构建处理能力强、存储容量大、安全可靠、布局合理、适应不同应用需求的基础设施。推动行业云计算和大数据公共服务平台建设，鼓励工业、农业、物流等领域骨干企业建设行业云服务和大数据公共服务平台，解决重点行业领域基础性共性问题，建立数据要素流动交易机制、数据共享开放标准规范、数据安全隐私制度等。加快国家大数据综合试验区建设，推进交通物流、农业粮食、电子商务、制造业、能源等领域大数据应用，培育发展大数据相关产业。

河南围绕打好四张牌和经济强省建设，积极探索，多措并举，勇于探索，电子商务交易额突破1万亿元，跨境电商产业领跑全国，制造业的智能化、服务化成效明显，"互联网+农业"构建的农业供应链生态圈促使一批涉农企业实现从企业生态到产业生态的演进。河南省利用大数据发展实体经济的一系列产业实践，正是落实中共十九大和习近平总书记调研指导河南工作时的重要讲话精神的生动写照。在当前全面建成小康社会决胜的关键阶段，河南省依托数据资源和市场优势、信息技术网络基础支撑优势、大数据平台集聚优势、大数据关联产业集聚优势、国家区域战略叠加优势，着力推进现代化新河南建设，在符合人民群众不断增长的对美好生活需要的领域，以提高供给体系质量为主攻方向，逐步实现以数量供给为目标转向质量效率优先的供给模式，实现人民需求和社会供给在总量和结构上的日趋均衡，构建更高质量、更有效率、更加公平、更可持续、更加开放的现代化经济体系。

参考文献

［1］王丹丹. 大数据+实体经济　创新驱动谱新篇［N］. 贵阳日报，2017-12-27.

［2］闫树. 加快大数据与实体经济的深度融合［J］. 现代电信科技，2017，47（6）.

［3］周慧. 国家大数据战略谋篇布局：推动实体经济和数字经济融合［N］. 21世纪经

济报道，2017-12-12.

[4] 闫树. 加快大数据与实体经济深度融合 [N]. 人民邮电，2017-11-02.

[5] 张薇. 推动大数据与实体经济深度融合 [N]. 贵阳日报，2017-11-01.

（作者系河南工业大学教授、博士生导师、社科处副处长）

推进房地产转型发展 深化供给侧结构性改革

摘　要： 当前，房地产的供需结构和行业内外环境发生改变，房地产业增速、发展阶段、产品供给、区域结构、调控手段都呈现出新的特征，对房地产业持续健康发展提出了新的要求。近年来，河南省房地产业已经开始转型探索，并取得初步成效，但仍存在行业整体实力不强、发展层次偏低、经济效益不高、运营模式落后等突出问题，亟待解决。现阶段，河南省对房地产业转型应及早谋划，从支持房地产企业并购重组、加强分类指导、加快产业地产发展、构建租售并举调控机制、完善金融支持政策等方面着手，多措并举引导河南省房地产业转型升级，深化供给侧结构性改革，扎实推动经济社会高质量发展。

关键词： 房地产；转型；供给侧结构性改革；高质量发展

自我国房地产业市场化以来，发展势头迅猛。作为国民经济的重要组成部分，房地产对改善人民群众居住条件、完善社会主义市场经济体系、促进我国经济持续快速发展发挥了积极作用。随着我国经济增速趋缓，房地产正在进入新的发展阶段。

一、房地产发展出现新特征

以 1998 年"房改"为标志，我国房地产开启市场化之路；2004 年开始，房地产迎来"黄金十年"，大量资金进入，市场快速发展，供需两旺，量价齐升；2013 年以后，经过迅速扩张，房地产的供需结构和行业内外环境发生改变，出现不同于以往的新特征。

一是增速由高速转为中高速。当前，我国房地产业进入增速换挡、结构调整、动能转换的新时期，一些主要指标开始呈现下降趋势。据国家统计局数据，2014 年全国房地产开发投资 95036 亿元，比上年名义增长 10.5%，同比下滑 9 个多百分点。2016 年，这一指标继续下滑到 6.9%；河南房地产开发投资增速也由 2013 年的 26.6% 迅速下降至 2014 年的 13.8%，2015 年更降至 10.1%。与此同时，商品房销售面积、商品房销售额在 2014 年、2015年均出现大幅下降，2016 年虽有一定程度的回升，但增速下降的趋势没有改变。整体看，近年来房地产主要指标增速下降不是一个周期性的现象，而是我国城镇发展进入新阶段的必然趋势。

二是发展阶段由以增量开发为主转为存量优化为主。经过多年快速发展，我国城镇住房短缺时期已经过去，供不应求的状况得到极大改善。国家统计局数据显示，2015 年我国房地产库存 7.2 亿平方米，达到历史高位，其中商品住宅待售面积为 4.5 亿平方米，同比增长 11.2%，占全年房地产库存量的 63%。从有关统计看，目前我国城镇居民家庭户均住房已超过一套，人均住宅建筑面积达 36.6 平方米。从国际经验看，城镇居民住房达到户均一套后，房地产市场进入发展拐点，即城镇房地产投资和需求达到峰值，城镇房地产开始由增量为主的发展阶段转入存量优化为主的发展阶段。

三是产品供给由住宅为主转向"产业+房地产"多元开发为主。过去，为了满足大量的住房需求，房地产开发的 80% 以上都是住宅。现阶段，总的建筑量不断增加，房地产市场的主要矛盾转向结构性问题。随着经济发展水平和人民生活水平的提高，消费结构和产业结构升级，房地产需求结构发生变化，加之核心城市土地资源稀缺，新房开发整体增量空间受限，非住宅市场的增长速度加快，多元化发展成为房地产的新趋势。房地产逐渐由单一的住宅地产向"住宅+产业"转型，住宅与商业、养老、文化、旅游等产业融合发展有巨大潜力，园区开发、产业新城、特色小镇成为建设新热点。

四是区域结构由相对均衡转为加速分化。过去区域房地产开发相对均衡，都呈现出需求旺盛和供给快速增长的特点，但2011年以来，我国人口流动趋于向城市群地区和大城市集中，房地产市场开始呈现出明显分化。从目前看，京津冀、长三角、珠三角等发达的城市群地区，以及一线城市、部分二线城市、省会城市的功能完备，资源环境、就业机会、公共服务优势显著，人口大量集聚，商品住房量价齐增，供不应求。而三四线城市大多基础设施配套不足，产业体系不完善，对人口吸引力较弱，商品房去库存压力较大。

五是调控手段由短期逆周期调节转向构建长效发展机制。以2016年中央经济工作会议提出"房子是用来住的、不是用来炒的"为标志，我国房地产调控政策开始发生重大变化。之前房地产调控基本是在综合考虑房价走势和经济情况下逆周期型的，而目前的调控手段正在转向构建长效发展机制。中央出台了包括住房租赁城市试点、农村集体用地建设租赁房试点等政策，要求加快建立多主体供给、多渠道保障、租购并举的住房制度，以满足不同层次的居住需求，并促进房地产市场稳定转型。

二、河南房地产业转型发展的制约因素

经过多年的快速发展，房地产业已成为支撑河南省国民经济的主要产业之一，并带动建筑业、制造业、服务业、金融、电力、燃气、交通运输等相关产业发展，为促进全省经济社会发展做出了积极贡献。随着房地产业进入减速提质新拐点，市场竞争更趋激烈。近年来，河南省房地产业已经开始了转型升级的探索，共享房屋、电影小镇、楼宇经济等新业态、新模式正在涌现，为应对新一轮挑战奠定了基础。但是，河南省房地产业发展实力不强、产业层次偏低、经济效益不高、运营模式落后等问题依然突出，转型发展任务繁重。

(一) 行业整体实力不强

河南省房地产开发企业数量虽然较多，但单体规模小、竞争力弱、抗风险能力差、整体实力不强。一是具有经营实力的房企数量少。2016 年底，河南省房地产企业 6687 个，其中一级、二级资质的占比较少，三级及以下资质的占比高达 88.7%。二是资产规模较小。2016 年，河南省房企资产总计 22536.7 亿元，占全国房企资产总量的 3.6%，在全国排第 10 位。单个企业平均资产 3.37 亿元，远低于全国 6.59 亿元的平均水平。三是竞争能力不强。2015 年中国房地产业综合实力榜 100 强、2017 年中国房地产上市公司综合实力榜 100 强中，河南均只有一家房企上榜。本土房企投资区域大多局限在省内，跨省区投资较少，占全国市场份额较小。

(二) 发展层次偏低

从结构上看，一是房地产开发以住宅为主，产业地产占比较小。"十二五"期间，河南省住宅建设占房地产开发竣工面积的比重一直在 80% 上下，高出 2015 年全国平均水平 6 个百分点左右。2016 年，河南省住宅投资占房地产开发投资的比重为 73.8%，全国为 67.0%。未来的房地产将朝着与产业融合的方向发展，但河南省产业地产发展步伐较慢、水平不高。二是住宅以商品房开发为主，租赁房建设不足。2016 年，河南省商品房销售面积 11306.27 万平方米，是出租房屋面积的 303.69 倍；河南省房屋出租收入 37 亿元，仅占商品房销售收入的 1.0%，低于全国平均水平 1 个百分点。三是以中低标准楼盘为主，高端楼盘较少。河南省房地产发展方式粗放，管理不规范，缺少大型物业公司和优质服务，产品品质总体偏低；部分商品住房的水、电、气、暖、交通、通信市政基础设施和教育、养老、医疗、就业等公共服务设施配套不到位；科技含量普遍偏低，绿色住宅、成品住宅供应占比较低。

(三) 经济效益不高

河南省房企大多是中小型，市场占有率较低，缺乏优势特色，经济效益不高。一是盈利能力不佳。从房地产平均营业收入来看，2016 年全省户均

0.55 亿元，低于全国 0.4 亿元。从平均利润额来看，全省户均 0.05 亿元，低于全国 0.04 亿元。二是负债水平较高。近年来，河南省房企资产负债率逐年攀升，2008 年为 66.3%，2016 年上升到 81.8%，上涨了 15.5 个百分点，比全国平均水平高 3.5 个百分点，比全国百强房企资产负债率均值高 5.1 个百分点。

（四）运营模式落后

从建设模式看，河南省房地产业还主要是以新住宅开发为主、"拿地—融资—建设—销售"的传统项目建设模式，尚未建立起以资产管理为核心的服务运营模式。房地产业链条短，产品结构单一，可持续性差。随着发展阶段的转换，单纯依靠项目建设而非运营服务的模式难以适应新的形势。从融资模式看，河南省房地产融资过多依靠影子银行拆借，债务高、风险大。河南省房地产业中，包括自有资金、房地产信托、债券股票和影子银行渠道等募集的自筹资金占全部投资额的比重较大，且自筹资金绝大多数来源于影子银行，利率高，负债水平居高不下，在当前国家防范金融风险，加强对影子银行监管的形势下，融资渠道收窄，房地产业融资难题将进一步突出。

三、推进河南房地产转型的对策建议

加快房地产转型步伐，是推动河南省经济社会高质量发展的题中应有之义，要以长远角度和系统思维来实现房地产市场平稳健康发展。

（一）及早统筹谋划，引导产业转型升级

近年来，河南省房地产业发展迅速，尤其是省会郑州作为新一线城市，房地产需求旺盛，发展势头强劲，包括一些职能部门和大部分房企都对目前房地产市场持较为乐观的看法，而对国内房地产业正在发生和日益加快的房企跨行业、跨区域并购整合态势反应较慢，对转型发展缺乏紧迫性。河南省房地产以实力较弱的中小企业为主、以本土经营为主，在跨区域跨行业大并购的行业整合中，如不及早谋划转型，仍遵循传统路径和传统模式发展，发展空间就会被越挤越窄，被迫退出市场。因此，必须增强危机意识，采取针

对性措施，推动河南省房地产业和企业加快转型。一是建议尽快研究制定河南省房地产业未来 5~10 年的行业发展规划。澄清家底，科学研判，对河南省房地产行业做大做强进行整体谋划布局，明晰发展目标、发展路径和支持措施，引导房地产业根据市场发展新要求，加快转型发展。二是尽快制定出台促进河南省房地产业转型发展的意见。鉴于河南省房地产业转型的必要性和紧迫性，建议学习借鉴先进省份经验，针对河南发展实际，及早研究出台加快河南省房地产业转型发展的指导意见，推动河南省房地产业加快转型。三是充分发挥房地产业协会、商会的作用，服务房地产业转型。利用河南省房地产业协会、商会现有的服务平台，加强信息发布、发展案例解析、研判产业发展、增强企业交流、组织产学研合作，以及从业人员教育培训等服务，传递市场发展信息，拓展企业视野，为相关职能部门提供行业发展和企业动态信息服务，为房企加强行业发展大势和动向的把握提供基础服务。

（二）鼓励并购重组，促进企业做大做强

顺应房地产业集中度加快提升的趋势，多方着力，多种措施，支持河南省房企通过并购重组、集聚集群，做大做强，增强发展实力和竞争能力。一是鼓励有资信和品牌优势的房企加快兼并重组，支持有实力的大中型房企抓住国有企业混合所有制改革的机遇，参股或控股进入国有房企和其他行业跨界发展，合理配置资源，壮大资产规模，扩大经营领域，优化产业布局，提升发展实力和市场竞争力，形成在全国有影响力的房地产企业集团。二是依托行业服务组织聚合企业集群发展。充分发挥省房地产业商会的联合采供、人才培训、产业网站等服务平台作用，促进河南省房企之间建立分工协作、有效配合的发展联盟，以大型骨干房地产开发企业为龙头，以建筑设计、技术研发、建筑施工、装饰装修、部品生产、物业服务等企业和科研单位为依托，着力增强技术集成和产品研发能力，形成纵向一体化的集聚效应。三是支持河南省房企与国内大型品牌房企加强项目合作，特别是中小企业要积极参与国内品牌房企的产业链、业务链分工，借势发展，借船出海，进入房地产细分市场做专、做精、做强，扩张实力，拓展市场，不断提升市场竞争能力。

（三）加强分类指导，推动资源优化配置

根据河南省工业化、城镇化发展新阶段、新要求和房地产市场供求变化趋势，按照土地与人口挂钩的要求，在澄清全省房地产建设现状、总量、分布及结构的基础上，合理调整不同城市供地数量、类型、节奏等，优化配置土地资源，引导房地产转型发展。一是分区施策。对以郑州为核心的中原城市群大都市区的购销两旺城市，合理增加土地供应，提高住宅和租赁产品用地比例，盘活闲置和低效用地，稳定房地产市场预期，防止房价非理性暴涨。在房地产库存量大的市县，考虑到人口流出的趋势，要合理减少新增住宅用地计划指标，控制供地节奏，防止形成新的积压。二是分类指导。增加经营性房地产比重，逐步降低普通商品住宅开发比例，改变以住宅为主导的单一房地产产品结构，全面提升房地产产品品质，实现产品附加价值最大化。对融合产业发展的房地产开发，要创新土地供给方式，合理宽松产业建设用地，推动经济转型升级。三是标准引导。根据消费升级需求，调整建设标准，引导房企加快建筑施工技术和工艺创新，以"互联网+节能减排新技术"打造绿色生态房地产。推动住宅建造和管理智能化，以及房地产产品建设质量和标准提升。

（四）支持跨界融合，加快产业地产发展

产业地产是以产业发展为目标，以地产发展为手段，以产业园区和城市综合体为平台，以地产开发、建设、运营为服务工具，实现产业园区、主导产业与地产互动、互促、互赢发展的开发模式。产业地产既是区域经济、产业发展的依托和支撑，也是房地产转型的重要方向。一是积极推动房企发展跨界地产。研究出台支持政策，围绕河南省产业转型升级，推动房地产业与高成长产业、新兴战略产业协同发展，重点发展园区地产、物流地产、商务地产、文化旅游地产、养老地产等产业地产和消费体验地产，促进河南省相对单一的居住型房地产产品向多元化产品结构转变。二是降低民资进入产业地产的门槛。河南省推进"三区一群"国家战略规划实施和战略平台建设，以及百城建设提质工程、产业集聚区转型升级等，为产业地产发展带来了巨大的市场空间和发展机遇。要深化改革，减少限制，降低民资进入门槛，提

高产业地产的市场化程度，为产业地产释放巨大的发展空间。三是创新政企合作模式。要认清和把握产业地产的发展规律和运行机制，找准政企合作的契合点。地方政府要加快转变职能，从产业和城市直接建设运营中退出来为企业让渡发展空间，在配套完善基础设施和服务体系建设上着力提供服务，创新政企合作模式，吸引企业集群发展，促进房地产业与其他产业融合发展、良性互动，深化房地产供给侧结构性改革。

（五）发展租赁市场，构建租售并举调控机制

大力发展租赁市场，完善租售并举体制机制，满足不同层次的住房需求，是推动房地产转型的重要举措。一是要加大租赁房的供给量。鼓励房企投资经营租赁住房和以租代售，拓展住房租赁业务。在城中村改造中增加租赁房建设比例，推进农村集体用地建设租赁房的开发工作。支持个人将闲置住房委托租赁企业运营管理，推向市场，并建立长期稳定的合作关系。二是要支持发展长租公寓。可采用贴息、补助等方式，鼓励将符合条件的商品房和闲置厂房、仓库等改造为长租公寓，满足特定群体的住房需求。三是要培育专业化的房屋租赁企业。按照有关规定，采取税收、金融等政策支持，扶持培育本土住房租赁企业。不断提高住房租赁企业的管理和服务水平，并向机构化、规模化方向发展。四是要规范住房租赁市场秩序。创新住房租赁综合管理和服务体系，加强市场监管。健全法规制度，明确政府各部门职责和当事人的责任义务，规范租赁当事人的行为。监督合同条款，增强信息透明度，确保合同的科学制定和有效执行。推进住房租赁服务平台建设，建立经纪机构、租赁企业及从业人员等各类主体的信用管理体系，形成守信联合激励和失信联合惩戒机制。五是要做好租购同权试点及经验推广工作。谋划试点方案，积极破解租购同权开展过程中的难题，完善相应配套体系，运用大数据制定和执行科学的房源分配指标和机制，及时总结经验。同时，鼓励和引导市民形成租购并举的住房消费观念，促进人才流动和要素资源的合理配置。

（六）创新与监管并重，完善金融支持政策

加快金融创新，完善政策支持，打通房地产业和金融业的边界，为河南

省房地产业持续健康发展注入新动力。一是要通过政府购买服务或与社会资本合作，大力推进PPP市场化运作模式，拓宽融资渠道，缓解资金压力，开辟房地产业发展新领域。二是要引导房地产业与金融业融合发展，创新融资工具和融资方式，提高企业资产利用效率。积极开展房地产投资信托基金试点，拓宽社会投资渠道，扩大开发企业和住房租赁经营企业融资规模，积极稳妥降低企业杠杆率，提升自身实力。三是要提升金融服务质量和效率，完善平台和技术支持，加强多元化金融产品开发。探索实施互联网金融模式，发挥其在渠道、创新、客户需求等方面拥有的大数据优势，为房地产业发展提供支持。多部门联动加强监管，推动互联网金融行业的规范化、专业化，审慎调控房地产金融风险。

参考文献

［1］徐勇.化解房地产库存的对策建议［J］.中共南昌市委党校学报，2016，14（4）.

［2］山东省人民政府办公厅.山东省房地产业转型升级实施方案［Z］.2015-09-01.

［3］海南省人民政府.关于促进房地产业持续健康发展的若干意见［Z］.2015-11-09.

（作者系河南省人民政府发展研究中心助理研究员）

金融科技发展助力互联网金融进入
3.0 时代

李国英

摘　要：近几年金融科技（FinTech）成为市场关注的焦点，全球各金融机构也对 FinTech 保持了热切的关注度和持续不断的投入。受益于云联网和通信技术的快速发展以及庞大的客户市场，我国成为亚洲甚至全球 Fin-Tech 市场的主力。金融科技的发展重塑着金融行业，原有的行业间竞争边界和行业内竞争格局有可能被打破。随着互联网金融发展的趋于成熟以及新技术的不断运用推广，国内外交流的不断增加以及硬件设施的健全与普及，我国为金融科技提供了较为有利的社会环境和发展空间。

关键词：金融科技；金融监管；互联网金融；移动支付

在 2017 年 10 月 18 日召开的中共十九大报告中，习近平总书记提出推动互联网、大数据、人工智能和实体经济深度融合。在 2017 年 10 月 13 日第 36 届国际货币与金融委员会（IMFC）会议上，中国人民银行行长周小川提出要积极利用金融科技发展成果并关注其可能带来的挑战。

根据中国互联网络信息中心（CNNIC）最新发布的第 40 次《中国互联网发展状况统计报告》，截至 2017 年底，我国手机网民规模达 7.53 亿人，网民中使用手机上网人群的占比由 2016 年的 95.1% 提升至 97.5%。与此同时，使用电视上网的网民比例也提高 3.2 个百分点，达 28.2%。互联网的兴起和普及推动了金融科技的创新。同时，我国电子商务市场迅猛增长，分享经济、O2O 等各类商业模式创新持续壮大。2016 年 10 月至 2017 年 9 月，我国网络零售额达到近 6.6 亿元，相比上一周期增长 38%，其中全国实物商品网上零售额近 5.08 万亿元，服务网上零售额近 1.49 亿元，在社会商品总零售额中占比达 13.6%。互联网消费占比提升为金融科技的发展提供了应用场景。随着大数据、云计算、人工智能、区块链等技术的完善和应用，将推动金融科技发展进入新的阶段。在我国居民总资产中，金融资产的占比逐年提升，2004~2016 年，我国居民金融资产占居民总资产的比重由 34% 上升至44%。其中，存款在居民金融资产中的占比由 70% 下降至 41%，而理财、保险和信托在居民金融资产中的比例上升了 13 个百分点。伴随着金融资产规模的扩张，居民对金融资产的多样化和专业化配置需求增加，但传统金融机构对中小企业和个人客户的金融覆盖度不够，这也为金融科技提供了发展空间。因为金融科技企业满足了中国消费者那些无法被传统金融机构满足的金融需求，所以也正在重塑着中国消费者的支付、借贷、投资方式，一个新的利润空间正在形成。

一、金融服务日趋多样催化 FinTech 兴起

工业 4.0 时代的产品创新和价值创造不再仅以满足用户可见需求为导向，而是以产品作为服务的载体，使用大数据作为服务的媒介，在产品的使用过程中不断通过大数据的挖掘寻找用户需求的缺口或不可见的需求，并利用数据挖掘所产生的信息为客户创造价值。大数据时代这种观念上的根本变革，不仅正在改变着人类社会的行为方式、生活方式及思维模式，也正在改变着人类社会的经济生活、经济增长模式、经营模式及消费模式，并冲击与影响着包括金融业在内的各行各业。伴随着大数据时代产生的 FinTech 不仅改变了传统金融市场的时空边界，改变了传统金融市场中的交易成本和信息不对称程度，改变了投资者进入金融市场的方式，减弱了投资者进入市场的专业性要求，而且它所具有的小额、快捷、便利、交易成本低、信息较为公开透明、普惠等特征，正在把人们的许多潜在金融需求挖掘出来，并与主流

的和传统的金融市场整合起来，形成新的金融业态，形成更为有效的竞争与市场。

（一）金融科技的基本内涵

"金融科技"一词来自海外，由 FinTech 翻译而来，是由"Finance"与"Technology"两个词合成的。放眼全球，目前金融科技的发展仍处于初级阶段，金融科技的内涵和外延尚没有明确定义。根据金融稳定理事会（Financial Stability，FSB）报告的定义，金融科技是指技术带来的金融创新，它能创造新的业务模式、应用、流程和产品，从而对金融市场、金融机构或金融服务的提供方式造成重大影响。

FinTech 极大地扩充了"互联网金融"的定义边界：互联网金融是一个颇具"中国特色"的专有名词，将传统金融行业的一些业务转移到线上的一种商业模式创新，主要借助互联网、移动互联网等手段对金融行业的商业模式进行优化，用户体验的提升伴随着金融业务运营成本的下降，所以互联网金融可以认为是 FinTech 的初级阶段。而金融科技作为全球性的产业趋势，则是基于金融本身萌发出的一种全新产品，该金融产品主要利用大数据、区块链等互联网创新技术进行风险管理与控制，给用户带来全新的体验。互联网金融对金融行业的改变稍显浅显，而金融科技相对于互联网金融则进行了大幅扩充，领域边界也在不断被刷新，给传统金融带来颠覆性的改变。但必须要注意的是，互联网金融的落脚点在金融，金融属性更强，从"互联网金融"到"金融科技"的转换折射出了互联网对金融的改变已经从渠道升级到更深层的技术层面。金融科技的落脚点在科技，偏重技术属性，强调大数据、云计算、区块链等科技在金融服务和产品上的应用。

（二）金融科技发展的三个阶段

根据国际证监会组织（IOSCO）于 2017 年 2 月发布的《金融科技研究报告》，结合美国的情况，从新兴科技和创新商业模式演进两个方面，可将金融科技的发展历程分为三个阶段。金融科技 1.0 的标志是金融机构内设 IT 机构，用来提高金融机构的运营效率，比较典型的是银行的信贷系统、清算系统。金融科技 2.0 的标志是移动互联网的应用，比较典型的是移动支付、

P2P、互联网保险等。金融科技 3.0 的标志是 IT 新技术，如大数据、云计算、人工智能、区块链等与金融的紧密结合，在信息采集、投资决策、风控等方面带来传统金融的变革，比较典型的是大数据征信、智能投顾、消费金融、供应链金融等。

在 2004 年以前，我国实际上已经出现了金融科技的概念，并以金融机构 IT 系统的方式存在，根据 IOSCO 的分类，处于金融科技 1.0 时代。金融 IT 主要是指金融行业通过传统的 IT 设备和技术实现金融业务和办公的信息化和电子化，提升金融业务的效率。在此阶段，金融 IT 部门主要是成本部门，不参与业务环节。金融 IT 的主要业务可分为硬件、软件及服务。其中硬件的典型代表有 ATM、清分机等，软件及服务包括银行核心系统、信贷系统、托管系统、清算系统、集成服务、运营维护服务等。

从 2016 年起，随着新科技如大数据、云计算、人工智能、区块链的发展，未来有望与金融领域深度融合，进一步提高金融资源的配置效率，带动我国金融科技进入 3.0 阶段。此时金融科技取代互联网金融，站上资本市场的风口。根据零壹财经数据，2016 年我国金融科技投资热度全球排名第一，全球金融科技融资总额达 1135 亿元，其中中国占比最高，为 77%。全球金融科技在我国迎来了快速成长期。

（三）金融科技的主要业态

FinTech 的本质是新兴技术如大数据、云计算、人工智能、区块链与金融服务的渗透融合，对现有金融业态进行重构、对金融场景丰富度进行提升，有着脱媒（去中介化）、去中心和定制化的典型特征。由于"经济+技术+政策+资金"的共同推动，经过十几年的发展，我国金融科技已走在世界前列。金融科技可覆盖传统金融的资产获取、资产生成、资金对接、场景深入等全业务链条，带来业务模式的变革和效率的提升。对金融业务的覆盖对象进行扩充则是其业务层面上的重要体现，本质上，FinTech 的典型业务领域可以按照上述维度进行划分：智能投顾、区块链、网络借贷、移动银行重构了现有的金融业态；聚合支付、创新保险、移动银行、区块链、消费金融、征信提升了金融场景丰富度；征信、网贷、智能投顾、聚合支付、创新保险、消费金融则扩充了金融业务覆盖对象（见图1）。

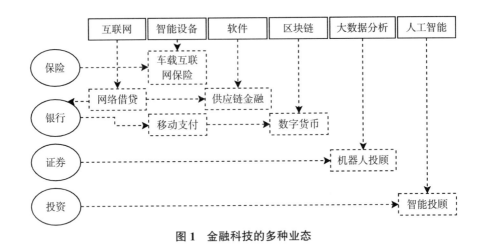

图 1　金融科技的多种业态

二、金融科技对金融与实体经济的影响

云计算、大数据、人工智能等这些早些年的新兴技术已经从"Gartner 2016 年度新兴技术成熟度曲线"上消失，不再是"新兴"，而是日趋成熟且正慢慢地融入我们的生活。云计算因其按需、弹性的成本节约优点正逐渐颠覆 IT 的基础架构，推动 IT 支出向创新聚集。互联网背景下，众多新兴金融机构的产生对 IT 支撑产生了新的需求，相比于传统的银行等大型金融机构，它们在 IT 成本端面临更大的压力，需求的伸缩性也更大，云计算成为一种更经济有效的 IT 基础架构方式。

（一）金融服务需求日趋多样，实现普惠金融还需技术支撑

互联网尤其是移动互联网给我们的生活带来了巨变，一方面，信息的传递速度大幅提升，信息不对称显著下降；另一方面，便利性得到很大程度的提高。此外，"80 后""90 后"的崛起，对大型互联网公司（腾讯、阿里巴巴）等的信任程度甚至超过传统的金融机构，互联网等科技企业深刻渗入我们的生活场景，掌握海量的信息数据资源，有基础也有能力为客户提供更优质的金融服务。

金融科技企业也正在从"追逐流量、野蛮生长"向"拥抱技术、精耕细作"转变。早期大部分互联网金融业务更多只是借助互联网展业方式获取线

上流量，但随着移动互联网用户总数达到 12.4 亿户，使用手机上网的用户达到11.5 亿户，对移动电话用户的渗透率为 82.3%（工信部最新发布的 2017 年 10 月通信业经济运行情况显示），移动端各类 APP 丰富度不断提高，各项便民移动服务层出不穷，导致人们日常消费、娱乐、社交等行为已经从 PC 端向移动端不断演进，互联网或移动互联网的流量红利逐渐终结，当前已经到了需要精耕细作、考虑让技术真正在业务中落地并贡献价值的阶段。所以在过去的这一年我们会发现：指纹与刷脸支付越来越常见，四大行先后与互联网巨头 BATJ "结对帮扶"，证券投资开始关注智能投顾，互联网保险开始做技术输出，芝麻信用也在更多场合得到应用。

（二）技术引导 FinTech，供需端引出投资机会

FinTech 的本质是运用新兴技术提升金融服务，相比于互联网金融单纯的渠道和模式创新，科技金融更强调技术的实质性落地。云计算、大数据和人工智能等技术的成熟为科技金融的发展奠定了基础，金融服务需求的日趋多样化给科技金融提供了成长的沃土，在资本的追逐下科技金融一触即发。

从需求上来看，人们的传统金融需求——存、贷、汇，分别对应现在的资产配置、信贷和支付。大资管时代，随着资产配置需求增加演进的智能投顾，基于人工智能和大数据为客户提供低费率、高效率的数字化资产配置服务；信贷为惠及更多的长尾客户，需要从核心的风险控制上去攻克，而风控的关键在征信，是基于多维大数据和模型对企业和个人信用的评估；移动支付爆发催生的二维码 NFC 等支付新方式、智能设备如智能 POS 机和互联网的结合使得支付成为互联网金融最大的流量源。

从供给上来看，银行等传统金融机构受互联网金融和利率市场化的冲击，负债端面临成本压力，资产端面临创新需求，银行的 IT 需求早已不再是单纯的信息化，而是要升级核心业务、渠道和管理系统的各个方面，从对流程银行、事业部制改革以及集中运营等管理理念形成支撑。目前，我国的城商行和村镇银行蓬勃发展，基于成本方面的优势，对云平台提供 SaaS 型银行系统解决方案服务的需求较大。产品技术上，互联网的浅层应用并不能实质提高金融服务能力去覆盖长尾市场，而是需要区块链等创新技术驱动。

（三）传统金融机构成为科技金融创新的最大受益者

过去的互联网金融更多着眼于新的业务形态、新的商业模式以及它与传统金融的不同。例如，P2P 是用非传统的方式重新连接资金端和资产端、网络基金销售则为客户提供了新的产品分发渠道和营销场景。但在金融活动中，信用关系远比融通效率更重要。2016 年末爆发的招财宝风险事件再次证明，从零起步的互联网金融平台无法担当信用中介与资本中介的重任，通过现有监管政策的灰色地带进入市场，改变产品创设流程和适当性销售规则，是早期互联网金融的蛮荒发展带来的最大隐患。

从 2016 年起，热点话题从"互联网金融"切换到"金融科技"，后者更强调技术在金融业务中的运用。我们所熟知的金融科技，包括智能投顾、大数据风控等，均是传统的金融业务（资产配置、信用风控等）与新技术的结合。金融科技并不侧重商业模式的创新，甚至不改变既有金融服务模式中的基础产品和分发渠道，它致力于改善和革新现有业务体系中最为基础的要素，例如，用金融云替代传统的终端计算，在公募基金所配置的股票资产中加入大数据因子作为择股要素等。

互联网金融的目标市场是零售客户，而金融科技多是与现存的金融体系结合才能发挥作用。因此在海外，金融科技的最大受益部门是传统金融机构。但这并不意味着金融科技必须在金融机构内部诞生，除了"内部孵化器"以外，股权投资、战略合作也是常见的策略。金融创新的思维，叠加移动互联网的流量红利，让一大批产业、互联网行业参与者积累了数量可观的长尾客户。监管重压下，为了寻求长远的生存，互联网金融机构开始弱化和剥离原有的业务，积极寻求转化，将用户迁移至产品销售（网销基金、保险经纪等）平台，向传统金融机构的合作方，以及销售服务机构的角色转型。所以从互联网金融到科技金融，实质上是从商业模式创新到技术能力创新，未来将有更多的金融机构有意识地介入技术层面的创新，将人工智能、数据挖掘、生物识别、区块链等技术与传统的金融业务相结合，试图在给定的业务框架和流程中，实现效率的提升。

（四）互联网金融向传统金融靠拢，行业边界趋于模糊

出于对政策风险、市场风险以及成本的考量，传统金融机构未能充分地扮演金融创新的角色，许多新技术、新业务都孵化自行业外部。在新的监管政策引导下，互联网金融机构在业务定位上实现转移，更多地寻求与传统金融机构的结合。百度、阿里巴巴、腾讯、京东等互联网金融机构快速适应新环境，并通过股权合作、战略合作的方式布局传统金融业务，推动行业边界进一步消失。

自 2016 年开始，互联网金融经历了两个重要的市场逻辑的变化：一是与传统金融机构的冲突减少，融合增多。二是合规成本、获客成本等经营成本的继续抬升。这两个要素将导致互联网金融行业的竞争格局固化，平台型机构求"势"，细分型机构求"专"。此外，成本和获客困局推动部分互联网金融机构转向企业端市场（为企业提供互联网金融服务、向传统金融机构输出技术解决方案等），这一趋势将在今后更多地展现出来。

三、金融科技的影响力涵盖金融业务全链条

随着 FinTech 生态体系的不断演进，逐渐形成了边界较为清晰的两大层级：区块链、聚合支付、大数据征信等主要侧重于金融服务基础设施层，涉及对现有金融 IT 体系结构进行革命性升级，提升效率并降低成本，或者对金融场景丰富度进行提升，以及对金融业务的覆盖对象进行扩充；而智能投顾、创新保险、移动银行、消费金融、网络借贷则是依托于基础设施层面之上，配合"大智移云"等新兴技术进行的商业模式优化或创新，属于金融服务横向应用层。以大数据、区块链、人工智能、云计算等技术为基石所形成的金融科技生态圈，涵盖了金融业务的各个流程，包括资产获取、资产生成、资金对接和场景深入（见图 2）。应以金融业务为载体，变革金融的核心环节，提高金融业务效率。

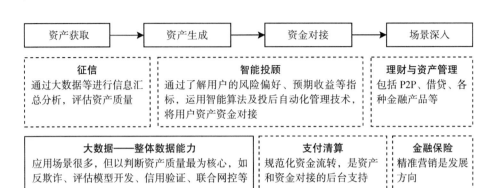

图 2　金融科技涵盖金融业务各个流程

四、高度整合、金融监管趋严是金融科技行业未来发展的趋势

2016 年是我国互联网金融的"监管元年",亦是"FinTech（金融科技）元年"。这一年，有越来越多的公司不再自称"互联网金融公司"，而代之以"FinTech 公司"。从"互联网金融"到"FinTech"的转换或许折射出了互联网对金融的改变已经从渠道升级到更深层的技术层面，金融科技的发展是大势所趋，金融创新和金融监管共同推进，引导行业健康、稳定发展。

科技金融浪潮中，最值得关注的是其可能引发的金融行业变局，但从现状来看，传统金融行业的壁垒依然稳固，其中牌照优势是传统金融公司最牢固的护城河，延缓了科技企业对传统金融的冲击。而且传统金融机构也一直走在信息技术发展的前沿，大数据、云计算和人工智能等技术已经广泛应用于实际的金融业务之中，涉及客户身份识别、智能客服、信贷自动审批、资产管理等多个领域，并自下而上地颠覆了整个金融行业的业务模式和生态环境；对于政策的制定者和市场的监管者来说，央行对金融科技的认知程度绝不能落后于行业发展水平，及时掌握金融科技动向及其对金融行业的影响有助于提高其决策的有效性；金融龙头企业凭借全方位领先的竞争优势和资本实力，已开始通过多种途径积极布局科技化转型，如信息化水平领先的金融公司大幅提升科技研发投入，部分金融公司积极与互联网巨头战略合作，或是收购兼并具有特色的科技金融企业等。基于现状，我们判断未来拥有先发优势的传统金融公司将在科技金融浪潮中进一步提升实力，科技化可能成为金融业强者恒强的主要实现路径。

（一）金融监管趋严，金融科技逐步取代互联网金融

在全球范围内，中国的经济发展环境和节奏都比较特殊，政策对产业兴衰的影响巨大。因此，某一行业能够迅速发展得益于两种情况，一种是政策明确支持的行业，而另一种是监管难以覆盖的灰色角落。除此之外，中国的民间财富始终是浮于中国经济繁荣冰山下的特殊资本，这部分资本很少通过正常的金融渠道流动，它们要么潜藏在官方金融产品的背后，要么以项目的方式紧密跟随在政策背后，悄然推动着每一轮政策引导的领域。这种夹层的特性使民间资本具有不计风险的逐利性，这种投机特性在互联网金融领域得到了充分的释放。基于此，政策红利让互联网金融一度被誉为野蛮生长的行业，而历经 10 年的发展，监管与互联网金融之间已经逐渐熟悉。随着中国互联网金融协会的成立，规范与安全成为行业发展的主旋律，同时也意味着原本宽松的政策环境有收紧的趋势，从被动监管到主动监管，行业正快速走向规范。2016 年 10 月，国务院办公厅牵头六家监管机构，发布了七个整治方案，对支付、资管、P2P 网贷、股权众筹、互联网保险等领域进行规范和整改，标志着金融科技进入穿透式强监管时代，也标志着金融科技行业进入规范运行的阶段。央行于 2017 年 5 月成立的金融科技委员会，旨在加强金融科技工作的研究规划和统筹协调，除在战略规划、政策指引和管理机制之外，重点提出金融科技手段在金融监管和风险防范领域的应用。

与互联网金融相比，科技金融价值更多元、影响更深远：虽然目前互联网金融仍处于从严监管、全面整治的过程中，但不可否认，互联网金融的确创造了可观的创新红利。相比于互联网金融，我们判断科技金融变革意义将更为彻底，以技术为核心，依次对金融行业的展业环节、业务流程乃至商业模式做出全方位的效率提升。不同于互联网金融的流量爆发效应，科技金融的影响更加长远、价值更加多元，将成为金融业未来长期的核心竞争力。

进一步而言，常态化的金融强监管迫使高风险外溢性的互联网金融企业逐渐转型或出清，拥有或拥抱以大数据、云计算、人工智能等为代表的新技术，并切实融入实际业务流程和场景，使得风险识别与防范、运营成本和效率、产品创新以及客户体验等方面得到明显改善的相关主体获得竞争优势。但无论是曾经风靡一时的"互联网金融"，还是当前逐渐开始流行的金融科技，技术只是手段和工具，始终无法脱离其本质是金融的事实。随着过去两年陆续出台的政策规范，"加强金融监管、防范风险"成为主旋律。

（二）联合运营是大势所趋，金融科技仍然潜力无限

互联网金融之所以乱象丛生，根源在于进入门槛低，在监管真空期以金融创新的幌子进行了大量的金融欺诈行为。而金融科技由于更偏向于科技应用，具备更高的进入壁垒，其本质是科技公司。在我国目前金融监管框架下，以及对互联网金融的高压政策背景之下，无牌照运营金融业务不合法、不合规，基于此，无论从监管角度还是从行业自身演进路径角度，科技（金融科技公司）+牌照（金融机构）的联合运营模式都是未来主流模式。联合运营能够使科技金融公司深度参与金融服务，为金融机构未来核心业务提供技术支持，联合运营作为深度绑定的业务模式，依旧存在着巨大的行业空间与增长潜力，因此，目前与金融机构存在紧密联系的公司，包括信息化解决方案提供商、提供第三方服务的科技公司借助其技术、金融机构客户资源等优势，能够在联合运营背景下迅速分享行业红利。

互联网金融兴起的10年对传统金融机构造成了一定冲击，但在互联网金融行业整顿出清后，将迎来两者更加有序的分工与合作。目前，我国个人

征信体系尚不完善，70%的客户无征信记录、人均价值偏低却隐藏巨大需求总量，互联网金融固然在这方面具备先天的覆盖优势，如传统银行的借贷模式在中小额信贷市场并不具备优势，但是对于有消费需求和贷款需求的人，互联网金融能快速抓住长尾市场；对于有投资需求的人，互联网金融拓宽了投资渠道、降低了门槛、提升了便捷性，且与技术结合后，将具备变革性的优势。但传统金融同样具备互联网金融无法替代的优势，如资金优势、风险定价与识别、专业人才的积累等。两者的优势相结合能最大程度地满足"普惠金融"的需求。目前也的确能看到越来越多的合作案例，如合作设立消费金融公司、合作开展投资管理等。

（三）金融监管再升级，监管科技（RegTech）首次被提出

金融科技提高了金融行业的效率和服务能力，促进了普惠金融的发展，但也增加了金融监管的难度。移动设备成为金融服务的重要工具，信息和资金在移动互联网中快速交互。在便利性和效率提升的同时，客户的信息及资金安全面临挑战，金融风险的传播速度变得更快、影响范围更广。互联网化、点对点的金融服务模式降低了监管机构对市场整体风险的监控能力。金融业务的升级换代也要求监管者不断提高技术水平，完善监管体系。

监管科技是金融科技中一个新的分支，2016年开始加速发展，在美国已有不少创业公司投身该领域。监管科技最早是指金融机构为了达成监管要求而运用的创新技术，用以降低金融机构的风控及合规成本。金融危机之后，美国的金融监管趋严，金融机构要应付多重监管，为了满足监管要求而付出的成本越来越高。监管科技旨在为金融机构建立灵活、集约、低成本的风控系统，快速应对监管要求。监管机构当然也需要监管科技的支持，避免监管盲区，同时防范金融市场的系统性风险。

五、结 语

经历了利用模式和"花样"吸引用户的阶段后，互联网金融的核心关注点开始回归金融本源。单纯的互联网金融对运营和利润的要求都非常高，所

以互联网金融要么选择依托某一种已经具备的线上优势展开金融业务，要么选择将线下业务的某一个环节互联网化，以此达到品牌价值的提升。在具体细分领域上，互联网证券、移动支付、互联网保险和互联网银行由于监管不确定性相对较小、技术落地以及场景应用有相对成熟案例，发展前景尚好；而区块链有待规范标准的进一步确立和应用场景的拓展，个人征信有待政府层面政策的规划出台，消费金融景气度高，但服务提供者依然以互联网巨头和银行系持牌消费金融公司为主。对 P2P 以及部分转型过去的小型现金贷服务提供商而言，离不开科技的支撑；第三方支付行业内，移动支付发展势头依旧迅猛。但是伴随着移动支付向线下的拓展，支付牌照所涵盖的七大业务中，各种业务的定位也随即开始改变。随着政策的变动，聚合支付公司开始向企业服务平台转变，其"雇佣军"角色愈加明显。而银行卡收单与移动支付的连接更加紧密，也给几乎"濒死"的业务带来一线曙光。除非未来支付宝与财付通一家独大，或二者合并，否则短期内移动支付的发展将受到传统银行卡收单优势企业的制约。

从历史的角度看，任何一轮金融危机的爆发，其前夕必定经历过一轮大范围的媒体炒作。目前，互联网金融行业内的从业者拥有正规金融背景的并不多，企业想在激烈的竞争环境、流量稀缺的运营环境中脱颖而出，打着"颠覆""创新"等旗号标榜自己独特的业务开展模式进行概念炒作时，会引发监管机构更严格的监视。金融的本质是资金融通，无论线上线下，只要企业从事相关业务，标榜自己的模式在本质上并不会使其真的与"资金融通"这一核心功能有所不同，更无法使其概念达到功能升级的目的，而这反而会招致更为严格的监管措施出台。

参考文献

[1] 王雯，李滨，陈春秀. 金融科技与风险监管协同发展研究 [J]. 新金融，2018 (2).

[2] 易宪容. 金融科技的内涵、实质及未来发展——基于金融理论的一般性分析 [J]. 江海学刊，2017 (2).

[3] 程军，何军，袁慧萍，符方标，王峰，薛东生，陈国栋，邹敏洁. 金融科技风险与监管对策 [J]. 中国金融，2017 (24).

[4] 贺建清. 金融科技：发展、影响与监管 [J]. 金融发展研究，2017 (6).

［5］艾瑞咨询系列研究报告.如今薄宦老天涯：中国互联网金融行业发展报告 ［BD/OL］. 2017（12）. http：//www.docin.com/P-2068301721.html.

［6］吕红星.互联网金融将使信贷成为常态 ［N］.中国经济时报，2015-12-27.

（作者系河南省社会科学院农村发展研究所副研究员）

洛阳市电动汽车产业的发展问题研究

李宝龙

摘 要： 为了解决电动汽车产业的发展问题，有必要结合具体情况对该问题进行分析和描述。本文以洛阳为例，在对相关文献进行回溯的基础上，对洛阳市电动汽车产业的发展现状进行了描述。最后，本文提出了相应的对策建议以便推动和促进电动汽车产业在洛阳的发展。

关键词： 洛阳市；电动汽车；路权优惠；基础设施；政府采购

一、前 言

能源约束和环境压力已经成为当今社会广泛探讨的问题。其中，汽车产业迅速发展而导致的能源消耗和环境污染已经成为制约我国社会经济发展的重要因素。一方面，汽车数量的激增会对我国的石油供应造成很大的压力；另一方面，汽车已经成为城市污染的重要来源。为了缓解这一突出矛盾，我国政府大力推动电动汽车产业在我国的发展，并把电动汽车产业列为国家战略性新兴产业予以扶持。通过多年的努力，我国电动汽车产业已经基本形成，相关技术已经日趋成熟，初步建立了自主的知识产权体系。尤其是最近几年，一系列政策措施陆续出台，给电动汽车产业带来了巨大的发展机遇，大力推进电动汽车的推广应用。

但是,就宏观而言,我国的电动汽车产业的发展速度依然较慢。一方面,在日常生活当中,路上所能见到的电动汽车依然非常稀少;另一方面,国外电动汽车产业的发展速度远远快于我国,比如,已经有传闻德国计划在2030年停售燃油车。因此,有必要加强对我国电动汽车产业的研究,为我国电动汽车产业的发展提供有益的参考和借鉴。本文以洛阳市为例,寄希望于通过对具体城市的剖析为电动汽车产业的发展提供可靠的依据和见解,同时也希望电动汽车产业的发展能够助推洛阳市社会经济的发展。电动汽车产业的发展具体表现为电动汽车的使用数量越来越多。这是因为,作为一种消费品,电动汽车只有被消费者购买,才能对电动汽车产业的发展产生促进作用,才能够实现节能减排和绿色循环可持续发展。从这个角度出发,问题可以转换为人们为什么不购买电动汽车,而本文的研究就是要以洛阳为例努力尝试解决该问题。

二、文献综述

有关电动汽车的文献综述可分为三大类:第一大类,电动汽车相关议题的跨国对比研究。洪凯和朱珺(2011)借鉴日本经验,认为坚持官产学联盟、加快自主创新、完善产业政策是中国电动汽车产业后来居上的捷径。程如烟(2011)研究发现各国政府支持电动汽车发展的最新举措包括:出台国家战略,设立电动汽车发展目标;加强对电动汽车研发的财政支持,以实现关键技术的突破;制定电动汽车标准,抢占未来竞争的制高点;通过基础设施建设、补贴以及税收减免来推广和普及电动汽车。程广宇和高志前(2013)认为,坚持适度合理的补贴水平的同时,我国可借鉴欧美国家的大规模政府采购计划和路权优待等政策经验,通过逐渐尝试制定类似的政策,丰富扶持政策体系。杨利锋和陈凯华(2013)经过统计研究发现,与发达国家相比,我国电动汽车技术的国际专利申请数量少、专利国际化程度低;中国在电池及电池控制技术领域存在比较优势,而电机及电机控制技术存在明显的比较劣势,中国需要进一步加强电机技术的研发以推动电动汽车产业的整体平衡发展。

第二大类，电动汽车技术创新与发展研究。于晓勇等（2011）对专利文献数据进行研究，认为我国电动汽车行业应强调自主创新、加强体制改革。欧雯雯等（2012）从技术创新、终端市场培育、政府导向等方面对 V2G 技术（电动汽车与智能电网间的双向互动技术）进行阐释。苏素和肖阿妮（2012）认为，电动汽车产业共性技术研发需要政府以合理的 R&D 合作组织加以引导，实证分析了电动汽车产业联盟的组织特点、组织运行机制和政府作用。罗立国等（2012）运用社会网络分析方法进行研究，发现电动汽车技术领域中申请人之间的合作程度非常低，没有形成一个或几个强有力的合作网络联盟，建议由行业协会倡导成立专利联盟，把申请人中的小网络组建成大网络，特别可以利用高校的科研优势，结合企业的市场优势组成强有力的专利联盟，从而促进这些申请人之间的合作，进而可以提高整个技术领域的研发实力和创新能力，为整个行业的培育和发展提供支持。

第三大类，其他相关议题研究。任庆娟等（2012）对福特和麦格纳国际公司的合作研发进行研究，认为资本参与型模式或许更适合当前中国电动车企业之间的合作，合作双方战略目标的相容性、核心技术的互补性以及信守承诺的可能性是伙伴选择的重要依据。刘刚（2013）认为，在电动汽车产业的孕育期，政府主导的"官产学研"协同创新体系发挥着至关重要的作用，但是在电动汽车产业的市场导入期，政府主导的协同创新机制可能因无法适应市场变化而失灵。因而，构建市场主导的新的协同创新体系是推动电动汽车产业发展的关键。任斌等（2013）研究发现对电动汽车的购买者来说，基础设施建设的完善程度比价格更能影响他们的购买决策。薛奕曦等（2014）研究发现，充电运营环节的购电和充电差价、充电时间、充电需求量是影响电动汽车普及的关键参数。

通过对前面文献更进一步的梳理，基本上可以确定人们不购买电动汽车的几个原因：第一，电动汽车的价格偏高；第二，电动汽车的使用成本偏高；第三，电动汽车相关的若干技术不成熟；第四，充电等相关基础设施不完善。以上这些原因都使得人们对于电动汽车的接受程度降低，从而决定不购买电动汽车。

三、洛阳市电动汽车产业的发展现状分析

在社会经济发展建设当中，洛阳市目前最响亮的头衔可能就是中原经济区副中心城市。具体到电动汽车产业的发展，洛阳市电动汽车产业的发展现状具有以下两个突出特点：

第一，相关企业数量较多，个别企业具有较强的竞争优势。比如，洛阳中航锂电是央企电动车联盟成员，是动力锂电池骨干单位，是我国新能源汽车产业化和市场化的重要力量。根据工信部公布的数据，中航锂电公司生产的电动车型数，在电动车公告车型总数中排名第一。此外，凯迈嘉华（洛阳）新能源有限公司是目前国内唯一通过国家"863"电动汽车重点实验室检测并取得新能源汽车装车资质的超级电容器研发与生产制造企业。

第二，存在相关科研机构，产学研链条明显。中航锂电公司拥有河南省"大容量锂电池及模块工程技术研究中心"，建立了"院士工作站"，已获得国家发明专利和实用新型专利71项，其中发明专利5项，另有52项发明专利已获得受理。不仅如此，中航锂电公司与河南科技大学合作建立了"河南省汽车节能与新能源重点实验室"。此外，其他企业也与学校科研院所等开展了密切的合作。

显然，洛阳市电动汽车产业的发展基础较好，产业雏形已经基本形成，但是，依然不能解决前文所述的电动汽车无人购买的现实困境。因此，有必要从政策制定等方面入手提出有效的激励或刺激电动汽车购买和销售的措施，从而推动电动汽车产业在洛阳的更进一步发展。

四、对策和建议

结合洛阳的实际情况，本文提出以下相关的对策和建议：

第一，取消相关税费，制定补贴政策，降低新车价格。由于电动汽车销量很少，税费的收取对政府财政没有任何现实意义，因此可以取消。在此基础上，制定补贴政策，就可以显著降低新车价格，刺激消费者购买电动汽车。

第二，加强相关基础设施建设，为电动汽车的使用提供便利。基础设施当中，最重要的就是充电设施的建设和维护。目前，河南省已经出台《河南省"十三五"电动汽车充电基础设施专项规划》等相关文件，而洛阳市有必要进一步采取配套措施做好该项工作。

第三，路权优惠。在以往大型节假日之际，洛阳市经常采取限行措施。为推动电动汽车产业的发展，应给予电动汽车特别对待，即不限行。此外，市区有很多公共停车场是收费的，也需要制定办法使得电动汽车可以免费停车。

第四，政府采购。政府采购可能是最直接、最有效的促进电动汽车产业发展的方法。除了公安、消防、救护等有着特殊需求的领域，政府的公务用车均可以采用电动汽车。此外，城市公共交通也可以大力使用电动汽车。

第五，培养龙头企业。不管是从外面引入还是在本地培养，龙头企业都可以通过联合电动汽车产业链上下游相关的企事业单位，推动行业发展。为培养和扶持龙头企业，需要政府在政策、资金等方面给予必要的倾斜和特殊的对待。

通过本文的研究，不难看出，电动汽车在我国的普及依然非常遥远。为了推动电动汽车产业的发展，需要巨大的物质投入和漫长的等待过程。本文以洛阳为例，探讨了洛阳市电动汽车产业的发展问题，提出了一定的对策和建议，希望本文的研究能够提供一些有益的思考和借鉴。

参考文献

[1] 洪凯，朱珺. 日本电动汽车产业的发展与启示 [J]. 现代日本经济，2011 (3).

[2] 程如烟. 各国政府支持电动汽车发展的最新举措和动向 [J]. 科技进步与对策，2011，28 (15).

[3] 程广宇，高志前. 国外支持电动汽车产业发展政策的启示 [J]. 中国科技论坛，2013 (1).

[4] 杨利锋，陈凯华. 中国电动汽车技术水平国际比较研究——基于跨国专利的视角 [J]. 科研管理，2013，34 (3).

[5] 于晓勇，赵晨晓，马晶，彭茂祥，杜云生. 基于专利分析的我国电动汽车技术发展趋势研究 [J]. 科学学与科学技术管理，2011，32 (4).

[6] 欧雯雯，叶瑞克，鲍健强. 电动汽车（V2G 技术）的节能减碳价值研究 [J]. 未来

与发展，2012（5）.

[7]苏素，肖阿妮.政府主导型产业共性技术 R&D 合作组织研究——以电动汽车产业联盟为例[J].科技进步与对策，2012，29（14）.

[8]罗立国，余翔，周力虹，周韵.我国电动汽车技术领域专利网络研究[J].情报杂志，2012，31（12）.

[9]任庆娟，许金华，杨利峰.电动汽车企业合作研发绩效及其影响因素分析[J].中国科技论坛，2012（7）.

[10]刘刚.政府主导的协同创新陷阱及其演化——基于中国电动汽车产业发展的经验研究[J].南开学报（哲学社会科学版），2013（2）.

[11]任斌，邵鲁宁，尤建新.基于创新扩散理论的中国电动汽车广义 Bass 模型[J].软科学，2013，27（4）.

[12]薛奕曦，陈翌，孔德洋.基于价值网络的电动汽车商业模式创新研究[J].科学学与科学技术管理，2014，35（3）.

（作者系洛阳理工学院经济与管理学院讲师、博士）

许昌市民营经济"4+4"高质量发展模式的调查报告

刘战国　张　齐　王命禹　张　凯

摘　要：许昌市着力实施思想牵动、改革推动、创新驱动、开放带动"四轮驱动"战略，重点打造产业集群、企业集群、企业家集群、人才集群"四大集群"，持之以恒，实现了民营经济的持续崛起，走在了全省前列。许昌市民营经济"4+4"特色模式和经验做法具有普遍的借鉴意义，环境好是许昌模式的"孵化器"，动力强是许昌模式的源泉，集群化是许昌模式的支柱。

关键词：民营经济；高质量发展；许昌

近年来，许昌市坚持把民营经济作为稳增长的"主力军"、促转型的"主战场"、稳就业的"主渠道"，着力实施思想牵动、改革推动、创新驱动、开放带动"四轮驱动"战略，重点打造产业集群、企业集群、企业家集群、人才集群"四大集群"，坚持一届接着一届干、一张蓝图绘到底，久久为功，持之以恒，实现了民营经济的快速发展、快速升级、快速崛起。2011~2017年，许昌市 GDP 年均增长 10.5%，高于全省 1.3 个百分点，在全省 18 个省辖市中位列第一，成为全省经济新的增长极。中国社会科学院《2017 年中国城市竞争力报告》发布"许昌综合经济竞争力在全国 294 个城市中排名第

66 位，在河南省仅次于郑州，居全省第 2 位"。

许昌市民营经济的"4+4"特色模式和经验做法具有普遍借鉴意义，2015 年 9 月，李克强总理称赞"你们这里就像当年的温州，到处迸发着活力"。2017 年 12 月，李克强总理做出重要批示，要求宣传推广许昌经验。为了贯彻中央和省委的战略部署，河南省政府发展研究中心连续两年将"许昌市民营经济高质量发展模式"列为重点研究课题，经过一年多的深入调查，现总结汇报如下：

一、着力实施"四轮驱动"发展战略，激发动力活力

（一）坚持思想牵动，对标一流拉高发展标杆

思想是区域经济发展的总开关，是民营经济发展高度的关键性因素。中共十八大以来，许昌市坚持思想解放先行，着力"更新观念、拉高标杆、激发活力、加快转型、做强集群、永争一流"，持续掀起民营经济跨越发展的热潮。一是破除思想障碍，编织民营经济发展摇篮。许昌市民营经济占GDP 总量的 80% 以上，税收占 75% 以上，民间投资和就业占 90% 以上，是许昌市经济社会发展的顶梁柱。为了坚定民营经济发展信心，许昌市牢固树立"民营经济也是主力军、顶梁柱"的观念，树立"希望在民间、活力在民营、发展靠民力、振兴靠民心"的理念，破除"抓国有保险、抓民营危险"等糊涂认识，坚持"政治上放心、政策上放开、发展上放手"，真正把民营经济摆到关系发展全局的战略高度来认识、谋划和推进，拆除政策执行中的"玻璃门、弹簧门、旋转门"，搬掉"政策雪山、市场冰山、融资高山、转型火山"，创造性地激发政策红利、改革红利、创新红利，全力打造政策洼地、生态洼地、环境洼地和发展高地，注入开放创新发展的基因，使许昌成为民营经济集群化发展的摇篮，被誉为"河南的温州"，"许昌模式"和"长葛现象"备受推崇。二是对标一流，拉高发展标杆。为了克服"小富即安""小进即满"的自满情绪，许昌市对标国内外一流水平，持续开展"树标杆、学先进，外学常州、内学长葛"活动，持续加压奋进，不断超越自我，不断赶超先进。连年由市委书记市长带队赴标杆地区考察学习，考察之后召开高规格民营经济发展座谈会，对照常州、湖州、苏州等沿海先进"模板"找差

距，按照"差什么补什么、差多少补多少"的要求，认真查找在工作理念、工作思路、工作方法、机制体制等方面的差距，围绕产业转型、科技创新、人才引进、优化环境、政策支持等，修订目标，完善方案，掀起了民营经济二次创业浪潮。三是综合施策，激活民间投资。为了应对经济下行压力，坚定民间投资信心，制定了《关于促进民营企业健康发展的若干意见》《关于进一步加快民营经济发展的意见》等政策措施，出台了支持开拓市场、搞好金融服务、推动创新发展、做强人才支撑、优化服务环境等 38 项"真金白银"扶持政策措施，激活了民间投资热情。在全国宏观经济持续下行的背景下，许昌市一批重大产业转型升级项目陆续开工，黄河集团投资 310 亿元建设黄河科技园和黄河工业园，森源集团投资 100 亿元建设新能源汽车产业园，众品集团投资 60 亿元建设智慧生鲜供应链生态圈，瑞贝卡集团投资 120 亿元建设超级电容项目。2017 年，全市民间投资增长 7.4%，高于全国 1.4 个百分点。四是以党建为抓手，带动民营经济新跨越。加强"两新"组织党建工作，提升民营企业政治待遇，在全市大力营造支持民营经济发展的浓厚社会氛围。五是营造干事创业的政治氛围。许昌市历届领导班子传承敢于担当、敢拼会赢的优良传统，坚持一张蓝图绘到底，一任接着一任干，干事创业氛围非常浓厚；全市党员干部坚持干字当头，发扬拼劲、韧劲和狠劲，干出了群众的好口碑和发展的新局面；全市企业家队伍敢想敢干、勇于创新，干出了实打实的新业绩。通过全市上下的团结奋斗、埋头苦干，有力推动了全市经济的快速发展。

（二）坚持改革推动，对标一流构建优越营商环境

环境是区域经济竞争发展的条件，是民营经济孵化发展的决定性因素。许昌市坚持用改革的办法推动发展，主动对标"自由贸易试验区和自由港"，对标国内外先进典型，主张"企业办好围墙内的事，政府办好围墙外的事"，用政府权力的"减法"换取市场活力的"加法"，致力于构建效率最高、成本最低、竞争力最强的营商环境，构建民营经济的"孵化器"，打造供结侧结构性改革的示范区。一是全面推行"三个一"+"三个零"的放管服改革。坚持一步到位推进"放管服"改革，2017 年出台了《关于进一步深化简政放权放管结合优化服务改革的实施意见》（许政〔2017〕31 号），强力推

进"只进一个门、只找一个人、只跑一次腿"改革，实施投资项目模拟审批、网上审批、限时审批，全面推开工商登记全程电子化，实现工商登记"零见面、零跑腿、零成本"，持续优化营商环境。建立"投资项目在线审批监管平台"，实现"网上受理、并联办理、限时办结、依责监管、全程监察"，让信息多跑路，让企业少跑腿，2016年以来已在线办理投资事项1553件，行政审批事项精简至90项，是全省行政审批事项最少、审批效率最高的省辖市之一。二是构建"亲""清"新型政商关系。许昌市委、市政府始终坚持民营经济的"搭台者""守夜人"和"清障手"的角色定位，坚持"政府就是服务、公务员就是服务员、服务企业就是推动发展"的理念，变被动服务为主动服务，政府围着企业转，打造重商、亲商、安商、富商的良好企业发展生态环境。出台《关于推动构建新型政商关系的意见》，构建"亲"不逾矩、"清"不远疏的新型政商关系。在"亲"的方面，重点对落实政策、优化环境、支持交往提出了要求，实施20项具体措施，例如，继续放宽市场准入条件，持续完善联审联批、模拟审批、网上审批，实施企业家队伍培养"十百千"行动计划，实行市级领导联系企业、首席服务员和重点项目服务特派员、市级领导分包重点项目制度，提出了把非公经济发展情况纳入政府绩效和干部考核等具有许昌特色的举措。在"清"的方面，对党员干部和非公有制经济人士交往进行规范，明确提出政商交往要严格执行"五严禁、五严查、五个不"。各级干部认真负责、坚守原则、真心付出，赢得了广大企业家的信任，党委、政府与企业之间建立了非常融洽的关系，获得全省年度企业服务综合考核第一名。2017年《河南社会治理发展报告》显示，许昌市在经济发展、行政、法治、宜业宜居四项环境指数均位居全省第一位，居民获得感、安全感、信心感指数均居全省第一位；《新华每日电讯》2016年10月27日在头版头条位置对许昌构建"亲""清"政商关系进行了解读、给予了高度评价："许昌在服务民企、探索新型政商关系方面创造了经验，在全国树立了典型。"三是打响"信用许昌"品牌。积极推进全国社会信用体系建设示范城市，形成守信联合激励和失信联合惩戒的信用体系制度，建成了"一网五库一系统"的许昌市公共信用信息平台，数据归集覆盖137个市、区级部门，归集数据702万条，位居全省第三位。树立文明诚信典型492家，形成了"诚信、包容、开放、创新"的许昌城市精神，"信用许昌"品牌效应持续显现。四是切实减轻企业负担。在全省率先制定实施供给侧结构性改革降成本专项行动计划，通过降低制度性交易成本、企业税费负担、社会保险费、企业财务成本、电力价格和物流成本，年减少企业生产经营成本约 21 亿元，其中为小微企业减免税收 2 亿元以上，为高新技术企业减免所得税 1.4 亿元，减少企业财务成本 2 亿元以上，使企业轻装上阵。

（三）坚持创新驱动，对标一流引领行业发展潮流

创新是区域经济发展的第一内在动力，是民营经济转型升级的先导。许昌市坚持以培育高新技术企业和创新型企业为核心，积极构建"政府搭台、企业主体、市场导向、产学研相结合"的现代创新体系，激发民营企业创新活力，加快转型升级和跨越发展。全市现有国家级高新技术企业突破 100家、省级创新型（试点）企业 48 家，居全省前列。一是强化财政投入，引导企业加大投入。设立 15 亿元英才基金，强力推进人才强市战略和"许昌英才计划"，招才引凤，打造一流创新团队。设立奖励基金，连续 5 年召开科技创新大会，重奖科技功臣和优秀创新型企业，2017 年奖励资金达到4953 万元，惠及 200 多个创新型企业和人才（团队），极大地激发了民营企业的创新创业热情。黄河、森源等民营企业研发投入占主营业务收入的比重提高到 5%以上。二是着力构建研发平台和创新创业基地。加大配套政策支持力度，激发企业研发创新平台建设的积极性，全市省级以上工程技术研究中心 76 家、省级以上创新研发平台 146 家、市级创新研发平台 174 家，建成了许昌科技大市场，许昌高新技术创业服务中心被认定为国家级科技企业孵化器，城乡一体化示范区被评为全国大众创业、万众创新示范基地。禹州市每年拿出 2000 万元专项资金，设立科技创新基金，通过加大投入，培育发展新动力、塑造发展新优势，构建"企业苗圃（众创空间）+孵化器+产业园"体系，入孵民营企业近百家。三是支持企业构建开放创新网络。整合国内外创新资源要素，积极开展联合创新和协同创新，在国内外一流水平上推进创新。不求所有，但求所用，弥补自身创新要素资源短板，主动与中科院、清华大学等一流大专院校科研院所建立创新战略合作关系。森源集团在北京中关村清华科技园设立了"两部两院"（国际业务发展部、战略投资部、微电网与核电力装备研究院、电动汽车技术研究院）。众品、黄河旋风、瑞

贝卡发制品、森源电气、中天电气、万里路桥、远东传动轴等九家企业设立博士后科研工作站。四是实施专利导航战略。积极建设国家知识产权试点城市，强化专利导航发展，推动一批科技型民营企业快速成长，成为引领行业发展的排头兵。专利申请量、授权量连续 9 年排名全省前三位，2017 年专利申请量、授权量分别达到 12472 件和 4594 件，分别居全省第二位和第三位，其中有效发明专利申请量 1136 件，万人有效发明专利拥有量 2.62 件，同比增长 49%。规模以上高新技术企业增加值占规模以上工业增加值的44%，科技进步对经济增长的贡献率达 60%。万里路桥集团在全球首创了振动搅拌技术，振动搅拌技术业务连续两年爆发式增长 300% 以上。加强知识产权保护和应用，鼓励知识产权融资，比如，美特桥架通过利用 28 项专利进行质押，成功融资 2000 万元。

（四）坚持开放带动，对标一流汇聚全球高端要素

开放是区域经济发展的外部动力，是民营经济发展的源头活水。一是建设许港产业带，打造民营经济开放发展新平台。许昌市抓住"三区一群"国家战略机遇，积极推进郑许一体化战略，升级为全省战略和国家战略，全面融入郑州国家中心城市，郑州航空港试验区、自贸区和自创区，为民营经济高质量发展开辟新空间、打造新载体。按照"依托郑州、对接空港、发挥优势、错位发展"的思路，制定实施《关于加快推进郑许融合发展在郑州大都市区建设中走在前列的实施意见》，编制实施郑许一体化发展战略规划、许港产业带发展规划和空间规划，发挥毗邻港区优势，对接港区，服务港区，支撑港区，优化空间布局，加快推进郑许功能、交通、产业、生态、平台"五个对接"，交通先行，构建同城化便捷交通体系，规划建设机场至许昌市域铁路，突出高端制造业和现代服务业，建设临空经济基地，许港产业带快速崛起，成为带动全省发展的重要增长极。二是搭建中德产业园等园区招商平台。抢抓国家"一带一路"机遇，工信部批准设立以许港产业带为主体的"中德（许昌）中小企业合作区"，进入国家战略，高标准规划建设中德产业园，特别是中德再生金属生态城项目和中德高端装备制造产业园，搭建起许昌与包括德国在内的欧洲多个国家合作平台。创新"中德合作机制"，瞄准德国优势企业和先进技术"引进来"，与德国鲁道夫·沙尔平投资咨询公司对

接，建立常态化双向洽谈合作机制，已经组织 6 次赴德招商对接活动，共签订合作项目 37 个，12 个项目相继落地，其中瑞士迅达集团对西继迅达公司追加投资 6100 万元，并委托西继迅达每年配套电梯控制系统近万套，曳引机采购量达 9300 台，增长 130%。同时，把全市 10 个产业集聚区作为有效承接产业梯度转移的开放平台来打造。三是建设开放招商公共平台。积极对标自贸区、融入自贸区，大力构建对外开放的公共平台，设立出入境检验检疫局和海关，创建保税物流中心，打造物流、交易、研发等外经外贸服务平台，大通关发展格局初步形成。四是加大产业链集群招商力度。围绕做大、做强、做优产业链集群，市委、市政府出台了《对外开放和招商引资行动计划》，推行"政府主导、企业主体"的专业招商模式，推行"二分之一"工作法，实施精准招商、驻地招商和产业链招商，一大批龙头项目开工建设，配套企业也陆续集群进驻，已培育超千亿产业集群 1 个、超 500 亿产业集群 2 个、超百亿产业集群 6 个。2017 年，招商引资签约项目 268 个，实际到位资金 582 亿元，其中引进省外资金 478 亿元，增速 8.4%，居全省第二位。五是引导企业国际化发展。积极鼓励引导民营企业走开放合作发展的道路，组织广大企业家到国外开阔视野、发现商机、开展合作。坚持"引进来"和"走出去"两条腿走路，积极开辟国际市场。众品、黄河、森源、远东、瑞贝卡、世纪香等许昌知名公司，积极开拓"一带一路"全球市场，形成了开放型"许昌军团"。连续三年组团参加东盟（曼谷）中国进出口商品博览会，2017 年参会企业 21 家，达成合作协议和产品销售意向 11 个，总金额 2.3 亿元。2017 年，全市实现进出口总额 141.9 亿元，同比增长 15.4%，其中完成出口 124.96 亿元，增长 9.7%，出口总量居全省第二位。

二、重点打造"四大集群"，做大、做强、做优发展主体

（一）打造独特型产业集群，建设世界工厂或全球生产基地

区域经济就是特色经济，没有特色就没有竞争力。"无中生有、打造特色、培育集群、世界一流"是许昌民营经济群体性崛起的重要秘诀。一是重点打造十一大特色产业集群。积极构建许昌特色的现代产业新体系，优先发

展电力装备一大龙头产业链，优化提升汽车及零部件、电梯、食品及冷链、超硬材料及制品、再生金属及制品、发制品六大优势产业链，培育壮大工业机器人、新能源汽车、生物医药、电子信息四大新兴产业链。实施"百千亿"产业集群培育工程，着力培育形成电力装备、新能源汽车、再生金属及制品3个千亿元产业集群，壮大提升汽车及零部件、金刚石及制品等10个超百亿元特色产业集群，新培育电梯、中医药等10个百亿元特色产业集群。2017年，战略性新兴产业增加值占规模以上工业增加值比重近30%，成为全省战略性新兴产业三个核心集聚区之一。二是着力打造产业集中集聚集群化发展新载体。许昌市积极对接"三区一群"国家战略，服务大局，支撑大局，主动作为，提出了"一极两区四基地"的发展战略定位，"一极"即中原城市群重要增长极；"两区"即全国生态文明先行示范区、全国创业创新示范区；"四基地"即先进制造业基地、临空经济基地、现代物流基地、生态健康养生基地。加快构建"一带十区四组团"的发展战略布局，"一带"即许港（郑州航空港经济综合试验区）产业带，"十区"即十个省级产业集聚区，"四组团"即禹州市、长葛市、鄢陵县、襄城县四个城市组团。全市10个产业集聚区全部晋星，禹州、长葛产业集聚区连续进入全省"十强"。2017年，全市产业集聚区规模以上工业实现销售收入居全省第三位，利润总额跃居全省第一位。三是加强产业政策引导。坚持"今天的投资结构就是明天的产业结构"的理念，全面落实"中国制造2025"许昌行动纲要、"互联网+"行动计划、战略性新兴产业培育发展计划、大企业集团培育计划、高新技术企业培育发展计划、企业家队伍培养"十百千"行动计划和英才计划7个行动计划，制定清晰的产业发展、创新支持、人才引进政策，打出政策组合拳，最大限度地发挥政策的引导和激励作用，促进民营企业加快转型发展。四是加快推进转型升级。以产业高端化、绿色化、智能化、融合化为方向，大力推进传统优势产业实施大规模技术改造、培育引进战略性新兴产业；引导"八小两乱"企业升级入园，大力发展循环经济产业园，积极构建绿色制造体系；通过实施"设备换芯""生产换线""机器换人"等智能化改造，引导企业建设智能工厂（车间）；大力推进制造业与互联网融合发展、大中小企业融通发展、军民融合深度发展等，促进企业由生产制造型向生产服务型转变。推动传统优势产业向产业链、价值链高端攀升。全市3家企业入选全国"两化"融合管理体系贯标试点企业，2家企业入选全省"互联网+"工业创新示范企业，3家企业成为全省智能制造工厂试点。智能制造占工业的比重达到40%以上，先进制造业增加值占工业增加值的比重达到40%以上。森源集团广泛采用信息技术、管理技术和创造技术相结合的智能制造技术，实现了智能电网中低压配电设备从订货、设计、加工、配送、检测、运送至发货完整的数字化制造过程，为全市制造企业向工业4.0迈进树立了样板。众品集团实现了由食品加工企业到电商平台运营商的华丽转身，鲜易控股借助物联网、车联网，整合冷藏车4万辆、冷库2000多万立方米，成为行业规模最大、最具影响力的智慧冷链物流平台。黄河集团加速转型为超硬材料、锂电池、智能设备三足鼎立的大型集团。五是强化项目带动转型。实施"18925"投资促进计划，180个重点项目完成投资1050亿元，带动固定资产投资突破2500亿元，有力地促进了全市经济稳定发展。许昌市在全省重点项目暨转型发展攻坚观摩活动中，连续5年获得小组第一名，2017年成为全省转型发展唯一集中观摩的省辖市。六是积极发展产业基金。市级先后设立了赛伯乐产业投资基金、中鼎开源产业基金、浦银基金、新能源汽车产业投资基金等6只产业类投资基金，资金规模达到75亿元，引导民间资本投向战略性新兴产业和先进制造业。力旋公司锂电子动力电池等项目获得基金支持，培育发展壮大了一批中小型高成长性民营企业。

（二）打造雁阵型企业集群，构建大中小微联合舰队或航母战斗群

企业是经济的细胞，是区域经济的主体和支柱。"一花独放不是春，百花齐放春满园"。只有培育企业集群，才能构建区域经济大厦。许昌市树立企业至上的发展理念，实施"十百千万"企业集群发展规划，推进大企业集团、高新技术企业以及中小微企业培育发展计划，重点培育10家主营收入超百亿元的国内国际行业龙头企业、100家主营收入超10亿元的高新技术企业、1000家主营收入超亿元的"小巨人"创新型企业、10000家活力型小微企业，着力打造以龙头企业为主导的"大中小微雁阵结构"特色企业集群。一是推进大企业集团培育发展计划。大企业是民营经济发展的"火车头"，通过实施"一揽子"专项扶持政策，大型民企年均投资增速近20%，一批行业龙头企业快速崛起，4家企业入围"中国民营企业500强"，数量

居全省第一位；森源集团主营业务收入突破 400 亿元，入选 "中国企业 500 强"，黄河、众品、金汇、首山化工 4 家企业突破 200 亿元，鲜易控股成为行业规模最大、最具影响力的智慧冷链物流电商平台，黄河集团是亚洲最大人造金刚石生产企业，瑞贝卡公司是全球生产规模最大的发制品企业，西继迅达是我国中西部地区最大的电梯制造企业，金汇集团是长江以北地区最大的再生金属加工企业，远东传动轴是全国传动轴行业的龙头企业。二是推进高新技术企业培育发展计划。出台了《许昌市高新技术企业培育发展计划（2016~2020 年)》，着力培育科技型企业，强化自主创新，打造 "专精特新" 品牌，许继集团、森源电气、远东传动轴、黄河旋风 4 家企业被命名为全省首批创新龙头企业，高新技术企业和创新型企业总量居全省前列。2017 年，新增省级以上创新平台 37 家，高新技术企业突破 100 家，荣获国家科技进步奖 2 项、省科技进步奖 16 项。三是推进中小微企业培育发展计划。积极推进 "大众创业、万众创新"，大力培育市场主体，目前全市民营市场主体达 23.14 万户，其中民营企业达到 5.6 万家，同比增长 9.8%，形成了 "大企业顶天立地、小巨人企业铺天盖地、高新技术企业抢占发展高地" 的良好局面。全力推进 "个转企、小升规、规改股、股上市" 行动计划，加快企业上市培育，全市主板上市企业 5 家，其中 4 家为民营企业。近年来，在宏观经济持续下行、市场预期持续走低的形势下，许昌市民营企业家投资信心充足，民间投资持续快速增长，尤其是行业龙头企业继续高歌猛进，大型企业集团龙头带动效应不断显现，带动了一大批配套企业集群如雨后春笋般快速崛起。

（三）打造创业型企业家集群，带领企业集群抢占发展前沿高地

企业家是企业发展的灵魂，是区域经济发展的 "领航员"。许昌民营经济能有今天的良好局面，其重要秘诀是培养了一批敢想敢闯敢干敢拼、足智多谋、创新创业型的高素质企业家队伍，正是高素质企业家集群打造了企业集群或产业集群。一是倾力构建 "十百千" 企业家队伍。实施《许昌市企业家队伍培养 "十百千" 行动计划》，将企业家培养工作纳入常态化、科学化、制度化的轨道，重点培养 10 名以上杰出企业家、100 名以上优秀企业家、1000 名以上成长型企业家，着力构建素质高、结构优的企业家队伍。二是

加强学习培训"充电"。市财政每年安排 300 万元企业家专项培训经费，组织优秀企业家赴国内著名高校参加专题培训，聘请知名专家教授来许昌举办专题讲座，提高企业家的全球视野、战略思维、管理水平和综合素质，提升其发现机会、科学决策、创造价值的能力。一年多来先后组织了 4 期重点企业高级经营管理人员培训班和清华大学许昌市企业领军人才研修班、新三板挂牌后备企业专题培训班等培训活动，组织全市优秀企业家和高成长性企业负责人到德国和法国开展学习考察和项目对接洽谈，累计培训企业家近千人次。其中，长葛市实施了"企业家能力再造工程"，支持企业家赴知名大学攻读 MBA，与清华大学、新加坡南洋理工大学合作创办了企业高管人才培训班，"政府买单"每月举办一次专题培训；禹州市组织 100 余家重点企业，举办了多期"清华大学管理创新研修班"，组织 400 余家规模以上企业举办了"清华大学互联网+研修班"。三是加强互动交流。构建民营企业家互相交流借鉴的平台，举办企业家学习论坛、许都企业家创新营销论坛、企业家沙龙、企业家座谈会等活动，加强域内外企业家、科技专家、青年创业者之间的交流合作，促进老中青企业家之间"传帮带"，构建企业家成长的生态圈，造就一支杰出企业家、优秀企业家、成长型企业家队伍集群。四是引导企业家履行社会责任。许昌市注重引导企业家履行社会责任，积极开展"千企帮千村"精准扶贫活动，森源集团建设"扶贫工厂"，设立扶贫基金，帮助 8 个贫困村脱贫致富；世纪香公司投资 2200 余万元建立 20 个食用菌产业扶贫基地，实现脱贫攻坚与企业发展良性互动。鼓励民营企业慈善募捐，为水利生态环境建设捐赠资金 4000 多万元。五是弘扬企业家创业精神。提高企业家的荣誉感、责任感、使命感，市委市政府每年召开表彰大会，对年度杰出企业家、优秀企业家、成长型企业家进行大张旗鼓的表彰奖励。提高企业家政治待遇，鼓励通过人大、政协参政议政，邀请重点企业家参加每季度一次的全市领导干部会议，定期召开企业家座谈会，在重大政策制定、重大规划编制、重要文件出台等方面，认真听取企业家的意见建议，及时解决企业发展难题。弘扬企业家精神，在《许昌日报》开辟专版宣传民营企业家的创业精神和成功经验，树立典型标杆，确立创新创业价值导向。

（四）打造创新型人才集群，支撑产业集群和企业集群转型升级

创新是发展的第一动力，人才是发展的第一要素。打造创新高地和发展高地必须同步打造人才高地，许昌市民营经济持续崛起得益于大规模引进和培育了一大批创新型人才。一是强力推进"许昌英才计划"。大力实施人才强市战略，着力构建各类创新创业型人才梯队，制定配套政策，设立 15 亿元英才基金，强化人才引进和培养，全力筑巢引凤，建成许昌英才港，打造"人才洼地"，为民营经济转型发展备足后劲。二是建立奖励机制。连年召开高规格的科技创新大会，财政奖励科技创新单位、个人资金 8700 多万元。2017 年，首批 16 个创新创业人才（团队）项目和 59 名高层次人才获得3299 万元"英才基金"支持，奖励支持科技创新和"许昌英才计划"引进人才团队资金达到 4953 万元，惠及 200 多家单位和个人（团队）。三是强化高端人才引进。制定配套政策，大力推进人才引进计划，全市累计引进"两院"院士 10 人、长江学者 2 人、中科院"百人计划"人选 1 人、国家"千人计划"人选 3 人、博士 166 人，全市各类人才总数达 38.9 万人，实现了人才总量和质量"双提升"。长葛市制定了《引进创新创业人才及高层次人才实施细则》，每年评出 20 名外聘专家、20 名葛天工匠，予以奖励。四是强化创新型人才培养。建安区分类分批实施民企经理层、技术人员、高技能人员、技术工人等人才培训计划，不断提升民营企业队伍整体素质。禹州市与北京大学合作，成立"互联网+新经济研究实践基地"，重点培养新经济与电子商务人才，为网络经济发展提供人才支撑。长葛市森源集团提升森源大学办学层次，与西安交大联合创建研究生培养基地。

三、许昌市民营经济发展的几点启示

许昌市民营经济起步早、特色明、发展稳、转型快、领域广、总量大、机制活、环境优、地位高。许昌市民营经济"4+4"特色模式和经验做法具有普遍指导意义，值得全省推广借鉴。

第一，环境好是许昌模式的"孵化器"。政治生态清明、政策环境宽松、社会环境宽容、人文环境厚德、投资环境优良、发展环境优越，为民营经济

集中集聚集群化发展提供了"孵化土壤"。政治生态风清气正是许昌模式的显著特点之一，也是许昌模式形成的政治前提。民营经济是环境经济，哪里的环境好，民营经济就向哪里聚集。优越的环境使许昌市成为最适宜创业的沃土。

第二，动力强是许昌模式的源泉。坚持思想牵动、改革推动、创新驱动、开放带动"四轮驱动"战略，为民营经济快速转型升级提供了不竭动力。环境优越、活力充足、动力强劲是许昌模式的显著特点之一，也是许昌模式长盛不衰的源泉或引擎。思想解放是最难的第一步，是解放生产力、牵动发展的总开关。改革是破除一切障碍、推动发展的有力武器，只有改革先行，推进政府的自我革命，打造廉洁高效的服务型法治型政府，积极推进"三去一降一补"供给侧结构性改革，才能营造民营经济高效率、低成本的孵化环境。创新是发展的第一动力，是企业领先行业的法宝。开放可以不断为发展注入新鲜血液，在全球配置高端生产要素，是抢占产业链顶端的必由之路。

第三，集群化是许昌模式的支柱。重点打造产业集群、企业集群、企业家集群、人才集群"四大集群"，为民营经济新跨越提供了坚实支撑。产业集群和企业集群是许昌模式的显著特点之一。特色产业集群在许昌的市、县、区乃至乡村遍地开花，而且大多数都是"无中生有"的，那么到底从何而来呢？来自"四轮驱动"，来自优越环境的孵化，来自创业型企业家的引领，来自创新型人才队伍的支撑。

参考文献

［1］于浩.我国民营经济对国民经济的重要作用探究［J］.中国市场，2016（3）.

［2］陈齐芳.基于激发民营经济发展动力视角的供给侧改革路径研究［J］.企业经济，2016（10）.

（作者均系河南省人民政府发展研究中心科研人员）

河南以智能制造引领制造业
高质量发展研究

宋 歌

摘 要：智能制造是制造业未来发展的重要方向。近年来，河南深入贯彻落实《中国制造2025》，坚持把智能制造作为建设制造强省的主攻方向，总体发展思路逐渐清晰，试点示范项目稳步推进，部分领域实现一定突破，开放合作取得积极成效，初步形成良好的发展氛围。但同时，河南智能制造在发展中仍存在思想认识高度不够、顶层设计不清晰、政策措施力度小、智能制造基础薄弱、支撑体系不健全等问题，围绕于此，必须通过进一步深化思想认识、强化顶层设计、打造示范标杆、完善支持政策、营造良好氛围等措施，加快制造业智能化改造，以智能制造引领制造业高质量发展。

关键词：智能制造；制造业；高质量发展

2008年以来，国际金融危机对全球制造业造成巨大冲击，制造业大国大力推动信息技术与制造业深度融合，抢占新一轮产业革命的制高点，德国工业4.0、美国工业互联网、日本社会5.0、法国未来工业计划等陆续推出，其实质都是以智能制造提升制造业竞争力。近年来，我国深入实施"中国制造2025"战略，把智能制造作为制造业发展的主攻方向，沿海地区抓住市场倒逼、劳动力成本上升等战略机遇期，大力推动智能化改造，制造模式和工业业态发生了巨大变化。河南开启转型发展攻坚战，出台了智能化改造行动方案，各项政策措施持续落地，企业智能化改造积极性明显提升，但与沿海地区相比仍有较大差距。中共十九大报告指明了高质量发展的方向，作为一个传统产业大省，河南要抢抓智能制造窗口期，以智能制造引领制造业高质量发展，在《中国制造 2025》战略实施中发挥重要支撑作用。

一、智能制造的概念内涵与发展态势

智能制造是一个不断演进发展的大概念，周济、李培根等多位院士及专家联合撰写的《走向新一代智能制造》一文提出，根据"信息化与制造业在不同阶段的融合特征，可以总结、归纳和提升出三个智能制造的基本范式：数字化制造、数字化网络化制造、数字化网络化智能化制造——新一代智能制造"。其中，数字化制造作为第一种基本范式，也是第一代智能制造；数字化网络化制造作为第二种基本范式，是第二代智能制造，也可称为"互联网+制造"；近年来，新一代人工智能技术与先进制造技术深度融合，形成新一代智能制造——数字化网络化智能化制造，即为智能制造的第三种基本范式。简言之，新一代智能制造是新一代人工智能技术与先进制造技术的深度融合，贯穿于产品设计、制造、服务全生命周期的各个环节及相应系统的优化集成，不断提升企业的产品质量、效益、服务水平，减少资源能耗，是新一轮工业革命的核心驱动力，是今后数十年制造业转型升级的主要路径。

根据以上专家学者的观点，在新一代"人—信息—物理系统"的技术驱动下，新一代智能制造最本质的特征是其信息系统增加了认知和学习的功能，信息系统不仅具有强大的感知、计算分析与控制能力，更具有学习提升、产生知识的能力，制造系统将具备越来越强大的智能，特别是越来越强大的认知和学习能力，人的智慧与机器智能相互启发性地增长，使制造业的知识型工作向自主智能化的方向发生转变。作为一个大系统，新一代智能制造主要由智能产品、智能生产及智能服务三大功能系统以及工业智联网和智能制造云两大支撑系统集合而成。随着智能制造的发展，制造业产品将高度智能化、宜人化，生产制造过程呈现高质、柔性、高效、绿色等特征，产业模式发生革命性的变化，服务型制造业与生产型服务业大发展，进而共同优化集成新型制造大系统，全面重塑制造业价值链，极大提高制造业的创新力和竞争力。与此同时，人与机器的分工将产生革命性变化，智能机器将替代人类大量体力劳动和相当部分的脑力劳动，人类可更多地从事创造性工作；人类工作生活环境和方式将朝着以人为本的方向迈进。

二、河南智能制造发展现状分析

随着《中国制造2025》的深入实施，加快智能制造发展已成为各地推进制造业转型升级，增强发展优势的关键。河南顺应智能制造的发展趋势，在各级政府及企业共同推动下，智能制造发展态势良好。

（一）总体发展思路逐渐清晰

近年来，河南省深入贯彻落实《中国制造2025》，坚持把智能制造作为建设制造强省的主攻方向，先后以省政府名义出台了《中国制造2025河南省行动纲要》《河南省深化制造业与互联网融合发展实施方案》《河南省推进工业智能化改造攻坚方案》等，不断明确智能制造发展的重点方向、总体目标、主要任务及政策措施等。郑州、洛阳、新乡、许昌等市陆续出台了有关文件及配套政策，初步形成了省市联动推进机制。

（二）试点示范项目稳步推进

以项目为抓手，河南积极对接国家智能制造工程，已经争取国家智能制造试点示范项目6个、智能制造综合标准化与新模式应用项目18个、服务型制造示范企业（平台、项目）4个，合计争取国家支持资金2亿元，另有73家企业入选国家两化融合管理体系贯标试点。省级认定智能工厂50个、智能车间73个、服务型制造示范企业（平台、项目）36个、制造业与互联网融合"双创"基地7个。运用省先进制造业发展专项资金，采用项目投资后补助方式，对智能制造及机器换人重点项目给予支持，2017年、2018年共支持85个项目，总金额1.38亿元，部分项目已经初步探索形成了先进经验和典型模式。

（三）部分领域实现一定突破

围绕智能制造，河南省企业已在相关标准、技术、产品和平台等领域取得一定突破。中机六院"智能工厂建设导则标准研究和试验验证""互联网+智能工厂协同设计云平台""农机装备工艺设计仿真及信息技术集成标准研究和试验验证"等项目先后获得国家立项，成为国家智能制造标准体系制定的重要参与者。中信重工自主研发的履带式机器人平台与水下机器人平台、郑州科慧的焊接机器人、中航613所的自动导引运输车（AGV）等产品竞争优势明显；鸿元轴承的交叉圆柱滚子轴承、谐波减速器等机器人专用轴承已实现向 ABB、沈阳新松等知名企业批量供货，占据国内80%的市场份额；轴研科技参与了国家"863"计划，并起草了机器人轴承行业标准。森源重工混凝土车辆远程运维服务平台已介入1.52万辆工程车辆，宇通车联网云平台接入车辆超过14万台，卫华起重云已接入各种生产设备和起重物联网设备1000余台套，鲜易控股冷鲜马甲接入冷藏冷冻车辆3.85万台、监控冷库面积1960万平方米，获评"最具价值的中国冷链物流公共平台"。

（四）开放合作取得积极成效

为推进智能制造发展，河南坚持将引项目、引资金与引技术、引人才相结合，积极支持省内制造业企业与国内外著名企业开展跨界融合，成功引进了沈阳新松、格力智能装备、中科院自动化所（洛阳）机器人与智能装备创新研究院、深圳固高科技、河北工业大学特殊环境下服役机器人洛阳创新基地等知名企业院所，森源集团与瑞士 ABB、德国西门子等国际知名企业开展了合作，黄河集团收购了国内知名智能制造综合解决方案提供商明匠智能。省制造业与互联网融合发展联盟、省工业互联网产业联盟、省智能制造推进联盟、中国两化融合服务联盟河南省分联盟、省首席信息官联盟、省虚拟现实产业联盟等合作平台陆续成立，整合省内外制造企业、互联网企业、高等院校、科研机构等资源，协同推进智能制造在河南落地。

（五）良好发展氛围初步形成

近几年，河南省政府相继出台多项举措推进智能制造发展。一是搭建高端平台。先后举办 2016 中国（郑州）制造业与互联网融合创新高峰论坛、2017 中国（郑州）制造业与互联网融合创新应用推广活动，搭建政府部门、产业主体、专家学者交流平台。二是组织专题培训。2017 年 4 月，河南省工信委牵头组织制造业与互联网融合发展专题研讨班，100 多名各级政府、省直部门和重点企业、科研机构、行业组织负责同志参加了培训，提升运用"互联网+"思维推动制造业转型发展的能力。三是开展制造业与互联网融合发展"深度行"活动。组织行业专家、智能制造方案解决提供商、两化融合管理体系贯标服务机构，先后赴 12 个省辖市宣讲智能制造的新趋势、新要求、新政策，累计参与企业 2600 多家，为 130 多家企业提供现场咨询和诊断。四是推广典型案例。围绕大规模个性化定制、供应链协同管理、工业大数据应用、智能制造解决方案、工业云平台等领域，编写发布了《2017河南省制造业与互联网融合创新十大典型案例》，推广成功经验和有效做法，激发了广大企业实施智能化改造的内生动力。

三、河南智能制造发展中存在的问题

与国内外发达地区相比，河南智能制造起步较晚，制约其快速发展的矛盾和问题比较突出。

（一）思想认识高度不够

面对新一轮科技革命与产业变革，智能制造、工业互联网、工业大数据等新技术渗透速度远远快于预期。但与沿海甚至湖南、湖北等地相比，河南省政府部门与企业界对智能制造加速渗透及其颠覆性影响认识不足，有关政府部门及地方政府没有把智能制造放到区域竞争新优势的战略高度对待，广大企业对产业竞争进入智能制造新赛道缺乏清醒认识，普遍存在着"等待观望"和"急于求成"两种思想误区，不利于河南省智能制造的健康有序发展。

（二）顶层设计仍需强化

虽然河南已经出台了相关文件，初步梳理形成了发展思路，但与广东、江苏、山东、湖南等省相比，缺少系统的战略谋划和务实的行动计划，对河南推进智能制造的重点、难点、切入点等仍处于摸索阶段，对于不同行业、不同领域、不同区域、不同企业的差异化、个性化指导缺乏深刻把握，广大企业参与顶层设计的互动机制还没有真正良性运转。

（三）政策措施力度偏小

目前，河南支持智能制造发展的政策措施力度不够，与沿海地区相比缺乏含金量，针对性不强，在实践中也存在不少操作层面的问题，如智能工厂、智能车间后补助资金比例仅为 8%，与技术改造（30%）、机器换人（15%）等不协调，并且信息产业、互联网平台等轻资产项目难以获得支持，造成企业生产积极性不高，影响了引导资金的实际效果，财政引导资金的乘数效应与加速效应没有显现出来，未能真正带动银行资金及各类产业基金、风投基金等社会资本的持续跟进。

（四）智能制造基础薄弱

河南省与智能制造有关的指标均低于全国平均水平，发展基础相对薄弱。2017 年河南"两化"融合发展水平为 46.9，低于全国（51.8）近 5 个百分点，排名全国第 14 位；智能制造就绪率为 4.7%，低于全国（5.6%）0.9个百分点；关键工序数控化率为 44.2%，低于全国（46.4%）2.2 个百分点。目前，河南超过 67% 的企业信息化仍处于较低的起步建设和单项覆盖阶段，尤其是传统工业企业在管理体系、组织结构、业务流程、工人素质等方面普遍存在差距，尚不适应智能制造的要求。特别是与发达省份相比，河南缺乏具有示范意义的标杆性智能工厂和标志性平台企业。

（五）支撑体系尚不健全

智能制造涉及智能制造装备、工业软件、网络基础设施和信息安全系统等方面，而河南在技术、平台、产品、人才等方面存在差距，本地智能制造装备、信息技术和软件业支撑不足，系统集成商和解决方案提供商偏少；缺少智能制造、物联网、工业大数据、工业互联网、人工智能等领域的高端人才和技术团队，以及智能装备实操技能人才；有关研发资源相对分散，没有形成协同共享的创新平台和公共服务平台，点多面广的中小企业难以找到合适的技术、平台和解决方案为智能化改造提供支撑，智能制造生态系统远未形成。

四、河南以智能制造引领制造业高质量发展的对策建议

当前，我国仍处于智能制造的初级阶段，智能制造的发展需要层层推进、逐渐深化发展。就河南而言，传统制造业的优势正在下降，必须抢抓机遇，以智能技术重塑制造业，以智能制造引领制造业高质量发展。

（一）深化思想认识

中共十九大报告提出"推动互联网、大数据、人工智能和实体经济深度融合"，制造业发展呈现"软件定义、数据驱动、平台支撑、服务增值、智能主导"的新特征，智能制造成为产业转型升级的主动力和区域经济竞争的新焦点，正在颠覆传统产业体系和区域竞争格局，全省上下应从战略高度充分认识智能制造发展的重要性和紧迫性，抢抓未来一段时期智能制造发展窗口期，突出以智能制造引领三大改造，把智能制造作为河南推动产业转型发展的主攻方向，凝聚发展共识。一是理清发展定位。依托河南综合优势和后发优势，打造智能制造应用推广高地和优势领域智造模式输出地，突出应用牵引，引导广大制造型企业与智能制造解决方案提供商对接，推广成熟方案与模式，力争在食品、特色装备、新型材料、纺织服装、现代家居、信息安全等优势领域探索培育先进智造模式和工业互联网平台，为同类企业提供成功经验。二是提升发展理念。围绕智能制造、物联网、云计算、大数据、工业互联网、人工智能等领域，对政府工作人员、企业家、企业技术负责人等进行专题培训，通过专家授课和实地考察等方式，更新知识结构和发展理念，解决不愿干、不会干问题。三是搭建发展平台。继续举办中国（郑州）制造业与互联网融合发展高峰论坛，举办智能制造应用大会，为全球智能装备制造商、解决方案提供商与本地企业对接交流搭建合作平台。

（二）强化顶层设计

贯彻落实《国务院关于深化"互联网+先进制造业"发展工业互联网的指导意见》《智能制造发展规划（2016~2020 年）》等国家战略部署，加快制定河南智能制造三年行动计划。一是实施三大行动。突出企业智能化改造、工业互联网、企业上云协同推进，实施智能制造产业培育、智能制造示范推广、智能制造支撑提升三大行动，促进五种新型制造模式深度应用。二是实施智能制造应用"十百千万"工程。培育 10 个行业级工业互联网平台，建设 100 家标杆性示范智能工厂（车间），带动 1000 家企业开展智能化改造，推动 10 万家企业上云。三是完善"111"支撑体系。设立省智能制造发展基金，为智能制造项目提供资金支持；引导省内龙头企业与科研机构联合创建河南智能制造发展研究院，为河南智能化改造提供战略咨询和解决方案；支持河南企业、高等院校、科研机构等围绕智能制造、工业互联网、工业大数据、3D 打印装备及材料、人工智能等重点领域，每年引进培育 100 名高层次人才。

（三）打造示范标杆

突出主导产业，坚持传统产业改造和新兴产业培育并重，围绕五大智能制造新模式，实施一批重点智能化改造示范项目，在各行业形成"点—线—面"示范体系，分层次、有步骤推进智能制造落地，加强经验总结和推广，在区域内形成可复制、可推广的标杆样板，发挥示范引领作用，带动广大中小企业开展智能化改造。一是围绕主导产业打造智能工厂（车间）示范标杆。重点在装备、食品、新型材料、电子信息、汽车等河南主导产业，突出分类施策，引导企业围绕离散型智能制造、流程型智能制造、网络协同制造、大规模个性化定制、远程运维服务五大模式探索有特色、可落地、见成效的智能制造标杆模式，打造一批智能工厂（车间）示范标杆。二是围绕优势领域打造行业级工业互联网平台示范标杆。重点在冷链食品、特色装备、新型材料、新能源汽车、智能传感、信息安全等河南优势领域，依托龙头企业探索培育数据驱动、智能主导的行业级工业互联网平台标杆。三是围绕产业集聚区打造智能化园区示范标杆。引导知名工业互联网平台企业和智能制造综合解决方案提供商与河南新型工业化示范基地、优势产业集聚区合作，建立园区云平台，整体推动企业上云和智能化改造，打造一批智能化园区，积极培育物联网、云计算、大数据等新兴产业集群，带动河南产业集聚区提质增效。

（四）完善支持政策

参考借鉴江苏、山东、湖南等省份推进智能制造的政策措施与成功经验，制定出台含金量高、操作性强的支持政策。一是加大财政支持。对进入国家智能制造试点示范、综合标准与新模式应用、服务型制造试点示范、制造业"双创"示范平台等，给予一次性奖补。完善河南机器换人、智能工厂（车间）、重大技术装备首台（套）等奖补政策，制定"两化"融合贯标、工业互联网平台建设、企业上云以及新一代信息产业发展等奖补政策。对本省智能制造综合解决方案提供商、智能制造租赁公司等，按照服务本省企业合同金额给予一定比例的奖补。对引领型智能制造标杆企业、标志性工业互联网平台以及智能制造公共服务平台，采取"一企一策""一事一议"的方式给予重点支持。二是完善人才政策。对于在智能制造、工业互联网、物联网、大数据、人工智能等领域引进培育的高端人才，优先入选"中原千人计划"。支持高等院校设立智能制造、大数据、人工智能、机器人等专业院系和学科方向，发挥河南职业教育优势，支持职业教育机构与企业联合建设智能制造实训基地，创新智能制造专业技能人才培养模式。三是鼓励各地出台配套奖补政策。引导各地对进入国家和省级示范项目的给予配套资金支持，制定更具吸引力的人才政策。

（五）营造良好氛围

围绕智能制造，大力开展交流研讨、培训考察、现场观摩、案例分析、创新大赛等活动，构建政府、行业协会、企业、科研机构互动机制，营造适宜于智能制造发展的良好氛围，形成发展合力。一是持续开展智能制造"深度行"活动。围绕企业智能化改造、制造业与互联网融合、工业互联网、企业上云等专题，组织行业专家、智能制造解决方案提供商、"两化"融合管理体系贯标服务机构、产业联盟、行业组织等，开展宣讲推广活动，提升企业开展智能化改造的主动性和积极性。二是开展智能化改造供需对接活动。依托航天云网、明匠智能、树根互联、东方国信、中机六院等省内外智能制造解决方案提供商，引导供需双方开展技术、产品、模式、平台等多层次战略合作，促进智能制造先进模式、解决方案、服务平台等在河南落地。三是组织优秀案例发布暨现场会。围绕标杆企业，总结典型案例和经验模式，编制年度优秀案例研究报告并召开发布会，同时分行业组织企业到省内外智能制造标杆企业进行实地考察学习，引导企业加快实施智能化改造。四是设立省智能制造发展专家库。聘请省内外智能制造、大数据、物联网、工业互联网等领域专家学者和相关企业负责人等进入专家库，为企业智能化改造提供咨询和服务。

参考文献

［1］徐恒.新一代智能制造将推动实现第四次工业革命［N］.中国电子报，2017-12-12.

［2］孙小蕊，贾蒙飞.洛阳，机器人产业高地正隆起［N］.洛阳日报，2017-10-13.

（作者系河南省社会科学院工业经济研究所副研究员）

以创建"中国制造2025"国家级示范区带动河南制造业高质量发展的思路与建议

杨梦洁

摘　要： 依托郑洛新创建"中国制造2025"国家级示范区，对带动全省制造业高质量发展具有重要意义。创建"中国制造2025"国家级示范区，以高端化、绿色化、智能化、融合化为重点，明确四大战略定位，探索创新六大发展模式，突出五大带动方式。创建"中国制造2025"国家级示范区是一项系统工程，由先进制造业体系、协同创新体系、人才培养体系、政策法规保障体系、任务协调推进体系五大体系构成，为河南建设经济强省提供有力支撑，为全省及中西部地区制造业高质量发展提供经验借鉴。

关键词： "中国制造2025"；高质量发展；河南制造

为加快实施"中国制造2025"，鼓励和支持地方探索实体经济尤其是制造业转型升级的新路径、新模式，国务院决定开展"中国制造2025"国家级示范区（以下简称示范区）创建工作，并于2017年11月发布了《国务院办公厅关于创建"中国制造2025"国家级示范区的通知》。河南省谋划依托郑洛新创建"中国制造2025"国家级示范区，对带动全省制造业高质量发展具有重要意义。

一、河南创建"中国制造2025"国家级示范区的总体思路

坚持高质量发展根本方向，紧紧抓住新一轮科技革命和产业变革的重大机遇，依托郑洛新综合优势，以打造中西部地区世界级先进制造业基地为目标，以推进制造业供给侧结构性改革为主线，以实施"中国制造2025"河南行动为主题，以高端化、绿色化、智能化、融合化为重点，构建先进制造业体系、协同创新体系、人才培养体系、政策法规保障体系、任务协调推进体系五大体系，为河南建设经济强省提供坚强支撑，为全省及中西部地区制造业高质量发展提供经验借鉴。

（一）明确战略定位

突出郑洛新产业特色和综合优势，发挥国家战略政策叠加效应和中原战略腹地区位效应，聚焦四大定位。一是"一带一路"上承东启西的沿黄先进制造业走廊。突出航空、铁路、公路多式联运，建设完善网上丝绸之路，多路并举，积极融入"一带一路"，凭借发达的现代物流立体通道，充分发挥出河南的战略腹地效应，大力承接产业转移，在更高的对外开放水平下，引导制造业企业融入全球产业链、价值链、创新链、供应链。推动农机装备、电力装备、新型材料、智能终端与新一代信息技术、节能与新能源汽车、大型成套装备等优势产业迈向中高端，打造沿黄先进制造业走廊。二是能源原材料大省加快高质量发展的示范区。立足基础，发挥河南能源原材料产业优势，推动智能制造、绿色制造、物联网、大数据等先进技术与传统产业深度融合，以先进技术应用加快实施传统企业的技术改造、智能化改造、绿色化改造，延伸产业链，提升价值链，鼓励新业态、新模式，培育经济发展新动能，形成经济增长新支撑点，显著增强传统产业质量优势，建设能源原材料大省加快高质量发展的示范区。三是传统农区以制造业引领"四化同步"发展先导区。充分发挥先进制造业的溢出效应，加快推进信息技术与实体经济深度融合；促进产城融合，把产业发展与人的城镇化有效统一起来，形成良好的互动效应；通过新型工业化促进三次产业融合发展，提高农业生产附加

值，充分挖掘农业产业化效益，探索传统农区现代化发展新路径，打造粮食生产核心区以制造业引领"四化同步"发展先导区。四是中西部最优营商环境引领区。不断深化"放管服"改革，全面推广"三十五证合一"成功经验，切实降低各类中间成本和制度性成本，主导搭建金融、人才、要素等与企业的对接平台，充分发挥平台效应，降低企业生产经营成本，持续优化法治环境、市场环境，构建"亲""清"新型政商关系，弘扬优秀企业家精神，营造便利宽松的创业创新环境和公开透明、平等竞争的营商环境，打造中西部最优营商环境引领区。

（二）明确协同布局

郑洛新"中国制造2025"国家级示范区由郑州、洛阳、新乡三市组成，围绕产业链、创新链、价值链、供应链，突出产业发展协同、区域创新协同、人才保障协同、政策引导协同，建设先进制造业体系、协同创新体系、人才培养体系、政策法规保障体系、任务协调推进体系，形成并充分发挥郑洛新创建"中国制造2025"国家级示范区的共振效应、聚合效应、叠加效应。一是郑州聚焦建设国家中心城市。利用好《促进中部地区崛起"十三五"规划》和《中原城市群发展规划》等重大国家级发展规划，探索形成高效率制造模式示范、高水平开放合作示范、高质量创新转型示范，打造具有国际竞争力的先进制造业基地。突出郑州大都市区融合发展，围绕智能终端、新能源汽车、成套装备、新型材料等产业，打造高端制造、品质制造、服务制造模式。二是洛阳充分发挥中原经济区副中心城市战略地位的重要作用，利用国家政策叠加优势，明确城市定位。在老工业基地转型升级、军民产业融合发展、产学研用协同创新等领域不断探索积累洛阳经验，打造具有重要影响力的制造强市、智造名城。发挥洛阳装备制造、轴承及基础件、新型材料、新能源等产业优势，强化地区间产业联系，促进三市关键基础件与整机协同发展。三是新乡立足豫北地区重要中心城市。探索形成开放创新引领产业高质量发展示范、产教融合培育多层次产业人才示范、军民融合促进科技成果转化示范，打造内陆地区特色先进制造业强市。重点在动力电池、生物医药、新型材料、现代家居等领域探索合作共建产业链，扩大产业集群，引导龙头企业在郑州、洛阳设立区域研发中心，吸引优势企业以"转移+升级"模式在新乡建立生产制造基地,加快形成联动发展新格局。

二、郑洛新"中国制造2025"国家级示范区的示范模式与带动方式

郑洛新创建"中国制造2025"国家级示范区,将探索创新制造业发展模式,可为其他地区制造业高质量发展提供区域样板和借鉴价值,也带动全省制造业迈向高质量发展。

(一)示范模式

郑洛新创建"中国制造2025"国家级示范区,能够探索形成以下六种示范模式,引领全省制造业高质量发展。一是内陆地区制造业开放合作模式。抢抓新一轮全球价值链重构的战略机遇,巩固和发扬承接产业集群式转移的良好态势,扩大优质增量,积极融入全球产业链,增强产业的国内外影响力,通过引进和吸收进一步拓展延伸产业链、提升价值链、完善供应链,打造内陆开放高地,探索内陆地区通过开放合作壮大先进制造业的有效途径。二是老工业基地制造业转型发展模式。郑洛新作为我国重要的老工业基地,传统工业所占比重较大,探索传统产能整合、老工业区改造、接续产业培育、国有企业改革、僵尸企业处置、新旧动能转换等方面的新方法、新模式,优化存量资源配置,全面提升产业核心竞争力,为全国老工业基地转型升级提供可复制、可推广的经验。三是能源原材料产业绿色发展模式。作为能源原材料产业集中区,面临一定的资源环境压力,结合环境治理攻坚战,以绿色制造为支撑,以绿色化改造为重点,推动绿色产品、绿色工厂、绿色园区和绿色供应链全面协同发展,加快构建绿色制造体系,探索能源原材料产业高效、清洁、低碳、循环的绿色发展道路。四是军民融合发展模式。发挥郑洛新军工产业优势和丰富的创新资源,搭建军民融合公共服务平台和技术成果双向转化平台,培育军民融合示范基地,创新军民互动体制机制,构建全要素、多领域、高效益的军民融合深度发展格局,探索军民深度融合发展模式。五是产教融合提质模式。作为人口大省,河南具备一定的人力资源,充分发挥郑洛新三地的高等教育和职业教育资源优势,面向产业发展现

状及未来趋势和区域发展需求，完善校企、中外联合培养体系，创新制造业各层次技能人才培养模式，探索产业发展、产品升级、技术研发、模式创新和就业创业协同推进的有效途径，打造全国重要的先进制造业职业教育基地。六是产融结合减负模式。为破解企业融资难、融资贵，创新产融结合方式，探索产业基金、科技金融、绿色金融、普惠金融、产业链金融新模式，提高直接融资比重，疏通金融进入实体经济特别是中小微企业的渠道，为降低企业融资成本探索经验。

（二）带动方式

郑洛新创建"中国制造2025"国家级示范区，可以从以下几个方面形成引领作用，带动全省制造业高质量发展。一是研发设计带动。引导三市抢抓机遇，放大国家战略叠加效应，聚焦技术创新、研发设计等高附加值环节，吸引全球全国创新要素集聚，鼓励并带动全省龙头企业在郑洛新设立研发中心，形成对全省制造业转型升级和提升发展质量的强力支撑，着力构建"郑洛新研发设计+周边地市协同制造"发展格局。二是总部经济带动。吸引全球全国大型企业集团在域内设立区域性总部、集成中心，引导省内各地优势企业把总部、运营中心、整机集成等设在郑洛新，形成"郑洛新总装集成+周边地市零部件生产"的协同发展新格局。三是高端服务带动。加快发展现代服务业和生产性服务业，为制造业高端发展和融合发展提供必要的产业支撑，形成"郑洛新生产型服务+周边地市成品制造"的协同制造新格局。四是平台经济带动。大力发展工业互联网、制造业电子商务平台经济，吸引全国综合性互联网平台、大数据、云计算中心等落地，引导省内龙头企业在郑洛新搭建行业级互联网平台，为全省制造业转型升级和优势产业链转型升级提供平台支撑，形成"郑洛新平台+周边地市产业链"。五是信息技术带动。郑洛新大力发展软件、大数据、互联网、物联网等新技术，支持全省制造业依托新技术进行智能化、绿色化、技术化改造，提升制造业效率和质量。

三、创建"中国制造2025"国家级示范区的对策建议

创建"中国制造2025"国家级示范区是一项系统工程，按照国务院对

示范区构建五个体系的要求，突出郑洛新特色和河南省优势，构建协同发展、互为支撑的生态体系。

（一）聚焦优势领域，构建先进制造业体系

立足区域优势产业，围绕优势领域，重点打造国际先进的农机装备研发制造基地、国际先进的农副产品深加工基地、具有国际竞争力的新型材料产业基地、全球重要的智能终端和新一代信息技术产业基地、全球重要的节能与新能源汽车产业基地、具有国际竞争力的大型成套装备产业基地六大产业基地。基于比较优势，在三市协同、错位发展的基础上，明确技术突破的重点方向，厘清重点发展的优势产业链，突出重点培育的特色产业集群。力争在关键技术、平台建设、产品创新设计等领域实现一批重大突破，力争在大马力拖拉机、大直径盾构机、大吨位起重机、高寿命液压支架、高端合金材料等领域形成全球竞争优势。

（二）聚焦高端平台，构建协同创新体系

深入实施创新驱动发展战略，以建设郑洛新国家自主创新示范区为引领，集聚创新资源，构建郑洛新协同创新体系，把郑洛新建设成为引领带动全省创新驱动发展的综合载体和有力增长极，全力打造具有国际竞争力的中原创新创业中心，建设成为中西部地区科技创新高地。突出制造业创新中心、产业技术创新联盟、产业技术创新研究院、军民融合协同创新研究院四大创新平台载体建设，组织开展共性和关键技术研究，形成集群创新效应。围绕装备、食品、新型材料、电子、汽车等重点领域，鼓励行业龙头企业或骨干创新型企业与高等学校、科研院所、上下游企业、行业协会及相关中介服务机构共建各类产业技术创新战略联盟，建立一批投资主体多元化、建设模式多样化、运行机制市场化、管理制度现代化、具有独立法人资源的产业技术创新战略联盟。创建一批具有郑洛新特色的国家级创新创业平台和"双创"示范基地。鼓励支持多元主体参与投资建设科技企业孵化器、大学科技园，鼓励各类孵化载体实行市场化运营。

（三）聚焦产业需求，构建人才培养体系

围绕河南主导产业转型升级需求，坚持把人才作为第一资源，实施河南省高层次人才特殊支持"中原千人计划"和高层次人才引进"中原百人计划"，对接郑洛新示范区创建工作，积极开展"领军中原""智汇中原""技鼎中原"三大行动，着力打造高水平经营管理人才队伍、高素质专业技术人才队伍、高技能人才队伍三支人才队伍，逐步健全郑洛新全链条育才、全视角引才、全方位用才的完整人才引进、发展和培育体系，优化人才生态环境，为"大众创业、万众创新"不断注入动力，激发活力。打造中西部人才高地。突出"高精尖缺"导向，支持郑洛新持续实施"智汇郑州"人才工程、"河洛英才"计划、"牧野英才"计划，围绕郑洛新重点产业与重点领域、重大创新工程及重大项目，瞄准国内外顶尖创新型技术领军人物和团队，拓宽柔性引才渠道和方式，通过兼职挂职、技术咨询、项目合作、客座教授等多种形式，大力汇聚人才智力资源。以河南籍和在河南工作过的高端人才为重点，组织开展海外高层次人才智力引进暨项目对接洽谈会、院士中原行等活动，广泛吸引省外、海外人才来示范区创新创业。围绕智能制造、网络制造、绿色制造、数字经济、物联网等领域，强化郑洛新高校院所相关学科建设，促进信息技术与制造技术的深度融合，实施先进制造卓越工程师培养计划和专业技术人才知识更新工程，进一步释放郑洛新工程师红利。

（四）聚焦政策突破，构建政策法规保障体系

在郑洛新国家自主创新示范区等区域政策措施的基础上，完善提升创新支持政策、金融服务政策、人才扶持政策、财税支持政策、企业发展政策和先行先试政策，加快推进资金链、创新链、产业链、资源链、政策链协同发展，着力引导各类资源要素向先进制造业汇集，形成与创建"中国制造2025"国家级示范区要求相匹配，与重点产业发展和重点任务实施需求相适应的政策法规保障体系。围绕创新平台、产业转型、三大改造、金融服务、人才扶持、校企合作等突破一批政策措施。集中有限财力办大事，编制财政支持郑洛新先进制造业发展的重点方向指南，指导省直单位和三市联合使用、拼盘使用财政资金，聚力推进重点产业发展。对郑洛新先进制造业的标

志性重大项目落地、关键核心技术攻关、重大兼并重组、颠覆性创新成果转化等按"一项目一议"方式给予支持，对重点企业新技术研发及技术成果产业化、扩产增效、产业链上下游配套协作等给予补助。

（五）聚焦高效协同，构建任务协调推进体系

设立高规格的省级组织领导机构。省政府设立示范区创建工作领导小组，由省长任组长，常务副省长、分管副省长任副组长，省工业和信息化委、省发展改革委、省科技厅等22个省直部门以及郑州、洛阳、新乡三市政府主要负责人为成员，省领导小组下设办公室，办公室设在省工业和信息化委。领导小组部署安排创建工作，研究解决重大问题，统筹指导郑洛新三市编制创建方案，明确创建任务、责任分工和工作进度，认真做好创建申报工作，落实各项创建任务。充分发挥河南省"三区一群"，即郑州航空港经济综合实验区、中国（河南）自由贸易试验区、郑洛新国家自主创新示范区和中原城市群区域叠加的政策套合优势，研究制定推进示范区发展的差异化支持政策，积极寻求国家更大支持，赋予示范区更多的先行先试政策，省级层面的先行先试政策首先在示范区试点推行。围绕重点领域联合三市组建产业链发展联盟，建立形成良好的信息、资源和利益共享机制，促进产业、企业间的互相协作和资源整合共享，加强产业链配套协同发展。

参考文献

［1］国务院办公厅.国务院办公厅关于创建"中国制造2025"国家级示范区的通知［EB/OL］.［2017-11-23］.http://www.gov.cn/xinwen/2017-11/23/content_5241764.htm.

［2］陈辉.四轮驱动 郑洛新协同发展谱新篇［N］.河南日报，2017-06-08.

［3］河南政府网.中共河南省委 河南省人民政府关于印发《郑洛新国家自主创新示范区建设实施方案》的通知［EB/OL］.［2016-06-24］.http://www.henan.gov.cn.

［4］安阳网.郑洛新"中国制造2025"试点示范城市群正式挂牌［EB/OL］.［2017-06-09］.http://www.ayrbs.com.

（作者系河南省社会科学院工业经济研究所助理研究员）

以第二产业融合推动河南制造业高质量发展的思考

侯红昌

摘　要：中共十九大和中央经济工作会议做出了"中国特色社会主义进入了新时代，我国经济发展也进入了新时代"的重大论断，指出新时代我国经济发展的基本特征，就是我国经济已由高速增长阶段转向高质量发展阶段。河南制造业近些年取得了极大的发展成效，在由高速度向质量转变方面也迈出了坚实的步伐，但仍需要进一步地加速这一进程。以制造业和生产性服务业相融合的角度来推动河南制造业的高质量发展转型是河南工业发展面临的现实选择。这就需要大力构建第二产业融合机制、推动制造业服务外包化、提速金融业发展、增强物流业和发展电子商务业等举措。

关键词：第二产业融合；河南制造；生产性服务；高质量发展

中共十九大和中央经济工作会议做出了"中国特色社会主义进入了新时代，我国经济发展也进入了新时代"的重大论断，指出新时代我国经济发展的基本特征，就是我国经济已由高速增长阶段转向高质量发展阶段。推动经济实现高质量发展，是适应我国发展新变化的必然要求，也是当前和今后一个时期谋划经济工作的根本指针。过去40年的高速增长，成功解决了"有没有"的问题，现在强调高质量发展，根本在于解决"好不好"的问题。

一、经济发展由高速度转为高质量的必然性

改革开放以来，我国经济实现了快速发展，经过 40 年的不断积累，取得了巨大的成绩，也面临一些挑战。传统经济增长主要依靠投资的高速增长拉动，其中制造业投资、房地产投资和基础设施投资都面临发展的拐点。制造业方面，我国已经是制造业规模的全球领先者，近来贸易保护主义抬头，对制造业产品出口形成冲击。房地产的投资随着人均占有住房数量的迅猛提升而逐渐放缓，基础设施的迅猛发展也使进一步加大投资的空间更加逼仄。与此同时，我国经济增长的资源环境压力日渐突出，"三废"（废水、废物和废弃）问题严重，土壤、水和空气的承载能力逼近极限。从经济现象来看，我国正在经历着一个重大转折，转折的各种信号集中出现在 2010 年前后。2010 年，我国经济总量超过日本，成为世界上仅次于美国的第二大经济体，也是从这一年开始，世界银行首次将中国列入中上等收入国家的行列，这表明我国的经济发展水平已经跃上了一个非常重要的台阶，这是总量的变化。从结构上看，按人均 GDP 指标衡量，我国 2010 年进入工业化后期阶段，预示着服务业比重将持续上升；2011 年，我国城镇化率首次超过 50%，预示着城镇化提升速度将从高位递减。也就是说，不论是产业结构还是城乡结构，都发生了重大的转折性变化。这一系列重大的转折性变化将我国经济带入了一个新的历史时代。

二、河南制造业实现高质量发展面临的现实
选择与挑战

近些年，通过积极的培育特色优势产业集群，河南工业制造业的成效显著，产业集聚效应持续增强。2015 年以来，国家公布实施"中国制造 2025"和"互联网+"行动计划，给河南制造业的发展注入了新的动力。2017 年全省工业增加值 18807.16 亿元，比上年增长 7.4%。其中制造业保持高速增长，比上年增长 8.5%。全年规模以上工业中，五大主导产业增加值比上年增长 12.1%，占规模以上工业的 44.6%。传统产业增长 2.7%，占规模以上工

业的 44.2%；战略性新兴产业增长 12.1%，占规模以上工业的 12.1%；高技术产业增长 16.8%，占规模以上工业的 8.2%；高耗能工业增长 3.2%，占规模以上工业的 32.7%。可以看出，河南的制造业在继续保持高速增长的同时，也出现了向高质量发展的趋势。但即便如此，一些旧有的发展模式仍然烙印深刻，其中传统制造业占比依然较高，接近一半的水平。而亟待转型改革的高耗能工业仍保有 1/3 的比重。所以，必须积极转变思路，以加速生产性服务业发展的模式，推进河南制造业的高质量发展。河南生产性服务业还存有如下的问题：

（一）生产性服务业总量和比重与全国相比还有差距

横向来看，河南生产性服务业总量偏小，在国民经济中的比重低于全国平均水平。按照最新的可得数据，全国生产性服务业占国民经济的比重接近 30%，2014 年为 28.12%，2015 年为 29.56%，而河南该比值 2014 年为 19%，2015 年为 21.38%，2016 年为 22.3%，2017 年为 21.94%，都远远低于全国平均水平。显示出河南的生产性服务业在整体规模和水平上仍与全国存在不小的差距。从同为中部地区的临近省份湖北的该指标来看，河南与其也有一定差距。最新的统计公报显示，湖北省 2017 年的服务增加值为 16503.40 亿元，增长 9.5%，三次产业结构由 2016 年的 11.2：44.9：43.9 调整为 10.3：44.5：45.2，服务业比重提高 1.3 个百分点。其中，最具代表性的生产性服务业，如交通运输、仓储和邮政业，批发和零售业，金融业等分别增长 6.9%、6.5% 和 9.0%。河南省相对应的数值 2017 年实现服务业增加值 19198.68 亿元，增速为 9.2%，略低于湖北省的增速，三次产业结构由 2016 年的 10.6：47.6：41.8 调整为 9.6：47.7：42.7，服务业比重提高 0.9 个百分点，同样低于湖北省的提升速度，加上服务业比重本就比湖北省低了 2.5 个百分点，这样一算，河南省的生产性服务业整体发展水平也面临着湖北省的极大挑战。

（二）生产性服务业的内部结构还有进一步优化的空间

河南生产性服务业面临的挑战不仅来自整体上的总量规模和发展水平，从内部结构来看，依然存在很大的优化空间。如各产业的比值优化问题，与全国平均占比水平的差距问题等。但实际上河南生产性服务业内部结构面临的最大挑战是以交通运输、仓储和邮政业等为代表的现代生产性服务业的发展增速和以批发和零售业等为代表的传统生产性服务业增速之间的差异。2016 年，河南省的批发和零售业的增速为 14.5%，基本与上年持平，而交通运输、仓储和邮政业的增速为 7.1%，也与上年持平，两者之间继续保持较大差距。相应地，全国的平均水平在 2015 年分别为：批发和零售业的增速为 6.03%，交通运输、仓储和邮政业的增速为 6.97%，仅相差约 0.9 个百分点。进一步，从内部占比来看，全国的批发和零售业占生产性服务业的比重为 32%，交通运输、仓储和邮政业的比重为 15%。河南相应的比重在2015 年为 33% 和 23%，在 2016 年变化为 33% 和 21%。这种比重上的变化差异，再联系到二者增速间的较大差异，隐含着河南传统生产性服务业比重有增加的趋势，而现代生产性服务业比重有减小的趋势，从 2017 年的公报中，我们发现这一趋势依然还在延续。所以说，这是河南生产性服务业面临的另一个重要挑战，需要尽快调整优化生产性服务业的内部结构。其他在全省各地市间存在的生产性服务业的地理空间层面结构失衡也是长久以来就一直存在的挑战。

（三）生产性服务业仍存在"供需错位"的供给侧失衡

河南正在推行的供给侧结构性改革，有助于工业制造业的产业结构升级和优化，但同时也对生产性服务业的发展提出了更高要求，这就需要河南的生产性服务业在高端产品的供给上能够跟得上工业制造企业的升级需求。但现实是，河南的生产性服务业主要都集中在仓储物流等低附加值的领域，设计、研发和市场开发等高端生产性服务业领域的供给较少。与此同时，河南的能源、化工等传统产业的改造升级对生产性服务业的需求主要在基础性的设备更新升级和工艺改造等领域的生产性服务业，而以电子信息和汽车及零部件为代表的新型制造业对生产性服务业的需求主要集中在新技术和快速的市场变化等方面，而对于这两个方面，目前河南的生产性服务业都还无法提供有效的产品供给满足。

供需错位失衡的另一方面，是河南生产性服务业发展需要的高技术人才供应不足，且对外部相应人才的吸引不具有比较优势。河南省虽然是全国的人口输出大省，但人力资源基础薄弱，教育资源不发达，省内高水平一流大学较少，导致河南本地优秀人才通过外出求学的方式流失，而本地大学培养的优秀人才又少，且河南的薪酬水平在全国排名靠后，难以形成对全国范围内高精尖人才的吸引。人才的供应不足对生产性服务业的加速发展来说是致命的，直接影响生产性服务业的产业规模扩张和结构优化升级。

（四）生产性服务企业市场竞争力弱，缺乏龙头企业

河南省的生产性服务业无论是营业收入还是企业的资产规模，都无法与世界级企业或国内 500 强服务业抗衡，呈现出企业内在创新动力不足、企业规模偏小、实力较弱的局面。生产性服务企业由于缺乏科学化的管理、规模化的经营、标准化的服务，因此在国内市场竞争中处于极为不利的地位，大部分是服务河南的本地市场，在全国市场展开竞争的企业较少，缺乏标志性的龙头企业。即使在服务河南本地工业制造企业方面，由于其和制造业的融合度不够深入，导致一些工业制造企业对一些高端的生产性服务需求无法得到满足，只能通过内部解决，或在全国，或在世界市场上寻找高端的生产性服务企业。失去和工业制造企业深度融合机会的河南生产性服务企业在市场上的竞争力变得更弱，只能在低端服务和弱小规模上徘徊，更难出现全国性的龙头企业。

三、以第二产业融合推动河南制造业高质量
发展的思考

虽然河南生产性服务业仍现存不少问题，尤其是总量和比重的偏小偏低问题，但这一方面体现出发展潜力的同时，另一方面说明制造业和生产性服务业之间的融合度不深，因此，必须从加速推动生产性服务业和制造业深度融合的角度来推动河南制造业的高质量发展。

（一）构建制造业和生产性服务业的融合机制

生产性服务业与制造业的互动融合发展是产业演进的客观规律，必须大力构建基于生产性服务业和制造业深度融合的协同发展机制。一是大力发展

制造企业的工业设计。整合现有资源，推动建立工业技术研究院等，培育专业化、开放型的工业设计企业和工业设计服务中心。加大郑洛新国家自主创新示范区建设力度。把优先发展战略性新兴产业和高新技术产业作为示范区建设的核心任务，加大研发投入和开放创新力度。二是大力提升重点产业研发设计能力。突出电子信息、装备制造、汽车及零部件、生物医药等重点行业，集聚高端技术和人才，完善创新激励机制，提升企业研发设计能力。鼓励有条件的制造业企业通过剥离内部研发设计机构、与高校和科研院所合作等方式，组建和发展独立的研发设计服务企业，扩大生产性服务业的产品，推动生产性服务企业大发展。三是大力构建富有活力的协同创新体系。推动工业制造骨干企业与高等学校、科研院所、上下游企业等建立以利益为纽带、网络化协同合作的产业技术创新战略联盟。鼓励研发设计类生产性服务企业综合运用云计算、大数据、物联网等互联网技术，建立协作共享机制和平台。四是积极推动制造业企业内部的服务外包化、市场化，在制造环节的上游、下游、中游打造相应的生产性服务项目，使生产性服务业能进一步涉足产业链前、后端的服务环节，开展全产业链业务。积极推动生产性服务业规模化、产业化、高端化发展，更好地为制造业转型升级服务。

（二）推动制造业的技术服务外部化加快发展

生产性服务业的主体就是科学研究和技术服务业，但河南在这方面不具有比较优势，应对此加大政府的政策导向和扶持力度。一是大力发展面向制造业企业的信息技术咨询设计、集成实施、运行维护、测试评估、信息安全等系统化服务，促进工业生产业务流程再造和优化。鼓励软件、信息服务提供商与制造业企业联合开发适用于生产经营管理全过程的软件和信息服务。积极发展涉及网络新应用的信息技术服务，创新服务模式，深化互联网与制造业融合，加速制造业服务化转型，推动大规模个性化定制、网络化生产等加快发展。二是大力发展软件服务。重点发展工业软件、行业应用软件和整体解决方案，每年推出一批具有全国影响力的工业软件和典型行业解决方案。鼓励大型制造业企业软件开发和信息化部门剥离，支持企业与高校、科研机构联合创建重点实验室、企业技术中心。三是大力推进新技术推广应用。在制造业重点行业开展"数字化车间"和"智能工厂"试点，推广应用数控、传感器、工业机器人等先进技术。加快国家和省级工业云创新服务试点建设，面向产业集聚区及工业企业提供软件服务和行业资源库。加快推动北斗导航与地理信息产业发展。鼓励企业参与网络与信息安全新技术、新产品研发、生产和推广应用，培育一批具有较强竞争力的信息安全企业和拥有自主知识产权的创新产品。

（三）提速金融业发展以支持制造业融资需求

金融业一直是河南经济发展的短板，因此，应大力整合现有要素资源，创新企业融资模式，补齐金融业的发展短板，在加速发展生产性服务业的同时，更好地支持河南制造业扩张的融资需求。一是加快区域性融资服务平台建设。加强银行类融资服务，鼓励发展产业基金、股权、证券、信托、债券、保险等融资产品，加快发展互联网金融等新兴业态。积极拓展融资租赁服务领域，推动服务产品创新，建立形成渠道多样化、监管统一化、制度规范化的融资租赁服务体系。二是大力拓宽企业融资渠道。加快省级涉企资金基金化改革，探索建立财政、国有资本收益滚动投入机制，引导带动社会资本、大型金融机构发起设立大型产业投资基金。健全企业上市融资服务体系，支持符合条件的企业在境内主板、中小板、创业板、全国中小企业股份转让系统及海外市场上市或挂牌，支持上市企业开展多种形式的并购重组再融资。三是大力完善融资租赁服务体系。开展大型制造设备、施工设备、运输工具、生产线等融资租赁服务，采取离岸业务、跨境租赁业务、出口设备保税租赁业务等形式发展跨境融资租赁。依托郑州航空港经济综合实验区，支持大型航空企业与金融机构联合成立金融租赁及融资租赁公司，开展保税融资租赁业务。四是积极发展私募股权投资基金和风险投资基金，引导企业通过发行公司债、短期融资券、中期票据、中心企业集合票据、资产支持票据、中小企业私募进行融资。鼓励省内企业与证券公司、基金管理公司等金融机构合作，积极推进企业资产证券化。推动融资性担保行业和小额贷款公司规范发展。

（四）增强物流优势服务制造业产品流通需求

物流业是河南的传统优势产业，也是近些年发展较快的生产性服务业，应进一步强化优势，大力发展，更好地为制造业的产品流通需求服务。一是依托全省区域物流节点城市和铁路、公路等交通骨干网，建设一批省际物流集散中心，连接长江经济带、京津冀、珠三角经济区。加快郑州国际航空物流中心建设，开辟、加密国际货运航线航班，打造"一带一路"国际物流通道枢纽。大力构建以卡车航班为主的地面集疏运体系，大力引进基地航空公司和国际物流集成商，支持建设航空货物中转集散中心、快件分拨中心等功能设施，推进高铁快件集散处理中心建设。提升郑欧国际货运班列运营水平，加快建设境外分拨配送中心，增加出入境口岸和目的地，扩大国际货运规模。加强与青岛、天津、上海、连云港等港口合作，推进以郑州国际陆港为核心的无水港建设，扩大公铁、海铁联运规模，向东连接海上丝绸之路。二是大力发展第三方、第四方物流，培育具有核心竞争力的物流骨干企业。引导物流企业提升供应链服务能力。大力发展冷链、医药、电子信息、汽车及零部件等行业物流，增强快递服务制造业能力，完善产业集聚区、产粮大县配套物流基础设施，建设一批具有区域影响力的专业物流服务基地。提升物流园区功能。规划建设和改造提升一批货运枢纽、生产服务、商贸服务、口岸服务、综合服务等类型的物流园区，实施示范物流园区培育工程。加强物流信息化、标准化建设。建设完善一批区域性、行业性的物流信息平台，推进物流云平台建设，建成全省物流园区公共信息平台。支持物流企业开展国家甩挂运输、物流服务标准化等试点。

（五）发展电子商务实现制造业"互联网+"行动计划

电子商务作为一种新兴的生产性服务业发展业态，正是制造业"互联网+"行动计划的重要组成部分。一是大力推进企业电子商务应用，支持开展原材料、工业品网上交易、定制、销售等业务，实现上下游关联企业业务协同发展。深化电子商务服务集成创新，加快并规范集交易、电子认证、在线支付、物流配送、信用评估等服务于一体的第三方电子商务综合服务平台发展。引导小微企业依托电子商务服务平台开展业务。鼓励利用移动社交、新媒体等新渠道，发展社交电商、粉丝经济等网络营销新模式。二是大力开展"豫货通天下"制造业与电子商务企业对接活动，建立互动发展平台和机制。支持制造、流通企业依托现有服务网点建设升级一批线上线下服务中心。支持城市社区设立电商综合服务点，开展快件自取、电子缴费、网上预约、社区配送等服务。三是大力推动电子商务集聚发展。制定完善支持政策，加快河南省电子商务产业园、郑东新区国家级电子商务示范基地、河南网商园、中国中部国际贸易电子商务服务基地等重点园区建设，吸引国内外知名电子商务企业入驻发展。四是大力推进中国（郑州）跨境电子商务综合试验区建设，支持跨境电子商务通关服务平台建设，建立 E 贸易商业运行体系。推动河南保税物流中心与郑州出口加工区整合申建综合保税区。

参考文献

[1] 李伟. 中国经济迈向高质量发展新时代 [J]. 中国发展观察，2018 (Z1).

[2] 林兆木. 关于我国经济高质量发展的几点认识 [N]. 人民日报，2018-01-17.

[3] 迟福林. 以高质量发展为核心目标建设现代化经济体系 [J]. 行政管理改革，2017 (12).

[4] 侯红昌. 河南生产者服务业与制造业协同发展研究——基于 VAR 模型系统分析 [J]. 地域研究与开发，2011，30 (4).

[5] 汤晓莉，尚文英，苗长虹. 河南省产业关联能力变动研究 [J]. 经济地理，2010，30 (12).

（作者系河南省社会科学院农村发展研究所副研究员）

河南加快构建协同发展的现代产业体系的对策研究

李丽菲

摘　要：构建实体经济、科技创新、现代金融、人力资源协同发展的现代产业体系是中国特色社会主义进入新时代，为实现现代化经济体系奋斗目标而提出的重要战略举措，是弥补河南发展短板，实现"两个一百年"奋斗目标的客观要求。在未来，河南要以发展实体经济为着力点，将科技创新、现代金融、人力资源融入实体经济发展的每一个环节，形成有效组合，协同推进实体经济的发展，不断增强河南经济创新力和竞争力，同时处理好实体经济与虚拟经济的关系、扩大总量与提升质量的关系、政府与市场的关系，为河南开启全面建设社会主义现代化新征程打下坚实的物质基础。

关键词：现代产业体系；协同发展；河南

在中共十九大报告中，习近平总书记提出要着力加快建设实体经济、科技创新、现代金融、人力资源协同发展的产业体系，这是中国特色社会主义进入新时代，为实现现代化经济体系奋斗目标而提出的重要战略举措。中共十八大以来，河南经济快速发展，稳居全国第五位，构建了比较完整的产业体系，正在由经济大省向经济强省跨越。但这一巨大的经济体量是建立在发展方式落后、经济结构不合理、城乡区域发展不平衡等问题的基础上的，与现代化经济体系还有较大差距。加快构建现代产业体系，促进实体经济、科技创新、现代金融、人力资源的协同发展，这既是积极响应中央号召的具体表现，也是弥补河南发展短板、实现两个一百年奋斗目标的客观要求。

一、构建现代产业体系的重大意义

（一）深刻内涵

现代产业体系是现代化经济体系的重要支撑，强调实体经济、科技创新、现代金融、人力资源四个要素的协同发展，其中实体经济是"肌体"，科技创新是"筋骨"，现代金融是"血液"，人力资源是"根基"，四者是现代经济体系最为重要的四大支柱。协同发展的现代产业体系打破了传统上以农业、制造业、服务业来对产业体系的划分，以实体经济作为产业体系的主体，着眼供给侧和结构性，目标是依靠科技进步、资源配置优化和提高劳动者素质来提高质量、效率和效益，强化了科技创新、现代金融和人力资本在支持实体经济方面的重要作用。这是从我国当前的主要矛盾、发展目标和发展要求出发的战略安排，是贯彻新发展理念，以问题为导向的新提法，具有先进性、动态性、可持续性和以人民为中心等特征。

实体经济、科技创新、现代金融、人力资源是一个相互促进、相互依赖的整体，任何一方面的短板，都会影响整个现代化产业经济体系的建设水平。实体经济是经济发展的根基，是社会生产力的集中体现，也是经济社会持续发展、赢得竞争优势的主要动力。针对近两年我国经济"脱实向虚"的现象加剧，现代化产业体系强调将经济发展的着力点放到实体经济上，突出了实体经济的重要性，这是现代化产业体系的发展目标。科技创新、现代金融和人力资源是支撑实体经济发展的三个重要方面，只有将科技、资本、人才等生产要素组合起来，与实体经济形成良性互动，协同投入到实体经济，通过质量变革、效率变革、动力变革才能提升实体经济的生产力，提高实体经济质量。其中，科技创新是发展的第一动力，是调整经济结构、转变经济发展方式的内在支撑，构建现代化产业体系，必要以高水平的科技创新作为支持，成为产业升级的持续驱动力。金融是现代经济的血液，实体经济是现代金融的根基，从服务业中将现代金融提出来纳入产业体系中，突出了金融业要回归服务实体经济的本源，更好地满足实体经济多样化的金融需求，金融只有为实体经济服务才能实现自身持续健康发展。人力资源是第一生产力，是经济增长的重要源泉，当经济进入转型期，劳动力供求结构性矛盾就会更加突出，创新型、实用型、复合型人才紧缺，必须加大人力资源培育，从而为产业升级、实体经济发展提供支撑。

（二）重大意义

1. 构建协同发展的现代产业体系是河南建设现代化经济体系的必然要求

从外部环境来看，世界政治经济发展正面临着百年不遇的大变局，我国经济已由高速增长阶段转向高质量发展阶段，正处在转变发展方式、优化经济结构、转化增长动力的攻关期，建设现代化经济体系是跨越关口的迫切要求和战略目标。现代化经济体系是代表先进生产力发展方向、技术先进的经济体系，其要素及行为主体的主要特征是劳动者素质提高，科技、金融支撑能力强，建立了现代企业制度、现代大学制度、现代科研院所制度等，也就是要有实体经济、科技创新、现代金融、人才资源等经济支柱和关键要素支撑。目前，科技创新能力仍然是制约河南经济转型升级的短板，对实体经济发展的支撑力度不足，科技成果转化率低。同时，随着国家降准、降息等一系列政策措施的出台，不少资金在金融体系内空转，导致脱实向虚的倾向日益凸显，河南实体经济运用金融发展成本较高。此外，由于河南人口基数的制约、软硬环境吸引力不足等原因，河南高层次人才数量不足，人才结构不合理，主要产业领域的领军人才严重缺乏，无法为河南实体经济的持续发展提供强劲动力。因此，构建协同发展的现代产业体系是河南建设现代经济体系的重要内容之一，是河南加快经济结构转型的迫切要求。

2. 构建协同发展的现代产业体系是推动河南实现高质量发展的根本要求

中共十九大报告中指出，当前我国社会主要矛盾已经转化为人民日益增长的美好生活需要和不平衡、不充分的发展之间的矛盾，大众对产品和服务的需求已经从数量型需求转向质量型需求，需求结构加快升级。在生产力视角下，产业是经济体系的基础和内核，实现高质量发展就要协调、配置各种资源要素，形成适应技术进步和产业升级的协同发展的产业体系。目前，在河南的经济结构中，实体经济中低端产能过剩和高端产能不足同时并存，科技创新对实体经济转型升级支持不足，"旧金融"不能适应"新动能"发展要求，劳动力供给结构性矛盾突出，实体经济与科技创新、金融发展、人力资源之间缺乏协同性，不能促进河南经济的高质量发展。构建协同发展的现代化产业体系，有利于河南顺应消费需求新趋势，发展新技术、新产业、新业态，提高要素质量，优化配置结构，发挥科技创新、现代金融、人力资本等生产要素协同促进实体经济增长的作用，使经济发展真正建立在依靠技术进步、资本配置优化和劳动者素质提高的轨道上，推动河南实现高质量发展。

3. 构建协同发展的现代产业体系是河南实现全面小康的迫切要求

中共十八大以来，河南坚持发挥优势，打好"四张牌"，着力转变经济发展方式、优化经济结构、转变增长动力，经济总量多年稳居全国第五位，正在由经济大省向经济强省跃进。河南已经是经济大省，但是存在"大而不强"的问题，人口多、底子薄、基础弱的基本省情仍然没有改变，科技创新能力弱、发展方式滞后、高层次人才不足的矛盾仍然比较突出，尤其是进入新常态以来，随着人口红利逐步消失，劳动力成本上升，资源约束趋近，投资效益系数不断走低，依托资源和要素投入的增长方式已经不再适用，传统发展方式不可持续，转变发展动力，推动经济由效率驱动替代要素驱动最终实现创新驱动迫在眉睫。河南实现全面小康，离不开实体经济的快速发展，也依赖于科技、资本、人力资源三要素的质量与效益。只有加快构建协同发展的现代化产业体系，充分发挥科技创新、现代金融、人力资本的独特作用，补齐发展短板，才能为产业升级、实现经济高质量发展提供持续驱动力，才能为河南实现全面小康打下坚实的物质基础。

二、河南构建协同发展的现代产业体系的基础与条件

（一）实体经济日益壮大

进入新常态以来，河南全省上下坚持以新发展理念为指引，大力推进供给侧结构性改革，着力发挥优势打好"四张牌"，扎实推进"三大攻坚战"，坚持"三个同步""三个高于"的总体目标，将发展实体经济作为主攻方向，经济总体保持总体平稳、稳中有进、稳中提质的运行态势。2017 年，河南

全省地区生产总值达到 44988.16 亿元，稳居中部第一，增速为 7.8%，高于全国平均水平 0.9 个百分点；居民人均可支配收入 20170.03 元，比上年增长 9.4%，增速高于地区 GDP 1.6 个百分点；规模以上工业增加值比上年增长 8.0%，高于全国 1.4 个百分点；第三产业增加值对地区 GDP 增长的贡献率为 48.4%，高于第二产业 2.8 个百分点；五大主导产业增加值增长 12.1%，高于全省规模以上工业 4.1 个百分点，占工业比重为 44.6%，战略性新兴产业增长 12.1%，高于全省规模以上工业增速 4.1 个百分点；煤炭行业去产能目标顺利完成，22 家"地条钢"企业全部拆除到位，淘汰 94 家企业的 127 条生产线，生铁、电解铝等产量同比继续下降，"三去一降一补"有序推进。由此可见，河南实体经济发展迅速，结构持续优化，在经济大局中的中流砥柱作用没有改变，正在向质量更好、效益更高的阶段转化。

（二）科技创新活力强劲

随着多年的发展，科技创新与产业变革的深度融合已经成为国际发展潮流，科技创新在经济社会发展中发挥了越来越大的作用。就河南而言，依托郑洛新国家自主创新示范区，河南深入实施创新驱动战略，加大科技创新投入，注重引进创新型企业，培育创新引领型人才，建成了一批重大创新平台，2017 年新设立院士工作站 41 家，新增国家双创示范基地等国家级创新创业孵化载体 54 家、国家级创新平台数量达 151 家，在水下机器人等核心技术领域处于领先水平，中心商务区被批准为国家级创新创业示范基地。但是，目前科技创新与实体经济仍不协同，这主要表现在科技创新成果的转化率较低，不能对实体经济形成足够的支撑作用，不能满足人民日益增长的多层次、多样化、高品质的消费需求，造成低端产能过剩与高端供给不足的同时存在。也就是说，目前高水平的科技供给与河南经济转型升级的需求不相适应，科技创新与实体经济"两张皮"的现象依然突出。

（三）现代金融

近年来，随着国家出台降准降息等一系列政策措施，货币资本比较充足，大量资金流向房地产或在金融系统内空转，"脱实向虚"倾向凸显，实体经济中新兴产业和中小企业"融资难、融资贵"的问题突出，资金需求得不到满足，导致金融服务实体经济能力不强，实体经济转型升级得不到金融供给的有效支持。针对经济运行中的问题，河南深化金融改革，积极推进金融去杠杆，促进工、农、中、建、交、兴业六家银行与河南的企业达成总规模 1500 亿元的债转股协议，推动金融机构与豫北金铅、金龙铜管、豫联集团、神火集团等企业合作，实现转型发展，发展普惠金融，引导金融机构扩大对中小微企业和"三农"的信贷规模，金融支持实体经济力度不断加大。2017 年前 11 个月，河南省社会融资规模增量 6617.3 亿元，同比增加 458.9 亿元，居中部第二位，占全国社会融资规模增量的 3.6%。其中，对实体经济发放本外币贷款增量 5278.4 亿元，同比增加 331.2 亿元，占社会融资规模增量的 79.8%，高于全国平均水平 7.3% 个百分点。

（四）人力资源

河南是全国重要的人口大省，河南经济多年的快速增长离不开人口红利的支撑。然而，进入新常态以来，依靠资源、人口的粗放型发展模式难以为继，振兴实体经济需要大力实施创新驱动战略。创新驱动的实质是人才驱动，科技创新、现代金融都需要高端人才作为支撑，人口"数量红利"转向"质量红利"是河南建设现代化经济体系的必然要求，实体经济转型升级的核心力量必然是构建在人才队伍基础之上的。2017 年，河南省人才需求总量为 167.71 万人，求人倍数为 1.13，人力资源需求大于供给。在所有求职者中，高学历人才比重稳步上升，本科学历占比 34.92%，较上年上升 4.42 个百分点；硕士及博士人才占比为 5.18%，较上年上升 2.78 个百分点。仍需看到，河南的人才供需结构性矛盾突出，科研队伍大而不强，缺乏高精尖人才，并且高端人才大量流向金融行业，对以制造业为重点的实体经济支撑较少。

三、主要任务与对策建议

在新的历史方位下，河南构建现代产业体系的关键是全面贯彻新发展理念，围绕建设现代化经济体系的战略部署，通过供给侧结构性改革和政策创新，以发展实体经济为着力点，将科技创新、现代金融、人力资源融入实体经济发展的每一个环节，形成有效组合，协同推进实体经济的发展，不断增强河南经济创新力和竞争力，为决胜全面小康、开启河南全面建设社会主义现代化新征程打下坚实的物质基础。

（一）主要任务

1. 振兴实体经济

以供给侧结构性改革为重点，以提高供给体系质量为主攻方向，将发展经济的着力点放到实体经济上，提升实体经济水平。一是要将先进制造业作为现代产业体系的主攻方向，加快实施"中国制造2025"河南行动，大力推广智能制造生产模式，谋划和推进一批规模大、科技含量高、带动能力强、具有支撑和引领作用的产业。二是要将发展现代服务业作为建设现代产业体系的战略支撑，大力发展现代物流业、信息服务业、金融保险业、文化旅游业、健康养老及家庭服务业、商贸餐饮及房地产服务业，打造区域性乃至全国性的综合服务平台，将河南打造成为丝绸之路经济带现代物流核心区、国际知名的文化旅游消费核心区和科技与信息相结合的现代金融中心。三是要以"互联网+"为构建现代产业体系的动力源泉，推动互联网经济与实体经济的深度融合，借助云计算、大数据、物联网等新一代信息技术改造提升传统产业，再造生产组织方式，重塑发展新动能，培育战略性新兴产业，激发微观主体活力。

2. 科技创新引领实体经济转型升级

深入实施创新驱动战略，以郑洛新国家自主创新示范区为突破口，推动重大科技创新取得新进展，以开放式创新和内生式发展引领实体经济转型升级。一方面，深化科研体制机制改革创新，完善基础研究体制机制，包括科技成果处置权和收益权制度，充分调动高等院校和科研单位的积极性，鼓励科研人员突破原始创新的"最后一公里"，形成有利于技术创新和成果转移转化的制度环境；另一方面，强化重点领域关键环节的技术研发，提高产业自主创新能力，加大对于基础研究与核心技术的攻关力度，促进新技术、新产品、新业态与新模式的融合创新，鼓励产学研与企业有机结合，同时以技术创新促进传统产业改造提升，推广促进节能减排和优化升级新技术的大范围应用，推动传统产业向价值链高端攀升。

3. 将金融"活水"合理引导向实体经济

深化金融体制改革，大力发展现代金融，提高直接融资比重和"金融豫军"服务实体经济的能力和水平，促进实体经济生产要素的自由流动和优化配置，强化实体经济输血功能。一是要根据实体经济的发展需要，加快壮大"金融豫军"，补齐河南资本市场发展不足的短板，为河南打赢"四大攻坚战"、推进"三区一群"建设、完成"三去一降一补"重点任务提供金融支撑。二是要优化信贷结构，改变金融业"脱虚向实"的趋势，在税收上面对向实体经济的资本收益实行低税率，对房地产等投机资本收益实行高税率，加大对河南主导产业、新兴产业等方面的支持力度。三是要推动金融业态创新，发展普惠金融，破除中小微企业、农业农村农民的融资困境，发展科技金融，促进科技资源与金融资源有机结合的新机制，实现资源优化配置，发展绿色金融，加大对于循环经济的金融支持力度，发展航空金融，拓展境外融资渠道，创新航空港、陆港的基础设施建设融资、抵押融资等金融产品。

4. 以创新型人才扶持实体经济

深化教育改革，发挥人力资源优势，提升人才培养质量，将人口优势转化为人力资源和人才优势，充分发挥人才在构建现代产业体系中的主观能动性。一是要提升人才培养质量，高度重视基础教育、高等教育、职业教育、特殊教育等教育事业，支持河南高校一流大学和一流学科建设，培育具备国际视野和创新精神的企业家、跨学科知识的复合型人才，满足实体经济对多层次人才的需求。二是要加强人才队伍建设，根据产业需要和发展需要，以更加开放、更加有效的人才政策培育高水平的创新型人才团队，进一步探索选人、引人、用人、留人新机制，优化人才评价机制和服务保障体系。三是改善就业质量，鼓励青年群体多渠道就业创业，提升劳动技能，建设知识型、技能型、创新型劳动大军，激发和保护企业家精神，全面提高人才供给体系质量。

（二）对策建议

1. 处理好实体经济与虚拟经济的关系

实体经济与虚拟经济是对立统一的关系。实体经济是国民经济的根基，是虚拟经济的价值基础，对于河南的经济持续发展、提供就业岗位、改善人民生活都有重要的意义。虚拟经济以实体经济的存在为基础，与实体经济保持合适的规模比例时，可以促进实体经济的正常运转和快速发展，优化资源配置，分散经营风险，但如果发展过度则会导致经济泡沫，从而加大经济运行的不确定性和风险，形成泡沫经济，限制实体经济的发展。因此，在构建现代产业体系的过程中，一方面，要将着力点放到实体经济上，按照经济发展质量变革、效率变革、动力变革的要求，大力推进现代企业制度，发展高新技术产业，以技术产品化为特点、以市场需求为导向促进河南经济结构转型升级，为产业体系增创优势，增添动能；另一方面，要引导虚拟经济的健康适度发展，探索虚拟资本的新形势和虚拟资本交易的新技术，重点发展河南中小微企业、"三农"的金融服务，充分发挥虚拟经济对实体经济的助推作用，实现实体经济和虚拟经济的协调发展和良性循环。

2. 处理好扩大总量与提升质量的关系

经济发展既要重视"量"的扩大，又要重视"质"的提升。没有总量的扩大，经济实力就无从谈起，没有质量的提升，发展也难以为继。现代产业体系将着力点放到实体经济、科技创新、现代金融和人力资本上，凸显了质量第一、效益优先的发展原则，是在保持中高速增长的基础上，实现更高质量、更有效率、更加公平、更可持续的发展。一方面，要努力提高经济实力，突破思想观念束缚和传统发展路径，以新发展理念走转型升级、绿色发展、跨越提升新道路，以更大的气魄、更开放的思维开创新格局，不断提高经济的综合实力，构筑高端化产业体系，推动河南制造向河南创造、河南速度向河南质量、河南产品向河南品牌转变；另一方面，提高发展的平衡性、包容性和可持续性，增加公共服务供给，提高社会可承受能力，提高科技创新、现代金融和人力资源等高端生产要素对实体经济的促进作用，在中高速发展下实现结构质量效益的持续优化，做到减速不减势，减速不减效。

3. 处理好政府与市场的关系

市场与政府是互补关系，而非对立关系。在构建现代产业体系的过程中，既要有有效的市场，也要有有为的政府，既要划清政府与市场的边界，又要统筹把握有机结合，只有充分发挥市场在资源配置中的决定性作用和政府作用，才能实现产权有效激励、要素自由流动、价格反应灵活、竞争公平有序、企业优胜劣汰。一方面，要转变政府职能，创新宏观调控方式，通过实施负面清单对市场进行管理，运用积极的财政政策、稳健的货币政策以及投资、价格、产业等政策工具，通过事中事后监管、逆周期调节以及提供公共产品发挥作用；另一方面，要认识和遵循市场规律，正确把握价格在市场调节中的重要作用，实现资源的优化配置，避免政府对于企业的过多干预，切实保障市场在资源配置中的决定性作用。

参考文献

［1］张玉卓.加快建设协同发展的产业体系［N］.学习时报，2017–12–11.

［2］郝全洪.加快建设现代化产业体系［N］.学习时报，2017–12–04.

［3］刘志彪.理清六大关系，建立四位协同的现代产业体系［N］.新华日报，2018–01–03.

［4］赵昌文.加快建设协同发展的产业体系［J］.求是，2018（1）.

［5］河南省政府发展研究中心.贯彻新发展理念 建设河南现代化经济体系［N］.河南日报，2017–12–19.

（作者系河南省社会科学院经济研究所助理研究员）

打赢三大攻坚战

河南省打赢扶贫攻坚战的
金融扶贫策略研究

汪来喜　袁宵飞　易　坤

摘　要：改革开放 40 年来，我国农村扶贫工作取得了举世瞩目的成就。根据国务院扶贫办数据，仅 2017 年一年间，全国减少农村贫困人口 1289 万人，仅河南省带动服务建档立卡的贫困人口就超过 350 万人。河南省作为全国第一农业大省，在金融扶贫工作中有其特殊的难点和实现路径。河南省金融扶贫的难点主要表现在小额信贷机构信用风险大、金融机构扶贫成本高、农民参与度低等方面，因此，要想实现河南省的金融扶贫，需要进一步优化农村信用环境，同时降低金融机构的扶贫成本，调动金融机构和农民的参与积极性。

关键词：金融扶贫；河南省；实现路径

一、河南省金融扶贫的现状

当前，我国扶贫工作的基本要求是"精准扶贫"，金融扶贫也要求做到精准。这就需要金融机构掌握贫困县在扶贫产业、贫困户分布等方面一系列翔实的情况和数据。截至 2016 年末，河南省金融精准扶贫贷款余额达 632.6 亿元，同比增长 89.3%，累计带动服务贫困人口 131.8 万人，占全省贫困人口的 30.1%。2017 年末，金融扶贫贷款余额较年初新增 482.6 亿元，当年累计发放 884.4 亿元，比上年同期增加 392.7 亿元。与此同时，带动服务建档立卡贫困人口 351 万人。

2017 年 3 月，河南省政府将全省贫困程度最深的三门峡市卢氏县确定为"金融助推脱贫攻坚试验区"，并在全省 18 个地市，尤其是 53 个贫困县推广"卢氏经验"，制定 10 个细化的具体工作方案以切实把金融扶贫政策落到实处。

同时，河南省进一步完善了贫困地区信用体系的建设并提高其服务水平，贫困人口建档立卡调查率达到 100%。"普惠金融一网通"金融移动服务平台用户已达 30 万户，为后续金融扶贫工作建设奠定了良好的基础。

二、河南省金融扶贫的特点

（一）金融机构扶贫职能特色化

据调查显示，截至 2017 年 10 月末，河南省内农业贷款额高达 14669.43 亿元，大部分地区的涉农贷款发展趋势稳定，但济源与三门峡在一定程度上略有下降。而洛阳的涉农贷款增幅达到全省最高，增幅高于全省 7.16 个百分点。这个数据从一定程度上说明河南省金融扶贫力度之大，也体现出近年来河南省金融机构在扶贫职能上逐步出现特色化的差异，例如，中国农业发展银行河南分行在扶贫工作上主要倾向于农村地区公路、水利等基础设施建设项目的信贷及粮食收购信贷；工商银行则将扶贫工作的重心放到当地能力较强的信用度较高的农业大企业的信贷方面。中国邮储银行以及当地的农村信用社利用自身优势深入到扶贫地区，充分了解农民的需求，为农民提供更精确的信贷服务。不同的商业信贷机构使扶贫地区农民在可选择上更加多样化、便捷化，同时也更快地推进了金融扶贫进度。

（二）农业保险不断发展

近年来，河南省农业保险的发展步伐逐渐加快，保险产品革故鼎新。十年前，河南省首次开展农业保险试点工作，分别在洛阳市、三门峡市、偃师市、修武县设立试点，设立重点保险先行试点，将烟叶、肉鸡养殖和小麦保险设为基本保险种类，不断增加其他品种的商业保险种类，增加其多样化的特性，2016 年全年河南省的农业保险额突破 25 亿元大关，同比上年增幅 26 倍以上，赔款增幅 25 倍以上，这在一定程度上说明河南省农业保险行业的高速高效运行。2017 年，河南省调整农业保险保费补贴政策，一是服务种植业结构调整，二是支持肉牛、奶牛产业发展，三是促进公益林发展。该政策调整短期内对河南省农业保险规模有一定影响，长期而言，有助于河南省农业保险的转型升级。

（三）扶贫政策日趋精细

自 2016 年起，河南省不断制定出新的法律规程来规范河南全省范围内的金融扶贫工作的有效进行，例如，《河南银监局关于全省银行业加强金融精准扶贫打赢脱贫攻坚战的指导意见》（豫银监发〔2016〕44 号）、《河南银监局河南省扶贫办关于在全省银行业实行精准扶贫小额信贷分片包干责任制的通知》（豫银监发〔2016〕17 号）等文件。这些政策中要求当地政府不断完善贫困人口建档工作，简化农业贷款程序并降低农民所要承担的部分利息，同时督促政府财政和扶贫办的相互合作，从而进一步优化金融环境，推动金融扶贫工作有序进行。

三、河南省金融扶贫的难点

（一）小额信贷机构信用风险大

农村信用贷款所面临最大的难点就在于农民的整体素质水平较低且还款履行能力不高，这也就是信用风险。小额信用贷款所面临的风险程度较其他金融机构更大，因为其服务对象主要集中在金融扶贫工作中的贫困人员，这些贷款者还款能力较低，还款意愿不强，当不能及时还款时采用抵押担保或者不再享受到贷款服务就会出现恶意不还贷的情况。

目前，河南省内的信贷多采用多户联保的方式，虽然在某种程度上防范并化解了信贷风险问题，但伴随农村经济的发展，农户经营对信贷的需求进一步增加，农业贷款总额也在不断地增加，首要解决的问题就是，信用风险是否能逐渐降低，并且相关农业人员还款能力能否逐步提升，进而推动相关信贷机构及时、高效地为农民服务。

（二）金融机构扶贫成本高

金融扶贫是由国内有关金融机构承担的一项政策性贷款业务，这是一项国家政策，其性质不同于大多数金融机构赖以生存的商业盈利性质。相关金融机构很多基本的盈利操作和措施与金融扶贫政策都有所冲突，所以很多机构的扶贫积极性并不是很高。另外，金融扶贫工作的成本较高，难度较大。受限于经营范围等因素，地方金融机构金融扶贫的成本相对较高，存款规模也相对有限，资金期限也不稳定。扶贫对象的还款能力和还款整体环境导致这项工作的推进有一定的难度，且风险是与之并存的。因此，从金融机构角度来看，扶贫工作成本高、责任大、风险高、收益小，导致其参与积极性不高。

（三）农民参与积极性较低

由于金融扶贫的相关知识宣传不到位，农民认知水平普遍偏低，一些贫困户把金融扶贫当作一种救济，认为扶贫是一场"免费的午餐"。这导致不良贷款的概率增加，不仅极大地危害了农村小额信贷机构的正常运作，也大大挫伤了农民参与金融扶贫的积极性，导致分散金融扶贫风险的难度大幅增加，农民参与度更低。同时，农民认知水平偏低导致大部分扶贫目标人群无法准确识别风险。主要体现在以下两点：一是国家金融扶贫现阶段主要集中在生产脱贫，如果盲目地进行生产脱贫就会忽略农村庞大的人口基础以及农村人员参与金融业务程度并不高的问题，而且目前的征信系统并不完善，不能很好地满足扶贫需要。二是当地政府并没有精准的扶贫数据和相关人口的认定，这就不能保证扶贫工作的精准进行。

四、河南省金融扶贫的实现路径

（一）优化农村信用环境

农村贷款难、金融服务薄弱由来已久，农村信用体系建设缺失、信息不对称、农村金融生态不佳是重要原因之一。良好的信用环境对于金融行业和扶贫工作的有效进行是十分必要也是十分重要的，因此，对于农村信贷环境的进一步优化改进就成为现阶段河南省政府的首要任务，同时促进城乡经济一体化，不断推进金融扶贫工作有效进行。

参与河南省金融扶贫的相关部门应当结合当地实际情况，不断将诚信贷款理念、正确的金融消费观念灌输到农村信贷对象群体内，在不同的信贷机构之间建立不同的担保体系，切实解决农村信贷结构中信用较大的风险问题，做到优化农村信用环境，完善信用评价指标体系，开展包括贫困户在内的农户信用评级，评选信用村、信用乡镇，全面加强农村信用信息系统在全省的推广应用。

（二）降低金融机构的扶贫成本

目前，河南省由于农村人口多、地势分布不均、金融机构经营范围受限等原因，金融扶贫成本较高。河南省政府和当地政府应认真对待扶贫工作，制定出合理的投入体系，出台相关法律政策进一步减少金融机构的扶贫成本，在扶贫资金上应加大投入力度，调动金融机构的积极性。具体可从以下方面进行：第一，建立健全风险补偿机制，当发生恶意欠款不还款的行为时，政府风险补偿金和各个参与的金融机构会按照比例承担风险。第二，政府承担部分精准扶贫工作，实行贫困户认定包干制，降低金融机构工作难度。第三，政府与当地财政部门形成统一战线，共享信息和资源，进一步落实贫困户的贴息政策。

（三）调动农民参与的积极性

充分调动农民的参与积极性是金融扶贫工作的关键。河南省的金融扶贫工作可以从非农业活动入手，如运输、建筑、服务行业经营活动，再结合具有优势的农业产业，加大资金投入力度，为贫困农民提供灵活、小额、短期的贷款业务，专门开设为农民金融资金服务的绿色通道，最大程度调动农民参与金融扶贫的积极性。同时，应发动小额信贷机构大力支持扶贫工作，对单个生产经营贫困户严格落实国家小额扶贫贴息贷款政策，确保应贷尽贷；对带动力强的扶贫开发龙头企业创新推出无抵押、无担保信用贷款。推动上市公司发起设立扶贫产业基金，从而充分调动农民参与的积极性。

五、结　语

近年来，河南省紧跟全国精准扶贫的步伐，金融扶贫工作成效显著。截至 2017 年底，河南省扶贫贷款额 1162 亿元，同比增长 71%，扶贫再贷款余额 125.7 亿元，使用量居全国第三位。

面对日益增长的农村金融服务需求，为让农民享受到和城里人一样的现代金融服务，各金融机构应对接广大人民群众的需求，加快创新步伐，提升服务能力。针对现阶段金融扶贫风险较大、金融机构扶贫成本高、农民参与积极性较低等问题，未来金融扶贫任务艰巨。河南省金融系统必须大力推广"兰考经验""卢氏模式"，加大扶贫贷款投放力度，继续精准发力，充分优化农村信用环境，降低金融机构的扶贫成本，同时调动农民的参与积极性。继续针对深度贫困地区存在的金融基础设施相对薄弱、金融机构参与不均衡、风险分担机制不健全等问题，集中加大对深度贫困地区的金融支持。实现 110 万农村贫困人口稳定脱贫、19 个国定贫困县和 14 个省定贫困县脱贫摘帽，完成 6.29 万人易地搬迁安置点建设任务的宏伟目标。

参考文献

[1] 王铮.河南省金融"精准扶贫"的模式研究 [J].全国流通经济，2017 (14).

[2] 邢慧.金融支持精准扶贫的实践——以河南省为例 [J].江苏科技信息，2017 (8).

[3] 付先军，张延寒.金融扶贫模式的调查与思考 [J].华北金融，2012 (2).

（作者系河南工业大学粮食经济研究中心副教授、

金融学系主任、硕士生导师）

加快"金融豫军"全面崛起的制约因素与对策研究

刘昱洋

摘 要："金融豫军"的兴起、快速成长、全面崛起有其时代的必然性，对"金融豫军"的发展之路进行梳理，能够为地方金融业发展提供借鉴。"金融豫军"的发展之路可以分为三个阶段：探索萌芽阶段（1978~2013年）、快速成军阶段（2014~2015年）和全面崛起阶段（2016年至今）。加快"金融豫军"全面崛起存在四个方面的制约因素：金融规模普遍偏小，整体结构不够协调；金融产品创新能力欠缺，市场份额亟待大力提升；公司治理不规范，管理水平有待提高；大数据人才缺口大，金融高级管理人才匮乏。加快"金融豫军"全面崛起需要积极壮大规模，打造优势互补的产融结合生态圈；大力加强金融创新，积极拓展市场份额；完善公司治理，加强风险管控；"培育""引进"双管齐下，积极实施人才发展战略。

关键词：金融豫军；金融产品创新；风险管控

金融是现代经济的核心，金融服务实体经济的能力是解决我国经济发展"不平衡、不充分"问题的关键因素。改革开放40年来，河南金融业为河南经济社会发展做出了巨大贡献，在金融业的支持和带动下，经济长期保持增速高于全国平均水平的良好发展势头，河南地方生产总值多年稳居全国第

五、中西部第一，城乡居民储蓄额由 1978 年的 9.81 亿元增加到 2017 年的 32279.05 亿元，城镇化率由 1978 年的 13.6%增加到 2017 年的 50.16%，人民群众物质文化生活水平大幅提升，全省综合实力显著增强，已经从一个农业生产落后、工业基础薄弱、经济僵化的欠发达省份发展成为全国重要的经济大省、农产品加工大省、新兴工业大省、有影响的文化大省以及综合交通枢纽和物流发展高地。近些年，"金融豫军"更是异军突起，无论是经营业绩、影响力、服务实体经济的能力、创新能力，还是行业的排名，"金融豫军"在国内甚至全球都已经有了一席之地。河南省委、省政府历来高度重视金融的发展，《2015 年河南省政府工作报告》首次使用"金融豫军"这一概念，提出要推动"金融豫军"协同服务地方发展。在《中共河南省委关于制定河南省国民经济和社会发展第十三个五年规划的建议》中，则进一步提出要加快"金融豫军"全面崛起。"金融豫军"的发展壮大对于河南加快建设经济强省、打造"三个高地"、实现"三大提升"，对于决胜全面建成小康社会、开启新时代全面建设社会主义现代化新征程具有十分重要的意义。还应该看到的是，河南金融规模相对较小，综合实力还不够雄厚，"金融豫军"在加快全面崛起的进程中还存在不少制约因素，本文在认真梳理"金融豫军"的发展过程、分析制约因素的基础上，提出相应的政策建议，以期能对河南金融业的发展有所裨益。

一、"金融豫军"的发展之路梳理

"金融豫军"的兴起、快速成长、全面崛起有其时代的必然性，对"金融豫军"的发展之路进行梳理，能够为地方金融业发展提供借鉴，同时，也能够为加快"金融豫军"的全面崛起厘清来龙去脉、提供有益的发展思路。本文认为"金融豫军"的发展之路可以分为三个阶段，分述如下：

（一）探索萌芽阶段（1978~2013 年）

"金融豫军"概念有广义和狭义之分，广义的"金融豫军"指整个河南省的金融业机构和组织，狭义的"金融豫军"则指河南省的地方法人金融机构。"金融豫军"概念的产生与内涵界定是从广义走向狭义的一个过程，也是河南省本土金融业伴随着改革开放不断发展壮大、独立成军、全面崛起的过程。2014 年之前的"金融豫军",一般是广义上的概念,这个时段河南省固有的金融基础薄弱,本土金融机构长期存在规模小、竞争力不强、制度不健全的突出问题,没有一家省级法人银行。从经济证券化程度到资金需求来源,河南同样缺乏多样的金融手段来进行调控,即便是已经发展多年的本土金融业,"小而分散、大而不强"的现状也造成了产品研发能力不强、金融人才短缺等问题。河南金融业对经济的贡献度较低,金融业增加值占 GDP 的比重与全国平均水平相比,还有不小的差距,2013 年河南金融业增加值 1181.77 亿元,占全省 GDP 的比重仅为 3.68%,低于全国平均水平 3.24 个百分点。省内资本市场层次单一,股票市场内部发育不平衡,债券市场和中长期信贷市场的发展明显滞后,金融资产质量不高,金融生态环境亟待改善,中小企业贷款难严重、贷款增速较低、贷款投向集中度高,风险监测和管理压力大。

作为经济总量第五的大省,河南的金融业越来越成为全省经济社会发展的短板,中原崛起、河南振兴迫切需要快速提升金融业的品质,大力发展金融业,这成为全省上下逐渐形成的共识。2013 年 4 月 28 日,省政府办公厅印发了《2013 年河南省金融工作专项方案的通知》,部署引进金融机构、农村金融改革试验区建设、地方金融机构体制机制改革等促进金融业发展事宜。随后,《河南省金融生态环境建设评价办法》等一系列文件相继出台,经过多年的艰苦探索,"金融豫军"开始萌芽,重构河南金融版图的大幕徐徐拉开。

(二)快速成军阶段(2014~2015 年)

对于 2014 年起及之后的"金融豫军",本文定义为狭义的"金融豫军",即专指河南省的地方法人金融机构,并在下文中进行探讨。得益于河南省委省政府的精心谋划和高度重视、全省人民的共同努力、相关机构管理人员的大力支持等,"金融豫军"在 2014 年、2015 年这两年里成长迅速,一个"多兵种"、高质量的金融军团快速组建。

2014 年 6 月 25 日,河南唯一本土法人券商中原证券在中国香港联交所主板上市,成为国内第四家在港上市的券商,打开了河南省沟通境外资本市场的新通道。2014 年 12 月，开封商业银行、安阳银行、商丘银行、新乡银行、濮阳银行、许昌银行、漯河银行、三门峡银行、南阳银行、信阳银行、鹤壁银行、周口银行、驻马店银行 13 家地方性商业银行合并重组为中原银行，这一当时国内城商行最大规模的合并重组使得河南首家省级法人银行在中原大地上横空出世。2014 年 12 月 30 日，由洛阳银行作为主发起人，联合第一拖拉机股份有限公司、洛阳中冶重工机械有限公司、江苏乾融集团有限公司共同发起设立的洛银金融租赁股份有限公司正式成立，填补了河南省一直以来没有金融租赁类非银行金融机构的空白。2015 年 4 月 15 日，中原航空港产业投资基金管理有限公司成立，该公司是河南首个国字号产业投资基金以及基金管理公司，标志着河南省创新投融资机制取得了重大突破，对于健全金融机构体系，拓展全方位融资渠道，完善金融服务功能，加快郑州航空港经济综合试验区建设等具有重要意义。2015 年 9 月 8 日，河南省首家保险法人机构——中原农业保险股份有限公司举行揭牌仪式，其主营业务是农业保险和涉农商业保险，这为农业大省的河南，在面对农业灾害时，提供了更加广泛而多元的保险产品可供选择。2015 年 9 月 16 日，由河南省政府批准设立的省内唯一一家区域股权交易市场——中原股权交易中心正式开业，为企业股权、债券的转让和融资服务打开了渠道。2015 年 10 月 18 日，参与批量金融不良资产处置和经营的地方资产管理公司——中原资产管理有限公司在郑州揭牌，该公司是全国第 16 家经银监会和财政部备案的地方资产管理公司，它的成立，结束了河南省没有本土金融资产管理公司的历史。2015 年 12 月 23 日，郑州银行在中国香港联交所主板上市，成为河南省首家登陆中国香港资本市场的地方法人银行机构，为郑州国际化区域金融中心的打造再添新动力。

（三）全面崛起阶段（2016 年至今）

在粮食生产核心区、中原经济区、郑州航空港经济综合试验区三大国家战略规划的基础上，2016 年，中国（郑州）跨境电子商务综合试验区、郑洛新国家自主创新示范区、中国（河南）自由贸易试验区、国家大数据（河南）综合试验区等纷纷在河南落地。沐浴着国家战略叠加的春风，"金融豫军"在"十三五"开局之年迎来了续写辉煌的机遇和荣光，开始进入全面崛起阶段。

2016 年 3 月 11 日，河南省农业信贷担保有限责任公司获批成立，是河南省国有独资政策性担保机构，首期注册资本 18 亿元，成为地方金融业稳定和繁荣发展的有力支撑。2016 年 5 月 6 日，中原航空融资租赁股份有限公司成立，是河南省首家致力于航空产业发展的综合性融资租赁公司，也是中原资产作为"金融豫军"与各股东单位围绕省委、省政府重大发展战略的主动开拓，公司通过航空金融支撑国家战略实施，助力全省金融业向纵深发展。2016 年 12 月 30 日，河南中原消费金融股份有限公司揭牌开业，标志着消费金融公司这种新型的非银行金融机构形式在河南省实现了零的突破，该公司的设立对于完善河南金融服务体系、促进金融产品创新、壮大"金融豫军"队伍具有重要意义。2017 年 1 月 3 日，中原证券股份有限公司 A 股成功在上海证券交易所挂牌上市，成为全国证券行业第 8 家"A+H"，即中国内地和中国香港两地上市券商之一，也是河南省首家实现两地上市的金融企业。在全球银行业权威杂志英国《银行家》(*The Banker*) 公布的 2017 年全球银行 1000 强榜单中（一级资本排名），"金融豫军"的三家银行——中原银行、郑州银行、洛阳银行强势入围前 500 强（见表 1）。

表 1　"金融豫军"三家银行入围 2017 年全球银行 500 强（一级资本排名）

名称 \ 项目	全球 1000 家大银行排名	126 家中资银行排名	一级资本（亿美元）
中原银行	227	35	49.69
郑州银行	322	47	30.66
洛阳银行	411	61	22.01

资料来源：Danielle Myles. Top 1000 World Banks 2017 [J]. The Banker，2017 (7).

随着 2017 年 7 月 19 日中原银行登陆港交所，"金融豫军"的"三驾马车"（中原银行、中原证券、郑州银行）成功会师中国香港，"金融豫军"在国际资本市场上展现新姿。中原信托作为"金融豫军"的代表之一，2017 年交出了优异的成绩单，截至 2017 年末，中原信托累计管理信托财产 6632 亿元，按时足额交付到期信托财产 4699 亿元，累计向客户分配信托收益 577 亿元，实现自主开发类信托项目信托本金、收益足额交付率 100%。2018 年 2 月 6 日，中原航空融资租赁股份有限公司再传喜讯，该公司在中国香港成功发行 1.42 亿美元境外高级无抵押债券，开创了河南省内融资租赁公司境外发债的先河。

目前，全面崛起的"金融豫军"已经成长为涵盖银行、证券、保险、期货、信托、租赁等各类金融业"军种"的完整"作战"体系，在服务社会民生和河南省委、省政府重点工作方面立下了汗马功劳，以普惠金融理念为核心的金融扶贫走在全国前列，无论是供给侧结构性改革、国企改革领域，还是"三区一群"国家战略领域，等等，都有"金融豫军"在精耕细作，发挥着举足轻重的作用。

二、加快"金融豫军"全面崛起的制约因素

"金融豫军"从默默无闻到声名显赫，一路走来，为河南经济社会发展做出了突出贡献，受到全省上下的高度重视，加快"金融豫军"全面崛起是众望所归，但是，在实际进程中还存在着以下制约因素，需要认真研究和对待。

（一）金融规模普遍偏小，整体结构不够协调

"金融豫军"的金融规模尽管在近些年来有了大幅提升，但是横向对比的话，还是普遍偏小，就拿银行业的领军企业中原银行来讲，按英国《银行家》2017 年 7 月公布的数据，中原银行一级资本只有 49.69 亿美元，不足安徽省同样是城商行的徽商银行的一级资本（75.69 亿美元）的 2/3，不足民生银行一级资本的 1/10；拿中原银行的总资产（623.12 亿美元）来讲，排名更是靠后，只有徽商银行总资产（1086.01 亿美元）的 57.38%，只有民生银行总资产（8483.28 亿美元）的 7.35%。证券商业的领军企业中原证券 2016 年营业收入在全国 129 家券商中排名第 45 名，落在了长江证券（湖北）、国元证券（安徽）、山西证券（山西）之后，2017 年末中原证券总资产 406.61 亿元，是长江证券总资产（1112.48 亿元）的 36.55%、国元证券总资产（796.79 亿元）的 51.03%、山西证券总资产（516.51 亿元）的 78.72%，不足全国排名第一的中信证券总资产（6255.75 亿元）的 1/15。2015 年数据显示，河南金融从业人员人均经营金融资产仅排在第 14 位，金

融营业网点平均经营金融资产排名也落后于东部沿海省份。"金融豫军"的整体结构不协调，目前经营类型集中，仍然以银行为主，不利于"金融豫军"的全面崛起，譬如全省证券业法人机构仅有 3 家，不但弱于东部沿海省份，在中部 6 省中也相对落后，尤其是河南坐拥全国三大商品期货交易所之一的郑州商品交易所，期货公司却只有 2 家，而全国共有 149 家。

（二）金融产品创新能力欠缺，市场份额亟待大力提升

2018 年以来，金融业面临更加错综复杂的国内外环境，金融改革不断走向深入，"金融豫军"运行面临的风险压力加大，迫切需要在原有业务的基础上加强金融产品创新，以提升客户满意度、增强抗风险能力，但是，由于普遍囿于传统经营理念的束缚，很多"金融豫军"的领导者怀有"不求有功、但求无过"的"次好"心态，怕新产品的创新和投放一旦失败会打破好不容易得来的发展势头，不愿意投入足够的资金、时间和精力，多数企业缺少一套行之有效的激励保障机制、管理机制和营销机制，加之创新设施不足、创新素养贫乏等，使得企业的金融产品创新能力欠缺。金融产品创新能力欠缺也表现为一些金融机构推出的创新品种明显带有主观臆断的痕迹，盲目推出一些缺少市场及客户需求的金融品种，白白浪费了时间和金钱。金融产品创新能力欠缺使得经营与往日相比难以有大的起色，必然影响到企业的市场份额。当今金融业竞争日趋激烈，"金融豫军"四围的"掠食者"虎视眈眈，以图"逐鹿中原"，例如，淘宝、京东等正在抢滩农村金融市场，"京农贷"就是针对当前农村信贷的一款颇受欢迎的新型信贷产品。"金融豫军"的经营如逆水行舟，不进则退，亟待采取有效的措施使市场份额能得到大力提升，有效的产品创新就是一个提高市场份额的良好途径。产品创新往往不是单打独斗就能完成的，需要团队协同作战，甚至不同单位联合起来共同攻关。"金融豫军"整体上虽然快速成长，实力也是大幅提升，但是很多企业相互之间还缺少有效的、广泛的沟通和协作，企业缺乏横向联合创新的机制设计，企业整合外部创新资源（包括系统供应商、独立研发机构、客户等）的能力和经验也不足，使得金融产品创新起来难度很大。

（三）公司治理不规范，管理水平有待提高

"金融豫军"中很多组成单位的股权结构不合理，股东参与公司治理的积极性不高，难以对管理层形成有效制衡，企业在不同程度上存在着产权不清、委托代理关系不规范的现象，监事会的职责定位多数不够清晰、履职乏力、监督作用发挥不充分，"三会"（董事会或理事会、监事会、股东大会）相互制约机制发挥不理想。与国有大型商业银行、国有大型保险企业等相比，"金融豫军"的很多单位规章缺乏全面性、系统性、科学性，对一些业务经营存在监控盲区，有些规章制度已不适于业务发展需要，需重新修订，在新业务开发推广或新的管理模式推行时，没有及时制定配套的规章制度。与驻豫金融机构相比，"金融豫军"在河南创始和成长，很少有全国经营的经验，人力资源结构参差不齐，管理水平整体上不够高，缺乏现代化的风控机制，同时，对外联系也不如全国性的金融机构，这也就导致本土金融机构相对闭塞，机制不够灵活，管理效果受到影响。另外，企业普遍差异化竞争能力不足，而差异化发展是"金融豫军"参与市场竞争的有效选择，也是管理水平的良好体现，目前"金融豫军"还不能充分发挥本土特色优势，还不能依靠差异化竞争能力使利润有突飞猛进的提高，情况有待进一步改善。

（四）大数据人才缺口大，金融高级管理人才匮乏

金融业是现代社会标志性产业，现代社会信息化高度发达，作为现代经济"血液"的金融已经完美地与现代经济社会发展融为一体。当前，大数据应用越来越广泛，颠覆着传统思维和经营管理模式，不断推出新技术、新产品和新体验，也带来了网络拥堵、数据失真、隐私泄露等问题和隐患。金融业的发展急需具备数据分析、数据挖掘、机器学习、组织建模解决问题等能力的大数据人才和具有雄厚的金融理论知识和实际操作技能、组织管理能力、风险驾驭能力等的金融高级管理人才，而这两种人才正是"金融豫军"所缺乏的，是加快"金融豫军"全面崛起的制约因素。规模不够大、地理位置远离北上广、品牌吸引力不足、资金投入有限等，是"金融豫军"这两种人才缺乏的一方面原因，另一方面是河南整体上来讲培育和吸引大数据人才、金融高级管理人才的能力还不够强，主要表现在一是河南信息化水平整

体上偏低，2017 年全国信息社会指数（ISI）达到 0.4749，河南只有 0.3972，位居全国第 28 位，中部地区倒数第 1 位；2017 年全国信息经济指数为 0.4112，河南只有 0.3251，只有全国水平的 79.06%，位居全国第 27 位，也是中部地区倒数第 1 位。二是金融人才队伍建设滞后，培育高级金融人才的高校和院所匮乏，河南仅有一所 211 院校，没有一所 985 高校，而且河南所有高校中只有一所拥有金融专业博士学位授予点，这除了难以满足河南省金融业发展的需要外，也不利于吸引未来的高级金融人才来河南深造。

三、加快"金融豫军"全面崛起的几点对策

金融长期以来都是河南社会经济发展的短板，实现中原崛起、河南振兴，关键是做好地方金融工作，而"金融豫军"是河南地方金融事业发展的金字招牌和旗帜，加快"金融豫军"全面崛起符合时代的要求，顺应历史的潮流。因此，针对上文中"金融豫军"发展的制约因素，提出以下四点政策建议。

（一）积极壮大规模，打造优势互补的产融结合生态圈

一是做大做强城市商业银行。五家城商行要进一步扩大省内网点覆盖面，深耕本地市场；要积极通过兼并重组进入保险、担保、基金等领域，不断丰富业务模式，努力实现全牌照、多元化发展。二是大力发展农村中小银行。加快农信社改制步伐，提高改制质量。引导民间资本参股农商行和村镇银行，积极探索利益分享机制。三是加快发展河南地方保险机构，特别是本地寿险公司，积极探索建立运营安全稳健、产品形态多样、服务领域较广、专业能力较强、持续适度盈利、经营诚信规范的商业养老保险体系。四是规范发展类金融机构。探索和加强类金融机构制度建设，规范融资担保公司、金融租赁公司、小额贷款公司等类金融机构的发展。五是大力推进企业境内外上市、挂牌、发行债券，支持上市公司再融资，鼓励企业利用资本市场资源，拓宽直接融资渠道，提高融资效率；完善中原股权交易中心服务中小微企业的功能；全面推进 PPP 项目资产证券化。六是积极培育综合性的大型金融控股集团，通过投资、控股设立新的金融机构，积极探索建立民间资本

与产业发展对接平台，发挥优势互补作用，拓宽"金融豫军"服务实体经济的领域，通过打造产融结合生态圈，进一步巩固"金融豫军"的发展根基，增强发展实力。

（二）大力加强金融创新，积极拓展市场份额

创新是第一动力，"金融豫军"要全面崛起，离不开创新引领，通过创新，赢得更多顾客，占有更多市场份额，从而为经济社会做出更多贡献。政府部门既要鼓励创新，又要积极加强创新基础设施建设。要加快郑州云计算数据中心和中原云大数据系统建设，通过项目资助或设立专项经费的形式，鼓励金融机构研发部门、高等院校、科研院所加大金融研发力度，推动"金融豫军"设立研发中心，吸引国有商业银行或股份制金融机构在河南设立研发中心。"金融豫军"要全面强化创新意识，注重从国外和国内其他省份学习先进的创新发展经验，加大对创新设备、人员、产品等的投入力度。积极促进科技和金融有效融合，完善科技金融融合的风险分担机制，形成多元化、多层次、多渠道的科技投融资体系。要充分借助于金融科技，稳步发展第三方支付、股权众筹、P2P、互联网理财、私募基金等新兴金融业态。积极推进绿色金融、普惠金融等产品的创新，加强银企、银证、银保、银信等多金融业态的战略合作，联合研发组合型金融产品。推进中原证券和郑州商品交易所等机构金融产品和理念创新，尤其是要加强对期货新交易品种开设的探索，尽快推进尿素期货上市，积极探索恢复开展芝麻、玉米、花生仁等更接河南地气期货品种的申请事宜。

（三）完善公司治理，加强风险管控

按照现代企业制度要求，理顺不合理的股权结构，厘清暧昧不明的产权，积极引导股东参与公司治理的积极性，扩大监事职责范围，制定严格的公司章程，完善并强化公司的监督治理机制。要进一步完善地方金融监管体系，明确省、市、县（区）三级政府的监管主体地位，日常监管工作可委托各级金融办处理。为实现中央和地方金融监管的无缝对接，地方金融监管的范围应明确为"一行三局"监管之外的范畴。在监管方式上，应采取机构监管和功能监管相结合的方式，要按规模大小，对金融机构进行分类监管。监

管主体应尽快制定地方金融监管条例，建立部门联动、分级管理的地方金融风险预警机制，完善地方金融风险处置机制。"金融豫军"自身要建立一整套系统的金融风险防控体系，切实将提高安全意识等工作落到实处，不断提高金融决策科学化水平。单位管理人员除了要积极学习金融专业的相关知识外，还要积极融入信息化社会中，不断充实大数据、物联网、云计算等最新信息科技知识，提高现代企业管理素养。要加强单位网络安全等基础设施的投入力度，定期聘请专家学者对公司员工做加强安全知识和技能的培训讲座。设置大数据人才工作岗位，使公司网络安全等事宜能够及时得到有效处理。

(四)"培育""引进"双管齐下，积极实施人才发展战略

人才是第一资源，"金融豫军"要想在强手如林的金融界全面崛起，必须有人才的强力支撑。要积极实施人才发展战略，建立人才培育和引进相结合的人才管理模式，重点培育和引进大数据人才和金融高级管理人才。要鼓励和支持建立多层次的大数据专业、金融专业人才培育体系。鼓励有实力的高校申报开办大数据专业，大力支持高校申报金融专业博士学位授予点。积极支持在河南高等院校合理设置大数据、金融相关专业课程，合理开设数据计算智能、数据清洗、数据分析导论、Hadoop 大数据平台基础、大数据管理技术、非结构化大数据分析、互联网金融、航空金融、离岸金融、供应链金融、商品期货等特色课程。"金融豫军"要积极联络高等院校、研究机构，聘请大数据专家、金融专家，定期对本单位人员进行相关知识培训，提升人员的经营管理素质。完善引进大数据人才、金融高级管理人才的激励机制和薪酬机制，健全人才服务体系，制定和落实入驻高端人才在业务开展、子女入学、住房保障、医疗保健等方面有吸引力的相关配套政策，适当引进一批国际顶尖大数据人才、金融人才来河南发展。"金融豫军"单位之间的大数据人才和金融高级管理人才要加强沟通和交流，实时开展联合攻关等活动，促进产业集聚发展，增强外部经济性。

参考文献

[1] 刘战国，张齐，张凯等.实施龙头带动和集群化战略　着力打造"金融豫军"十大集群[J].决策探索（下半月），2018（1）.

［2］中国人民银行货币政策分析小组.中国区域金融运行报告（2017）［R］.北京：中国人民银行，2017-08-04.

［3］河南省统计局，国家统计局河南调查总队.2017年河南省国民经济和社会发展统计公报［EB/OL］.［2018-02-28］.http：//www.ha.stats.gov.cn/sitesources/hntj/page_pc/tjfw/tjgb/qstjgb/articlead6e17ff1d804bd4ad2859d99f02d284.html.

［4］中华人民共和国国家统计局.中华人民共和国2017年国民经济和社会发展统计公报［EB/OL］.［2018-02-28］.http：//www.stats.gov.cn/tjsj/zxfb/201802/t20180228_1585631.html.

［5］陈轶丽.加快河南地方法人金融机构发展的对策建议［J］.北方金融，2017（11）.

［6］彭俊杰.开辟"金融豫军"服务实体经济"新蓝海"［N］.河南日报，2015-10-16.

［7］郑健.农村信用社内控机制存在的问题与改进措施［J］.现代经济信息，2014（20）.

［8］杨亚涛.金融豫军支持地方经济发展的路径研究［D］.郑州：河南财经政法大学硕士学位论文，2017.

［9］石涛.推动"金融豫军"协同服务地方发展［N］.河南日报，2015-03-04.

［10］宋雨卿，李越.大数据时代下企业组织人才引进变革的思考［J］.人力资源管理，2017（11）.

［11］张凯.稳固壮大"金融豫军"的路径思考［N］.河南日报，2017-08-25.

［12］国家信息中心信息化和产业发展部.2017全球、中国信息社会发展报告［R］.北京：国家信息中心，2017-12-26.

［13］张锐，林宪斋.河南改革开放30年［M］.郑州：河南人民出版社，2008.

（作者系河南省社会科学院区域经济研究中心副研究员、
《区域经济评论》杂志社副社长）

河南省防范化解重大金融风险的
总体思路和政策建议

刘战国　张　凯　张　齐　王命禹

摘　要： "安而不忘危，存而不忘亡，治而不忘乱。"中共十九大报告要求，要坚决打好防范化解重大风险、精准脱贫、污染防治三大攻坚战；中央经济工作会议再次强调，打好防范化解重大风险攻坚战，重点是防控金融风险。从现在到 2020 年全面建成小康社会，可能是我国发展面临的各方面风险不断积累甚至集中显露的时期，必须增强风险防控意识，筑牢安全防线。习近平强调，我们必须把防风险摆在突出位置，"图之于未萌，虑之于未有"，力争不出现重大风险或在出现重大风险时扛得住、过得去。

关键词： 金融风险；总体思路；对策建议；河南省

中共十九大宣示了中国特色社会主义进入了新时代，河南新一轮崛起进入了新时代，河南金融稳定发展也进入了新时代。具体到河南省而言，河南省要深入贯彻中央指导思想，深入分析河南省主要金融风险领域及成因，坚持"主动防范、系统应对、标本兼治、守住底线"的总体思路，加快处置突出风险点，提升监管能力，补足监管短板和空白，深化金融机构改革，建立覆盖金融、实体、政府、居民的风险防范政策体系，使宏观杠杆率得到有效控制，金融结构适应性提高，金融服务实体经济能力增强，守住不发生系统性风险的底线。

一、国家重大金融风险的现状

金融是国家重要的核心竞争力，金融安全是国家安全的重要组成部分。随着我国经济发展进入新常态，经济增速下降、新旧产业转型，我国金融风险逐步显现，过热的房地产行业及相关不良贷款、地方政府债务违约风险、资本外逃、人民币贬值压力、互联网金融违约事件频发等问题，对整个金融系统的流动性造成极大压力，其中任一风险的爆发都可能危及整个金融系统的稳定性。习近平指出："总体看，我国金融形势是良好的，金融风险是可控的。同时，在国际国内经济下行压力因素综合影响下，我国金融发展面临不少风险和挑战。在经济全球化深入发展的今天，金融危机外溢性凸显，国际金融风险点仍然不少。一些国家的货币政策和财政政策调整形成的风险外溢效应，有可能对我国金融安全形成外部冲击。"因此，要把防控金融风险放到更加重要的位置，下决心处置一批风险点，着力防控资产泡沫，提高和改进监管能力，确保不发生系统性金融风险。

（一）我国重大金融风险现状不容乐观

1. 我国宏观经济转型期是金融风险多发期

我国经济发展已由高速增长阶段转向高质量发展阶段，开启了一次广度、深度都超过以往的新一轮经济转型。在这一进程中，原有的发展方式、经济结构、增长动力等平衡关系被打破，随着国内经济增长速度、结构、动力都发生明显变化，各类潜在的风险逐步暴露。第一，经济金融经过上一轮扩张期后，进入下行"清算"期，经济增速换挡使存量风险显性化，地方政府性债务、国有企业高负债、房地产和金融系统集聚的潜在风险逐步暴露。第二，经济转型期意味着经济体处于经济技术长周期的末端，依托成熟技术扩张获取规模效应的空间明显收窄，实体经济出现结构性失衡和产能过剩，产业利润率大幅下降，资金因追逐利润而"脱实向虚"，催生金融业过度繁荣和房地产泡沫，形成实体经济结构性供需失衡、金融和实体经济失衡、房地产和实体经济失衡等重大经济结构性失衡，增大了经济金融风险的关联性和复杂性。第三，经济转型背景下，宏观逆周期调控能力不足、金融监管不适应，也加剧了金融风险的集聚。总体而言，由于经济金融周期性因素、结构性因素和体制性因素的叠加共振，金融风险成为最主要的风险。

2. 宏观杠杆率居高不下是金融风险的源头

宏观杠杆率居高不下是金融风险的集中体现。杠杆率作为衡量债务风险的宏观指标，指国民经济各部门债务与 GDP 之比，即杠杆率=债务余额/GDP。按照债务余额统计宽口径，涵盖政府、居民、金融企业、非金融企业和海外五部类，而小口径仅涵盖政府、居民和非金融企业，即非金融部类口径，也就是常用的宏观杠杆率指标。

宏观杠杆率主要反映实体经济各部门的债务规模和债务可持续性，把宏观杠杆率（非金融部门债务/GDP）分解成（非金融部门债务/投资×投资/GDP），第一项反映出投资资金来源结构，比值越大则说明金融结构中银行信贷融资即间接融资所占比重越高。第二项反映出"投资回报率"，即增量资本产出率（ICOR），数值越高说明资本投资回报率低，实际上讲的就是杠杆率分母的再生能力弱，会进一步推高宏观杠杆率。因此，我国宏观杠杆率居高不下，不仅反映出我国实体经济部门杠杆率高、债务重、增长快，金融部门资金空转、乱加杠杆、脱实向虚等问题，也反映出我国实体经济深层次结构失衡问题，包括资本投资回报率持续放缓、投资资金来源结构以间接融资为主，债务结构、储蓄率结构不合理等矛盾，后者是导致杠杆率居高不下的深层次原因，是金融风险的诱导因素。

（二）我国微观部门层面杠杆率偏高，警示风险临界点临近

杠杆分为实体杠杆和金融杠杆两方面，按照国际上通用的杠杆率统计方法，对政府部门、居民部门、金融部门、企业部门、社会部门五类国民经济社会核心部门的杠杆率情况、风险情况和相互之间的风险传导机制进行梳理。具体为：

1. 居民部门：杠杆率近年快速上升，已无继续加杠杆的空间

经济转型期我国居民部门最大的风险源来自人口结构的变化。2012~2016 年，全国劳动年龄人口累计减少 1796 万人，人口抚养比因劳动年龄人口减少和人口老龄化而明显提高。实证分析表明，储蓄率与抚养比呈逆向变

化关系。随着人口抚养比的上升，我国高储蓄率向下调整，并直接引致投资率的下降，进而影响到潜在增长率。同时，人口结构变化特别是人口老龄化，还将加大养老和医疗保障的压力，影响到政府债务的可持续性，使风险释放的压力增大。

从居民部门杠杆率看，我国居民部门负债水平较低，但增长非常快，主要负债是住房消费贷款。根据国际清算银行数据（BIS），截至 2017 年 6 月，中国居民部门杠杆率为 46.8%，相较于 2008 年末的 17.9%上升了 1.6 倍，加杠杆速度远超其他经济体。根据国家金融发展实验室（NIFD）测算，居民部门负债端对应的主要是住房贷款，但短期消费贷款在 2017 年也快速上升，主要是用作购房的首付款，或居民借消费贷款来平滑日常支出，可见居民继续加杠杆已不可持续。而房贷增速上行与 GDP 增速下行、储蓄率下行相互叠加，房价大幅下跌已成为居民部门的最大风险，这将使居民部门的资产负债表严重恶化。

2. 企业部门：杠杆增速最快，违约风险和流动性风险迅速上升

经济转型期往往表现为企业部门传统竞争优势减弱，投资边际收益下降，亟待培育新优势，若产业转型升级不畅，收益率持续走低，企业偿债能力将显著下降。在预算软约束和金融监管不力的情况下，企业部门往往通过借新还旧并累积债务的方式维系经营运转，形成低收益和高杠杆相互强化的资产负债表扩张。

企业部门杠杆率高且增速较快，是我国宏观杠杆率攀升的主要原因。2016 年，我国企业部门杠杆率为 166.3%，远高于新兴市场平均 106%和发达国家平均 89%的水平。从内部结构看，国有企业债务约占企业部门的 2/3，杠杆率和增速都明显高于民营企业。企业杠杆率持续攀升表明，企业的生产效率和偿付能力在大幅下降。在经济下行期，企业的偿付能力风险和流动性风险将迅速上升，企业杠杆率过高必然会增大风险释放压力。

3. 金融部门：影子银行快速崛起，面临资产质量下降和流动性风险

居民和企业部门积累的风险，都会以提高债务杠杆率的方式向金融部门转移，金融部门债务规模迅速膨胀。对于本就高杠杆运作的金融部门而言，转型期的盈利压力使其进一步推高金融部门杠杆率，从而累积流动性风险和信用风险。

金融部门的风险，既表现为银行表内业务的资产质量下降、银行不良率和关注类贷款比重上升、拨备覆盖率下降，也表现为表外业务和非银行金融机构的快速膨胀。根据央行发布的《中国金融稳定报告2017》，截至2016年末，银行业金融机构表外业务（含托管资产表外部分）余额为253.52万亿元，表外资产规模相当于同期表内资产规模的109.16%，表外业务中发展最快的理财业务存在期限错配风险，而非银行金融机构的资金主要来自于同业业务，一旦遇到风吹草动，可能将面临来自商业银行的挤提压力，这都会加大金融部门的信用风险和流动性风险。

4. 政府部门：隐性债务数量庞大，不当担保可能导致风险敞口急剧扩大

我国政府部门显性债务规模占GDP的比重并不高，但增长较快，2008~2016年由27.1%提高到46.4%。若考虑隐性债务，政府部门债务规模扩张明显加快，且近年来地方政府债务特别是隐性债务增长较快，有研究报告估算，已超过政府显性债务规模。除债务之外，政府部门还以隐性担保的方式，对居民、企业和金融部门承担着"或有债务"。对于居民部门，政府部门不仅承担着对其存款等的或有债务，还承担着弥补养老金缺口的或有债务。对于企业部门，政府部门既有对国有企业和大型民营企业的隐性担保，也有可能为维持僵尸企业运营而产生或有负债。对于金融部门，可能发生的危机救助成本是政府部门的或有负债。总体使得经济体风险敞口急剧扩大。

5. 社会部门：金融风险的释放将引发社会风险

若经济部门的风险超过临界值，可能使社会风险进一步集聚。比如，居民部门的房地产等资产泡沫风险，将使居民财富缩水、违约爆发；企业部门债务高企可能诱发大规模失业风险；金融部门挤兑风险将可能诱发群体性事件。与此同时，政府部门债务风险将制约其化解社会风险的能力。

通过对各部门的风险情况和风险传导机制分析，可以发现：各部门间经济联系和交互作用的日益深化，经济金融风险的交互性、传染性和网络化特征日趋明显。各部门通过债权债务、投资权益和隐性担保，相互关联已经形成复杂的网络系统，并通过期限错配、资本错配找到风险的传递、转移路径。经济部门风险一旦超过临界值，就有可能加快社会风险的爆发。

二、当前河南省面临的主要金融风险亦不容乐观

当前，河南省金融风险总体可控，主要金融风险点、杠杆率、风险传导机制和全国基本一致，省域特点明显。随着经济增速可能持续放缓、主要经济变量关系深刻调整、金融市场潜在波动、经济金融关系强化等因素，河南省金融领域面临不少风险和挑战。

（一）企业债务风险处置压力大

2016 年末，河南省实体经济杠杆率为 123.2%，非金融企业债务总量为 3.55 万亿元，占债务总量的 68.3%，存量债务较高，偿债利息增量大，国有企业债务占比大，风险处置压力大。

1. 产能出清不畅、国企债务风险严峻

河南省产业结构落后，高质量发展不足。大量的工业企业中，战略性新兴产业占比只有 12.1%，大量传统行业充斥大量低端无效的供给，带来大量的落后产能，只能依靠"借新还旧"甚至"借新还息"维持经营，集聚的风险越来越重。部分产品没有竞争力、财务不可持续、资不抵债的"僵尸企业"不能有序实现市场退出，造成非金融企业部门债务积累、难以消化，并扭曲信用定价体系、降低资金使用效率。

随着 2018 年河南省债券市场逐步进入集中兑付周期，叠加上年国内利率上行压力，部分行业和企业偿债压力较大，特别是"三煤一钢"等国有工业企业杠杆率较高、信用风险较大，前期项目债务本息的兑付压力和后续融资难度进一步加大。一旦个别企业出现债券违约、兑付违约问题，在经营状况没有彻底改观的情况下，流动性风险在短期和局部甚至可能加剧，进而引发连环债务违约、互保圈和跨市场的风险传递，有可能引发区域性债务风险。

2. 投资效率下降、偿债能力下降

河南省经济增长主要靠投资拉动，新经济、新动能培育不足，在经济转型过程中，过去投资增长较快的重化工业部门产能过剩问题凸显，投资效率大幅下降，2017 年全省生产总值 44988.16 亿元，固定资产投资 43890.36 亿

元，2016年增量资本产出率（ICOR）为8.9，高于全国平均值2.7。由于河南省创新能力和核心技术研发能力不足，投资环境不优，随着各种生产要素成本的不断提高，传统制造业和重化工业经营成本趋于上升，经济效益将继续走低，偿债能力下降，风险会不断积累暴露。

（二）金融领域风险叠加

1. 金融机构资产质量恶化风险

近年来，受宏观环境影响，河南省金融机构资产负债表脆弱性增加。截至2017年第四季度，全省商业银行不良贷款余额为978.81亿元，比年初减少86.69亿元，不良贷款率为2.30%，比年初减少0.57%，高于全国0.56%；关注类贷款1209.76亿元，比年初增加131.14亿元，占比2.92%，比年初上升0.02个百分点，虽然整体有所下降，但依然保持高位。作为资源型工业和重工业占比高、农业比重大的省份，在经济下行、产业结构调整和转型升级的宏观经济背景下，随着"三去一降一补"政策的推进和落实，河南省未来不良贷款反弹压力较大，资产质量恶化及信用风险需要关注。

（1）重点领域风险较为突出，不良贷款主要集中在批发零售业、制造业、农林牧渔业等领域，不良贷款余额占全省的八成。2017年全年新发生小微企业不良贷款95亿元，占全省新发生对公不良贷款的近七成。

（2）个别银行机构和地区不良贷款风险较大。2017年末，全省农信社不良贷款占比为3.02%，从地区分布看，账面不良贷款率在10%~30%的有29家，个别机构已接近50%；账面资本充足率低于8%的机构有25家，账面资本充足率低于2%的机构有14家；周口、商丘商业银行不良率超过5%。

（3）担保圈风险持续集聚。截至2017年6月末，全省银行业涉及担保圈的3478户企业贷款余额合计为3241.16亿元，其中不良贷款余额136.91亿元、不良贷款率4.22%，分别较第一季度末增加8.12亿元和上升0.06个百分点，担保圈风险承压较大。

2. 中小金融机构风险上升

河南省本土金融机构实力相对薄弱，在当前金融去杠杆背景下，金融机构负债端压力明显增大，流动性不断收缩，尤其是农商行、农信社、村镇银行等部分中小银行和非银行金融机构经营风险明显增大。

（1）不良资产及负债依赖程度较高，过度依赖同业资金等不稳定、成本高的批发性融资，同业负债占比超过30%，资金来源渠道狭窄，潜在流动性风险较高。

（2）部分机构期限错配程度较高，"以短博长"，滚动发行短期融资产品，投向久期长、信用低、收益高的低等级信用产品，"时点性""间歇性""流动性"紧张局面仍可能发生。

（3）应急管理能力较低，流动性压力测试流于形式，流动性管理手段和工具不能适应资产负债结构的新变化。

3. "影子银行"风险是当前金融风险的重要推手

"影子银行"是金融杠杆率快速抬升、金融空转虚耗、脱实向虚的主要推手，也是当前金融去杠杆的主要对象。和全国一样，河南省"影子银行"也存在总规模底数不清、运作模式复杂、跨行业跨市场传递等问题；在期限错配、信用转换、杠杆叠加方面存在较多问题，资金运用不透明、规模不确定、种类不确定、监管机构不确定，"影子银行"风险隐患不容忽视。在金融去杠杆背景下，"影子银行"已全面收紧，但要高度重视"影子银行"改换头目、较大存量的业务风险；同时要评估"影子银行"业务收紧对地方政府投融资平台、房地产可能造成的次生风险。

4. 非法集资等违法犯罪风险高位运行

目前全省防范和处置非法集资工作依然面临严峻形势和艰巨任务。

（1）非法集资存量大，新发案件扩散蔓延的趋势没有得到根本遏制。截至2017年底，全省存量案件2116起，由于涉案人员多、地域跨度大、取证任务重、资产处置难等因素，案件积累较为严重。此外，还有761家高风险企业有待化解处置。部分区域、行业新立案件同比增加，商贸、投资、企业咨询管理、担保、房地产、制造业六个行业仍然是非法集资的重点高发行业，非法集资有向农村蔓延的现象。

（2）各种违法违规手段花样翻新。部分民间借贷有发展为非法集资的倾向，非法P2P互联网金融、ICO、虚拟货币成为非法集资新的重灾区，且往往是跨区域操作，处置难度大。部分未经省政府批准的地方交易场所风险管理弱，侵害投资人利益，监管难度大，影响社会稳定。

（3）信访维稳压力较大，易形成社会风险。全省非法集资案件参与人数115万人，跨案件、跨行业、跨区域串联信访趋势明显；易诱发群体性问题和非法暴力恶性事件。

（三）房地产领域存在"灰犀牛"风险隐患

"灰犀牛"这一概念是由美国学者、古根海姆学者奖得主米歇尔·渥克于2013年1月在达沃斯全球论坛上提出的，根据他所著的《灰犀牛：如何应对大概率危机》一书，"黑天鹅"比喻小概率而影响巨大的事件，而"灰犀牛"则比喻大概率且影响巨大的潜在危机。从历史经验看，金融危机往往与房地产泡沫破裂相伴，目前房地产泡沫在我国明显具有"灰犀牛"风险的症状，必须对此保持高度警惕。当前，河南省房地产市场呈现稳中趋缓态势，但是考虑到房地产周期、市场预期、资金供给、收入水平、房价水平等因素，河南省房地产领域风险不容忽视。

1. 关注房地产区域结构性过剩，避免市场大幅波动

近两年"去库存"效果明显，2017年全省商品房销售面积增长17.8%，同时房屋新开工面积同比下降7.1%，商品住宅待售面积比上年末减少21%，房地产库存在逐步消化。但与此同时，全省房地产市场区域明显分化，截至2017年底，全省108个县中，有18个县房地产库存消化周期在12个月以上，要根据省内不同城市的人口流动情况和房地产库存消化周期，实施分类调控，采取有保有压的土地供应，避免房地产市场供给侧大的波动。对省内四五线城市，考虑到人口长期流出的态势，以及今后几年仍是住房面积竣工的高峰期，要密切关注结构性过剩风险。

同时，房地产业与全省固定资产投资、财政收入、人民生活等紧密相关，和经济、金融的关系十分密切，一旦房地产再次出现下行周期，对全省经济运行、财政、民生都会产生较大影响，应密切关注房地产市场变化，防止大起大落。

2. 房地产存在泡沫倾向

从房价收入比看，2017年全省商品住宅销售均价估算为5114元/平方米，各地市城区商品住宅价格约为5700元，城镇居民家庭人均可支配收入29557.86元，考虑到城镇居民主要以城区住宅为购买对象，以三口之家购买

100平方米的商品住宅计算，房价收入比估算为6.3，郑州房价收入比超过14，房价收入比整体已偏高，且数值高于2017年同期。近两年房价的上涨也使大量资金流向房地产，加大了房地产市场泡沫，催生了房地产市场风险和居民债务风险。

据相关数据统计，近年来每轮房价的上涨都伴随着居民债务的快速增加，且居民债务约70%为房屋贷款。2017年，全省地市主城区商品住宅均价上涨幅度（19%）超过了全省居民人均可支配收入增幅（9.4%），考虑到2018年银行利率上行的趋势，不仅使居民举债成本大幅增加，也增加了利息支出，挤压居民债务偿还能力。

3. 房地产金融化的风险

房地产呈现较强的金融属性，与银行、信托、基金资管、担保和小贷、互联网金融、民间借贷等有着千丝万缕的关系，个别企业个别领域的风险点容易引起连锁反应，形成区域性风险的诱因。

（1）房地产领域贷款集中度较高。截至2017年6月，全省房地产领域贷款余额突破1.1万亿元，占贷款总量的近30%，新增贷款占全部新增贷款的近40%，集中度风险较高。包括银行信贷在内的大量资金通过银行理财投资、资金信托等通道违规流入房地产市场，向房地产等领域违规提供融资10.5亿元，增加了房地产金融风险。

（2）不排除资金链断裂引发连锁反应，形成区域性风险。当前，部分房地产企业和个人对房地产市场增长的预期过高，资金链绷得过紧，采用非常规、高成本的方式提高杠杆，随着地产调控和金融去杠杆的加强，房地产融资渠道收缩，尤其是中小房企资金成本明显上升，部分房企和居民存在流动性和信用风险，当前要密切关注中小房企和中小金融机构捆绑风险。

（3）房地产企业违约风险上升。截至2017年6月末，全省房地产行业不良贷款、关注贷款分别比年初增加2.14亿元和1.45亿元，且风险逐步扩散，其上下游行业贷款不良率有所上升，房地产金融化很可能将风险转移到银行等金融机构，导致金融机构资产质量恶化。

（四）政府债务风险上升

截至2016年末，河南省各级政府债务余额合计5524.9亿元，政府债务率约为 79.27%，稍低于全国地方政府债务率 80.5% 的水平，政府债务风险总体可控，但是存在的问题和风险需要关注。

1. 变相债务或隐性债务数额庞大

如对国企、大型民企提供隐性担保，借道融资平台举债、伪 PPP、政府投资基金放大杠杆、明股实债、违规扩大政府购买服务范围和期限等各种形式变相举债，在监管未穿透的情况下很难准确查清具体规模。以政府融资平台为例，河南省银行机构，尤其是股份制银行和省内城商行通过委托贷款、资管计划等通道业务为地方政府投融资平台贷款，债务在 10000 亿元以上。在部分 PPP 入库项目中，银行成为地方政府 PPP 融资的主要承担方，银行真正贷款比例占到 90% 以上，积累了大量的隐性债务。

2. 财政金融风险相互转化

专项建设基金大规模投放可能成为政府债务新的隐患。2015 年以来开展的债务置换降低了短期流动性风险，但并未真正消除债务风险，新发行的地方政府债券并未全额用于置换地方政府存量金融债务，反而形成了新增债务，进一步加大了地方政府杠杆率。

3. 潜在流动性和资产变现能力不足的风险

一方面，地方政府大多将资金投入到回报率很低或者几乎没有的基础设施建设上，项目收益无法覆盖债务本息，缺少稳定经营性现金流，且偿债压力大；另一方面，在地方政府资产构成中，非金融资产占有较大比例，较具流动性的资产很难覆盖所有的政府负债。

4. 密切关注养老负担等财政支出风险

2017 年末，河南省 65 岁以上人口达 974.08 万人，占总人口的 10.19%，人口老龄化程度不断加深。人社部 2016 年编制的《中国社会保险发展年度报告》显示，2016 年河南省企业养老保险基金累计结余为 969 亿元，仅够支付月数为 12.2 个月，远低于全国平均 17.2 个月的水平。由于养老金待遇的连年增长，2016 年河南省省级社会保险收支已出现 23.4 亿元的缺口。在人口老龄化和养老金待遇的刚性增长的叠加作用下，河南省财政养老金当期支付压力不断增大。城镇职工基本养老保险个人账户多年"空账"运行，走向名义账户制改革已基本明朗。目前，我国城镇职工养老保险的个人账户记账利率为 8.31%，在名义账户制下利率越高则个人账户里的钱就越多，但空账是制度的负债，空账的增加使制度的负债率不断增大，若无积极的制度性安排，政府未来将面对巨大养老金支付风险。尽管有划转国有资本充斥社会保障基金等方式，但由于产业重组、处置不良资产、安置下岗职工需要大量增加投入的存在，加之部分地方政府追求政绩，盲目扩大覆盖面，以及大量流动人口未来养老的问题，偿还既有债务和新增债务的压力增大，风险水平明显上升。

总体来看，河南省经济社会各部门之间交互作用的日益深化，形成相互关联的复杂网络系统，易形成风险传递转移路径。必须坚持底线思维，主动防范、系统应对、标本兼治，积极防范化解金融风险。

三、河南省防范化解重大金融风险的总体思路和政策建议

中共十九大宣示了中国特色社会主义进入了新时代，河南新一轮崛起进入了新时代，河南金融稳定发展也进入了新时代。新时代要有新气象、新作为，激励着我们以新思想提升新境界，以新理念破解新难题。在金融风险防控工作实践中，我们凝练出需要长期坚持的三条工作方法：

第一，构建大安全格局是前提。金融是国之重器，金融安全事关经济社会发展大局。做好金融风险防控工作，绝不单是金融系统的独角戏，社会各界俱是剧中人。我们要牢固树立金融大安全观，摒弃"一亩三分地"思维，从历史维度和战略全局认识把控金融风险，强化忧患意识，动员各方力量，穿透风险形态，事半功倍地处置化解。

第二，服务实体经济是根本。金融是实体经济的血脉，为实体经济服务是金融的天职，只有回归本源，把服务实体经济作为出发点和落脚点，才能从根本上杜绝金融空转和自娱自乐，釜底抽薪整治风险。我们致力于推动质量变革、效率变革、动力变革，加大对重点领域和薄弱环节的金融支持力度，通过金融服务的转型升级打通发展不平衡、不充分的凝结堵点，实现经济金融发展从高规模速度向高质量提升转变。

第三，坚持综合治理是关键。金融风险点多面广，隐蔽性、复杂性、突发性、传染性都很强，头痛医头、脚痛医脚的工作方式不仅难以实现短期治

标，而且也无法做到长期治本。我们坚持广泛联系、永恒发展的观点，遵循问题导向、目标导向、效果导向，抓体制、抓认识、抓过程、抓纪律，群防综治、系统施策，步履坚实防控金融风险。

我们清醒地认识到，风险意识淡薄是最大的风险，必须把金融风险防控工作作为一项持久战、细致活，针对河南省实际提出以下解决对策。

（一）深化供给侧结构性改革，推动实体经济高质量发展

河南省实体经济杠杆率攀升的根源在于实体经济结构性失衡，主要表现在有效供给不足、产能过剩，微观主体经营效益恶化，投资回报率显著下降。要降低实体经济部门杠杆率，除了上述降低各微观主体杠杆率的举措以外，还需要提高各微观主体的资产收益率，增强内生动力。

建设现代化经济体系，以供给侧结构性改革为主线，推动经济发展质量变革、效率变革、动力变革，积极培育新经济、新技术、新产业、新业态，跨越转变发展方式、优化经济结构、转换增长动力的关口，使发展迈上更高质量、更有效率、更加公平、更可持续的新台阶；改善投资环境和营商环境，减少投资风险，吸引更多的投资，提升投资回报率。

金融要加大对实体经济的支持力度，服务于供给侧结构性改革，创新金融产品，引导过剩产能出清，促进传统产能升级，扶持新兴产业成长，培育经济增长点。

加大对重点领域和薄弱环节的支持。创新财政、担保、抵押等方式，支持银行等金融机构在经济下行期为准公益性产业和基础设施提供中长期融资。建立普惠金融体系，要以惠民为导向，支持小微企业、"三农"和扶贫事业。开发更多满足群众医疗、养老、教育培训等方面需求的金融产品。支持国家重大战略实施，满足重点建设项目资金需求。发展完善科技金融，支持创新创业，发展绿色金融。

（二）坚定深化金融改革，补齐金融风险化解能力不足的短板

1. 深化"金融豫军"公司治理改革

推进金融机构公司治理改革，完善股权结构，落实经营自主权和风险责任；建立激励和约束机制，避免短期化行为，推动金融机构真实披露和及时

处理风险资产；完善风险管理框架，强化风险内控机制建设；加强外部市场约束，提高会计、审计等机构自律性、公正性和专业化水平。

2. 推进省内地方金融机构改革

加快完成县级联社、县级农商行和市级农商行的组建工作；由于2017年底《商业银行股权管理暂行办法》对商业银行"参二控一"的限制，可以借鉴城商行经验和成都农商银行、广州农商银行等发展经验，由中原证券、中原资产等骨干机构控股参股组建郑州、洛阳农商银行，为农商行多元化改制发展探路。设立覆盖全省的政策性担保、再担保体系。进一步明确省级担保、再担保机构的政策性定位，介于全省政策性担保体系缺失，县级以下基本没有代偿能力，建议由省中小企业担保集团整合市、县级财政出资的融资担保机构资源，增强资本实力，积极构建完善股权和再担保业务的纽带，提高融资担保机构的信用水平、服务能力和风险防控水平，不断提升全省融资担保体系的整体效能。做强河南省地方资产管理公司，形成不良资产经营、投资与资产管理、综合金融服务三大核心业务板块，支持与辖市政府合作设立合资公司，构建省市县三级不良资产处置网络和金融服务网络体系。加强社会信用体系建设。加强金融信用信息基础数据库建设，大力发展河南省征信机构和信用评级机构。加强区域股权市场建设，完善股权托管功能，为中小微企业股权质押贷款融资提供支撑，拓展融资渠道，提高直接融资能力。

（三）积极稳妥防范处置突出风险点

各部门风险必须形成机理和传导机制，根据不同阶段、不同部门风险集聚的特点，围绕保持杠杆率稳定和流动性适中为原则，突出重点、循序渐进，解决突出风险点，保证金融体系稳定，防止发生系统性区域性风险。

1. 坚持金融去杠杆，严密防范和处置各类金融风险

随着金融去杠杆、金融监管的深入推进，银行机构的资产端、负债端和业务端面临较大调整压力，要密切关注和防范银行机构流动性和信用风险。严密防范流动性风险。加强和改善宏观审慎管理，引导河南省商业银行加强流动性和资产负债管理，逐一排查流动性高风险机构，实行"一对一"盯防。对于金融机构隐含的流动性风险，政府有关部门要完善重点企业债券发行备案、监测、预警机制，实时关注发债企业的资金运营情况，对可能出现

的偿债风险进行动态监测预警。综合运用定向降准动态调整、常备借贷便利、再贴现、再贷款等央行货币政策工具，提高中小金融机构、涉农金融机构的资金实力。有效防范化解银行信用风险。督促银行业完善全面风险管理框架，综合采取批量转让、债转股等多种手段，处置和盘活不良贷款。研究出台联合授信管理办法，重点防范过度授信和多头授信，降低国有企业和其他大型集团企业债务比率。做好银行间债券市场债务融资工具监测，统筹做好债券兑付安排。发挥债权人委员会作用，依法维护金融债券，防范道德风险和逃废债行为。着力防范影子银行业务风险。加大对银行理财、信托计划、资管计划等监管力度，落实穿透原则，控制业务增量，消化存量风险，切实规范交叉金融业务。强化金融机构防范风险的主体责任。金融机构要落实风险防控主体责任，完善内控体系，强化资本管理和偿付能力管理，优化公司治理结构，建立科学合理薪酬制度和金融机构风险责任事后追偿制度，确保业务全流程合规运行。

2. 有效防范房地产泡沫引发金融风险

加强住房信贷管理，严格限制信贷资金用于投资投机性购房，防止信贷资金过度向房地产领域集中。严禁"首付贷"、严控"二次抵押贷款"，坚决打击房地产领域非法集资活动。更加重视从供给侧着眼，科学规划、科学调控，按照房地产库存情况来决定供地速度，保持房地产库存和地价维持在合理水平，保持住房供给总体稳定，供给结构合理。

3. 防范地方政府债务过快上升引发违约风险

规范地方政府举债行为。严格限定地方政府举债程序和资金用途，坚决制止"明股实债"等变相举债，将市县政府债务纳入政绩考核，加强全口径政府债务监测管理。破除债务财政兜底的预期，严格督察问责各类违规行为。建立风险预警机制，根据综合财力，严格控制下级政府举债上限，科学运用债务率、负债率、偿债率、逾期债务率等指标，对各级政府债务风险进行动态监管。全面规范地方融资平台融资行为。全面厘清地方政府融资担保。政府不得干预平台融资行为，不得将公益性资产及土地储备注入平台。政府不得以借贷资金出资设立各类投资基金。严禁利用 PPP 等方式违法违规变相举债，不得承诺回购社会资本方的投资本金和最低收益。推动融资平台市场化改制，实现可持续经营。建立现代企业制度，吸引社会资本和战略投资者，逐步改制为股权多元的控股投资公司。试点国有资本和股权择优委托管理运营，积极开展市场化资本运营。要树立经营理念，通过产业配套、产科融结合等方式，通过经营城市的土地、设施、环境或特殊经营，整合资源、盘活资产，积累建设基金，进军战略新兴产业发展。

4.重点防范企业债务风险，加快处置企业债务

按照"一企一策"方针，确定稳贷、增贷、减贷、重组方案，支持优质企业，帮扶困难企业，有序退出"僵尸企业"。鼓励银行业主动释放信用违约风险，加快不良贷款核销和处置进度，鼓励银行业金融机构与资产管理公司创新合作处置模式，重点加大煤炭、钢铁企业不良资产转让力度，开展市场化、法治化债转股，重点扶持河南省煤炭、钢铁等支柱性企业。采取差别化信贷政策，不简单抽贷、停贷、断贷，采取联合授信或银团贷款模式，通过分类支持、降息续贷、推动重组、压缩退出等措施，避免企业出现极端流动性问题。支持符合条件的企业发债，扩大不良资产证券化试点范围，提升不良资产处置效率。创新金融产品、建立风险对冲机制，防止企业债务担保链条断裂引发大面积风险传递。深入推进国有企业改革，激发国企活力。实体经济去杠杆的重点是国有企业，要抢抓 2017 年经济回暖和大宗商品上涨的窗口期，以混合所有制为突破口，以提高核心竞争力和资源配置效率为目标，推进国有企业形成有效制衡的公司法人治理结构和灵活高效的市场化经营机制。引入战略投资者，积极布局高端创新产业，提升效益。

(四) 大力整顿规范金融秩序

1. *严厉打击非法金融活动，加强金融生态环境建设*

坚决取缔非法金融机构，一般工商登记注册企业一律不得从事或变相从事法定金融业务。严禁金融机构、媒体、网络平台等为非法金融活动提供便利。依法维护金融机构债权，严厉打击恶意逃废金融债权行为。

2. *持续保持对非法集资、非法互联网金融活动的高压态势*

强化行业监管和风险排查，充分发挥非法集资网络监测预警综合平台的作用，建立立体化、社会化、信息化的监测预警体系，坚持打早打小。要提高案件侦破效率，及时处理新发案件，注意挖掘隐案。要强化信访维稳，积极引导涉案群众依法依规正确维权，防止群体性事件和极端情况发生。加强

互联网金融企业的准入管理，进行牌照管理，严控进入资金的种类和数量。加强对互联网金融的"穿透式"监管，加强部门协同和跨区协作，构建以大数据监管为核心的监管模式。发挥互联网金融协会的作用，规范从业机构市场行为，保护行业合法权益。加强金融消费者教育，提高投资者风险防范意识。

3. 治理保险市场乱象

严密监测保险市场可能出现的集中退保、非正常给付、群访群诉等风险，查处违规、违法套取保费的问题，着力解决销售误导、理赔难等问题。

4. 加强各类交易场所监管

加快摸底排查，公布行业内交易场所"黑名单"。开展各类交易场所清理整顿，稳妥做好重点交易场所的善后处置问题。

（五）加快健全金融监管协调机制、应急处置机制和风险隔离缓冲机制

1. 建立健全省政府领导牵头的金融工作议事协调机制

具体工作由省政府金融办承担，统筹协调中央金融管理部门派出机构及地方金融监管部门加强监管，加强对市县政府及地方金融监管部门的监督问责。人民银行要牵头建立覆盖所有金融机构、金融基础设施和金融活动的金融业综合统计体系，加强金融风险的监测分析，牵头制定完善突发性金融风险应急处置预案，各监管部门要强化对本领域本行业金融监管的主体责任。

2. 健全系统性金融风险防范和应急处置机制

加强宏观审慎管理。将"影子银行"、房地产金融、互联网金融等纳入宏观审慎评估，全面反映金融交易活动和杠杆水平，动态监测评估金融体系风险压力。推进金融业综合统计和监管信息共享。加快推进金融业综合统计平台建设，依托大数据技术，全方位采集银行、证券、保险等金融机构表内外业务信息，覆盖所有机构、金融基础设施和金融活动，搭建全链条、穿透式统计监测平台。健全风险监测预警机制。加强对金融机构和金融活动的全流程、全链条动态监测预警，综合运用压力测试等手段，及时有效识别重大风险隐患，对苗头性、倾向性、趋势性问题早发现、早预防、早整治。

3. 建立风险隔离和缓冲机制

风险管理部门要加强对经济社会发展中风险传导链条的梳理，监测主要风险指标，建立有效的风险隔离机制，避免风险在某些领域的过度集聚和在各部门之间的无序传递，促进各部门资产负债表的再平衡。

参考文献

　　[1] 毛振华. 去杠杆与金融风险防范 [J]. 中国金融，2016（10）.

　　[2] 马建堂，董小君，时红秀等. 中国的杠杆率与系统性金融风险防范 [J]. 财贸经济，2016，37（1）.

（作者均系河南省人民政府发展研究中心科研人员）

做大做强"金融豫军"十大集群的战略与政策思路

刘战国　张　齐　张　凯　王命禹

摘　要：金融是撬动区域经济发展的杠杆，近年来"金融豫军"呈现群体性崛起的大趋势，有力地支撑了经济强省建设，但是金融依然是制约河南省发展的重要短板。做大做强"金融豫军"的关键在于弥补短板、培育龙头、打造集群。着力实施龙头带动和集群化发展战略，打造"金融豫军"城商行、农商行、证券、期货、保险、信托、资管、投资与基金、融资担保、互联网新兴金融十大集群，打造十大金控集团，带动行业集群化发展，建设开放型、创新型、专业化、综合化、网络化、国际化、现代化的"两型五化"金融豫军。

关键词：金融豫军；产业集群；政策思路

　　谢伏瞻同志2014年从中原崛起战略全局高度首次提出"金融豫军"的概念，此后多次强调金融是制约河南发展的短板，优先发展金融业，加大政策支持力度，稳固发展"金融豫军"。河南省十次党代会提出"引金入豫"与做大做强"金融豫军"双轮驱动战略，河南省委、省政府连年将"金融豫军"发展列入工作重点，陆续出台了一系列配套政策措施，有力推动了"金融豫军"的培育、形成和发展壮大。

为了深入落实谢伏瞻同志和省委、省政府"稳固发展金融豫军"的战略部署，省委政研室、省政府发展研究中心联合有关单位积极开展"做大做强金融豫军战略"课题研究工作，经过半年多的努力完成了 20 万字的研究报告，现将部分研究成果摘要汇报如下：

近年来，"金融豫军"快速发展，出现了"井喷式"群体性崛起现象，本土金融机构体系不断完善，创新能力不断提高，新金融业态不断涌现，"金融豫军"集群化发展的态势初步呈现，开放型布局逐步展开，"金融豫军"崛起有力地支撑了河南省区域经济的跨越式发展，为"四个强省"建设提供了充足动力。2016 年，河南省金融业增加值占 GDP 的比重为 5.6%，比全国平均水平 8.3%低 2.7 个百分点，在全国 31 个省市区中居第 26 位，这说明河南省金融业发展明显滞后。当前，金融仍是制约河南省经济转型发展的重要短板，尤其是资本市场发育不足，金融机构体系不健全，龙头金融机构实力较弱，集群化发展格局尚未形成。

"金融豫军"是经济强省建设的重要支撑，必须加快做大做强，关键在于弥补短板、培育龙头、打造集群。着力实施龙头带动和集群化发展战略，打造城商行、农商行、证券、期货、保险、信托、资管、投资与基金、融资担保、互联网新兴金融"金融豫军"十大集群，打造十大金控集团，带动行业集群化发展，建设开放型、创新型、专业化、综合化、网络化、国际化、现代化的"两型五化"金融豫军。

一、打造全国一流的证券集群

资本市场是河南省金融业发展的最大短板。全国共有券商机构约 129 家，河南省只有 1 家券商，占全国的 0.8%，与其经济大省的地位明显不相称。无论是做大金融业还是做强"金融豫军"、服务实体经济等，都需加快本土资本市场跨越式发展。重点支持中原证券进入全国第一方阵。打造大型金融控股集团既是省政府对中原证券提出的战略要求，又是适应混业经营趋势的客观需要。加快申领新业务牌照，加快全国化和国际化布局，推进混业经营和综合发展，发挥"A+H"上市优势，引进国内外一流的战略投资者，鼓励关联行业兼并重组，创建或控股银行、保险、信托、租赁、投资担保、消费金融、小贷公司、互联网金融等高成长金融机构，实现综合实力的快速提升，实现跨越式发展。鼓励参与中原农商银行改制，重组郑州农商银行。构建"1+N"上市格局，加快实施现代化、国际化大型金融控股集团战略。力争五年内综合实力进入全国同行业前10位，进入全国第一方阵。倾斜支持中原股权交易中心成为中西部地区最大的区域资本市场。区域股权市场是资本市场的基础，应实施"一揽子"配套扶持政策，建立地方政府、股权市场、企业三方联动机制，建立省市县三级股权市场网络体系，建立奖补激励机制，完善税费减免制度，鼓励企业股权挂牌融资和交易融资；加快业务创新，完善股权托管融资功能；加快提升投资中心功能，集聚1000家基金等投资机构。力争五年内10000家企业挂牌展示、5000家企业挂牌交易，位居中西部地区乃至全国前列，挂牌企业数和交易额进入全国同业前5位。积极申请券商牌照，加快形成本土券商集群。充分利用自贸区先行先试政策，支持本土金融机构或龙头企业申领证券牌照，积极引进国际知名投行设立中外合资的证券经营机构，力争再创立3~5家本土券商。

二、打造全国一流的城商行集群

城商行是"金融豫军"的优势之一，拥有五大银行牌照，两家已经上市，另外三家具备上市潜力，本土网点优势明显。我国城商行在各类金融机构中增长最快，是我国银行体系中最具活力和成长性的机构，河南省城商行有5家，占全国133家总量的3.8%；中原银行总资产居全国第14位、郑州银行居第20位，在全国处于中游位置。应进一步提升本土优势，深耕本土区域市场，立足中原，走向全国，走向"一带一路"，推进上网下乡、全国化和国际化发展；提升主业特色优势，推进专业化和综合化发展，不断拓展发展新领域、新空间。重点打造中原银行大型金控集团。实施"传统业务做特色、创新业务找突破、未来银行求领先""上网下乡"等战略，坚持"贴近市民、贴近'三农'、无缝对接大中小微、服务区域实体经济、支撑重大国家战略和经济强省建设"的市场定位，积极发展市民银行、农民银行、社区银行、普惠银行、智慧银行、O2O银行。加快A股上市，引进国内外一流的战略投资者，推进综合化转型升级，积极拓展保险、证券、信托、租赁、投资、资产管理、消费金融等全牌照、多元化、综合化业务领域；鼓励对中小金融机构进行兼并重组，参与农商行改制；推进全国化和国际化发展。力争三年内，中原银行综合实力进入全国城商行系统前5位，五年内进入前3位，发展成为全国知名的大型金控集团。重点支持郑州银行综合金控集团开疆拓土。支持郑州银行充分发挥全国城商行"领头羊"示范带动作用，加快A股上市步伐，尽早实现"A+H"上市；支持郑州银行围绕"三大特色定位"做文章，商贸物流金融2018年出形象、2019年树全国标杆，小微金融创河南典范，市民金融塑郑州品牌，带动"金融豫军"发展；加快A股上市，打造拥有N个金融牌照、N家控股公司的金融控股集团，综合竞争力保持在全国城商行第一梯队，力争五年内进入全国前列，为中原崛起提供动力。倾力打造洛阳银行、焦作银行、平顶山银行三大特色精品银行。加大战略重组力度，引入战略投资者，扩充资本实力；鼓励攀大附强，借船出海，敢于与国内、国际一流金融机构或互联网巨头展开股权或业务合作，优势互补，共同发展。力争3~5年进入全国一流城商行之列。鼓励创办民营银行。支持首家民营银行"河南华贸银行"挂牌营业，带动本土民营金融机构快速崛起。支持本土银行综合发展。加快申领证券、保险、期货、信托、消费金融、小贷公司、资产管理、直投、基金、互联网金融等新业务牌照，加快金融创新，不断开发新业务、新领域、新模式、新空间。

三、打造全国一流的农商行集群

农商行是"金融豫军"的最大优势，是农村金融的支柱，规模庞大、市场占有率高，网点全覆盖，但是历史包袱沉重、机制不活、系统网络功能缺失、效率效益较低、留不住人才，农村金融竞争日趋激烈，面临生存危机和发展困境，唯一的出路在于市场化改革改制。2017年，河南省县级农信联社全部改制完成，达到近120家农商银行，总数全国第一。但是，全国平均每家农商行资产规模为191.45亿元，河南省农商银行平均资产规模约111亿元，仅为全国的58%，约为江苏省的31%，单体综合实力太弱。应加快农信社改制和农商行改革开放步伐，优化顶层设计，强化系统功能，建立现代商业银行制度和体制机制。倾力打造服务"三农"的"中原农商银行"金融超市。支持"省农信联社"改制为具有全部银行牌照功能的"中原农商银行"。建议设立100亿元农信社改革发展基金，省财政出资20亿元，其余80亿元通过市场化融资渠道解决，基金全部注入中原农商银行，由中原农商银行控股县（市）农商银行，形成两级法人的农商银行体系，适时过渡为一级法人的农商银行，形成具有信贷、证券、保险、信托、投资、理财、租赁、消费金融、小贷公司、互联网金融等全功能的以服务"三农"为主体的金融超市，力争3~5年使中原农商银行进入全国农信社系统综合实力前5位。试点组建郑州农商银行和洛阳农商银行。借鉴城商行改制经验和北京农商行、上海农商行、重庆农商行、成都农商行、广州农商行等地经验，由中原银行、中原证券、中原资产等骨干机构控股参股组建郑州、洛阳农商行，为农商行多元化改制发展探路。鼓励发展村镇银行、小贷公司等，完善服务"三农"的普惠金融体系。

四、打造国内国际一流的期货集群

期货市场是资本市场的重要支柱之一，是"金融豫军"的最大优势领域。全国共有4家期货交易所，其中郑州、大连、上海3家为商品期货交易所，呈三足鼎立之势，郑州商品交易所是成立于1990年的我国第一家商品期货交易所，是"金融豫军"最靓丽的一张名片。全国有约150家期货公司或持有期货经营牌照的金融机构。应进一步加强战略规划，实施"一揽子"配套扶持政策，扩张优势，龙头带动，集群发展。重点支持郑州商品交易所进入世界前列。深度开发大宗农产品期货品种，不断将优势向矿产资源、能源、冶金、有色、化工、建材等工业品、运力等服务产品、指数等金融衍生品等新型期货品种领域扩展，突出特色，系列开发，力争五年内上市期货品种突破20个，主要期货品种实现期权工具上市。支持郑商所开发建设综合业务平台，持续开发场外市场，推进郑商所综合化、国际化、集团化发展，适时构建期货交易集团，力争成交量达到全国商品期货市场的1/3、跻身全球期货及衍生品交易所前10位，把郑商所打造成为"领先行业的风险管理平台、享誉世界的商品定价中心"。积极打造本土期货公司集群。大力扶持中原、万达等本土期货公司做大做强，利用自贸区优势，积极吸引国际、国内期货经营机构设立总部，吸引 100 家期货公司或区域总部集聚郑州，集聚 1 万家机构客户。鼓励龙头期货公司综合性发展，积极拓展银行、保险、证券、理财、资管、租赁等创新业务，构建若干期货金控集团。构建期货产业链生态体系。充分发挥郑商所的综合金融产业集聚功能，利用郑州国际综合交通枢纽优势，鼓励大宗商品贸易商、期货交易产业客户、仓储物流企业、供应链公司集群化发展，带动区域实体经济发展。

五、打造全国一流的保险集群

保险是金融业和资本市场的重要支柱，是重要的金融增长点，同时也是"金融豫军"的最大短板之一。全国有 194 家保险公司，财险与寿险各占一半，河南省只有 1 家农险公司，占全国保险机构总数的 0.5%，寿险法人机构空白。加快补短板、构建本土保险机构体系、实现跨越式发展势在必行。目前，我国保险密度与深度尚不及保险发达国家的一半，保费收入与美国相比仍有 5~7 倍的差距，未来保险业仍有巨大的增长空间。重点支持中原农险集团做大做强。坚持高起点、全国顶端、国际一流，加快创新发展步伐，加快省内全覆盖网点布局，适时走向全国，实行农业保险与商业保险双轮驱动，坚持业务多元化、经营专业化、发展综合化，拓展寿险牌照业务，拓展发展新领域新空间，形成"1+N"组织架构，加快上市步伐，构建大型保险金控集团，力争三年内进入全国同行前 5 位。倾斜支持创立"中原寿险"。寿险中的"万能险"具有保险和投资理财双重功能，其"杠杆功能"可以撬动千万亿元的社会财富，对区域经济发展具有显著拉动作用。积极引进国内外一流战略投资者，以本土龙头金融机构和龙头企业为主导，加快组建"中原人寿"，加快进入全国同行第一梯队。加快形成保险豫军集群化发展格局。积极申请保险牌照，支持众德人寿、中州财险、中原财险等保险机构的组建，发挥自贸区先行先试政策优势，鼓励设立中外合资的保险公司，力争再创立 5~10 家本土险企。

六、打造全国一流的信托集群

信托或资管是金融业的重要支柱之一，是"金融豫军"的新增长点。在全国68家信托公司综合实力排名中，河南省的百瑞信托排名第28位，中原信托排名第30位，属于中等水平。应顺应资产管理和财富管理快速发展的大趋势，大力推进专业化创新发展，形成核心竞争力；大力推进综合化发展，增强综合实力；大力推进全国化和国际化发展，拓展发展新空间。制定促进信托业发展的"一揽子"扶持政策，培育新的增长点，形成建设"经济强省"的重要支撑。重点支持百瑞信托集团做大做强。支持百瑞信托加快上市步伐，引进战略投资者，增强资本实力，开展多元化综合经营，积极发展基础设施、房地产、私募股权、证券、并购、资产证券化、养老、家族等信托投资产品。构建"1+N"（专业子公司）集团化经营组织架构，通过控股、参股、业务合作等方式与银行、财务公司、证券、保险、基金、租赁、期货等金融机构建立战略合作关系，成为国际化的综合金融解决方案供应商。大力发展实业投行，实现金融和实业的有机结合，更好地服务河南实体经济。力争五年内，使百瑞信托在资本实力、业务多样性、财富管理能力和综合竞争力等方面进入全国前5位，为信托支持区域经济发展树立新标杆。重点支持中原信托集团转型发展。加快中原信托改革、改制、重组步伐，引入战略投资者，构建现代企业制度和先进的发展模式，步入良性、健康、快速发展的轨道，尽快实现做大做强。加快构建信托或资管产业集群。支持实力强的金融机构或龙头企业申领信托或资管业务牌照，争取再创办5~10家信托资管公司，发挥自贸区优势，鼓励创办中外合资信托资管机构。

七、打造全国一流的资产管理集群

随着我国经济进入转型升级的新常态，资产管理和财富管理进入发展黄金期，正在快速成为金融业的支柱，同时也是"金融豫军"的新增长点。泛资管行业包括银行理财、信托理财、证券期货保险资管、基金公司、私募基金公司、专业资管公司（不良资产经营专业公司），狭义的资管行业主要包括银行、证券、期货、保险、信托之外的专业资管公司。我国有长城、信达、华融和东方 4 家国家级专业资产管理公司，大都拥有金融全牌照，2014年以来全国各省市区陆续各成立 1 家专业资产管理公司。中原资产管理公司2015 年成立，注册资本 30 亿元，两年时间发展到资产总额约 687 亿元，成立晚但发展快，发展速度位居全国前列，资产规模位居全国中上游水平，但是，亟待增加资本金，促进新跨越。重点支持中原资产管理公司进入全国前列。支持中原资产管理公司作为省政府资本运作的主平台，委托中原资产管理公司运营"金融豫军发展引导基金"，支撑河南省重大国家战略和经济强省建设。申请银行、保险、证券、信托等多元化金融牌照，完善独具特色的多元金融业务体系，形成不良资产经营、投资与资产管理、综合金融服务三大核心业务板块，构建"总部战略管控+功能性子公司协同运营"的"1+N"发展架构，加快构建"一体两翼"（以不良资产经营为主体，以股权投资与综合金融服务为两翼）的多元化金融控股集团。推进强强联合和"招大引强"战略，围绕河南省重大项目招商和承接产业转移，以资本为纽带引进上汽集团、中国国航、中铁工业、中国电建、顺风控股等国际、国内一流企业集团，支持河南省先进制造、高端装备、现代服务、航空物流等战略新兴产业基地建设。积极参与信用社改制、地方投融资平台改造、基础设施 PPP项目和国企改革。加大政府注资力度，引进战略投资者，扩充资本实力，力争 3~5 年综合实力进入全国同业前 5 位，逐步发展成为世界知名的大型金控集团。加快构建资产管理和财富管理产业集群。鼓励有实力的本土金融机构和龙头企业申领资产管理牌照，鼓励创办中外合资机构，力争再创办 10家资产管理公司。

八、打造全国一流的融资担保集群

融资担保是一个新兴行业，融资担保作为政府发展普惠金融的重要手段，沟通资金供需双方，提供准公共产品，是"金融豫军"的重要组成部分。但是由于准入把关不严，监管缺位，运营不规范，涉嫌违规集资或违规放贷，无序发展，导致区域性和系统性金融风险多发频发，成为最大的金融风险源，影响社会稳定，河南省是融资担保机构挤兑风险的重灾区。应坚持规范、重组、优化、创新、综合发展，促进投资担保行业转型升级；对政策性、普惠性融资担保机构加大财政奖补支持力度，促进行业健康发展；加强顶层设计，研究制定行业发展规划。重点支持"河南省担保集团"龙头做强做优做大。进一步明确省级再担保机构的政策性定位，按照政府主导、专业管理、市场运作的原则，将"省中小企业担保集团"更名为"中原再担保集团"，发展壮大"中原豫军"体系。充分发挥行业龙头带动作用，突出再担保增信、分险和规范引导功能，提高融资担保机构的信用水平、服务能力和风险防控水平，不断提升全省融资担保体系整体效能。整合市、县级财政出资的融资担保机构资源，增强资本实力，实施集团化经营，聚焦政策支持，支撑中小微企业和实体经济发展。力争三年内中原再担保实现对全省政府性融资担保机构再担保全覆盖，公司注册资本金达到100亿元以上，主体信用等级 AAA，融资担保服务能力达到 1000 亿元以上。支持河南省农业信贷担保公司发展，争取中央财政支持，扶持农业大县，支撑"三农"和精准脱贫。引导行业优化重组，健全行业制度和监管体系，加强行业监管，规范发展商业性融资担保机构，按照"减量增质，做强做精"的要求，推动融资担保行业兼并重组，组建若干竞争实力强的融资担保集团。鼓励投资担保公司综合化发展，鼓励行业金融创新，申领新的金融业务牌照，开展多元化金融业务，不断拓展发展新领域、新空间。完善财税支持政策，研究设立政府性担保基金，建立和完善融资担保机构资本金补充、风险补偿和风险共担等机制，引导融资担保机构依法合规经营，聚焦主业，服务小微企业和"三农"发展。

九、打造全国一流的专业投资和基金管理集群

投融资平台公司、基金管理和投资基金机构是资本市场最活跃的投资主体，是"金融豫军"的重要支柱。河南省基金管理业明显滞后，已登记私募基金管理人 94 人，占全国的 0.4%，已备案私募基金 147 只，占全国的0.2%，管理基金规模 335 亿元，占全国的 0.3%；我国基金管理公司约 113家，河南省公募基金管理公司尚为空白，加快发展势在必行。重点打造建投、航投、交投、水投、城投、土投、文投、创投等省级投融资平台公司。

加快政府投融资公司市场化改革改制，建立现代企业制度，吸引社会资本和战略投资者，优化股权结构，完善法人治理结构，逐步改制为股权多元的控股投资公司。试点国有资本和股权择优委托管理运营，积极开展市场化资本运营。组建一批大型国有资本控股公司。借鉴新加坡淡马锡集团经验，打造一批现代产融集团，积极探索产业、科技、金融协同发展和融合发展模式，整合区域金融要素资源，鼓励"1+N"控股模式，进军战略新兴产业，带动区域经济跨越式发展。扶持发展私募基金和公募基金管理行业。鼓励私募基金和公募基金发展，做大做强区域股权投资市场，力争三年发展 1000 家私募基金管理人，发展 3~5 家基金管理公司。扶持发展一批本土产业投资基金、创业投资基金、战略投资基金。建立若干政府投资引导基金，带动基金业蓬勃发展，助力产业转型升级，支持经济强省建设。

十、打造全国一流的互联网金融等新金融集群

互联网金融代表未来金融发展的趋势，应鼓励发展互联网金融、供应链金融和产业链金融等新兴金融行业。全国 P2P 网贷平台公司约为 2448 家，河南省约有 40 家，约占全国的 1.6%，发展明显滞后。培育一批本土互联网金融机构。鼓励互联网公司创办互联网金融机构，鼓励中外合资创办互联网金融机构，鼓励各大金融机构创办互联网金融机构，开展互联网金融业务。支持城商行、农商行创办 5~10 家网络直销银行。支持实体经济龙头企业创办 5~10 家供应链金融，支持鲜易网、世界工厂网等互联网平台公司开展互联网金融业务。力争五年内河南省 5 家网贷公司进入全国百强。支持金融机构或骨干企业创办一批金融租赁公司。争取再创办 5~10 家金融租赁公司。支持骨干企业集团创办一批财务公司等金融机构。开展综合金融业务，拓展增值服务。支持金融机构创办消费金融公司。充分利用互联网和大数据，抢占规模巨大的消费金融市场，鼓励消费金融创新，争取创办 5~10 家消费金融公司规范发展各类小贷公司等新兴金融服务，满足实体经济发展需要。

参考文献

［1］陈轶丽.加快"金融豫军"全面崛起的对策［J］.决策探索（下半月），2017（11）.

［2］杨亚涛.金融豫军支持地方经济发展的作用机理研究［J］.商场现代化，2016（18）.

（作者均系河南省人民政府发展研究中心科研人员）

河南绿色转型发展研究

郭志远

摘　要：目前，河南绿色发展主要面临五大困境：现有发展路径的"锁定"效应、国际产业分工格局的"锁定"、资源禀赋和能源结构的制约、绿色发展的高投入和技术的滞后、观念和制度的滞后。应当通过产业转型调整、支持技术创新、健全制度体系、加强宣传引导等途径破解河南绿色发展面临的结构、技术、制度、观念等障碍，通过经济社会的全面转型发展跨越现有发展阶段，对原有发展路径进行"解锁"。

关键词：河南；绿色发展；困境

目前，河南省已经进入工业化中后期阶段和城市化快速推进阶段，经济发展的质量越来越受到重视，人们对于良好生态环境的诉求也越来越强烈。同时，资源环境约束趋紧、国际碳排放限制的严峻形势也对河南的经济发展提出了更高的要求。传统的"高成本、高能耗、高污染、低效益"经济发展模式难以为继，亟须转向以"三低"＋"三高"为特征的绿色发展，即低消耗、低排放、低污染、高效率、高效益、高循环或高碳汇。加快河南绿色发展，是河南经济社会发展的必然要求，有利于在经济新常态下实现以"创新、协调、绿色、开放、共享"发展新理念引领河南新发展；有利于加快河南省生态文明建设，加快全面小康和"美丽河南"的实现；有利于加快河南产业结构转型升级，推动产业向绿色化、低碳化、高端化发展；有利于推动河南加快跨越中等收入陷阱，进入现代化发展的快车道。

一、河南绿色发展的主要做法

近年来，河南省积极推动产业向绿色发展转变，大力加强生态环境治理，推广绿色生活方式，加强绿色发展的监督，在向绿色发展转变方面做出了很多努力。

（一）推动产业向绿色发展转变

河南省不断优化产业结构，不仅推动三次产业内部结构优化，大力提升服务业比重，从整体上提升了河南省的绿色发展水平。同时，不断推进农业、工业和服务业向绿色发展转变。

1. 积极推动农业的绿色转型

河南积极推动农业向绿色发展转型，在种养到加工的各个环节大力推广使用绿色技术，推广循环经济，将种植业和养殖业有机结合，利用沼气作为农村生活的基本能源，以家肥代替化肥，以生物技术代替农药，不仅推动了绿色有机农产品的生产，更为重要的是减轻了农业生产对生态环境的污染。

在除病虫害环节，采用生物除虫害技术。如济源市采取以虫治虫，以及诱虫板、诱虫灯和诱捕器等"生物武器"来清除蔬菜大棚内的害虫，不再使用任何化学农药和人工合成激素，同时在玉米、小麦等主要农作物中推广使用"杀虫灯+杀虫板+性诱剂+生物病毒"的立体式绿色防控，既能确保产品安全无污染，也实现了对生态环境的保护。初步估计，济源目前已实现专业化的统一绿色生物防治面积约 60.36 万亩次。

在秸秆回收环节，通过秸秆综合利用技术变废为宝。如唐河县推广"固体面包"，在收割时通过机械打包秸秆变成"固体面包"销往洛阳畜牧场。滑县在各乡镇设立秸秆收储点对其拨付补助款，并将收购的秸秆粉碎打包后销往发电厂。沈丘县把秸秆做成"猫砂"，远销马来西亚、墨西哥、韩国、泰国等地。

2. 大力推进工业的绿色转型

一是启动工业绿色发展行动计划。自 2015 年开始，河南启动工业绿色发展行动，推广应用先进适用清洁生产技术 36 项，实施建材、钢铁、石化、有色、化工等重点工业行业清洁生产，同时加快推进这些重点行业企业的能源管理中心建设，实施高耗能行业能效领跑者制度。

二是提升煤炭利用效率。煤炭在河南资源结构和能源消费结构中占据主导地位，焦化、煤化工、工业锅炉、工业炉窑等用煤行业较多。针对这一特点，河南紧抓重点用煤行业的煤炭清洁高效利用工作，从源头上减少二氧化碳排放。

三是紧抓节能减排，逐步淘汰落后产能和落后生产设备，积极推广应用先进的生产设备和环保装备，推广应用国家鼓励发展的 107 项重大环保技术装备。

四是积极推进工业绿色转型试点工作。2015 年，河南省济源市正式获批为全国区域工业绿色转型发展试点城市。

3. 稳步推进服务业的绿色转型

服务业是为消费者和生产者提供无形的服务，从整体上说，对环境的影响没有工业和农业那样直接和显著，也常常被人们忽视，但是也应当注意，服务业在提供无形服务的同时，往往伴随着实体产品的消耗使用，以及在消耗和使用实体产品中产生的各种废弃物、废水、废气和其他无形污染。

因此，河南不仅积极推动三产结构比例优化，着力提升服务业的比重，同时坚持低碳循环、安全高效的原则，大力提升服务业绿色发展水平。推动河南服务业从传统服务业为主导向现代服务业为主导转型，重点围绕河南的装备制造、电子信息等重点产业集群，大力发展现代物流、信息服务、金融服务、科技服务等生产性服务业。鼓励交通物流、商贸流通等行业采用低能耗低排放运输工具，推广集装单元化技术和甩挂运输、共同配送等先进物流组织模式。

（二）加强生态环境治理

河南省不断强化生态环境保护与治理，严格执行主体功能区划，划定生态红线，制定生态环境损害责任追究办法。同时，也通过开展蓝天、碧水、乡村清洁工程等一系列措施持续深入整治生态环境。

一是开展蓝天工程，加大雾霾治理力度。以城市燃煤锅炉改造、电厂脱硫脱硝、城市建筑工地扬尘防治、机动车尾气治理、秸秆焚烧整治等为突破口，加大城市及周边灰霾天气的治理力度。同时，积极参与京津冀大气污染联防联控体系，着力改善区域性雾霾及季节性大气污染。

二是开展碧水工程，加大水污染治理力度。全面推进城镇污水处理设施建设与改造，完成全省 42 个污水处理厂提标改造工程。同时，持续投入环保资金，加强农业面源污染和流域水环境综合治理。综合治理水土流失，目前已基本建成南水北调中线总干渠两侧生态带。加快推进建立"河长制"，2017 年 3 月 16 日的河南省政府常务会议通过了《河南省全面推行河长制工作方案》，指出 2017 年底前河南将全面建立河长制。

三是加大乡村环境整治力度。以"美丽乡村"建设、"特色小镇"建设、农村人居环境整治工程等为抓手，推动农村的生态环境整治。积极探索农村垃圾分类处理办法，形成了在农村设立垃圾兑换中心，在农村建设垃圾分类处理站，以及村收集、镇运输、县（市）处理等各种适宜当地的垃圾处理模式，同时出台了《河南省农村垃圾治理达标验收办法》，要求到 2020 年，全省 90% 以上的村庄生活垃圾要得到有效治理。

（三）推广绿色生活方式

一是推广绿色出行方式。持续优化城市公共交通系统，提供多种方式的公共交通。一方面，加快郑州、洛阳等城市地铁建设，优化公共汽车线路和布局，积极完善各种交通方式的中转衔接；另一方面，加快共享单车、共享汽车的普及和规范，积极建设自行车绿道等城市慢行系统，引导人们选择绿色出行。

二是推广绿色消费方式。鼓励公众优先购买节水、节电环保产品，购买绿色农产品。鼓励公众积极开展"绿色回收"，如郑州市在一些社区设置旧衣物回收箱，公众可以将干净的旧衣物棉被等捐赠到社区回收站，根据衣物数量还可获得相应的积分。社区则定期将回收的旧衣物赠送到贫困山区和困难群众手中。通过此举，不仅让旧衣物得到了有效利用，也激励捐赠者自觉参与到绿色行动中来。

三是开展环境意识普及活动。每年的 6 月 5 日是世界环境日，也是开展环境意识普及活动的好时机。如河南省高院环资庭与省环保厅、省电视台、郑州市人民政府于 2016 年 6 月 5 日共同举办"6·5 世界环境日"广场文化活动，其主题为"改善环境质量，推动绿色发展"，并启动了《河南省公民环保行为准则》百万公民签名墙上线仪式。

（四）强化绿色发展的监督体系

一是建立环境监管网格化制度。全省各地把本行政区域划分为若干环境保护网格，建立"定责、履责、问责"的网格责任体系，实施差别化监管。按照责任分工将各项监管任务和责任分解落实到县（市、区）、乡镇、街道办事处，并细化到具体岗位和人员，形成纵到底、横到边、全覆盖的环境执法监管格局，建立较为完善的环境监管网格化制度。

二是成立环境资源审判庭，专门针对环境资源领域的事件进行审判裁定。2016 年 3 月 29 日，河南省正式成立了河南高院环境资源审判庭。继省高院成立环境资源审判庭后，全省各地法院纷纷行动。截至目前，郑州、洛阳、信阳、新乡、鹤壁、商丘 6 个中级法院，中牟县、洛阳市涧西区、洛阳市新安县、信阳市浉河区等 15 个基层法院建立了专门的环境资源审判庭，其他法院也根据本辖区具体情况成立了 61 个合议庭及巡回合议庭，专门针对环境资源领域的事件进行审判裁定。

三是建立全省环境资源司法执法联动机制。2016 年 9 月，省高院、省检察院、省公安厅、省国土厅、省水利厅、省林业厅联合签署《关于建立实施环境资源司法执法联动工作机制的意见》，建立了联席会议、联络员、联合调解、违法案件联动办理、司法执法联动等机制，进一步加强了环境资源司法与执法的衔接，加强了环境资源司法执法联动。

二、河南绿色发展的效果评价

近年来，河南省积极推动产业向绿色发展转变，大力加强生态环境治理，推广绿色生活方式，加强绿色发展的监督，在向绿色发展转变方面做出了很多努力，也取得了较大成效。但是，从总体上看，河南绿色发展仍处于起步阶段，生态环境状况仍不乐观，绿色发展的产业体系尚未建立，绿色发展仍然任重道远。

（一）生态环境有所好转，但状况仍不容乐观

河南生态环境不断改善。根据《2016 年河南省国民经济和社会发展统计公报》，河南省 2016 年全年共营造林 449.4 千公顷，其中人工造林 97.7 千公顷。森林公园 117 个，其中国家级森林公园 34 个。全省森林覆盖率占辖区总面积比重由 2003 年的 19.8%增加至 2016 年的 23.62%。截至 2016 年底，河南省共有自然保护区 30 个（其中国家级自然保护区 13 个），面积760.59千公顷，占河南省总面积的 4.6%，这一数据和 2003 年（2.94%）相比高了1.66 个百分点。18 个省辖市环境空气优良天数比例为 53.6%，相比 2015 年上升了 3.4 个百分点。

尽管河南在绿色发展方面做出了诸多努力，生态环境有所好转，但是总体来说，全省的生态环境状况仍不容乐观。环保部发布的《环境空气质量标准》将居民区空气质量达标的标准定为：PM2.5 年平均浓度不超过 35 微克/立方米。根据《2016 年中国 366 个城市 PM2.5 浓度排名》的数据，2016 年全国 366 个城市 PM2.5 年均浓度为 46.7 微克/立方米。排名第一位的喀什、第二位的和田其 PM2.5 浓度分别为 156.9 微克/立方米、108.5 微克/立方米，主要是因为沙尘暴的影响。而河南省有 15 个地级市 PM2.5 浓度位居全国前50 位，安阳市、新乡市、焦作市更是以超过 80 微克/立方米的 PM2.5 浓度位居全国第 8 位、第10 位和第 11 位，即使空气质量较好的南阳市和信阳市PM2.5 浓度也远未达到 35 微克/立方米的环保标准（见表 1）。由此可见，河南省的空气质量仍然令人堪忧。

表 1　2016 年河南各市 PM2.5 浓度及在全国 366 个城市中排名

城市	PM2.5 年平均浓度 （微克/立方米）	排名	空气达标情况
安阳市	85.7	8	不达标
新乡市	83.9	10	不达标
焦作市	83.4	11	不达标
郑州市	78.3	16	不达标

城市	PM2.5年平均浓度 (微克/立方米)	排名	空气达标情况
漯河市	76.8	19	不达标
商丘市	76.5	21	不达标
洛阳市	75.7	23	不达标
平顶山市	74.3	27	不达标
鹤壁市	72.9	32	不达标
开封市	71.4	36	不达标
濮阳市	68.4	42	不达标
周口市	68.2	44	不达标
许昌市	67.8	45	不达标
驻马店市	67.2	47	不达标
三门峡市	66.5	48	不达标
南阳市	60.9	67	不达标
信阳市	57.6	78	不达标

注：在《2016年中国366个城市PM2.5浓度排名》中，没有统计济源市。

此外，土壤重金属污染呈加重的趋势。河南首个《关于土壤污染防治工作情况的报告》显示，全省土壤环境质量状况整体安全稳定，但局部地区土壤污染状况不容乐观，部分地区镉、钒、铅等无机污染物点位超标率较高。水污染问题也较为突出。《2016年河南省环境质量状况公告》显示，2016年全省地表水水质级别为轻度污染，其中长江流域水质为优，淮河流域、黄河流域为轻度污染，而海河流域为重度污染。全省141个河流监测断面（其中断流断面3个）中，有72个断面的水质符合Ⅰ~Ⅲ类标准，占51.1%；符合Ⅳ类标准、Ⅴ类标准、劣Ⅴ类的断面分别为28个、11个、27个，分别占总监测断面的19.9%、7.8%、19.1%。2016年，全省河流断面21项评价因子中有10项因子出现超标情况。主要污染因子（亦即超标因子）为化学需氧量、五日生化需氧量和总磷，超标断面比例分别为36.2%、34.1%和32.6%。

（二）产业体系逐步向绿色转型，但任务艰巨

根据《2016年河南省国民经济和社会发展统计公报》，河南省2016年

三次产业结构为 10.7：47.4：41.9，不仅第三产业比重继续提升，其增加值也继续提升，2016 年为 16818.27 亿元，增速为 9.9%，在三次产业增加值的增速中排第一。工业内部结构更加优化。2016 年，全省高技术产业增加值增长 15.5%，高成长性制造业增长 10.6%，传统支柱产业增长 5.3%，六大高载能行业增长 6.1%。从工业能耗来说，2014 年、2015 年、2016 年的河南省万元工业增加值能耗较上年分别下降 11.29%、11.54%、10.98%，均超额完成国家下达的万元生产总值能耗下降目标。但是，从总体上看，河南绿色发展的产业体系尚未建立，产业绿色转型仍然任重道远。

高能耗、高污染、资源型的产业占比仍较大。2016 年，煤炭开采和洗选业等六大高载能行业产业的工业增加值占规模以上工业增加值比重为 32.3%。节能减排效果还有待加强。尽管 2014~2016 年，河南省万元工业增加值能耗均比上年下降 10% 以上，但是河南工业结构重型化的总体格局没有发生根本性转变，节能减排的任务仍然非常艰巨。同时，作为我国粮食主产区，河南承担着国家粮食生产核心区的战略任务，肩负着保障国家粮食安全的重要责任，但是化肥、农药的大量使用以及农业面源污染等问题较为突出。为提高粮食单产，1978~2009 年的 30 年间，河南化肥总用量由 52.5 万吨增至 628.7 万吨，增加了 11 倍。目前，河南省单位耕地面积施用量 835kg.hm^{-2}，是全国平均水平的 1.7~1.9 倍，是世界平均用量的 3.9 倍。化肥的施用方式也不合理，导致化肥有效利用率低，养分流失严重。同时，农药使用技术普遍落后，利用率仅为 20%~30%，全省农药使用总量达 55038.91t（折百 19866.14t），大约有 80% 的农药直接进入环境。目前，全省有农药生产企业 150 多家，大多为仿制的高毒和高残留农药及其复配制剂，对农业面源污染构成巨大威胁。大量未被利用的化肥和农药造成了空气、土壤以及水体污染。随着蔬菜栽培、地膜覆盖技术的广泛应用，农膜用量迅速增加。河南省一年的农膜使用量达 14.14 万 t，地膜覆盖面积达 100.22 万 hm²，平均使用负荷达 141.4kg/hm²。当前普遍使用的农膜不易分解，可降解农膜仅占 10% 左右，大量农膜特别是塑料薄膜在农田中大量残存而未被回收，已造成严重的"白色污染"，对土壤环境和作物生长造成很大危害。

三、河南实现绿色转型发展的途径

河南绿色发展意义重大，任务艰巨，对其面临的原有发展路径的"锁定"难题只能通过经济社会的全面转型发展跨越现有发展阶段才能实现"解锁"，但仍然可以通过产业的转型调整、对技术创新的支持、健全制度体系、加强宣传引导、完善监管体系等途径来破解河南绿色发展面临的结构、技术、制度、观念等障碍。

（一）加快产业转型调整，破解绿色发展的结构矛盾

首先，要加快落后产能的淘汰。要尽快建立落后产能的市场性退出和政策性退出机制，通过市场手段和行政手段，重点淘汰能耗高、污染严重、综合效益低的落后产能，从源头上减少污染和二氧化碳排放量。其次，要大力发展清洁能源，优化河南能源结构。提高非化石能源、清洁能源在河南能源生产和消费总量中的比重，重点降低煤炭在能源消耗中的比重。再次，要大力支持绿色低碳产业发展和传统产业绿色转型。着力推进生态农业、生态旅游业跨越发展，着力推进传统制造业绿色改造，实现清洁生产和低碳生产，推动建立河南的绿色低碳循环发展产业体系。最后，要努力改善河南出口结构，解除外贸产品的低端"锁定"。加快河南实施"中国制造2025"计划进程，推进河南产业向高端化、低碳化、绿色化发展，提升"河南制造"在全球产业链中的地位，尽快跃升至国际产业分工格局"微笑曲线"的两端。

（二）大力支持技术创新，破解绿色发展的技术难题

首先，要以创新驱动为引领，推进全省整体技术创新。河南要加快创新智造，积极推动企业管理和技术革新，培育自主创新能力，从整体上提升河南的技术水平，为河南绿色发展提供技术支持。其次，要积极完善整合创新平台，加快创新要素集聚和知识溢出。加快郑洛新国家自主创新示范区、国家级实验室、各科研院所等创新平台建设，形成创新凝聚力。再次，要加快绿色技术研发。重点要加大生态补偿技术、节能减排技术、清洁生产技术、环境监测技术、污染治理技术等绿色技术创新的力度。当前要大力推进以电

代煤、以气代煤，推广煤炭低温热解分级提质技术，加快河南煤炭的技术改造，尽快实现"煤变油"，同时要加强煤炭清洁高效利用。最后，要通过金融、财税等手段加大对绿色技术创新的支持力度。建立河南绿色发展专项基金，用于对绿色发展技术创新和成果应用的扶持。通过财政奖补、税收优惠等激励手段，鼓励企业开展绿色技术研发、工艺技术装备更新改造和清洁低碳化生产。

（三）加快健全制度体系，破解绿色发展的制度障碍

首先，要推进资源和要素价格体系改革。加快自然资源资产产权和用途管制改革，以市场方式配置资源，减少政府对能源、土地等生产要素的补贴，降低对资源和能源密集型产业的扶持。其次，要建立健全河南省内的生态补偿机制。在严守生态保护红线的基础上，积极构建河南省—市—县—乡镇四个层级的纵向补偿和横向补偿相结合的生态补偿机制，在财政预算中予以体现。推动建立生态系统服务的区域性交易市场，实现排污权、水权、碳汇等交易。再次，稳妥实施倾向性的政府采购政策。通过政府采购向绿色发展倾斜，加大对绿色技术创新、清洁生产、循环经济和资源再利用的激励力度。最后，积极构建绿色发展的行政管理机制。坚持生态环保"党政同责、一岗双责"，党政班子要坚定不移地走绿色化发展道路，着力推动"五化"协同发展。改进政府绩效考核体系，加大发展质量、资源消耗、环境保护、生态效益、科技创新等方面的考核权重。

（四）加强舆论宣传引导，破解绿色发展的观念束缚

1亿多人口，每人为绿色环保多做一点，都将发生惊人的改变。因此，要加强绿色发展的宣传，提高民众对于绿色发展的认识，使全社会自觉形成绿色生产生活方式。各级政府要担负起绿色发展的引领带动作用，通过各种方式向社会普及绿色低碳的知识和技术，倡导勤俭节约、节能环保、绿色低碳的消费理念，大力推广绿色生活方式，树立绿色的消费观念。可借鉴上海市大力实施"绿色办公""绿色机关"等政策措施，从政府自身做起以推动区域整体实现绿色发展的经验，推动河南绿色机关、绿色社区、绿色学校建设，使全省人民自觉主动地承担起绿色发展的责任，积极投身于推动河南绿

色发展的伟大事业中。企业要积极推行生产方式绿色化，自觉减少污染排放，努力实现更大的社会效益、经济效益与环境效益。公众要积极从自身做起，树立健康的消费观，在衣、食、住、行、游等方面加快向勤俭节约、绿色低碳、文明健康的方式转变，内化于心，外化于行，自觉实现生活方式绿色化。

（五）完善监管体系，破解绿色发展的监管难题

目前，河南省已经建立起了运用行政手段、司法手段、经济手段等监督手段，包括政府、司法机关、环保组织等监督主体在内的环境监督体系，同时也在积极推进绿色发展的市场化调节。从整体上来说，河南绿色发展的监督体系是在逐步完善的，但是河南绿色发展的监督力量仍然有限，监督体系还存在很大的完善空间，对于推进河南绿色发展无法发挥其应有的监督和促进作用。只有构建起完善的监管体系，才能有效破解河南绿色发展过程中面临的监管难题。首先，要加快环境监测系统的改进。积极利用物联网、大数据平台和先进的环境监测手段，建立起立体式、全覆盖的智能化环境监测网络，能及时监测和预警环境状况。其次，要加大环境司法的监管力度。对于环境诉讼案件，在事实清楚、责任明确的情况下，要加大对环境污染责任主体的惩戒力度。最后，要完善环保组织参与环境监督的体制机制，充分发挥其第三方监督作用，同时要积极调动民间力量参与环境监督。

参考文献

［1］李佐军.推进绿色发展面临的难点［N］.上海证券报，2013-07-04.

［2］郭林涛，王丽.河南打响大气污染防治攻坚战——蓝天工程攻坚建设美丽河南［J］.决策探索，2016（19）.

［3］冀天福，董亚伟.践行绿色发展理念服务"美丽河南"建设——河南各级法院加强环境资源审判工作纪实［J］.人大建设，2016（S1）.

［4］安晓明.中国区域经济发展的新特点与未来政策走向［J］.区域经济评论，2015（5）.

［5］郭志远.非对称性区域生态补偿的多目标设计模型——基于EKC非对称性的分析［J］.区域经济评论，2015（2）.

［6］赵建军.中国的绿色发展：机遇、挑战与创新战略［N］.学术前沿，2013（10）.

[7] 安晓明. 中国区域经济转型的历程回顾与"十三五"展望 [J]. 区域经济评论，2015（2）.

[8] 安晓明. 河南绿色发展的困境与破解途径 [J]. 城乡建设，2016（10）.

[9] 安晓明. 河南经济转型趋势和路径 [J]. 开放导报，2017（2）.

（作者系河南省社会科学院城市与环境研究所助理研究员）